Gerry Spence · Argumentiere und gewinne

Gerry Spence

Argumentiere und gewinne

Amerikas Anwalt Nr. 1
lehrt die hohe Kunst
des erfolgreichen Argumentierens

Aus dem Amerikanischen von
Michael Benthack

Kabel

Titel der amerikanischen Originalausgabe:
HOW TO ARGUE AND WIN EVERY TIME
St. Martin's Press, New York

Für meine geliebte Imaging,
die mich lehrte, daß am Ende immer
die Liebe das siegreiche Argument ist.

Aus dem Amerikanischen übersetzt von Michael Benthack
Published by arrangement with
Peter Lampack Agency, Inc., New York

Umschlag: Theodor Bayer-Eynck
Satz aus der Aldus (Linotronic 500)
Satz: Clausen & Bosse, Leck
Druck und Bindung: Mohndruck Graphische Betriebe GmbH, Gütersloh

ISBN 3-8225-0357-6

1 3 5 7 9 10 8 6 4 2

Inhalt

Meine Argumentation im vorliegenden Buch

Die Kunst des Argumentierens ist die Kunst des Lebens. Wir argumentieren und streiten, weil wir es müssen, weil es das Leben fordert und weil das Leben selbst nichts weiter als eine argumentative Auseinandersetzung darstellt.

Ich habe dieses Buch geschrieben, weil ich es mußte. In meinem Beruf geht es um Rede und Gegenrede.

Argumente sind der Hammer und die Nägel, aus denen ich für meine Mandanten seit über vierzig Jahren gleichsam Prozesse »zimmere«. Wie die Ureinwohner Amerikas bin auch ich der Überzeugung, daß das größte Geschenk des Menschen das Lernen ist und daß man dieses an andere weitergeben muß. Deshalb ist mein Traum, Ihnen mitzuteilen, was ich über das Argumentieren gelernt habe. Sonst wären all der Schmerz, wären all die Selbstzweifel, Ängste und Mißerfolge, die ich in dem Prozeß, erfolgreich streiten zu lernen, erlebt habe, vergeudet.

Streiten ist tatsächlich eine Kunst. Sie folgt bestimmten Regeln und erfordert eine bestimmte geistige Grundeinstellung; dennoch können wir alle gewinnend argumentieren. Man kann in der Küche, im Schlafzimmer, im Gerichtssaal, im Sitzungssaal argumentieren – überall. Ich behaupte, daß wir keinen Erfolg haben werden, wenn wir unserer göttlichen Einzigartigkeit abschwören und den Stil beziehungsweise die Werte eines anderen Menschen übernehmen, sondern nur dann, wenn wir die geheimnisvolle Quelle unserer Persönlichkeit anzapfen. Aber wie? Hier liegt der Zauber der Argumente verborgen, den wir auf den nun folgenden Seiten kennenlernen wollen.

Der Mensch fliegt zum Mond und kehrt wieder zur Erde zurück, doch wir entsenden Exemplare einer geistig zurückgebliebenen Spezies ins All. Im Grunde verhalten wir uns wie Tiere, denn wenn ein Tier gestellt wird, greift es an, und wenn es in Not gerät, nimmt es sich mit Gewalt, was den schwächeren Mitgliedern in der Hierarchie gehört. Zwar können wir das Atom spalten, doch wir sind beinahe machtlos, wenn wir einander davon überzeugen wollen, daß Gerechtigkeit unteilbar ist. Wir können unser Erbgut neu kombinieren, aber wir sind nicht in der Lage, einander schlicht und einfach um Liebe zu bitten. Die größte Gefahr liegt natürlich darin, daß wir die Macht der Technik den »modernen Wilden« überlassen, deren Argumentationsfähigkeit kaum über das Grunzen und Knurren ihrer Urahnen hinausgekommen ist. Kurzum: Wir haben es uns angewöhnt, Menschen wie Dinge zu behandeln und zu beherrschen, doch wenn wir eine Beziehung Mensch zu Mensch anknüpfen, beschreiten wir erschöpft die immergleichen Wege – so, als lebten wir immer noch im dunklen Mittelalter.

Ich erwarte nicht, daß meine Bemühungen die menschliche Rasse retten. Ich glaube jedoch, daß wir kleine Schritte in die richtige Richtung machen müssen und dies auch können. So wie der Mensch sich mit der Bearbeitung von Steinen auf die Reise ins technische Zeitalter begab, so müssen wir heute lernen, einfach und effektiv miteinander zu diskutieren. Wir müssen lernen, mit unserem Partner und mit unseren Kindern zu reden und sie zu verstehen. Wir müssen lernen, wie wir unseren Interessen am Arbeitsplatz wirkungsvoll Nachdruck verleihen. Der Mensch könnte riesige Fortschritte machen, wenn er lernte, sich mit seinem Nächsten ehrlich zu verständigen. Wir könnten einen phantastischen Durchbruch für unsere Art erzielen, wenn wir lernten, unseren Bedürfnissen Ausdruck zu verleihen und unsere Träume durch Diskussionen zu verwirklichen, statt dadurch, daß wir die Erde mit Leichnamen übersäen.

Ich streite auf ganz persönliche Weise. Durch meine Argumente definiere ich meine Identität; sie stützen den Sinn, den ich meinem Leben geben will. Ich kann mir keinen besseren Ort für meine »Predigten« vorstellen als ein Buch über das Argumentieren. Der Leser wird mir darin begegnen. Ich habe meine Türen weit aufgestoßen. Ich werde nicht nur meine Art des Argumentierens darstellen, sondern auch leidenschaftlich, mit Überlegung und furchtloser Voraussicht für Sachen und Ideen eintreten, die mir wichtig sind. Ich hoffe, meine Thesen werden Sie überzeugen, so daß sie in Ihrem Leben Veränderungen einleiten und eine Entwicklung auslösen. Aber auch Ihren Ansichten und Argumenten gebe ich Raum. Denn ohne die Macht der Widerrede wären Sie weder in der Lage, mich zu hören noch zu verstehen – stimmt's? Ohne Ihre Kraft wäre ich allein.

Ich träume von einem Buch, das Ihnen hilft, das zu erreichen, was

Sie sich im Leben wünschen. Das Leben ist kurz. Wir müssen jeden Vorteil nutzen. Ich träume von einem Buch, das dazu beiträgt, daß Ihnen nach dieser Erfahrung neue Flügel wachsen, damit Sie den Kokon der Konvention durchstoßen können. Ich sehe Sie fliegen. Ich sehe, wie Sie für etwas eintreten, ohne Angst zu haben, von anderen zurückgestoßen zu werden. Ich sehe, wie Sie sich mit anderen über Ihre Bedürfnisse verständigen, ohne daß Sie sich oder Ihrer Beziehung schaden. Ich sehe, wie Sie etwas erschaffen, wie Sie spielen und siegen. Bei diesem Traum empfinde ich Freude, denn aus diesen Seelensplittern wird sich eines Tages, wie ich hoffe – ja, vorhersage –, die Spezies entwickeln, die wir, als unsere eigenen Schöpfer, in unserer Phantasie von Anfang an sein wollten.

März 1995
Jackson, Wyoming

Danksagung

Rosemary McIntosh ist seit vielen Jahren meine Mitarbeiterin und hat fast jedes Wort gelesen, das ich je geschrieben habe. Sie ist meine Kritikerin, Lektorin und Vertraute. Ich würde mich nicht trauen, ein Buch ohne ihre Mithilfe zu schreiben. Ich könnte es nicht. Ihr schulde ich einen Großteil meines Erfolges und übernehme alle Verantwortung für meine literarischen Mißerfolge, die höchstwahrscheinlich darauf zurückzuführen sind, daß ich bei diesen Gelegenheiten ihre Ratschläge in den Wind geschlagen habe.

Das vorliegende Buch ist – wie das vorherige – auf Anregung meines Lektors Bob Weil zustandegekommen. Autoren sind überempfindliche, ängstliche Leute. Wir brauchen mehr Zuspruch, mehr Hilfe, mehr Unterstützung und mehr Liebe, als uns zusteht. Ohne die Fürsorge meines Freundes, Bob Weil, wäre dieses Buch ein kleines, lästiges Geräusch in meinem Hinterkopf.

Ich danke Tom McCormack, dem Verlagsleiter, weil er meinte, daß ich dieses Buch schreiben könnte und daß es bei St. Martin's Press herauskommen müsse. Er hat mich sehr unterstützt.

Ich danke Mark Kohut, daß er an mein Buch glaubte. Dieses Vertrauen drückte sich in den beträchtlichen Anstrengungen aus, mit denen er das Buch förderte. Schließlich danke ich Becky Kohn, meiner treuen Freundin, deren unermüdliche und selbstlose Arbeit nicht unbemerkt geblieben ist. Es gibt noch andere. Sie und ich wissen, wer gemeint ist: die Vertreter, die Mitarbeiter im Marketing, diejenigen, die alles getan haben, das Buch zu entwerfen und zu verkaufen – es sind so viele, denen ich für so vieles dankbar bin. Ihnen allen möchte ich danken.

Fangen wir an

Wir alle wollen argumentieren, jeder tut es, jeder muß es. Manchmal schreit jemand seine Argumente unter Tränen heraus. Manchmal kommt nur ein ohnmächtiger Wutanfall zustande. Manchmal zeigen sie sich als leises Murmeln in der Ecke eines Zimmers. Manchmal sind sie einnehmend, charismatisch, bewegend. Und manchmal, wenn wir mitten in der Nacht allein im Bett liegen, argumentieren wir in stiller Verzweiflung mit uns selbst.

Vögel können fliegen, aber nur Menschen können argumentieren. Wer streitet, bejaht das Leben. Ohne verbale Auseinandersetzungen würde unsere Art aussterben. Als leiser Hinweis bilden sie ein Mittel, anderen Menschen zu Hilfe zu kommen. Als Warnungen bewahren sie uns vor Gefahr. Als Ausdruck der Kreativität sind sie ein Geschenk an uns selbst. Als ruhige Aussprache lösen sie Streitigkeiten. Als Form der Selbstbehauptung heischen sie Respekt. Als Flehen um Liebe bringen sie unsere Liebe zum Ausdruck. Als Bitte bringen sie Erbarmen hervor. Als charismatische Rede bewegen sie große Menschenmengen und ändern den Lauf der Geschichte. Wir müssen streiten. Nur so können wir helfen, warnen, führen, lieben, schöpfen, lernen, Gerechtigkeit erfahren – und lebendig sein.

Wir alle können gewinnend argumentieren. Viele Menschen stekken im Sumpf und Schlamm der abgestandenen, scheinbar unveränderlichen Vergangenheit fest. Viele sind in der Kammer ihrer Seele eingeschlossen und haben aufgehört zu streiten. Und viele, die dieses Wagnis eingehen, scheitern in ihren Argumentationsbemühungen und sind enttäuscht oder verstummen. Viele andere argumentieren blindlings – so wie jemand, der noch nie einen Baseballschläger in der Hand gehalten hat und nach dem Ball schlägt, immer wieder, bis schließlich – durch reinen Zufall – der Ball auf den Schläger trifft.

Der Gegner ist nicht *der andere*, der sich von unseren Argumenten nicht überzeugen läßt. Nicht Gott, das Schicksal oder das Pech, eine zu leise Stimme oder ein unscheinbares Äußeres zu haben, tragen die Schuld daran. Es ist nicht so, daß wir keine brillante Erwiderung oder ein überzeugendes Argument zustande bringen, weil wir kein elektrisierendes Genie, keinen blitzgescheiten Verstand haben. Es ist nicht so, daß wir keinen Erfolg haben, weil wir lediglich über einen kleinen Wortschatz verfügen. Vielmehr ist der Grund, weshalb wir in Auseinandersetzungen unterliegen, daß wir uns mit bestimmten *Schlössern* versehen. Dabei handelt es sich um Schlösser, die unsere Argumente einschließen oder um Schlösser, die uns – nachdem wir unsere Argumente vorgebracht haben – davon abhalten, eine erfolgversprechende Einstellung einzunehmen oder eine vielversprechende Methode anzuwenden.

Der hier gewählte Ansatz besteht darin, von Zeit zu Zeit die Schlösser zu benennen und den Schlüssel mitzuliefern, mit dem sie sich aufsperren lassen. Das Schloß ist natürlich Ihres. Aber Sie haben auch den Schlüssel in der Hand. Ich habe das vorliegende Buch wie eine Argumentation aufgebaut – wie eine Art Plädoyer, das das SCHLOSS, das uns behindert, definiert und zugleich den SCHLÜSSEL benennt, mit dessen Hilfe wir uns befreien können. Der Aufbau spiegelt dabei die Art und Weise, mit der ich mit Menschen kommuniziere, innerhalb und außerhalb des Gerichtssaals, im Beruf und im Privatleben. Dieses Verfahren habe ich während meines Lebens, in dem ich Arbeiter, Staatsanwalt, Rechtsanwalt, Ehemann und Vater war, entwickelt und verfeinert.

Ich habe das Buch in drei Abschnitte unterteilt. Teil I stellt das vor, was viele Autoren von Ratgeberbüchern übersehen. Am besten läßt sich dies mit den Worten eines Cowboys aus Wyoming, eines früheren Bekannten, erklären: Als er sah, wie einer dieser reichen Kerle auf einem dieser typischen Großstädterpferde auf ihn zuritt und sich dabei an einem teuren Tausend-Dollar-Sattel mit Silberintarsien festklammerte, rief er aus: »Na schau! Da hat er einem Zehn-Dollar-Gaul einen Tausend-Dollar-Sattel aufgelegt! Aber auf einem Zehn-Dollar-Gaul kommt man nicht weit, und wenn man ihm einen noch so piekfeinen Sattel auflegt.« Der Mann hat recht: Ganz gleich, wie intelligent ein Redner ist, ganz gleich, wie viele gerissene Argumentationstricks er beherrscht, ganz gleich, wie wortgewaltig seine Rede ist – am Ende gleicht die bloße Technik doch nur einem »Tausend-Dollar-Sattel«. Denn wenn wir diese Fertigkeiten, diese Verfahren und Methoden beherrschen, ja, sogar die Kunst des Argumentierens selbst, aber hinter den Türen der Psyche eingesperrt bleiben, können wir nicht gewinnen. Wenn wir über keine Konzeption verfügen, die uns rät, wann wir streiten und wann wir schweigen müssen, wenn wir nicht verstehen, unsere Macht zu verwenden und wie wir deren Zerstörung in unseren Händen oder den Händen anderer vermeiden, können wir nicht gewinnen. Wenn wir nicht begreifen, welch unglaubliche Macht von der Glaubwürdigkeit oder der magischen Kraft des Zuhörens ausgeht, dann können wir so geschickt und kunstfertig wie die größten Redner in der Geschichte der Menschheit argumentieren, und wir werden dennoch niemanden überzeugen. Um gewinnen zu können, brauchen wir einen Sattel, das stimmt, aber wir müssen ihn einem starken Pferd auflegen.

Sicherlich kann man bemängeln, daß mein Buch zu viele philosophische Gedanken und Ermahnungen, zu viele psychologische Beobachtungen und Geschichten enthält, statt in übersichtlicher Form eine Art »Gebrauchsanweisung« zu liefern, so wie man sie in einem Buch über den Bau eines Segelbootes oder das Gitarre-Spielen findet. Doch ich behaupte, daß wir segeln und Gitarre spielen können, ohne unser Selbst sehr viel weiter zu entwickeln. Wenn wir erfolgreich streiten, ist das anders. Der Zauber des siegreichen Argumentierens entsteht in der Person, nicht in den Worten; in der Seele, nicht durch Redegewandtheit. Wer ungeduldig darauf wartet, etwas über die Sattlerei zu erfahren, anstatt über die Gewohnheiten und den Charakter des starken Pferdes, das später unter dem Sattel laufen wird, kann sich sofort dem zweiten Teil zuwenden; dort stelle ich detailliert die Struktur, Vorbereitung, Technik und Kunst des siegreichen Argumentierens vor. Doch selbst dort geht es mir vor allem um den Zauber der Person, denn alle Technik nützt nichts, wenn sie nicht von der Hand des Künstlers angewandt wird. Uns allen ist diese Magie zu eigen, sie ist eine einzigartige Kraft, die sich um keinen Preis der Welt kopieren läßt. Es ist das Streben nach dieser Magie, die mich am stärksten fasziniert und die – wie ich hoffe – auch Sie in ihren Bann ziehen wird.

Der dritte Teil hilft uns zu verstehen, wie wir mit uns nahestehenden Menschen argumentieren sollen, mit unseren Kindern und unseren Partnern. Um erfolgreich mit nahestehenden Menschen streiten zu können, muß man neu definieren, was »Gewinnen« bedeutet und worauf unsere Argumente abzielen. Man kann zu Hause nicht auf dieselbe Art streiten, wie ich in einem Mordprozeß vor den Geschworenen argumentiere. Wir können mit unseren Kindern nicht auf die gleiche Art argumentieren, wie man im Gerichtssaal die Gegenseite zur Raison bringt. Das Schlußkapitel befaßt sich mit der Vorstellung, daß wir die Pflicht haben, unsere Fähigkeit zum erfolgreichen Argumentieren – so wir sie denn haben – für gute und gerechte Ziele einzusetzen, vergleichbar der Verpflichtung desjenigen, der eine starke Waffe besitzt.

Machen wir uns also auf den Weg, Hand in Hand, wie ein Paar, das gemeinsam einen finsteren Wald betritt. Ich verspreche Ihnen, daß der Wald gar nicht so finster, tief und furchterregend sein wird. Wir werden erkennen, daß er in Wahrheit schön ist und aus herrlichen Bäumen besteht, die uns schützen und geheime Arzneien und Zaubertränke liefern. Wir werden dort verzauberte Orte entdecken, in denen die Sonne alles in helles Licht taucht. Das ist mein Versprechen. Gehen wir also los, und spielen wir gemeinsam in diesem Wald. Wir wollen sowohl lernen zu argumentieren als auch nicht zu argumentieren, die Macht der anderen zu bekämpfen und uns selbst Macht zuzusprechen, unsere Angst zu erkennen und zu überwinden, etwas zu erschaffen, zu singen und unsere Seele frei umherlaufen zu lassen. Wir wollen unser Spiel mit ungezügelter Leidenschaft weiterspielen. Lernen wir also gemeinsam, wie man zu argumentieren lernt – und dabei immer gewinnt.

Teil I
Vorbereitung auf den Sieg

1. Warum argumentieren?
Die Türen öffnen, die Psyche befreien

DAS SCHLOSS: **Ich streite mich nicht gern und mag keine Menschen, die es gern tun. Warum versuchen wir nicht, friedlich miteinander auszukommen? Außerdem verliere ich bei jedem Streit.**

Wir wurden geboren, gewinnend zu argumentieren, genauso wie es unsere Bestimmung ist, zu gehen. Wir müssen kein silbergraues Haar und die dröhnende Stimme eines bedeutenden Redners haben. Man kann auch ganz leise und ruhig in der Küche streiten – und gewinnen. Wir müssen keine Rhetorik-Kurse besuchen. Wir müssen nicht das Vokabular eines Professors haben. Wir können mit unseren Arbeitgebern oder Kindern sprechen – und gewinnen. Wir können unsere Plädoyers im Gerichtssaal und im Schlafzimmer gewinnen. Doch wenn wir in der Kammer unseres Bewußtseins eingesperrt bleiben, können wir aus keiner Auseinandersetzung als Sieger hervorgehen.

Manchmal haben uns Eltern und Lehrer in diese Kammer gesperrt. Manchmal haben wir uns selbst darin eingeschlossen – aber das spielt ja keine Rolle, denn in beiden Fällen sind die Türen verschlossen. Manche Menschen mögen diese Kammer. Andere kennen keine andere Welt. Andere haben keinen geistigen Raum. Wieder andere donnern an die Tür und flehen, man möge sie befreien.

Wie kommt es nun, daß wir so verschlossen, so zusammengekauert, so stumm sind? Von Geburt an hat man uns beigebracht, Auseinandersetzungen zu meiden. Als wir den Mund öffneten und zu schreien anfingen, stopfte man uns eilig ein Fläschchen in den Mund, um unsere Schreie zu ersticken. Man hat uns gelehrt, was man Welpen beibringt! Nicht bellen! Man hat uns domestiziert und dazu abgerichtet, uns zu fügen, den Mund zu halten und uns weiter zu plagen. Wir finden es barbarisch, daß man vor einem Jahrhundert noch

Mädchen im Säuglingsalter die Füße gebunden hat, damit sie dem chinesischen Schönheitsideal entsprachen. Erkennen wir denn nicht, wie grauenhaft es ist, einem Kind die kleinen Füße so fest zu schnüren, daß sie später nur noch wie häßliche Stümpfe aussehen? Sehen wir denn nicht, daß das Kind umherlaufen und spielen und tanzen möchte, sich aber zurückhält und scheu wird, weil seine Füße verschrumpelt und verkrüppelt sind? Um wieviel größer ist dann die Sünde, wenn wir die Seelen unserer Kinder einschnüren!

Man hat uns gelehrt, keine Gefühle zu zeigen. Wir schätzen logisches Denken und betrachten Ausbrüche von Leidenschaft mit Geringschätzung. Ein richtiger Mann weint nicht. Ärzte leiden nicht mit ihren Patienten. Rechtsanwälte dürfen sich nicht um ihre Mandanten sorgen, nein, eigentlich nicht. Geschäftsleute sind kalt und kalkulierend – unpersönlich, als wäre die Welt von Robotern bevölkert. Muß ein junger Rechtsanwalt zum ersten Mal im Gerichtssaal vor den Gschworenen sprechen, dann haben ihm seine Professoren, die noch nie einen Prozeß geführt haben, mit Sicherheit die Fähigkeit zum erfolgreichen Argumentieren ausgetrieben. Auf vergleichbare Weise stellen wir fest, wir sind erwachsen, doch nur um zu erkennen, daß die einzige Quelle des erfolgreichen Streitens von unseren Eltern und Freunden trockengelegt wurde – von all jenen, die Macht über uns ausüben.

Sind wir schließlich erwachsen geworden, weckt das Wort »streiten« dunkle, negative Gefühle. Eltern und Lehrer, Prediger und Priester haben einen enormen Druck auf uns ausgeübt. Sie haben uns gezwungen, ihre Weltanschauung, ihre Religion, ihre Lebensphilosophie, ihre Wertvorstellungen, ihre Normen, ihre politischen Meinungen, ihre Weisheit zu akzeptieren. Die Macht der Gemeinschaft zieht dem Geist und der Seele Grenzen, die sich jeder Infragestellung entziehen. Schon früh im Leben hat man uns zu ratternden, zumeist störungsfrei arbeitenden »Maschinen« gemacht. Man hat uns aufs Fließband gelegt und artige Schüler, verläßliche Konsumenten und gehorsame Bürger aus uns geformt. Das Ungezähmte in uns hat man zum großen Teil gezähmt. Wir ersticken in einem amorphen Klacks der Gleichartigkeit. Wir haben gelernt, daß es besser ist, sich anzupassen, als *lebendig zu sein*. Aber sich streiten und argumentieren?

Zahllose Männer und Frauen, deren Blick schon längst durch desillusionierende, enttäuschende Erfahrungen getrübt ist, führen ein trostloses, kleines Leben in stiller thoreauscher Verzweiflung. Viele kommen sich so klein, wertlos und unbedeutend vor, daß sie nicht die geringste Achtung für ihre Einzigartigkeit aufbringen. Wie können wir es wagen, mit anderen zu streiten?

Aber der menschliche Geist gleicht der Butterblume im Garten. Schneidet man die Stengel nahe am Boden ab, sprießt sie von neuem aus einer einzigen Haarwurzel. Gewiß, was dann aus dem Boden hervorlugt, mag schwach und zart sein. Aber es lebt. Bei Gott, es ist lebendig und wird wachsen! Das Kunststück besteht darin, die eigene Haarwurzel zu entdecken, sie zu schätzen und zu lieben, diese gesegnete, amputierte kleine Wurzel, die zur Sonne strebt. Das bin ich, du bist du, das sind wir!

Und wie erreichen wir das? Der Schlüssel zur Freiheit ist so einfach zu finden, daß es fast ein wenig peinlich ist, es anzusprechen:

DER SCHLÜSSEL: **Wir müssen uns nur die Erlaubnis erteilen. Wir müssen lediglich die Türen aufschließen.**

Es ist schon ein seltsamer Anblick, wie wir Menschen in unsere Kammern eingeschlossen sind und gleichzeitig den Schlüssel zur Freiheit fest in den Händen halten. Der Schlüssel ist natürlich die *Erlaubnis*, *unsere* Erlaubnis, einen Blick nach draußen zu werfen, herauszutreten – nur einen Schritt – und uns umzusehen, Fragen zu stellen, Achtung zu verlangen, unsere Kreativität mit anderen zu teilen, unsere Meinung zu vertreten, nach Liebe zu suchen, nach Gerechtigkeit zu streben – und *zu leben*.

DAS SCHLOSS: **Ich habe Angst, mich zu streiten. Das bringt mich bloß in Schwierigkeiten.**

Wie streitet man mit Menschen, die man liebt? Unsere Argumente schlagen fehl, die Äußerungen werden gehässig, der Zugang zum Herzen verschließt sich und an die Stelle der liebevollen Gefühle treten Gekränktheit und schließlich Wut. Wie bekämpfen wir die großen Rüpel in der Nachbarschaft, die immer gewonnen haben und die jetzt, als unsere Arbeitgeber, die Macht haben, uns und Tausende unseresgleichen hinauszuwerfen – meistens vor Weihnachten? Warum soll man überhaupt mit jemanden streiten? Warum sollen wir unsere Angehörigen von uns entfremden und unsere Freunde verärgern, die Menschen, mit denen wir zusammenarbeiten, gegen uns aufbringen, den Zorn des Arbeitgebers wecken und uns aus der Gemeinschaft ausschließen? »Wenn man sich streitet, kann man nur verlieren.« Das wissen wir aus Erfahrung. Haben wir nicht inzwischen gelernt, daß Schweigen, ein gesenkter Kopf, ein verschlossener Mund uns schützen? Hören wir nicht das Echo des Satzes von In-mut-too-yah-lat-lat, des großen Führers der Nez Percé, besser bekannt unter dem Namen Häuptling Joseph, der nach der Kapitulation seines Stammes unter Tränen bekannte: »Ich will nie mehr kämpfen?«

Diese Angst, die uns so stark zu schaffen macht – wie gehen wir mit ihr um? Ich spüre, wie sich Angst in meiner Magengrube festsetzt, wenn ich im Gerichtssaal stehe und mit meinen Ausführungen beginne. Ich empfinde sie jedesmal, wenn ich einen Sachverständigen ins Kreuzverhör nehme, der viel mehr über das Thema weiß als ich. Werde ich scheitern? Wird man mich als inkompetent ansehen? Wie kann ich es wagen, ihm zu widersprechen? Werde ich aus dem Gerichtssaal schleichen, während mir die Geschworenen – Zeugen meiner Schande – hinterherblicken und meine Gegner grinsen und sich wegen meines elendigen Zustands ins Fäustchen lachen?

DER SCHLÜSSEL: **Die Angst ist unser Verbündeter. Sie ist die Kraft, die sich in Macht umwandeln läßt – in unsere Macht.**

Die Angst ist gleichermaßen Freund und Feind, Gegner und Verbündeter. Sich ängstigen tut weh. Es ist mir verhaßt, wie oft sie mich begleitet. Und dennoch erlebe ich sie als Herausforderung. Sie weckt meine Sinne. Wie der Spatz, der beobachtet und beobachtet, werde auch ich hellwach, wenn ich mich fürchte. Der majestätische Rehbock im Wald läuft beim ersten Knacken eines Zweiges davon. Die Furcht bringt ihn dazu, davonzuspringen. Wie sonst hätte er zu einem so großartigen Exemplar heranwachsen können? Es ist der Zweiender, der keine Furcht zeigt, der nun den Kühlergrill des Wagens des Jägers schmückt, der junge Bock, der nur mit großen, blitzenden Augen den Jäger anstarrte und nicht davonlief.

Ich habe mir angewöhnt, mich meiner Angst nicht zu schämen, sondern sie vorbehaltlos anzunehmen. Man kann nicht tapfer sein, ohne Angst zu empfinden, denn ist Tapferkeit nicht einfach die Konfrontation mit der Angst? Wie tapfer ist der Soldat, der die Gefahr, in der er schwebt, nicht begreift, während er vorwärtsstürmt? Wie tapfer ist der Psychopath? Der Narr? Und wer ist mutiger – der kleine Junge, der auf die Bühne tritt und vor der Klasse sein erstes Solo vorträgt, oder die große Operndiva, die in der Metropolitan-Oper singt?

Die Angst sagt mir, daß im Inneren meines Herzens das Leben, nicht der Tod das Sagen hat. Tote haben keine Angst. Angst ist die schmerzliche Bejahung meines Lebens. Mich zu bejahen heißt, den Mut zu erleben und zu argumentieren – denn jedes Argument beginnt mit mir. Sich selbst zu bejahen ist der »Mut zum Sein«, wie Paul Tillich einmal sagte. So wie wir unsere Angst wahrnehmen, empfinden und annehmen, rufen wir auch das gebieterische *»Ich bin!«* aus. Erst dann können wir unsere Gründe vortragen.

Im Gerichtssaal führe ich manchmal stumme Selbstgespräche mit der Angst, während mich die Geschworenen anschauen, wie es ihre Pflicht ist, und sich fragen, was den seltsamen Mann wohl beschäftigt, der da schweigend vor ihnen steht und auf seine Füße blickt. Mein Selbstgespräch klingt meist so:

»Wie geht's dir, Gerry?«

»Die Geschworenen beobachten mich; sie warten darauf, daß ich mit meinen Ausführungen beginne«, antworte ich. »Ich kann hier doch nicht einfach herumstehen und nichts sagen.«

»Ich habe gefragt: Wie fühlst du dich?«

»Das weißt du doch.«

»Wie ist dir zumute?«

»Das weißt du genau.«

»Hast du Angst, das Gefühl zu benennen?«

»Also gut, ich habe Angst.«

»Das mußt du auch. Es steht viel auf dem Spiel. Der Staatsanwalt will deinen Mandanten vernichten – und dich auch.«

»Ich möchte nicht darüber nachdenken, nicht jetzt, nicht, während ich hier stehe.«

»Es macht nichts, Angst zu haben. Du mußt sie sogar haben. Mach weiter. Spür deine Angst.«

»Aber die Geschworenen sehen mir zu.«

»Die können auch noch ein paar Sekunden warten. Angst ist Energie. Wenn man spürt, daß man Angst hat, dann fühlt man auch seine Kraft, und dann kannst du ihre Kraft in *deine* Kraft umwandeln.«

Plötzlich sehe ich hoch und betrachte die Geschworenen: Sie warten. Ich höre, wie ich mit klarer, ruhiger Stimme das Wort an sie richte: »Ladies and Gentlemen of the Jury.« Plötzlich ist mir vage bewußt, daß etwas mit meiner Angst geschieht. Ich habe ihr ins Auge gesehen. Ich habe ihren Blick niedergezwungen. Sie zieht sich zurück wie ein winselnder Hund, der sich vor mir fürchtet! Der Schmerz der Angst vergeht. Ich spüre, wie neue Kraft in mir aufsteigt. Jetzt beginne ich mit meinen Ausführungen.

Im Angesicht der Angst zu argumentieren, bringt das *magische »Ja«* hervor, die einfache Bejahung unseres Seins. Argumentationen entspringen unserer Autorität. Argumente brechen aus uns hervor, so wie unsere Gedanken und Gefühle, unsere Stimme, unsere Musik und unsere Rhythmen. Wenn wir es uns *erlauben*, bricht das Argument aus unseren Lungen, unserer Kehle hervor, aus den Worten, die von den Lippen geformt und liebkost werden, aus den Worten, die aus dem Herzen kommen. Wenn wir es *zulassen*, entdecken wir von neuem unseren Willen zu gewinnen. So werden wir – darf ich es so nennen? – zu wiedergeborenen Gladiatoren.

DAS SCHLOSS: **Das mag ja alles stimmen, aber warum sollen wir eine Auseinandersetzung führen? Warum den Schmerz empfinden? Warum eine Niederlage riskieren?**

DER SCHLÜSSEL: **Die Kunst des Argumentierens ist die Kunst des Lebens. Wir streiten, weil wir es müssen, weil es das Leben fordert, weil das Leben letztlich selbst nichts anderes als eine Argumentation darstellt.**

In wichtiger Hinsicht ist jeder Streit ein Geschenk – wir schenken uns dem *anderen*. Ohne dieses Geschenk können wir weder als Mensch noch als Eltern Erfolg haben. Nur wenn wir uns dem *anderen* schenken, können wir jemals als Künstler Anerkennung finden oder als Arbeitnehmer Respekt heischen. Nur dann können wir je einen Prozeß für einen Mandanten oder die Liebe eines anderen Menschen gewinnen. Kurzum: Unser Sieg in diesem Leben hängt davon ab, ob wir fähig sind, uns einem anderen Menschen zu schenken, und dadurch in ihm das wecken, was er selbst irgendwie ahnt. Wenn mich das Argument eines anderen überzeugt, so erlebe ich nicht selten, daß etwas, was ich früher einmal gewußt und akzeptiert, seitdem aber vergessen habe, erneut in mir wach wird. Dann kommt es zu diesen Aha-Erlebnissen, die dazu führen, daß einem plötzlich etwas klar wird und man sich an den Kopf greift. Meines Erachtens nehmen wir dabei eine innerpersönliche archäologische Ausgrabung vor. Der Zauber entsteht, wenn wir durch ein Argument ein Stück unseres Selbst ausgraben und damit wahrscheinlich etwas über alle anderen Menschen in diesem Universum lernen.

Ich argumentiere, weil ich es muß. Ich diskutiere, um herauszufinden, ob ein Gedanke wirkungsvoll oder ein Plan durchführbar ist. Oder ich streite, um festzustellen, was der andere weiß. Ständig behaupten wir uns. Ein einzelner Mais-Setzling, der im Keller wächst, kann andere nicht bestäuben. Er braucht weitere Setzlinge, die Sonne, den Wind. Das Leben – die Suche nach Wahrheit, das Streben nach Gerechtigkeit, das Aufbrechen von Kreativität – kann nicht in Isolation blühen. Ohne liebevolle Auseinandersetzungen können Kinder niemals das so wichtige Geschenk elterlicher Zuwendung erfahren, noch kann sich eine Beziehung zwischen Eltern und Kindern entwickeln, aus der ein reifes, psychisch gesundes Kind erwächst.

Ohne öffentliche Debatten wird jeder Staat zur Wüste, in der nichts wächst, nichts blüht, nichts geschaffen wird, nichts lebt. Tausende stillgelegter Fabriken im ganzen Land, Millionen von Arbeitslosen, der Ausverkauf der Industrien an fremde Staaten, die sinnlose Zerstörung der natürlichen Ressourcen, der Niedergang des Bildungssystems, die Elendsviertel, die überfüllten Betonkäfige, die wir Gefängnisse nennen, der Zerfall unseres Rechtssystems, der moralische Verfall, gegen den wir so flammend protestieren – das alles bestätigt, daß unsere Führer, unsere Arbeitgeber, unsere Pädagogen und unsere Mitbürger dringend darauf angewiesen sind, Argumente auszutauschen und voneinander die Geschenke zu empfangen, die man einander vorenthalten hat.

Die Kunst des Argumentierens ist die Kunst des Lebens. Wenn wir mit Erfolg streiten, blühen und gedeihen wir. Dann können wir sehr viel Gutes erfahren und endlose Freude erleben. Wir können Kriege verhindern und die Erde retten. Unser Erfolg im Leben und das Überleben unserer Gesellschaft hängen davon ab, ob wir imstande sind, rational zu streiten. Wenn wir zu Experten im Argumentieren werden, könnten wir uns sogar vielleicht einen Weg durchs Himmelstor erstreiten. Doch dürfte Petrus wohl nur selten einen Kandidaten empfangen, der diese Kunst vollkommen beherrscht.

DAS SCHLOSS: **Könnte ich doch so gut reden wie die großen Rhetoriker der Geschichte, wenigstens so wie die Prediger oder der Mann von nebenan, der sich aus allem »rausreden« kann – aber ich habe kein Talent zum Diskutieren.**

DER SCHLÜSSEL: **Sie besitzen eine Kraft, an die kein anderer jemals herankommt.**

Heutzutage konzentrieren wir uns nicht mehr darauf, unsere Einzigartigkeit zu definieren, sondern darauf, Stil und Charakter anderer Leute zu imitieren. Wenn wir wie die anderen aussehen und wie die anderen handeln, ja, wie die anderen argumentieren, dann haben wir womöglich Erfolg; so sagt man uns jedenfalls. Sei wie John Wayne oder der Dorfpfarrer. Sei wie Elvis Presley oder Abraham Lincoln, wie Jesus oder Boris Becker. Trage zumindest die gleiche Schuhmarke. Iß wenigstens die gleichen Frühstücksflocken. Man hat uns gelehrt, Gleichartigkeit anzustreben und uns den anderen anzugleichen. Aber müssen wir nicht einräumen, daß sich der Wert eines Diamanten daraus herleitet, daß kein Edelstein dem anderen gleicht? Warum trachten wir also nach der Befreiung von unserer Individualität? Warum imitieren wir die Denkweise *der anderen*, übernehmen ihr Glaubenssystem und machen ihre Wertvorstellungen zu unseren? Warum kleiden wir uns wie *sie*, sprechen wie *sie* und – nachdem wir ihren in Flaschen abgefüllten Duft gekauft haben – riechen sogar wie sie? Warum stecken wir uns Ziele, die *sie* haben, und streben nach der Macht, die *sie* haben? Warum akzeptieren wir vorbehaltlos die Autorität *der anderen* und geben unsere auf? Wenn wir so werden möchten wie die anderen, schütteln wir dann nicht gerade das ab, was uns zu etwas ganz Besonderem macht und jedes Begriffsvermögen überschreitet?

Das ständige Streben nach Anerkennung, das zum Bestandteil der sozialen Maschinerie gehört, ist eine Form der seelischen Selbstzerstörung. Ich empfinde Widerwillen bei dem Gedanken, daß wir uns anderen anpassen sollen – das aufzugeben, was uns von allen anderen Menschen unterscheidet, so daß wir schließlich alle nur noch Imitate sind! Wie kann man überhaupt argumentieren, wenn dies nicht aus der eigenen Autorität heraus, sondern aus der unnachahmlichen Nachahmung eines anderen geschieht? Wenn wir uns gegenseitig imitieren, töten wir uns und werden darum so machtlos wie die Toten. Als Nachahmende sind wir *per definitionem* Fälschungen, und Fälschungen sind wertlos. Was für ein Verbrechen gegen sich selbst!

Auch begehen wir einen Mord am Selbst, wenn wir unsere Autorität an einen anderen abtreten – an die Kirche, an eine politische Partei, an einen Glauben, an Arbeitgeber, an McDonald's, die uns sagen, was wir heute essen sollen, an Budweiser und Toyota, die uns Ratschläge erteilen, woran wir uns zu erfreuen haben und worin der Sinn des Lebens besteht. Nachdem wir unsere Autorität an die konventionellen, modischen Weisheiten der politischen Korrektheit abgetreten haben – ja, uns jeder anderen Person oder Gruppe unterworfen haben, die ihre Autorität verkündet –, was ist dann von uns noch übriggeblieben? Wie können wir es wagen, aus dem Nichts heraus zu argumentieren? Wenn wir dann unsere Stimme erheben, dürfte das, was dabei herauskommt, kaum mehr als ein lahmes Murmeln sein – oder schlimmer noch, ein ohnmächtiger Wutausbruch. Ungehört mühen wir uns weiter.

Wenn ich selbst der Ausgangspunkt einer Argumentation bin, wenn sie meiner eigenen Autorität entspringt, dann wird sie, so behaupte ich, einzigartig unter allen anderen sein. Haben wir nicht alle einen Fingerabdruck, der sich mühelos von allen Fingerabdrücken, die es je gegeben hat, unterscheidet? Es geht mir hier um den »Fingerabdruck« der Persönlichkeit. Auch dieser Abdruck ist ununterscheidbar von allen anderen in der Geschichte der Welt. Der Schlüssel zum gewinnenden Argumentieren liegt darin, dies zu verstehen und daran zu glauben. Die große Suche des Lebens besteht darin, den individuellen »Seelen-Abdruck« zu finden, den einzigartigen Stempel, den nur wir tragen.

Ich habe von so manchem tollen Anwalt so manches hübsch formulierte Argument vernommen. Aber wenn man hinter das bunte Gewand schaut, ist nichts mehr da. Überhaupt nichts. Und zwar weil diese Argumente am Ende von allen als Belanglosigkeiten eines der Papageien angesehen werden, die sich bloß gut im juristischen Regelwerk auskennen. Möglicherweise entlocken die Ausführungen den Anwesenden Beifall. Vielleicht belohnen sie denjenigen, der sie vorgebracht hat, mit Schulterklopfen. Doch einen Sieg wird er auf diese Weise niemals davontragen.

Andererseits habe ich eine junge, verängstigte Frau erlebt, die im schlichten Kleid vor einer Jury stand; das Haar hatte sie straff nach hinten gestrichen, in erster Linie, damit es nicht im Weg war. Ich habe gesehen, wie sie mühsam nach den richtigen Worten suchte. Ich war Zeuge, wie sie ins Stocken kam und ein hochrotes Gesicht bekam. Ich habe gesehen, wie ihr Tränen in die Augen traten. Ich habe gespürt, wie wichtig ihr war, was sie sagen wollte. Ich habe beobachtet, wie sie ins Stottern kam und sich tapfer wehrte. Und ihre Worte, die aus tiefstem Herzen kamen und in denen ihre Individualität präzisen Ausdruck fand, trugen den Sieg davon. Sie hatte an keiner bedeutenden Universität studiert. Sie war nicht Klassenbeste gewesen. Wenn sie die Straße entlangging, sah ihr keiner hinterher. Sie nahm im Gerichtssaal Platz und mischte sich unter die Zuhörer. Aber was sie vorbrachte, trug *ihren* Stempel. Keine Argumentation wird der ihren gleichkommen. Nur sie konnte sie vorbringen, und gerade deshalb hatten ihre Worte Überzeugungskraft.

DAS SCHLOSS: **Warum sollte mir überhaupt jemand Gehör schenken?**

DER SCHLÜSSEL: **Sie sind Ihre eigene Autorität. Das genügt.**

Warum habe ich das Recht, darauf zu bestehen, daß die anderen mir zuhören, wenn ich weder eine besondere Ausbildung habe noch über spezielle Fachkenntnisse verfüge? In den USA setzen wir ein gewisses Vertrauen in die Weisheit des »einfachen Mannes«, da er sich im Leben auf eine Art auskennt, von der viele nichts ahnen.

Ein Zimmermädchen ist zur Geschworenen bestellt worden. Jeden Tag arbeitet sie schwer für einen geringen Lohn, und abends, nachdem sie viele Stunden den Abfall beseitigt hat, den wir zurücklassen, nachdem sie unsere Toiletten geschrubbt und unsere schmutzige Bettwäsche gewechselt hat, schleppt sie sich nach Hause, in die kleine, fast leere Wohnung im weniger feinen Teil der Stadt. Die Frau ist alt. Die Knochen tun ihr weh. Wenn sie erschöpft zu Bett geht, streckt sie mechanisch die Hand aus – dorthin, wo einmal ihr Mann neben ihr lag. Er ist gestorben. Seine Seite ist leer und kalt. Und nachdem sie still in dem einsamen Zimmer geweint hat, hört ihr kein Psychiater für hundert Dollar die Stunde zu, um ihr in ihrem Leid beizustehen.

Jetzt ist das Zimmermädchen eine der Geschworenen. Sie schämt sich wegen ihres Aussehens. Sie trägt ihr bestes Kleid – dasjenige, das sie bei der Beerdigung ihres Mannes trug. Aber die Schuhe sind alt, und sie hat nicht genügend Geld, zum Friseur zu gehen, so wie die Frau des Bankdirektors, die neben ihr sitzt. Wenn ihr die Anwälte Fragen stellen, die ihre Qualifikation als Geschworene betreffen, ist sie schüchtern, weil sie weiß, daß sie ihre Muttersprache nicht immer korrekt verwendet. Die Anwälte sprechen mit den anderen Geschworenen. Sie sprechen mit der Frau des Bankdirektors. Sie sprechen mit dem Lehrer in der hinteren Reihe. Sie sprechen mit dem Filialleiter einer großen Ladenkette. Sie sprechen mit dem Störungssucher des Elektrizitätsunternehmens. Aber mit ihr sprechen sie kaum. Doch wer kennt sich besser im Leben aus? Wer weiß besser Bescheid über Armut und Leid, über harte Arbeit und Einsamkeit? Wer ist tapferer? Sie verfügt über ein tieferes Wissen. Wenn sie spricht, werden die anderen Geschworenen genau zuhören müssen, denn ihre Stimme ist leise, und es fällt ihr schwer, die richtigen Worte zu finden. Doch die Worte, die sie findet, werden von Herzen kommen, weil sie keine andere Art des Argumentierens kennt. Tatsächlich aber – und dies ist meine Erfahrung – werden ihr die anderen am Ende zuhören und sie respektieren, weil sie wissen, daß sie aus einer Autorität heraus spricht, die sie selber nicht besitzen.

Weisheit fällt uns normalerweise nicht aus irgendwelchen hohen Orten in den Schoß. Die Mächtigen und Schönen haben mich wenig gelehrt. Ich habe mehr von meinem Hund als aus allen großen Büchern gelernt. Ich habe von meinen Kindern mehr gelernt als von allen Professoren, die mich in Ausübung ihres unkündbaren Berufs belästigten. Die Weisheit von Kindern ergibt sich aus ihrer reinen Fähigkeit, die angeborene Wissensquelle anzuzapfen und dieses Wissen anderen arglos anzuvertrauen. Die Weisheit meines Hundes rührt her von seiner Unfähigkeit, seine Bedürfnisse zu verbergen. Wenn er sich nach Liebe sehnt, zieht er sich nicht schmollend in eine Ecke zurück. Da gibt es keine Spiele mit dem Titel: »Rate mal, was mit mir los ist.« Er legt den Kopf auf meinen Schoß, wedelt mit dem Schwanz, sieht mich aus seinen treuen Augen an und wartet darauf, gestreichelt zu werden. Kein Professor, kein Weiser hat mir je gesagt, ich kann ein erfolgreicheres Leben führen, wenn ich einfach um Liebe bitte, sobald ich sie brauche.

Die Welt ist übervölkert mit Leuten, die behaupten, die Geheimnisse des Lebens zu kennen, und die darauf brennen, ihr Wissen mitzuteilen – aber das hat seinen Preis. Es ist, als stünde ich an einer verkehrsreichen Straßenecke, an der die großen Geister der Welt und ihre Nachahmer vorbeigehen, an der Weise und Blender, Genies und Narren behaupten, den Weg nach Disneyland zu kennen. Manche sprechen nicht meine Sprache. Manche sind derart von der eigenen Brillanz geblendet, daß sie blind geworden sind. Die meisten sind nie in Disneyland gewesen. Die Wegbeschreibungen, die manche geben, sind unverständlich. Wenn ich frage: »Wie komme ich nach Disneyland?«, antworten einige, indem sie mich um etwas Kleingeld bitten. Manche deuten in die eine Richtung. Manche in die andere. Wie soll ich wissen, wer von den Leuten auf der Straße sich auskennt? Nur wenn ich selber nach Disneyland gereist bin, kann ich die Richtungen, die man mir gezeigt hat, überprüfen. Letztlich bin ich für mich – so wie Sie für sich – die einzige Autorität.

Ich habe mein Leben der Aufgabe gewidmet, an den äußeren Rändern meines Ichs herumzustochern. So wie sich das Universum um so weiter entfaltet, desto gründlicher es erforscht wird, so entwickelt sich auch meine Welt. Erst wenn ich in einer neuen, inneren Galaxie ankomme, kann ich die bis dahin fremden Welten sehen, die zu weiteren Forschungsreisen einladen. Doch wenn ich eine äußere Autorität als meine unfehlbare Autorität anerkenne, blockiere ich jegliche Entdeckung meines Selbst. Durch dieses Anerkennen wird jedes Wachstum gehemmt; es imitiert den Tod, denn keine Handlung ist selbstmörderischer, als die eigene Persönlichkeit preiszugeben und durch die fremde Autorität eines anderen zu ersetzen.

DAS SCHLOSS: **Aber wenn ich meine eigene Autorität bin, dann gilt das doch auch für die anderen. Wie kann ich da gewinnen?**

DER SCHLÜSSEL: **Wir können nur dann gewinnend argumentieren, wenn wir im eigenen Namen sprechen und zugleich die Autorität der *anderen* ansprechen.**

Unsere Autorität und die der anderen: Wenn uns eine Filmszene zu Tränen rührt, dann deshalb, weil der Schauspieler geweint hat, bevor wir weinten, und zwar aus tiefstem Herzen. Im Drehbuch finden sich keine Tränen. Die Tränen entsprangen der Autorität des Schauspielers. Er weint nicht, weil andere Kummer empfinden, sondern weil er traurig ist. Hätte er seinen Kummer nie kennengelernt, hätte er nicht weinen können.

Die Darstellung des Schauspielers, die uns zum Weinen bringt, läßt sich als sein »Argument« verstehen. Er appelliert an unser Einfühlungsvermögen und unsere Fürsorge. Wenn er aus dem eigenen Kummer heraus spielt, das heißt, wenn er im Namen seiner Erfahrungen argumentiert, anerkennt er zugleich, daß auch wir kummervolle Zeiten durchlebt haben. Wenn wir nie traurig gewesen wären, wenn wir keine eigene Autorität besäßen, dann wäre die Szene, in der er spielt – sein Argument – ein völliger Mißerfolg.

Nun verstehen wir: *Es kommt zu einer erfolgreichen Argumentation, wenn beide Parteien die Autorität der Gegenseite anerkennen.* Indem ich argumentiere, räume ich dem *anderen* das Recht auf eine Widerrede ein. Indem ich spreche und gehört werden möchte, gestehe ich dem *anderen* das Recht zu, ebenfalls Gehör zu finden. Doch nichts bei dieser Abmachung deutet darauf hin, daß der eine oder andere seine Autorität preisgeben soll. Ich behalte mir das Recht vor, ebenso wie der *andere*, diejenigen Argumente anzuerkennen oder zurückzuweisen, die in meinen Augen wahr sind oder nicht. Wir können nicht mit jemandem streiten, der über keine eigene Autorität verfügt. Unsere Diskussionen mit jenen, die keine Autorität haben, gleichen dem Anflehen von Zaunpfählen, ähneln dem Predigen vor Steinen. Nur wenn der *andere* seine Autorität bewahrt, disputieren wir nicht mit den Toten. In jedem Haus sollte am Kühlschrank und an jedem Arbeitsplatz an der Tür des Chefs ein Schild mit der Aufschrift kleben: BITTE STREITE MIT MIR. Im Grunde ist ein Streit nicht immer ein Kampf mit Worten. Häufiger ähneln Argumentationen dem Geschlechtsakt: eine Aktivität, die befriedigender und kostbarer ist, wenn sich beide Parteien daran beteiligen.

Und deshalb: Diejenigen, die nicht unsere Liebe, sondern unsere Komplizenschaft, diejenigen, die nicht unser Wachstum, sondern unseren Gehorsam suchen, haben uns in unsere Kammer eingesperrt. Doch wir selber halten den Schlüssel zur Freiheit in Händen. Wir müssen uns lediglich die *Erlaubnis* erteilen, die Tür aufzuschließen.

Wir haben Angst. Doch die Angst bestätigt das Leben und identifiziert die Quelle aller erfolgreichen Argumente – uns selbst. Wir suchen den Schmerz zu vermeiden. Doch wir können seine Kraft erleben und seine Macht in die unsere verwandeln.

Viele wenden ein, daß sie kein Talent zum Argumentieren haben. Sie rufen: »Wäre ich doch nur wie die anderen.« Aber in solchen

Klagen steckt ein Todeswunsch, denn um wie ein anderer sein zu können, müssen wir unsere vollkommene Einzigartigkeit preisgeben. Wieder andere wenden ein, daß sie keine Autorität besitzen. Aber ich sage, wir sind die einzige Autorität – für uns selbst.

Wenn Sie also *Ihre* Autorität ausüben, und zwar auf Grund *Ihrer* Erfahrungen, wenn Sie einige meiner Argumente als – für Sie – wahr akzeptiert haben, dann möchten Sie sich vielleicht mir anschließen und herausfinden, welche anderen vergrabenen Schätze vor uns liegen. Nachdem wir einander die Erlaubnis erteilt haben, wollen wir in diesem Dialog, in diesem wunderschönen Abenteuer, miteinander zu streiten, fortfahren.

2. Das Wann des Argumentierens

Gewinnen, ohne zu streiten

DAS SCHLOSS: **Wenn ich argumentiere, möchte ich gewinnen.**

DER SCHLÜSSEL: **Aber zunächst muß man fragen: »Was heißt ›gewinnen‹?«**

Gewinnt man, wenn man den *anderen* dazu zwingt, daß er seine emotionalen und geistigen Waffen streckt und kapituliert? Triumphieren wir, wenn der *andere* ausruft: »Du hast gewonnen! Ich habe mich geirrt! Ich bin ein übler, treuloser, schmutziger Schurke, der nicht wert ist, auf dieser Erde zu wandeln!«? Das mag etwas übertrieben ausgedrückt sein, aber glauben wir denn wirklich, gewonnen zu haben, wenn der *andere* die weiße Flagge der Kapitulation hißt? Müssen wir, um zu gewinnen, Salz in die Wunden des Gegners streuen, so wie Rom die Felder Karthagos mit Salz unfruchtbar machte? Wenn ja, dann habe ich in meiner ganzen beruflichen Laufbahn noch keine argumentative Auseinandersetzung gewonnen.

Früher habe ich – wie die meisten – geglaubt, daß man solange auf den Widersacher einreden muß, bis er kein Wort mehr herausbringt; nur so könne man gewinnen. Wie sich diese Vorstellung in meinem Privatleben ausgewirkt hat, können Sie sich sicherlich vorstellen. Wenn ich übereinstimmend mit dieser Definition eine Auseinandersetzung gewonnen hatte, ging mir allmählich die Beziehung verloren. Einen Streit zu gewinnen, bedeutete nur, daß ich das Recht gewonnen hatte, mit der Frau und den Kindern, die ich liebte, durch Schweigen verbunden zusammenzuleben. Es bedeutete, daß ich ihre Ideen, ihre Beiträge zu der Beziehung verkleinerte, herabsetzte oder verwarf. Es bedeutete, daß ich, um zu gewinnen, ihre Persönlichkeit, ihre Einzigartigkeit leugnete. Es bedeutete, daß ich, um zu gewinnen, alleinblieb, mir selber Predigten hielt, brüllte, große Reden schwang und Forderungen vor leeren Bänken erhob.

Wenn man behauptet, Worte können keinen Schaden anrichten, ist das schlicht falsch. *Worte töten und verstümmeln.* Das Todesurteil, das ein Richter ausspricht, besteht nur aus Worten. Worte der Zurückweisung, Worte des Verrats, Worte des Hasses, Worte der Leugnung können uns ebenso mühelos vernichten wie ein Dolch. Worte führen zu Kriegen.

Heute, in unserem vermeintlich so aufgeklärten Zeitalter, sind Worte die Waffen, mit denen sich Ehepaare bekämpfen. Worte dienen zum Schlagabtausch zwischen Gegnern im Geschäftsleben, zwischen den Tarifparteien, in allen Auseinandersetzungen, in denen – wichtige und weniger wichtige – Fragen auf dem Spiel stehen. Obwohl Worte aus dem Äther so schnell verschwinden, wie sie gesprochen wurden, fügen sie häufig dauerhaften Schaden zu. Wir können der Seele mit Worten Verletzungen zufügen, die ebenso tief gehen wie eine durch eine Kugel verursachte Wunde. Krieg ist Krieg, ob er nun mit schweren Geschützen oder mit Worten geführt wird.

Die Verwendung von Argumenten als Waffen, die verletzen, hat ihnen einen schlechten Ruf eingebracht. Ich denke da an meinen Nachbarn, einen aufbrausenden Mann, der bei der Nennung von bestimmten Reizworten geradezu explodiert.

Mit einem dieser Reizworte löst seine Mutter regelmäßig Wutanfälle bei ihm aus, immer wieder und aus Bosheit. Wie es sich für einen guten Sohn gehört, holte er seine alte Mutter jeden Sonntag zum Essen zu sich nach Hause. Noch ehe sie ihn fragte, wie es ihm oder den Enkelkindern gehe, wollte sie wissen: »Warst du heute in der Kirche, Henry?« Mehr als einmal wurde ich Zeuge seiner Antwort; sie war so vorhersehbar wie eine Telefonansage.

Er brüllte: »Mutter, du weißt doch, daß ich nicht in die Kirche gehe!« Woraufhin seine Mutter eine ebenso vorhersehbare Frage abschoß, die nie ihre Wirkung verfehlte und Henry auf die Palme brachte:

»Wieso gehst du nicht zum Gottesdienst? Du weißt doch, daß du das tun sollst!« Nachdem diese verbale Rauferei mehrere weitere Explosionen ausgelöst hatte, hielt die Mutter plötzlich inne, sichtlich glücklich und zufrieden; nach einigen weiteren Attacken der Mutter hielt auch der Sohn inne, der ebenfalls recht zufrieden wirkte. Dieser Wortwechsel war kein Streit, sondern eine Methode, durch die die beteiligten Parteien ihrem Lieblingssport, der gegenseitigen innerfamiliären Geißelung frönten.

Eines Tages schenkte seine Frau demselben Mann einen Rasenmäher zum Geburtstag. Es gelang ihm nicht, das verfluchte Ding in Gang zu bringen. Er zog am Startseil und zog und zog, bis er im Gesicht rot angelaufen war. Er schwitzte und fluchte.

»Dieser verdammte Räsenmäher!« schrie er.

Seine Frau – und alle Nachbarn – hatte den Gefühlsausbruch vernommen. Sie erschien auf der Terrasse.

»Was ist los, Henry?« Sie wußte es genau.

»Dieser idiotische Rasenmäher springt nicht an!« rief er. Inzwischen hatte er seine Werkzeugtasche aus der Garage geholt und versuchte, den Vergaser einzustellen.

»Das ist ein sehr guter Rasenmäher«, schrie die Frau zurück. »Er hat mich eine ziemliche Stange Geld gekostet. Er ist nagelneu. Er ist völlig in Ordnung.« Damit hatte sie noch einen Auslöser betätigt.

»Was soll das heißen – das Ding ist völlig in Ordnung. Das ist ein Haufen Schrott, sieh doch selber! Er will nicht anspringen.« Jetzt brachte er sie auf eine *ihrer* Palmen.

»Diesen Rasenmäher, für den ich eine Stange Geld hingelegt habe, bezeichnest du als einen Haufen Schrott?« schrie sie zurück.

»Ja, ganz genau. Ich nenne diesen Schrotthaufen einen Schrotthaufen!« Sie begann zu weinen.

»Und das ist der Dank für mein Geburtstagsgeschenk – du beschimpfst und beleidigst es!« Sie wurde hysterisch.

»Dieses Mistding will einfach nicht anspringen.« Am liebsten hätte er auch geweint.

»Das liegt wahrscheinlich daran, daß du die Anleitung nicht richtig durchgelesen hast. Das machst du nie. Du hältst dich ja für allwissend.«

»Um einen Rasenmäher in Gang zu bekommen, muß man kein Genie sein, verdammt noch mal.«

»Das Problem ist, daß dieser Schrotthaufen mehr Grips hat als du!« Das klang, als ob sie ihr einziges Kind in Schutz nehmen wollte.

Plötzlich hätte er sie am liebsten umgebracht; er schnappte sich einen Hammer, zog ihn aus der Werkzeugtasche und attackierte statt dessen den Rasenmäher. Er schlug auf das arme Ding ein, während seine Frau schrie und schluchzte, bis der Rasenmäher, wie er immer behauptet hatte, wirklich ein Stück Schrott war.

Die Ehefrau hätte die lautstarke Auseinandersetzung vermeiden können, wenn sie sich »auf die richtige Seite des Rasenmähers geschlagen hätte«, das heißt, sie hätte sagen müssen, als sich ihr Ehemann darüber beklagte, daß der Rasenmäher nicht ansprang: »Wieso funktioniert der denn nicht. Er ist nagelneu. Kein Wunder, daß du dich aufregst.« Indem sie sich in dem Streit auf die Seite ihres Mannes geschlagen hätte, hätte sie keinen seiner »Auslöser« betätigt, und der Rasenmäher hätte überlebt. Und der Mann hätte sich ebenso leicht auf die Seite der Frau schlagen können. Als sie anfing, den Rasenmäher zu verteidigen, hätte er nur zu sagen brauchen: »Ich kann verstehen, daß du enttäuscht bist. Vielleicht sollte ich mal die Anleitung durchlesen.«

Zu Hause wie auch am Arbeitsplatz, überall, wo Männer und Frauen Entscheidungen treffen, werden strittige Fragen normalerweise weder durch Logik noch Vernunft, noch nach Kriterien der Gerechtigkeit gelöst. Oft ist die Übereinstimmung, die man unmittelbar nach einer anstrengenden Rauferei erzielt, das Ergebnis einer Zermürbungstaktik, so daß die letzte Position der beiden Parteien eine Beschwichtigung, mit der niemand zufrieden, ein erzwungener Kompromiß oder eine aus Hilflosigkeit geborene Kapitulation ist.

Überdies bergen viele Lösungen den Keim für künftige Kriege. So glaubte Woodrow Wilson, daß es nach dem Versailler Vertrag keine Kriege mehr geben werde; doch dessen drakonische Bindungen schufen die Grundlage für den Zweiten Weltkrieg.

In einem Argumentationsprozeß streben wir nicht danach, den *anderen* zu vernichten. Vielmehr handelt es sich um ein Hilfsmittel, mit dem sich ein Ziel erreichen, ein Bedürfnis befriedigen, ein Wunsch erfüllen läßt. Mit seiner Hilfe bringen wir die Wahrheit zum Vorschein – so, wie wir sie verstehen. Das Argumentieren ist die unvergleichliche Kunst, durch die wir uns mit dem *anderen* verbinden und verständigen.

Gewinnen bedeutet, daß wir bekommen, was wir wollen. Oft gehört dazu, daß wir anderen helfen, daß auch sie bekommen, was sie sich wünschen. Gewinnen kann eine gerechte Sache fördern. Es kann Menschen helfen, die wir nicht kennen, und die Wahrheit aufdecken. Möglicherweise helfen wir dadurch einem geliebten Menschen, daß er Erfolg hat, einem Kind, daß es sich positiv entwickelt, einem Gegner, daß er uns in einem neuen Licht sieht. Doch ob wir nun für uns oder für andere gewinnen – in beiden Fällen geht es darum, *das zu bekommen, was wir wollen.*

Wenn Argumentationen das Mittel sind, mit dem wir vom *ande-*

ren bekommen, was wir wollen, dann müssen wir Raum für die Vorstellung schaffen, daß man ganz unterschiedlich argumentieren kann. Tatsächlich kann jede Auseinandersetzung die Form eines Wettstreits annehmen. Sie kann feindselig und aggressiv geführt werden, den anderen attackieren und unterdrücken. Sie kann streitlustig sein. Sie kann zu einer Diskussion führen. Die meisten Argumente vor einem Geschworenengericht, einem Stadtrat oder auf einer Schulversammlung nehmen eine solche Form an. Das gewinnende Argumentieren kann aber auch die Form einer Liebesgabe annehmen, beispielsweise indem wir dem *anderen* unsere Hilfe anbieten. Sie kann leise sein, etwa wenn sich meine Frau Imaging manchmal meine Gefühlsausbrüche schweigend anhört, nichts sagt und einfach abwartet, bis sich der Sturm gelegt hat, so daß der Verursacher selbst die andere Seite sieht. Mitunter ist das beste Argument, den *anderen* solange reden zu lassen, bis er alles gesagt hat und nicht mehr streiten möchte. Mitunter ist es am besten, auszuhalten und der makellosen Macht des Schweigens zu vertrauen. Das Kunststück ist natürlich zu wissen, wann man streiten muß.

Das Argument – das »Ich bin« stärken: Für manche Menschen ist der Streit ein Mittel, mit dem sie versuchen, ihr Sein zu bestätigen, wenn sie – ihres Erachtens – labil sind oder der andere sie in Frage stellt. Wir erleben sie jeden Tag – es sind diejenigen, die beweisen müssen, daß sie *sind.*

Diese Menschen streiten und rangeln und zanken, weil sie im Innersten schwach sind. Wenn sie in etwas einwilligen, deuten sie das als Schwäche, die sie in Abrede stellen wollen. Könnte man ihre spleenige, leise innere Stimme hören, wie sie jammert und quengelt, dann würde sie sich so anhören:

Die andere: Johnny, hättest du Lust, heute abend mit mir ins Kino zu gehen?

Johnnys innere Stimme: Sag nicht ja. Sie würde dich für einen totalen Schwächling halten.

Johnny: Du weißt doch, daß ich zu sowas keine Lust habe. Warum willst du andauernd ins Kino?

Die andere: Na schön, und wie wär's mit einem Basketballspiel? Heute abend spielen die Dips gegen die Dunks.

Johnnys innere Stimme: Sie will dich wieder kontrollieren. Wenn du mitgehst, bist du nichts weiter als eine flennende, inkonsequente, geisteskranke Memme.

Johnny: Können wir nicht mal zu Hause bleiben? Immer soll ich irgendwas unternehmen oder irgendwo hingehen.

Die andere: Na gut – wie du willst. (Worauf sie es sich mit einem guten Buch auf dem Sofa bequem macht, was sie von Anfang an wollte.)

Menschen wie Johnny streiten nicht. *Sie sind anderer Meinung.* Sie können nie einen Streit gewinnen, denn sie argumentieren nicht. Sie können nie gewinnen, denn sie bekommen nie, was sie wollen. Dafür aber beweisen sie eines – daß sie *unausstehlich* sind.

Argumente und abweichende Meinungen: Und was ist mit denen, die ständig anderer Meinung sind? Die bedeutenden Nonkonformisten argumentieren in Übereinstimmung mit einem Lebensprinzip, das durchgängig ihre Lebensziele regiert und prägt. Die großen Männer der Geschichte waren große Nonkonformisten. Jesus war ein Nonkonformist, der die Geldwechsler aus dem Tempel hinauswarf und sich der Lehre vom »Auge um Auge, Zahn um Zahn« verweigerte. Galileo Galilei war ein Nonkonformist, der glaubte, daß sich die Erde um die Sonne drehte. Karl Marx war ein Nonkonformist, der die Ausbeutung der Massen anprangerte. Thomas Jefferson, Abraham Lincoln, Martin Luther King – sie alle waren bedeutende Nonkonformisten. Sie allen konnten wortgewandt streiten, und einige gewannen die großen Auseinandersetzungen der Geschichte. Doch ihre Argumente entstammten der Stärke, nicht der Schwäche, einer tiefen Überzeugung, nicht Unsicherheit. Sie stritten, weil sie ein Ziel verfolgten und der Menschheit dienen wollten.

Streiten, um sich selber reden zu hören: Ich kenne Menschen, die Streitigkeiten lediglich dazu benutzen, die eigene Stimme zu hören. Diese Menschen sind Krachmacher. Sie wirken zwar außerordentlich selbstbewußt, sind in Wahrheit jedoch von den eigenen Worten verzaubert, begeistert von der eigenen Weisheit und mit Sicherheit so langweilig wie Popcorn ohne Salz. Im Laufe ihres Lebens haben sie soviel Radau gemacht und die Luft mit soviel apodiktischen Banalitäten gefüllt, daß sie weder Zeit hatten, einen einzigen originellen Gedanken zu fassen, noch sich die Gelegenheit zu geben, irgend etwas zu begreifen oder zu lernen, indem sie einem anderen Menschen zuhörten.

Streit und Neurose: Ich kenne Menschen, die streiten, weil sie immer wieder in die gleiche neurotische Falle tappen. Für sie verwandelt sich jede Autoritätsfigur zum dominierenden Vater, der sie unterdrückt hat, oder zur nörgelnden Mutter, mit denen sie ihre seelischen Rechnungen noch nicht beglichen haben. Ich kannte einmal einen jungen Anwalt, der mit dem Richter stritt, selbst wenn der Richter versuchte, ihm zur Hilfe zu kommen. Er ließ sich weder mit seiner Frau noch mit seinen Kindern auf Auseinandersetzungen ein. Er zankte sich nie mit seinen Freunden. Aber wenn der Richter auf seinem Stuhl Platz genommen hatte, Anordnungen verfügte und Entscheide fällte, verwandelte sich dieser junge Anwalt von einem umgänglichen Menschen in einen kreischenden Trottel. Aber er äußerte sich auch abfällig über seine ehemaligen Arbeitgeber, seinen Feldwebel in der Armee sowie alle anderen ihm vorgesetzten Personen.

Je heftiger der Anwalt im Gerichtssaal auf seinen Autoritäts-Dämonen reagierte, je deutlicher seine völlig ungezügelte Feindseligkeit zum Vorschein kam, desto unmißverständlicher ermahnte ihn der Richter. Schließlich verschlechterte sich das Verhältnis zu dem Richter in einem solchen Maße, daß der Anwalt wegen Mißachtung des Gerichts verurteilt wurde und am Ende in eine andere Stadt ziehen mußte, wo sich dieses bizarre Drama möglicherweise von neuem abspielte. Seltsam, daß ein Rechtsanwalt, der genauso lernen muß, wirkungsvoll zu argumentieren, wie ein Chirurg lernen muß, geschickt mit einem Skalpell umzugehen, juristische Argumentationen letztlich in eine Waffe der Selbstzerstörung verwandelte.

Ich habe andere Menschen kennengelernt, die streiten, weil sie panische Angst haben oder unter Wahnvorstellungen leiden. Sie interpretieren jede Äußerung, jedes Wort, das man an sie richtet, als Kritik oder Zensur. In einem kleinen Lebensmittelgeschäft auf dem Lande wurde ich unlängst Zeuge einer Unterhaltung, die gut in diese Kategorie paßt. Ich stand in der Schlange und wollte bezahlen, als der Mann an der Kasse, zugleich der Ladenbesitzer, zu der Frau vor mir sagte: »Schönen Tag noch.«

»Meine Rechnung ist nicht fällig. Ich habe sie vor zwei Tagen bezahlt«, antwortete sie eingeschnappt. »Haben Sie meinen Scheck nicht bekommen?«

»Doch, ja, vielen Dank«, sagte der Lebensmittelhändler.

»Sie müssen sich nicht bedanken. Ich bezahle meine Rechnungen, und zwar pünktlich.«

»Ja, gewiß doch«, erwiderte er und lächelte die Dame breit an.

»Woher wollen Sie das wissen? Haben Sie etwa meine Kreditwürdigkeit überprüft? Dazu besteht überhaupt keine Veranlassung.«

Der Lebensmittelhändler sah die Kundin erschrocken an. Als er sich schließlich wieder gefaßt hatte, sagte er: »Nehmen Sie doch bitte diese Lebensmittel mit meinen besten Empfehlungen.«

»So leicht kommen Sie mir nicht davon. Für wen halten Sie sich eigentlich?« Zum Glück unterließ es der Lebensmittelhändler, die Frage zu beantworten. Der Austausch von Argumenten und Geisteskrankheit sind nur selten miteinander vereinbar.

Ich habe Menschen gekannt, die nach einem traumatischen Kindheitserlebnis sofort Angst bekommen, wenn jemand ein streitbares Wort an sie richtet. Irgendeine Form der verbalen Mißhandlung hat ihnen seelischen Schmerz zugefügt. Der Vater oder die Mutter, die so unsicher waren, daß sie auch die geringfügigste Infragestellung durch das Kind nicht ertragen konnten; der Schmerz eines Elternteils, der das Kind nicht genügend liebte, um ihm zu erlauben, zu fragen, zu erforschen, anzuzweifeln, zu wachsen und zu gedeihen; der Schmerz, verursacht von einem Elternteil, der so wenig Selbstvertrauen hatte, daß er kein Vertrauen in das Kind setzte. Man kann ebensowenig mit jemandem streiten, der Angst vor Wortgefechten hat, wie man mit jemandem das Tanzbein schwingen kann, der Angst vorm Tanzen hat.

Gewinnen, ohne zu streiten: Schon früh in meiner Ehe zeigte mir Imaging, wie man einen Streit gewinnen kann, ohne einen Streit vom Zaun zu brechen. Wir waren gerade aus den Flitterwochen zurückgekehrt und hatten uns in unserem neuen Zuhause eingerichtet. Am nächsten Tag mußte ich wieder ins Büro. Als ich abends zum Essen nach Hause fahren wollte, wobei mir bewußt war, daß sich Imaging für den besonderen Anlaß etwas Besonderes ausgedacht hatte, beschloß ich, nicht etwa nach Hause zu fahren, nein, bei Gott! In meiner vorhergegangenen Beziehung hatte es ständig Schwierigkeiten gegeben, weil ich nicht pünktlich nach Hause kam. Ohne daß es mir bewußt war, war ich noch immer in diese beendete Beziehung verstrickt. Statt nach Hause zu fahren, traf ich mich in einem

Restaurant mit einem Freund. Wir tranken einen Kaffee und unterhielten uns. Die Zeit verstrich, aber ich hatte nicht vor, pünktlich zum Abendessen nach Hause zu fahren. Ich dachte: »Diese Ehe steht noch am Anfang, und deshalb stelle ich gleich am ersten Abend einige Grundregeln auf.«

Ich trank also meinen Kaffee und setzte das Gespräch mit meinem Freund fort. Schließlich kam ich eine Stunde zu spät zum Abendessen nach Hause. Was ich sah, erstaunte mich. Statt auf eine scheltende Frau oder – die schlimmste aller Bestrafungen – auf Schweigen zu treffen, wurde ich mit einem großen Kuß und einem Lächeln begrüßt.

»Hallo, Schatz. Dein Abendessen steht im Ofen. Ich habe es dir warmgehalten«, sagte Imaging. Sie hatte mir ein herrliches Abendessen gekocht und nahm Platz, um mir Gesellschaft zu leisten.

»Ich habe schon vor einer Stunde gegessen. Ich hoffe, das Essen schmeckt dir.« Es gab keine weiteren Kommentare – keine hintersinnigen Fragen, keine milden Klagen, keine verborgene Feindseligkeit, nichts als Lächeln und Sanftheit.

Ich konnte es nicht fassen. Sicherlich war das alles nur gespielt. Ich schwor mir, Imaging ein zweites Mal auf die Probe zu stellen. Auch am nächsten Abend traf ich mich mit meinem Freund zum Kaffee. Wieder kam ich eine Stunde zu spät nach Hause, und wieder behandelte mich Imaging höchst liebevoll. Als ich mich zu Tisch setzte, wollte ich unbedingt herausfinden, was meine frisch Angetraute im Schilde führte.

»Bist du nicht wenigstens ein bißchen böse, daß ich mich zum Abendessen verspätet habe?« fragte ich.

»Nein, natürlich nicht.« Sie schien überrascht.

»Aber du hattest schließlich das Essen fertig, und ich habe mich verspätet und mich nicht einmal dafür entschuldigt.«

»Ich habe mir gedacht, daß du im Büro noch wichtige Sachen erledigen mußtest. Sonst wärst du ja nach Hause gekommen.«

»Oh.«

»Und außerdem bist du erwachsen. Man sagt einem erwachsenen Mann nicht, wann er zum Abendessen nach Hause zu kommen hat.« Und damit hatte es sich. Imaging hatte unseren ersten Streit gewonnen, ohne zu streiten; seitdem bin ich in den vielen Jahren unserer Ehe nie mehr absichtlich zu spät zum Abendessen nach Hause gekommen. Sie hat viel früher erkannt, daß man Auseinandersetzungen ohne Streit gewinnen kann. Die Macht der Spiegelung, der wir auf diesen Seiten immer wieder begegnen werden, tat ihre Wirkung. Vertrauen gebiert Vertrauen, und so wurde ich zuverlässig. An jenem Abend lernte ich abermals –, was ich schon so oft gelernt und ebenso oft wieder vergessen habe –, daß Bekundungen der Liebe, ob nun in der Küche, im Schlafzimmer oder im Gerichtssaal die wirkungsvollsten Argumente sind.

Kürzlich traf ich mich mit einem sehr guten alten Freund zum Lunch. Wir waren in Schwierigkeiten. Er war früher Schwergewichtsboxer gewesen, ein Champion, und hatte viele Jahre als erfolgreicher Strafverteidiger und später als Richter gearbeitet. Inzwischen war er nicht mehr als Richter tätig und hatte wieder eine Kanzlei eröffnet. Im Laufe der Jahre hatten wir uns noch nie in einem Prozeß gegenübergestanden, da wir uns bewußt entschlossen hatten, nicht gegeneinander anzutreten. Aber wie alte Häuptlinge konnten wir nicht wissen, auf welchem Kriegspfad unsere Krieger, unsere jungen Anwälte, wandelten. Eines Tages fanden wir also heraus, daß unsere Kanzleien in einem wichtigen Prozeß gegeneinander Krieg führten.

Beim Essen vermieden wir das heikle Thema wie zwei erfahrene Boxer in der ersten Runde. Schließlich begannen wir, an unserem Tisch bei Nora's in Wilson, einer Kleinstadt in Wyoming, die jeweiligen Hauptpunkte im Rechtsstreit zwischen unseren Mandanten zu erörtern. »Nora's Fish Creek Inn« war ein rustikal eingerichtetes Café, untergebracht in einer Art Blockhütte mit scheunenroter Decke und einem doppelseitigen Tresen, der mitten durch den Raum verlief, mit einem gemütlichen Sammelsurium von Amateurkunst, alten Fotos und nicht zueinanderpassenden Tischen und Stühlen. Ich hörte mir die Argumente meines Freundes an. Er sprach ruhig, und seine Worte brachten zum Ausdruck, daß er für die scheinbar unlösbaren Probleme seines Mandanten wirklich eine Lösung suchte. Er erwähnte auch, daß er meinen Mandanten seit vielen Jahren persönlich kannte: »Es sind gute Menschen, die besten.« Ich fühlte mich erschöpft, ja, ohnmächtig, weil diese beiden Menschen, anständige Bürger, in einer Falle festsaßen, aus der keine Seite ohne irreparablen Schaden herauskommen würde. Aber meine Frustration und mein Schmerz gingen noch tiefer: Mein Freund und ich saßen in derselben Falle.

Wir wollten das Café gerade verlassen, als ein Mann in Arbeitskleidung an unserem Tisch vorbeiging. Der Mann nickte uns beiden zu, als ob er uns kennen würde.

»Setzen Sie sich doch«, sagte mein Freund und wandte sich an mich. »Ich möchte dir meinen Mandanten vorstellen.« Daß der Mandant meines Freundes zufällig in das Café kam, während wir seinen Fall durchsprachen, war einer dieser seltenen glücklichen Zufälle.

»Erzählen Sie Mr. Spence, was vorgefallen ist«, sagte mein Freund zu seinem Mandanten.

»Meinst du denn, das ist in Ordnung?« fragte ich. Ich hatte ein ungutes Gefühl. Die meisten Anwälte raten ihren Mandanten, dem Anwalt der Gegenseite keine Informationen preiszugeben, da er sie gegen den Mandanten verwenden könnte.

»Selbstverständlich. Fakten sind Fakten«, antwortete mein Freund. Im Grunde sagte er: »Du bist ein vernünftiger Mann, und deshalb vertraue ich dir; du wirst meinen Mandanten anhören, und er wird dich nicht belügen.«

Ich hörte zu. Als ich eine Stunde später das Café verließ, war etwas mit mir geschehen. Der rohe Eifer, den ich für den Fall meines Mandanten empfunden hatte, war einer sachlicheren Einschätzung gewichen. Außerdem hatte ich ein neues Verständnis für die Gegenseite in dem Verfahren gewonnen. Ich hatte den seelischen Schmerz des Mandanten meines Freundes gespürt. Hatte das leise Stocken in seiner Stimme gehört, als er über seine Zwangslage sprach. Hatte die Anspannung in seinen Gesichtszügen, die Kränkung in seinen Augen gesehen. Hatte verstanden, daß er von seiner Warte aus einen gerechten Prozeß führte. Ich vernahm eine Sanftheit in der Stimme meines Freundes, die bei einem derart alten Krieger ungewöhnlich war. Er stellte keine Forderungen, machte keine Andeutungen, wollte weder, daß ich etwas bemerkte noch einen Kompromiß suchte, nicht einmal, daß ich irgend etwas tat. Seine Argumentation war im Grunde gar keine. Ohne es auszusprechen, sagte er: »Ich vertraue dir. Du hast ein großes Gerechtigkeitsgefühl. Deshalb habe ich das Vertrauen, daß du gerecht urteilst.« Die Kraft seiner Worte stammte aus der Tatsache, daß er seinem Gegner, mir, Vertrauen schenkte und ihm Vernunft zubilligte.

Statt zu versuchen, den anderen zu manipulieren, hatte mein Freund einen Teil seiner Verantwortung gegenüber der Gerechtigkeit auf meine Schulter geladen. Ich habe es damals gespürt. Ich spüre es jetzt. Wir haben uns noch nicht entschieden, wie wir das Dilemma lösen wollen, denn auch mein Mandant hat das Recht auf seiner Seite. Aber wir werden den Konflikt auf anständige, faire

Weise lösen, wie es sich zwischen zwei alten Freunden geziemt, die wissen, wie man mit Erfolg argumentiert, im Interesse ihrer Mandanten, und das ohne jeden Streit.

Und deshalb: Zu lernen, *wann* man streiten muß, ist genauso wichtig für das Gewinnen, wie zu lernen, *wie* man argumentiert.

3. Die Macht verstehen

Die Pistole, die in beide Richtungen feuert

DAS SCHLOSS: **Ich bin machtlos. Diejenigen, denen ich gegenüberstehe, haben mehr Macht. Wie kann ich gegen sie gewinnen?**

DER SCHLÜSSEL: **Alle Macht, Ihre eigene und die der anderen, geht von Ihnen aus.**

Die geheime Quelle der Macht: Wenn ich argumentiere, bin ich mit der Macht konfrontiert, der Macht des *anderen*. Es ist seine Macht, die ich überwinden möchte und die ich fürchte. Deshalb fasziniert sie mich und deshalb möchte ich sie zu ihrer Quelle zurückverfolgen. Wenn ich sie verstehe, wenn ich ihr Wesen oder ihren Ursprung erkenne, wenn ich begreife, wie ich sie erlangen und wie ich ihr widerstehen kann, dann habe ich selbst große Macht erlangt. Ich will Macht. Ich muß sie haben, um gewinnen zu können.

Was ist Macht? Die Macht, die jedem von uns zu eigen ist, ist jene Kraft, die uns von allen anderen Menschen unterscheidet. Unsere Macht erlaubt, daß wir wachsen und unsere Möglichkeiten verwirklichen. Sie ist die Brandung, die Welle, der Sturm, den wir in uns spüren und der uns zum Handeln veranlaßt. Sie ist unsere Kreativität. Sie ist unsere Freude, unser Zorn, unser Schmerz. Diese Energie ist unsere Persönlichkeit – diese ganz besondere Mischung von Charakterzügen, Begabungen und Erfahrungen, die zusammengenommen den Fingerabdruck unserer Seele bilden. Diese Macht gehört uns, und nur uns. Obgleich jedem von uns ein überreicher Vorrat daran zur Verfügung steht, ist sie dennoch etwas Kostbares. Man darf sie nicht vergeuden. Man darf sie niemals mißbrauchen, sonst schlägt sie zurück und vernichtet uns. Niemals darf man sie preisgeben oder leugnen, denn sonst verlieren wir unser innerstes Selbst.

Verstehen, wie die Macht funktioniert: Macht ist zunächst eine Idee, eine Wahrnehmung. *Die Macht, der ich gegenüberstehe, ist immer die Macht, die ich wahrnehme*. Lassen Sie es mich anders ausdrücken: Die Macht der anderen ist meine Wahrnehmung der Macht der anderen. Ihre Macht ist *mein* Gedanke. Sie entspringt deshalb *meinem* Geist.

Die Macht, die andere besitzen, ist deshalb die Macht, die ich ihnen verleihe. Sie ist *mein Geschenk*. Ich gebe ihnen alle Macht der Welt, wie ein gläubiger Mensch sie Gott schenkt, oder ich räume ihnen überhaupt keine Macht ein, wie wir es allzu häufig mit unseren Kindern tun. Wenn ich dem *anderen* Macht zubillige, die dieser nicht besitzt, dann sehe ich mich doch meiner eigenen Macht gegenüber, oder? Die eigene Macht ist mein Gegner geworden, mein Feind. Wenn dagegen der *andere* über Macht verfügt, ich aber nicht erkenne, daß dessen Macht mir etwas anhaben kann, hat er keine – jedenfalls nicht in meinen Augen.

Ich erlebe meinen Nachbarn, Mr. Suderman, als einen freundlichen Herrn, der täglich seine Rosen pflegt und mich immer freundlich lächelnd grüßt. Er hat wenig Macht über mich, denn ich habe ihm keine verliehen.

Wenn ich jedoch Mr. Suderman frage, wie man Rosen züchtet, habe ich ihm die Macht eingeräumt, mir alles und jedes über Rosen zu erklären. Wenn ich ihn bitte, eine Petition zur Abberufung des Bürgermeisters zu unterschreiben, statte ich ihn mit noch mehr Macht aus. Ich nehme ihn als jemanden wahr, der mein Gesuch annehmen oder zurückweisen und dadurch die politische Karriere eines anderen Menschen beeinflussen kann. Wenn ich einen Herzinfarkt bekomme, während ich ihn in seinem Rosengarten besuche und zwischen seinen Rosen liege, nehme ich ihn als jemanden wahr, der die Macht hat, mir das Leben zu retten. Aber seine Macht kam aus mir, weil ich ihn als einen Mann wahrgenommen habe, der mir zeigen kann, wie man Rosen züchtet, der zur Abberufung des Bürgermeisters etwas beitragen oder mir das Leben retten kann.

In den Augen seines zehnjährigen Sohnes hat Mr. Suderman große Macht, das heißt, der Sohn nimmt seinen Vater als den Ursprung seines Essens, seiner Unterkunft, seines Unterhalts und seiner Sicherheit wahr. Sein bloßes Überleben hängt von dem Willen des Vaters ab. Doch andere gleichaltrige Kinder betrachten ihr Recht auf materielle Grundversorgung – und mehr – als selbstverständlich.

Daher hängt die Macht des Vaters davon ab, wie das Kind ihn einschätzt.

Mr. Suderman hält auch eine Machtstellung gegenüber seinem zwanzig Jahre alten Sohn inne. Der Sohn wohnt noch zu Hause und hat das Gefühl, in einer Monarchie zu leben. Mr. Suderman verlangt nämlich, daß sich der Sohn im Studium anstrengt, daß er arbeitet, wenn er Freizeit haben möchte, daß er in die Kirche geht, wenn er lieber segeln würde, und daß er an den Familienaktivitäten teilnimmt, wenn er lieber mit seinen Freunden zusammensein würde. Doch diese Dominanz des Vaters hängt auch davon ab, wie der Sohn seinen Vater wahrnimmt, denn wenn der Sohn es will, braucht er seinem Vater keinerlei Macht einzuräumen und kann glücklich seiner Wege gehen, wie es viele junge Leute im Alter von zwanzig Jahren tun.

Wir haben also gesehen, daß Mr. Suderman entweder machtlos oder allmächtig ist, je nachdem, wer ihn wahrnimmt, und je nachdem, in welchem Licht er wahrgenommen wird. Dennoch ist Mr. Suderman in beiden Fällen derselbe. Liegt es da nicht auf der Hand, daß seine Macht aus unserer Wahrnehmung herrührt, daß sie lediglich die Macht ist, die wir ihm verleihen – und daß sie in Wahrheit *unsere* Macht ist?

Gewiß, Mr. Suderman verfügt über eine ihm eigene Macht. Dennoch hält er sich vielleicht für einen schlechten Rosenzüchter, und möglicherweise hat er das Gefühl, daß er überhaupt keine Macht hat, wenn er die Petition zur Abberufung des Bürgermeisters unterschreibt, auch wenn seine Unterschrift eine derjenigen ist, die zur Abberufung erforderlich sind. Was seine Kinder betrifft, hat er womöglich den Eindruck, daß sie absolut unerziehbar sind, daß er unfähig ist, sie unter Kontrolle zu halten oder Achtung von ihnen zu erhalten. Und schließlich hält er sich vielleicht für jemanden, der nichts als ein soziales Nichts ist, dessen einziger Trost seine Rosen sind. Doch seine Macht – ebenso wie unsere – rührt daher, wie er sich wahrnimmt.

Als junger Anwalt verbrachte ich zahllose Nächte damit, an die Decke zu starren und mir den Kopf zu zermartern, wie ich in einem Prozeß, den ich für einen Mandanten mit schwersten körperlichen Verletzungen führte, dem Anwalt der Gegenseite entgegentreten konnte. Mein Mandant hatte nach einem Unfall mit einem falsch entworfenen Kran einen Hirnschaden zurückbehalten und dauerhafte schwere Störungen seines Orientierungsvermögens davongetragen. Er verdiente Gerechtigkeit. Aber die Versicherungsgesellschaft weigerte sich zu zahlen. Sie beauftragte – wie es Versicherungen häufig tun – ihren berühmten Anwalt mit der Verteidigung der Herstellerfirma. Damit meinem Mandanten Gerechtigkeit widerfuhr, mußte ich gegen diesen Mann gewinnen.

Ich nahm meinen Gegner als überlegene Präsenz wahr, ich hielt ihn für geschickter und begabter und fand, er habe eine einnehmendere Persönlichkeit. Ich glaubte, daß die Geschworenen den Anwalt der Gegenseite sympathischer finden würden als mich, weil sie ihn als angenehme Erscheinung empfinden würden. Versicherungsgesellschaften stellen gern Rechtsanwälte mit einem gewinnenden Lächeln und einem einnehmenden Wesen ein. Betreten Sie einen beliebigen Gerichtssaal, und Sie erkennen den Anwalt der Versicherungsgesellschaft sofort. Er ist würdevoll in seiner Erscheinung, immer adrett gekleidet, die Haare sind frisch geschnitten. Meistens trägt er ein weißes Hemd, und die Krawatte paßt perfekt zum marineblauen Nadelstreifenanzug. Außerdem wirkt er sehr unaufdringlich, sehr zurückhaltend, sehr freundlich, sehr sanft, korrekt vom Scheitel bis zur Sohle. Die Leute können nicht anders, sie nehmen ihn wahr und hören ihm zu. Und weil sie einem netten Menschen zumeist glauben, gewinnt er normalerweise auch den Prozeß.

In solchen Fällen vollzieht sich ein ungeheuerliches dynamisches Geschehen. Dieser Anwalt, ein widersprüchlicher Charakter mit der Tüchtigkeit des hinterhältigsten Pedanten, verführt die Geschworenen zu dem Glauben, er sei anständig und freundlich, wenngleich in Wahrheit sein einziges Ziel darin besteht, eine auf das schwerste verletzte Person ihrer Chance, Gerechtigkeit zu finden, zu berauben. Er erinnerte mich an die Judas-Ziege im Schlachthaus. Die Ziege ist intelligenter als das Schaf. Die unwissenden Schafe folgen ihr, da sie ihren ganzen Glauben und ihr Vertrauen an die Ziege abgegeben haben. Sobald sie im Schlachthaus sind, läßt man die Ziege frei, damit sie weitere Schafe zur Schlachtbank führt. Wie konnte ich der Jury klarmachen, daß der Anwalt der Versicherungsgesellschaft sie betrog? Wie konnte ich gewinnen?

Ich merkte, wie ich geradezu besessen vor Angst vor diesem schönen Charmeur war, der mir wie ein Inbegriff der Heuchelei erschien. Ich sprach mit jedem Anwalt, der sich mit mir über ihn unterhalten wollte. Je mehr ich erfuhr, desto deutlicher wurde mir, daß er keine erkennbare Achillesferse hatte. Überdies schienen ihn alle zu mögen, auch jene, die er besiegt hatte. Ich lag des Nachts wach und dachte mir unzählige Argumente aus. Schließlich entschied ich mich für folgende Version:

»Ladies and Gentlemen,

Mr. Randolph Hightower ist ein sehr netter Mann. Doch wenn dieser Prozeß zu Ende ist, wird er durch das, was Sie tun, weder etwas gewinnen noch verlieren. Das Honorar, das ihm sein Mandant zahlt, wird das gleiche sein, ob er nun gewinnt oder verliert. Gleichgültig, wie Ihr Urteil ausfällt, nach diesem Verfahren wird er einfach eine weitere Akte hervorziehen und einen weiteren Prozeß für denselben Mandanten führen, den er heute hier vertritt. [Es ist uns Anwälten gesetzlich untersagt, den Geschworenen mitzuteilen, daß der Mandant in Wirklichkeit die Versicherungsgesellschaft ist.] * Und wenn Mr. Hightower morgen den Gerichtssaal betritt, wird er für die nächste Jury, egal wie der Sachverhalt in jenem Fall sein mag, dasselbe gewinnende Lächeln, dasselbe tadellose Benehmen, dasselbe freundliche Äußere aufbringen. Das macht mir angst. Ganz gleich, was die Fakten sagen, gleichgültig, auf welcher Seite das Recht ist, egal, wie heimtückisch sein Mandant oder der Fall ist, er wird immer derselbe bleiben – freundlich im Äußeren, ungemein selbstbewußt, unaufdringlich überzeugend –, kurzum, wunderbar.

Ich fürchte, Sie werden ihn sympathischer finden als mich, denn er ist ja wirklich liebenswerter. Ich fürchte, daß Sie sich ihm näher fühlen als mir, denn er scheint die Art Mann, zu sein, den jeder gern als Freund hätte, während ich manchmal aufbrausend und abweisend bin.

Ich fürchte, daß Sie den Fall zu seinen Gunsten entscheiden, weil Sie ihn mögen, obgleich die Gerechtigkeit verlangt, daß Sie zugunsten meines Mandanten entscheiden. Das ist meine Angst. Ich habe darüber lange nachgedacht.«

Später trug ich dieses Argument tatsächlich der Jury vor. Ich war bitter enttäuscht und entsetzt, als die Geschworenen ein Urteil gegen meinen Mandanten fällten. Hinterher war einer von ihnen so freundlich, sich mit mir über meine Argumentation zu unterhalten.

* Die meisten Richter, die sich mehr Gedanken um den Profit eines Unternehmens machen als um das Menschenrecht auf Gerechtigkeit, glauben, daß die Geschworenen dem Verletzten eine höhere Geldsumme zubilligen, wenn sie wissen, daß eine Versicherungsgesellschaft die Rechnung begleicht.

»Mr. Spence, hatten Sie kein Vertrauen zu uns?«

»Doch, natürlich«, erwiderte ich rasch. »Warum fragen Sie?«

»Weil sie sich so sehr bemüht haben, uns mitzuteilen, Sie hätten Angst, wir würden den Prozeß als eine Art Persönlichkeitswettbewerb betrachten. Es war aber keiner, Mr. Spence. Wir haben den Fall nach den Fakten entschieden, nicht danach, wer der sympathischere Anwalt war.«

Plötzlich ging mir auf, daß ich zweifelsfrei bewiesen hatte, daß ich *tatsächlich* unsympathisch war. Zu spät erkannte ich, daß ich mich die ganze Zeit gegen den Anwalt verteidigt hatte, statt den Geschworenen darzulegen, worauf meine Verteidigung gründete. Ich hatte meinem Gegner so viel Macht eingeräumt, daß seine Argumente überzeugender wirkten als meine. Ich merkte, daß ich überhaupt keine Ahnung hatte, wer eigentlich mein Gegner war. Im Laufe der Jahre habe ich ihn als wirklich freundlichen Mann kennengelernt, der in seinen eigenen Augen jemand war, der die Interessen seiner Mandanten nach bestem Wissen und Gewissen vertrat. Doch damals stand ich einem unbesiegbaren Riesen gegenüber, den ich selbst erschaffen hatte. Ich hatte mich auf selbstzerstörerische Weise in den Prozeß begeben. Ich hatte diesen Riesen – tatsächlich sah nur *ich* ihn als solchen – mit der Macht ausgestattet, die nötig war, um mich zu besiegen.

In jener Zeit hatte ich die Lektion, die ich Ihnen hier vorzustellen versuchte, noch nicht gelernt. Sie ist nicht leicht zu lernen und in Erinnerung zu behalten. Wir begegnen häufig Gegnern, die auf Gebieten Ausgezeichnetes leisten, in denen wir weniger bewandert sind. Oft wird unser Gegner klüger, intelligenter, schlagfertiger, äußerlich attraktiver sein. Wir können unsere Zeit, unsere Energie, ja, unsere ganze Kraft vergeuden, wenn unsere Gedanken ständig um den Gegner kreisen und wir ihm so Macht über uns verleihen. Kein Argument, so geschickt wir es auch vortragen, wird unseren Gegner ändern. Nur uns selbst, nicht die anderen, können wir ändern.

Schon seit langem weigere ich mich, etwas von meiner Macht an meinen Gegner abzutreten. Ich bewahre sie mir. Mit ihrer Hilfe bereite ich einen Prozeß vor, kümmere mich um das Verfahren und um den Mandanten. Ich habe gelernt, auf die leise Stimme in meinem Inneren zu hören, die sagt: »Du bist in Ordnung. Du kannst das. Wenn du deine Macht darauf verwendest, etwas zu entdecken und danach darauf, der zu werden, der du bist, wenn du dich so aufrichtig wie möglich darstellst und aus dem Kern deines Wesens heraus sprichst, aus deinem unschuldigen Zentrum, aus dem Ort, wo der letzte Rest des Kindes wohnt, aus dem in Wirklichkeit alle wahre Macht stammt, dann genügt das.« Und dann sage ich mir noch etwas: »Hiermit schenke ich dir die Kraft, zu gewinnen.«

Macht über den Tod und die Steuer: Wenn alle Macht von mir ausgeht, warum habe ich dann nicht, beispielsweise, auch Macht über den Tod oder die Steuer? Es steht nicht in meiner Macht, den Tod zu überwinden. Aber ich habe Macht über mich, wenn ich dem Tod gegenübertrete. Ich kann mich ihm ganz unterschiedlich stellen – panisch, tapfer, ja, sogar voll Vorfreude. Wie ich mich dem Tod stelle, liegt allein bei mir. Ich habe keinen Einfluß, die Steuergesetze aufzuheben. Es obliegt der Regierung, Steuern gegen mich zu erheben. Doch nur ich kann bestimmen, ob ich Steuern bezahlen will, gegen deren Entrichtung kämpfe, sie umgehe, ja, sie hinterziehe. Die Macht einer solchen Entscheidung liegt in meiner – allein meiner – Befugnis.

Wenn ich nachts auf einer menschenleeren Straße gehe und mich eine Gruppe von Straßenräubern umringt, habe ich keine Fluchtmöglichkeit. Doch ich habe die exklusive Macht zu bestimmen, wie ich auf die bedrohliche Situation reagiere. Möglicherweise habe ich Angst, aber ich habe die Macht zu bestimmen, wie ich mich zu meiner Angst verhalte. Ich kann weglaufen. Ich kann mich umwenden und den Straßengangstern entgegentreten. Ich kann argumentieren oder kämpfen oder mich totstellen. Ganz gleich, in welcher Lage ich mich befinde – am Ende geht – in meinen Augen – alle Macht von mir aus.

Die Macht derjenigen verstehen, die an der Macht sind: Wenn einer aus unseren Reihen plötzlich in ein hohes Amt gewählt wird, vollzieht sich nicht selten eine wundersame Verwandlung. Diese Person, die vielleicht durchschnittlich intelligent und mittelmäßig talentiert ist, verwandelt sich plötzlich in eine ganz andere Person. Denken Sie an den etwas klein geratenen Kurzwarenhändler, der eine Brille mit dicken Gläsern trug und einer Laune des Schicksals zufolge Präsident der Vereinigten Staaten von Amerika wurde. Er verfügte damit über ungeheure Machtbefugnisse. Allerdings hatte seine Macht Grenzen – in der Küche, wo ihm die Leviten gelesen wurden.

Er verfügte den Tod und die Verstümmelung von Hunderttausenden von Japanern während des Zweiten Weltkrieges. Diese unerhörte Machtfülle haben *wir* ihm eingeräumt. Im Laufe der Zeit zollten wir ihm den Respekt, der einem großen Präsidenten gebührt, obwohl er lediglich ein Kurzwarenhändler war, und dazu noch ein ziemlich gewöhnlicher.

Als Harry Truman die Präsidentschaft übernahm, wurde er nicht auf magische Weise weiser oder plötzlich intelligenter. Die Wahl zum Präsidenten verursachte keine unerklärliche Wachstumsexplosion seiner Gehirnzellen. Trumans Wandlung vom Kurzwarenhersteller zum bedeutenden Präsidenten vollzog sich, als er seine Selbstwahrnehmung änderte. Trotzdem blieb er derselbe Mann mit derselben Bildung, denselben Erfahrungen, demselben Erbgut, derselben Anzahl von Gehirnzellen. Der wesentliche Unterschied zwischen dem Kurzwarenhändler und dem Präsidenten war die Macht, die er sich selbst verlieh, und die Macht, die wir ihm – aus unserer Perspektive als Staatsbürger – einräumten.

Als einer meiner Anwaltskollegen zum Richter ernannt wurde, vollzog sich ebenfalls eine merkwürdige Wandlung. Dieser Mann war bis dahin ein Rechtsanwalt mit durchschnittlichen Fähigkeiten und einer recht gewöhnlichen Auffassung des Rechtswesens gewesen. Wir nannten ihn Bill – einfach nur Bill. Doch kaum hatte er die schwarze Robe angezogen, betrachteten wir ihn als Richter. Wir nannten ihn »Euer Ehren«, und obwohl wir zuvor mit ihm gestritten hatten, respektierten wir nun seine Meinungen, wobei wir nicht selten feststellten, daß wir seine geistlosen Urteile fraglos akzeptierten. Seine Witze, die fade und armselig gewesen waren, fanden wir nun, da er das Richteramt bekleidete, urkomisch. Wir lachten laut und zu lange über seine Witzeleien. Als er noch als einfacher Rechtsanwalt praktizierte, konnte er nicht besonders gut Golf spielen, doch nachdem er Richter geworden war, verlor er praktisch nie.

Aber auch Bill selbst sah sich anders. Er glaubte an das »Feedback«, das er von seinen ehemaligen Berufskollegen bekam. Er fand es großartig, mit »Euer Ehren« angesprochen zu werden. Es gefiel ihm, wenn die Leute aufstanden, sobald er den Raum betrat. Er verspürte eine Art Schwindel, eine Art Eigenliebe, eine Leichtigkeit des Herzens. Er hatte sich in die Macht verliebt. Allmählich glaubte er an die eigene Unfehlbarkeit. Sowohl er als auch wir statteten Bill mit bestimmten Machtbefugnissen aus, die Gott vorbehalten sind. Er konnte unseren Mandanten ihr Leben, ihr Vermögen, ihre Kinder, ihr Zuhause nehmen. Er konnte kleine Vergünstigungen vorenthalten, die bei einem Prozeß über Sieg oder Niederlage entscheiden können. Er saß wirklich sehr weit oben.

Die Macht, die wir in anderen sehen, spüren wir oft auf einer gefühlsmäßigen Ebene. Wir hatten das Gefühl, als sei der Richter allmächtig. Deshalb waren wir eingeschüchtert. Solche Gefühle bewirken, daß die Starken schrumpfen und die Tapferen sich davonschleichen. Auf der Richterbank wurde Bill zum Tyrannen. Er hatte ein unstillbares Verlangen nach Respekt, seine richterlichen Entscheidungen waren barsch. Früher war er einer von uns gewesen, nun aber behandelte er die Menschen, die vor ihm saßen, als hätte sich deren Verstand mysteriöserweise verflüchtigt. Es dauerte nicht lange, und Bill wurde von allen tief verachtet. Sein gewalttätiger, oft gedankenloser Gebrauch der Macht enthüllte sein Wesen. Der Wandel vollzog sich darin, wir wir ihn wahrnahmen und wie er sich selbst wahrnahm.

Die Macht von Eltern und Lehrern verstehen: Von Geburt an lehrt man uns, den anderen Macht über uns zu verleihen. Als Kinder sahen wir unsere Eltern und Lehrer als Halbgötter. Sie besaßen eine Macht, die wir nicht hatten und die wir nicht verstehen konnten. Meine Mutter hätten Sie vermutlich als liebenswerte, höfliche Frau angesehen, vielleicht als durchaus hübsch, mit durchdringenden, aber freundlichen Augen. Mir erschien sie als fremd, unergründlich, geheimnisvoll, als eine Frau, deren Machtbefugnisse absolut unbegreiflich waren. Und so erscheint sie mir noch heute, obwohl sie schon seit vielen Jahren nicht mehr lebt.

Intellektuell begriff ich, daß mein Vater ein gewöhnlicher Sterblicher war. Trotzdem erschien er mir mutiger und stärker als andere, klüger, aber auch unschuldiger als andere Menschen. Er war mein Vater. Ich hatte meine Probleme mit ihm, meine Auseinandersetzungen, aber ich stritt mit *meinem* Vater. *Vater* ist ein Wort. das für mich mit Macht angefüllt ist. *Mutter* ist ein Wort, das für mich voller Geheimnisse steckt.

Man entferne die Prozeßgegner und die Anwälte, und der Richter ist nur noch der einfache alte Bill. Man entferne ihre Kinder, und unsere Eltern sind nur Menschen, Freunde ihrer Freunde, Angestellte ihrer Chefs, Zahlen, bloße Zahlen in Regierungsakten. Ohne *uns*, die ihnen Macht verleihen, sind diejenigen, die über Macht verfügen, machtlos.

Die Macht Gottes verstehen: So wie wir unsere Eltern mit Macht ausstatten, so verleihen wir auch Gott Macht. Die Macht Gottes ist auch unsere. Wäre es anders, würde man uns nicht fortwährend und dringend bitten, unsere Macht Gott zu schenken. Nachdem wir diese Ermahnung befolgt haben, flehen wir ihn an, unsere Gebete zu erhören und uns die Macht zurückzugeben, die wir ihm zuvor verliehen haben.

Ich behaupte, wir müssen uns der Macht mit einer *realistischen Haltung* nähern. Man kann von Gott nicht mehr fordern, als man ihm gegeben hat. Wenn wir uns zu nichts ermächtigt haben, kann er nichts zurückgeben. Wenn wir erkennen, daß alle Macht von uns ausgeht, sollten wir dann nicht von vornherein alle Macht bei uns behalten?

Außerdem würde kein wirklicher Gott unsere Macht haben wollen. Davon hat er ja jede Menge, die Macht des Universums – aller Universen. Kein gnädiger Gott, der unserer Verehrung würdig wäre, würde unsere kümmerliche Macht begehren und *uns* zugleich ermahnen, selbst nicht auch begehrlich zu sein. Kein gnädiger Gott, der unserer Verehrung würdig wäre, würde uns erst im Himmelreich unsere Macht zurückgeben, denn unsere Macht hat man uns geschenkt – aber nicht, damit wir sie Gott zurückgeben, sondern den Menschen, oder? Indem wir unsere Macht gerecht ausüben, klug und liebend, handeln wir da nicht auf eine Weise, die Gott, jeden Gott, zufriedenstellt? Bringen wir Gott denn nicht aufrichtige Achtung entgegen, wenn wir unsere Macht so ausüben, daß man uns respektiert?

Die Macht, zu urteilen: Alle Machtgebilde versuchen, uns zu beurteilen. Es heißt, Gott beurteile uns. Unsere Eltern beurteilen uns, und der Richter verurteilt uns. Aber sie haben nur solange die Macht, über uns zu richten, solange wir ihnen dieses Recht zubilligen. Ansonsten urteilen sie über uns nur im eigenen Namen, was ja ihr gutes Recht ist.

Vor einigen Jahren verteidigte ich in New York Imelda Marcos. Anders als die Presse sie proträtierte, war sie eine wirklich bedauernswerte Person. Sie war von den Vereinigten Staaten entführt worden, war verwitwet und von internationalen Politikern vor ein Gericht in den USA gestellt worden, die sich darauf geeinigt hatten, das Fell der früheren First Lady der Philippinen gegen bestimmte Vergünstigungen für das neue Regime auf den Philippinen einzutauschen. Auch die Presse wollte ihr Fell und hatte, durch die schlimmste Art des Rufmords, die gesamte Nation einer Gehirnwäsche unterzogen. Sie sollte als eine böse, geldgierige Frau erscheinen, die anderer Leute Geld stahl, das sie für Schmuck und teure Kleider durchbrachte, und die dreitausend Paar Schuhe besaß. Sie hielt sich im Ausland auf und wurde von einem ausländischen Staatsanwalt wegen angeblicher Verletzung ausländischer Gesetze vor einem ausländischen Geschworenengericht angeklagt, unterstützt nur von einem ausländischen Anwalt, an den sie sich vertrauensvoll wenden mußte.

Eines Tages fuhren Mrs. Marcos und ich auf einer stark befahrenen Straße zum Gericht. Wir kamen vor einer Ampel zum Stehen – an einer Stelle, wo die Zeitungsjungen zu den Autos liefen und die neuesten Ausgaben hochhielten. Einer der Jungen lief auf unseren Wagen zu; er hielt die *Daily News* hoch, auf dessen Titelseite ein ganzseitiges, groteskes Foto von Mrs. Marcos abgebildet war, darunter war eine zehn Zentimeter hohe Schlagzeile. Sie umfaßte ein Wort: »OINK.«

Ich versuchte Mrs. Marcos abzulenken, aber sie hatte die Überschrift schon gesehen. Ich streckte den Arm aus und berührte ihre Hand. »Das muß Sie sehr kränken«, sagte ich.

»Nein.« Sie hatte sanfte, freundliche Augen, ihre Stimme klang leise und verriet weder Wut noch Kränkung.

»Nein?«

»Nein«, wiederholte sie. »Das bin ich doch gar nicht.«

Da hatte sie recht. Während des Prozesses hörte ich eine Menge Gegrunze, aber nie von ihr. Sie war, wie die Geschworenen später entschieden, unschuldig – eine Frau, die zu Unrecht von einer Regierung angeklagt worden war, die sich an internationalen politischen Spiele beteiligt hatte. Vor allem aber brachte sie mir gegenüber zum Ausdruck, daß sie der Daily News keine Macht einräumte – und auch nicht den vielen Amerikanern, die sie verachteten, ohne sie zu kennen –, sie zu beurteilen. Am Ende konnte nur eine Person ein Urteil über sie fällen – sie selbt.

Wenn wir einem Machtgebilde Macht über uns verleihen, ist es das gleiche, als wenn wir unseren Wochenlohn zur Bank bringen.

Vor der Eröffnung des Kontos hatte die Bank weder Macht über uns noch über unser Geld. Die Bank hat diese Macht erst erlangt, nachdem wir unser Geld eingezahlt haben. Danach stellen wir fest, daß unser Geld den Bestimmungen der Bank unterworfen ist. Die Bank kann über unser Geld nach Belieben verfügen. Sie kann unser Geld mit dem Geld anderer Leute vermischen, unser Geld verleihen und von unserem Geld Zinsen nehmen. Wir können unser Geld zurückfordern, wenn wir bestimmte, von der Bank festgelegte Bestimmungen einhalten. Wir können die Bank nur auf ihr Geheiß betreten – wenn sie es will, wo sie es will. Wir müssen uns am Schalter mit anderen anstellen, die ihr Geld ebenfalls der Bank gegeben haben. Wenn wir versuchen, mehr Geld vom Konto abzuheben, als wir eingezahlt haben, können wir dafür ins Gefängnis wandern. Nachdem wir unser Geld zur Bank gebracht haben, werden wir zu einer großen Zahl, die mit anderen Zahlen verbunden ist. Kurzum: Sobald wir die Macht unseres Geldes der Bank schenken, müssen wir uns den Regeln der Bank fügen, um das zurückzuerhalten, was allein uns gehört.

Wenn wir über dieses Wissen verfügen, sollten wir dann nicht unsere Einschätzung derartiger Machtgebilde ändern? Sollten wir sie nicht mit einer gewissen *Respektlosigkeit* betrachten? Sollten wir nicht die Macht zurückfordern, die wir an sie abgetreten haben? Der glatzköpfige Mann mit dem Schmerbauch und der Brille mit den dikken Gläsern, der stumm mit seiner gelangweilt dreinblickenden Frau im Restaurant sitzt, wo er sich mit einem einzigen fettdurchzogenen Steak seine jährliche Dosis an Cholesterin einverleibt, ist nur ein Mann, auch wenn wir ihn »Eurer Ehren« nennen. Der Pfarrer ist nur ein Mensch, der Lehrer und der Arzt sind nur gewöhnliche Sterbliche. Sie leiden, streiten und ringen mit ihren eigenen Problemen und treten dabei nicht selten ihre Macht an andere Machtgebilde ab – an Religionen und Mythologien, an Psychologen, an alles und jeden, der ihnen die Macht entzieht und den sie dann um dessen Rückgabe anflehen.

Wie man mit der gegen uns gerichteten Macht umgeht: Was machen wir, wenn Eltern, Lehrer oder Chefs ihre Macht dazu verwenden, uns zu beherrschen oder zu kränken? Indem wir die Macht verstehen, können wir uns dem Einfluß dieser Personen entziehen. Ihre Drohungen, ihre furchterregenden Tiraden und Wutanfälle, ihre erhobenen Zeigefinger und Beschuldigungen, ihre Gemeinheiten – worum geht es dabei? Es geht um *Unsicherheit*, nicht um ihre Macht. Die Persönlichkeit eines jeden Menschen ist mit Löchern durchsetzt, fast so wie ein Schweizer Käse. Ein Loch kann ein Ort bar jeder Klugheit repräsentieren, der eigentlich mit Weisheit gefüllt sein sollte. Ein anderes kann für mangelnde Sensibilität stehen, wieder ein anderes für mangelndes Einsichts- oder Einfühlungsvermögen. Ein gutaussehender Mann kann seine Feigheit kompensieren, indem er seine Leerstellen mit Charme füllt. Wenn er schlagfertig ist, füllt er die Löcher vielleicht mit Bonmots und witzigen, klugen Bemerkungen. Wenn wir gescheit sind, benutzen wir eilfertig unsere Intelligenz, wenngleich es weitaus ratsamer wäre, einfühlsam zu reagieren. Gutes Aussehen, Schlagfertigkeit, Intelligenz, das alles sind Formen der Macht. Mit Hilfe der Macht füllen wir die Löcher in unserer Persönlichkeit. Wenn ein Machtgebilde, zum Beispiel ein Richter, keine Vorzüge hat, mit denen er seine Defizite füllen kann, werden wir normalerweise Opfer seiner gräßlichen Zurschaustellungen roher Gewalt.

Haben wir erst einmal begriffen, wie die Gewalt von denen, die Macht haben, mißbraucht wird und warum, schüchtert uns ihre Macht nicht mehr ein. Wir erkennen sie, zucken die Achseln und ziehen entschlossen weiter. Wir erweisen ihr keine Ehre. Wir haben keine Angst davor. Wir beten sie nicht an. Denn wer betet schon ein quengelndes Kind an, einen schreienden, einsamen Mann, der Schmerzen leidet, einen verängstigten Richter, einen dummen Menschen mit Macht?

Wir empfinden ein gewisses Mitleid mit jenen, die Macht haben, denn normalerweise haben sie keine besondere Begabung, mit der sie sie wirkungsvoll ausüben können. In den Händen vieler ist die Macht nutzlos. Ein Richter kann alle Befugnisse haben, die ihm das Recht verleiht, selbst die Macht, Menschen zum Tode zu verurteilen, doch ohne Weisheit kann er kein Recht sprechen. Ein Elternteil kann alle Macht haben, die Eltern über ihre Kinder besitzen, aber er kann mit dessen Ausübung ein Kind nicht zu einem erfolgreichen Menschen erziehen. Möglicherweise hat ein Chef die Macht, den Arbeiter zu entlassen und seinem weiteren Berufsweg zu schaden, doch kann er durch den Gebrauch von Macht den Angestellten niemals dazu zwingen, bei der Arbeit sein Bestes zu geben oder kreativ zu sein, genausowenig, wie er den Arbeiter dazu bringen kann, sich loyal zu verhalten oder Besonderes zu leisten.

Jede Diskussion über die Macht wäre unvollständig, wenn man nicht Lord Actons unsterbliches Gesetz zur Kenntnis nähme: Die Macht neigt dazu, den Menschen zu korrumpieren, und absolute Macht korrumpiert absolut. Dieses eherne Gesetz gilt sowohl für Gott als auch den Menschen.

Die Machtlosigkeit der Macht: Verantwortung ist der symbiotische Zwilling der Macht. Weder Macht noch Verantwortung kann ohne den anderen wirksam ausgeübt werden. Sie sind wie ein Doppelstern: zwei Gestirne, die sich um ein Zentrum drehen. Der allmächtige Richter ist zuständig für die Gerechtigkeit im Gerichtssaal. Der allmächtige Elternteil trägt Verantwortung für die Entwicklung und das Wohl des Kindes. Der allmächtige Chef ist für die Produktion in seinem Betrieb verantwortlich. Doch der Richter kann nicht zu einem gerechten Urteil kommen ohne die Kenntnisse von Anwälten, die ihm den Tatbestand präsentieren; der Elternteil kann kein erfolgreiches Kind heranziehen, ohne die Liebe des Kindes; und der Chef kann nichts produzieren, ohne die Achtung und die Mithilfe seiner Mitarbeiter. Sind wir hier nicht mit einem Paradox konfrontiert? Ist es nicht offensichtlich, daß die Macht letztlich bei den Machtlosen liegt?

Keine Eltern sind dankbarer als jene, deren Kinder den Kampf, Erfolg in der Erziehung zu haben, verstehen und die ihnen bei der Verwirklichung dieses Ziels beistehen. Kein Chef ist dankbarer als derjenige, dessen Angestellte die Belastung seiner Verantwortung verstehen und entsprechend reagieren. Aber die Macht, denen an der Macht, denen, die Verantwortung tragen, beizustehen, liegt immer in *unserer Macht*. Und wenn wir unsere Macht ausüben, um jenen zu helfen, die Macht über uns haben, statten wir uns selber mit Macht aus, oder?

Die Einsamkeit der Macht: Macht macht einsam. Macht trennt. Gott muß die einsamste Entität im Universum sein. Kein Mensch ist einsamer als ein Richter. Kein Mensch braucht nötiger einen Freund. Der Chef war früher Arbeiter und hatte viele Freunde. Nun lebt er getrennt von ihnen. Er ist einsam. Einige der alten Freunde hassen ihn. Andere fürchten ihn. Der Elternteil ist immer getrennt von dem Kind. Eltern und Kinder können freundlich zueinander sein. Sie können einander lieben. Aber nur selten können sie Freunde sein, denn sie sind nie gleichberechtigt, und dies ist die Grundlage aller Freundschaft. Macht, ob reale oder imaginäre, körperliche oder psychische, isoliert.

Das neurotische Bedürfnis nach Macht verstehen: Viele Menschen mit Macht übernehmen bestimmte Posten, weil sie das neurotische Bedürfnis befriedigen wollen, Macht über andere ausüben zu können – Gefängniswärter, Polizisten, manche Richter, manche Professoren, manche Lehrer, manche Eltern, fast alle Politiker –. Sie verstehen schon. Wer Herrschaft über andere ausüben will, ist unsicher, ja, einsam und verängstigt. Seine ungeheure Unsicherheit ist ein seelisches Leiden, das sich durch ein düsteres, unterschwelliges seelisches Elend auszeichnet. Solche Menschen behandeln ihre Krankheit zumeist mit einer kräftigen Portion Gewalt, die in Wut, Grausamkeit und Aggressionen zum Ausdruck kommt. Ich denke an Platon, der gesagt hat: »Der Zugang zur Macht muß auf jene beschränkt werden, die sie nicht lieben.« Das alte Sprichwort hat überdauert, weil es wahr ist: »Es wird eine bessere Welt sein, wenn die Macht der Liebe die Liebe zur Macht ersetzt hat.«

Die Macht und die Verantwortung verstehen: Andererseits haben diejenigen, die Verantwortung tragen, Angst vor der eigenen Macht: »Wie, wenn ich meine Macht mißbrauche?« fragen sie. »Wie, wenn ich sie zwar unwissend, aber dennoch unrechtmäßig einsetze?« Für diese Menschen bildet die Macht eine Herausforderung, die sie oft als drückende Last empfinden. Für manche kann sie ein schreckliches Geschenk sein. Diejenigen, die im Ersten Weltkrieg Entscheidungen über Leben und Tod trafen, trugen oft dauernde seelische Narben davon. Wenn ich einen Mandanten abweisen muß, der eindeutig das Recht auf seiner Seite hat, und zwar zugunsten anderer Fälle, die mir ebenso gerecht erscheinen, zerbreche ich mir den Kopf, ob ich aus dem richtigen Grund die richtige Entscheidung getroffen habe. Ich weiß, daß mein Blick oft getrübt ist. Ich spüre meine Zweifel. Manchmal habe ich Schuldgefühle. Die Macht ist oft eine Last. Wir können nicht Gott die Schuld geben. Wir können nicht den anderen die Schuld geben. Die Macht ruht bei uns. Doch das gleiche gilt für die Verantwortung, denn wir wissen, daß die Macht über andere nur dann sicher und ohne zu verletzen ausgeübt wird, wenn sie in Gestalt der Liebe daherkommt.

Die blendende Kraft der Macht: Oft erhebt uns die Macht über andere und entführt uns in eine Wolke der Selbsttäuschung. In diesem Nebel werden wir mitunter geblendet und berauscht, manchmal blind. Aber blinde Tyrannen können weder Großes leisten noch Erfolg haben. Ich kenne keinen bedeutenden Mann, keine bedeutende Frau, der oder die sich selbst als groß empfand. Die Erkenntnis, daß man das Potential zur Größe hat, zerstört *ipso facto* diese Möglichkeit. Ich denke an John Steinbecks Urteil über seinen unsterblichen Roman *Früchte des Zorns*: »Es ist kein großes Buch. Ich hatte es gehofft. Es ist ein ganz normales Buch. Und das schlimmste daran ist, daß ich es absolut nicht besser kann.«

Andererseits verleiht uns das Eingeständnis, daß wir die Quelle aller Macht über uns sind, himmlische Vollmachten. Wenn wir unsere Macht verstehen, lassen wir uns nicht mehr einschüchtern, befreien uns von der Angst und statten uns mit dem magischen Grundmaterial aus, so daß wir unsere Möglichkeiten voll ausschöpfen können.

Macht: die Pistole, die in beide Richtungen feuert: Die Macht ist wie eine Pistole mit zwei Läufen, die in entgegengesetzte Richtungen weisen. Wenn jemand mit Macht auf jemanden mit weniger Macht schießt, dann feuert ein Lauf in die Richtung des geplanten Opfers, während der andere sich auf die Person richtet, die abgedrückt hat. Die Macht hat, als Waffe, wenig zu bieten. Sie läßt Groll keimen und erntet Haß. Sie nährt das tiefe, dauernde Bedürfnis nach Rache. Macht, die ohne Liebe ausgeübt wird, entbindet ein feindliches Karma, das zurückkehrt, um uns zu besiegen. Allerdings werden wir nie wissen, wo oder wann. Doch sie wird mit all ihrer zerstörerischen Kraft zurückkehren, mit all der angesammelten Kraft der Vergeltung. Rache ist das illegitime Kind der Gerechtigkeit.

Als junger Anwalt, der seine Macht spürte, bestand meine Strategie in einem bestimmten Fall darin, jeden Zeugen »unter Beschuß« zu nehmen und zu vernichten, den die Gegenseite gegen mich ins Feld führte. Ich attackierte die Zeugen, alte Männer mit wäßrigen Augen, die, wie ich wußte, Kriecher waren, die versuchten, ihren Arbeitsplatz zu behalten. Ich ging auf die Experten los, gelehrte Schauspieler, die, wie ich wußte, bezahlte Zeugen waren und die versuchten, sich ihr Honorar zu verdienen, statt die Wahrheit zu enthüllen. Ich zerschnitt sie, zerfetzte sie, pulverisierte sie. Die Jury war nur eine Viertelstunde aus dem Saal, ehe sie mit einem Urteil gegen meinen Mandanten zurückkehrte. Ich war am Boden zerstört. Hatte ich nicht jede Schlacht gewonnen? Hatte ich die Zeugen nicht zerstört? Hatte ich nicht meine überwältigende Gabe des scharfen Kreuzverhörs unter Beweis gestellt?

Als die Geschworenen das Gerichtsgebäude verließen, kam eine der Frauen auf mich zu. Sie sah mich mit Tränen in den Augen an. Es war ihr sichtlich schwergefallen, meinen schwerverletzten Mandanten mit leeren Händen aus dem Gerichtssaal zu schicken.

»Mr. Spence«, sagte sie ruhig, »warum haben Sie uns dazu gebracht, Sie zu hassen?«

Diese Worte gingen mir mehrere Monate nicht mehr aus dem Sinn. *»Warum haben Sie uns dazu gebracht, Sie zu hassen?«* Eines Tages ging mir auf, daß ich die Zeugen nicht nur vernichtet, sondern auch verspottet hatte, sie dem Hohn und der Verachtung der Jury ausgeliefert hatte. Ich hatte meinen Zorn gegen die freundlichen alten Firmenangestellten gerichtet, die ihr Leben lang gelächelt hatten – gelächelt vor ihren Chefs und ihren Kunden, obwohl sie die ganze Zeit über wußten, daß die Maschine, die sie verkauften, einen Defekt hatte. Mir war diese Heuchelei zuwider. Ich haßte die Ungerechtigkeit. Und deshalb war ich zum Angriff übergegangen. Ich griff alles an, was in Sicht war. Ich fiel über die freundlichen Firmenanwälte her, mit ihrem kryptischen Lächeln und ihren arglistigen Argumenten, ich attackierte die gelehrten Sachverständigen mit ihren salbungsvollen Reden und listigen Vorträgen. In dem erbarmungslosen Trommelfeuer, das ich im Gerichtssaal eröffnete, griff ich unweigerlich auch die Geschworenen an, denn durch meine Schonungslosigkeit zwang ich sie auf die Seite der Verteidigung. Ich hatte meine ganze Macht entfesselt und mich dadurch selbst besiegt.

Ich werde zwar gelegentlich propagieren, daß wir angreifen müssen und daß, wenn man angreift, die Attacke unerbittlich durchgeführt werden muß, doch darf die eingesetzte Macht nicht dazu verwandt werden, die Machtlosen zu schikanieren und zu drangsalieren. Man darf Mütter und Kinder erst angreifen, und zwar mit einer fairen, angemessenen Attacke, wenn bewiesen ist, daß die Mutter es verdient, und ein Kind erst, wenn wir wissen, daß es ein ganz übler Schlingel ist, der einer wohlverdienten Strafe zugeführt werden muß. Macht darf man nur im Dienst dessen ausüben, was offensichtlich gut ist. Macht ist wie Benzin: Wenn man es ziellos überallhin verspritzt, kann ein Inferno entstehen, das unermeßlichen Schaden anrichtet. Wenn man es richtig eindämmt, können wir damit kochen oder mit dem Auto in eine schöne Stadt fahren.

Macht anwenden, um einzuschüchtern: Ich habe von Büchern gehört, die angeblich lehren, wie man durch Einschüchterungsversuche Erfolg haben kann. Als junger Anwalt schüchterten mich die älteren, kompetenteren Anwälte ein. Als ich auf Grund meiner Erfahrungen mehr Macht erlangt hatte, begann ich, andere Anwälte einzuschüchtern. Ich erinnere mich, daß ich Gegner sogar zum Faustkampf herausforderte, weil ich glaubte, die Drohung würde sie so sehr verwirren, daß sie sich nicht mehr zu wehren wußten. Ich erinnere mich auch, daß ich mich ganz dicht vor ihnen aufgepflanzt, ihnen in die Augen gesehen und ihnen furchterregende, gehässige Dinge ins Gesicht gesagt habe. Heute empfinde ich Kummer, wenn ich an diese Vorfälle zurückdenke. Ich bin traurig, weil ich glaube, daß ich so große Angst vor meinem Gegner hatte, so unsicher war, daß ich mich verpflichtet fühlte, den anderen einzuschüchtern. Ich bin traurig, daß ich nicht die Klugheit besaß, zu erkennen, daß man seinen Gegner nur zu größeren Taten animiert, wenn man ihm Angst einzujagen versucht, denn kein Gegner ist so gefährlich wie einer, der um sein Leben kämpft. Ich bin betrübt, weil ich meine Macht nicht dafür aufgespart habe, ruhig, offen, zwingend und ehrlich zu argumentieren. Aber ich hatte Angst. Ich erkannte nicht, was für einen Einfluß ich hatte. Ich strebte danach, die Macht meines Opponenten mittels Einschüchterung zu usurpieren. Diese Taktik bestätigt nur allen zufälligen Beobachtern den bedauerlichen Mangel an Macht desjenigen, der dem anderen Angst einjagen will.

Und deshalb: Natürlich benötigen wir Macht, aber es ist Macht, die wir bereits besitzen. Die Macht, die sich im siegreichen Argument zeigt, mag nach außen hin eher ohnmächtig wirken, denn Macht kann als Sanftheit, Mitgefühl, Liebe, Demut und Sensibilität erlebt werden.

Wir verstehen nun, daß sogar in Klängen, die wir für machtvoll hielten – die harsche Stimme der Autorität, die befehlenden Worte des jugendlichen Rabauken –, nicht die Macht zum Ausdruck kommt, sondern der elende Lärm der Unsicheren. Wir haben gesehen, daß sich hinter der Anwendung übermäßiger Macht häufig Feigheit oder eine schwerwiegende Persönlichkeitsstörung verbirgt, daß wir durch Einsatz von Macht häufig nicht bekommen, was wir uns wünschen – Liebe, Achtung oder Erfolg. Und wir haben gelernt, daß die Macht uns täuscht und manchmal die Machtlosen am meisten Macht haben. So ist es die ganze Menschheitsgeschichte hindurch gewesen. Die Sanften im Geiste werden, unbefleckt von der Macht, in der Tat die Erde erben.

Wir haben bereits herausgefunden, daß unsere Macht – und die der anderen – aus uns selbst erwächst. Alle Macht geht von uns aus.

Nur von uns.

Und schließlich begreifen wir: *Wir sind die Macht.*

Die ganze Macht.

4. Die unglaubliche Macht der Glaubwürdigkeit

Nackt dastehen

DAS SCHLOSS: **Niemand hört mir zu. Warum sollte man auch? Wer bin ich denn schon?**

DER SCHLÜSSEL: **Jeder Mensch kann glaubwürdig sein, aber wir müssen es wagen, die Wahrheit zu sagen – über uns selbst.**

Man kann als größter Rhetoriker gelten, den die Welt je erlebt hat, den schnellsten Verstand besitzen, die gerissensten psychologischen Lehrsätze befolgen und alle theoretischen Kniffe der Kunst des Streitens gemeistert haben, doch wenn wir nicht glaubwürdig sind, können wir ebensogut gegen eine Mauer reden.

Wie oft haben wir erlebt, daß ein Kind eine Auseinandersetzung mit einfachen Sätzen gewinnt, die auf unschuldige Weise die Wahrheit enthüllen? Jeden Tag erleben wir, daß Menschen in wichtigen Streitigkeiten gewinnen, weil man ihnen glaubt. Sie kamen nicht hochtrabend daher, sie befleißigten sich keines falschen, lackierten Redestils. Sie unternahmen keinen Versuch, zu bezaubern oder zu manipulieren. Was wir sahen, bekamen wir, den *wirklichen Menschen* mit all seinen kleinen Fehlern. Aber sie waren ehrlich.

Der wichtigste Kunstgriff: Der wichtigste Kunstgriff beim gewinnenden Argumentieren besteht darin, auf alle Tricks zu verzichten. Die meisten Menschen können über sich sprechen – ein bißchen – und sich über ihre Gefühle äußern – ein wenig. Aber die meisten halten mit der Wahrheit über sich zurück. Wir verschweigen unseren Schmerz, unsere Wut, unsere tiefe Angst. Wir fürchten, unsere Angst, unsere Freude, unsere Eifersucht, unser Verlangen, unsere Ideen, unsere Unsicherheiten, uns selbst zu offenbaren. *Glaubwürdigkeit* kommt tief aus unserem Inneren – noch tiefer, aus dem Kern unseres Wesens. Wir plustern uns auf, weil wir hoffen, wie der furchterregende Goliath zu erscheinen. Aber erinnern wir uns nicht an David? Große Ambitionen, nichts gewonnen. Die Tränen, die salbungsvollen Reden – sie alle sind nutzlos, wenn wir am Ende unglaubwürdig sind.

Damit wir siegen, muß man uns glauben.

Damit man uns glaubt, müssen wir glaubwürdig sein.

Damit wir glaubwürdig sind, müssen wir die Wahrheit sagen, die Wahrheit über uns – die *ganze Wahrheit*.

Winston Churchill hat einmal gesagt: »Im Grunde wollen die Menschen die Wahrheit hören – eine erregende Sache – und die Wahrheit sagen.«

Die Suche nach dem Kind: Wir müssen aus dem Ort heraus argumentieren, wo das verängstigte Kind wohnt. Wir müssen aus dem Raum heraus argumentieren, wo das Wimmern und Wehklagen zurückgehalten wird, wo die Wut kocht, wo das Ungeheuer aufsteigt und brüllt, wo der Liebende, der Heilige und der uralte Krieger miteinander verschmelzen. Dorthin müssen wir unsere Aufmerksamkeit richten, auf diesen raren, reichen Ort, den Kern unseres Daseins. Es ist der magische Ort, wo die Glaubwürdigkeit haust.

Vor einigen Jahren sprach ich in Chicago vor einer Gruppe von weltgewandten, schicken Anwälten, die sich gern in jene allbekannten grauen Nadelstreifenanzüge kleiden. Nach meinem Vortrag sprach mich ein angemessen beanzugter und gestreifter junger Anwalt an.

»Etwas geht mir nicht aus dem Kopf«, sagte er. »Früher habe ich meine Prozesse immer gewonnen. Damals war ich noch nicht in der Lage, einen Zeugen gekonnt ins Kreuzverhör zu nehmen. Ich konnte nicht argumentieren. Aber ich habe meine Prozesse gewonnen. Im Laufe der Jahre habe ich alle Tricks gelernt, die man Strafverteidigern beibringt – heute bin ich mit allen Wassern gewaschen, aber offenbar kann ich keinen Prozeß mehr gewinnen. Es ist, als ob ich um so häufiger verliere, je mehr ich an meiner Technik feile.«

Die »Technik« hat wenig mit Glaubwürdigkeit und deshalb wenig mit dem Gewinnen zu tun. Auch der wortgewaltigste, öligste Anwalt ist nicht imstande, gewöhnliche Geschworene an der Nase herumzuführen, zumindest nicht sehr lange. Aber mein zweijähriger Enkel, der mit der Rassel auf den Tisch hämmert, ist glaubwürdig. Er kann keine pädagogische Abhandlung vortragen, die vor prächtigen Ausdrücken nur so wimmelt. Aber wenn ein Kind schreit, weiß man, es ist hungrig oder müde. Glaubwürdigkeit ist die Zierde des Kindes.

DAS SCHLOSS: **Jeden Tag werden wir angelogen – von den Medien, den Politikern, Arbeitgebern, von allen. Lügen ist eine Lebensweise. Besteht die Kunst des Argumentierens nicht lediglich darin, zum Experten im Lügen zu werden?**

DER SCHLÜSSEL: **Eine Zeitlang können wir die *anderen* zum Narren halten, aber am Ende übermitteln ihre *Glaubwürdigkeitsdetektoren* eine unabweisbare Botschaft: »Das ist nicht die Wahrheit.« An diesem Punkt ist jede Argumentation verloren.**

Natürlich kann man vorübergehend Glaubwürdigkeit erlangen, indem man glaubwürdig handelt. Aber nicht lange. Wenn wir streiten, strecken jene, die unsere Argumente hören und beurteilen, unzählige psychische Tentakeln aus, um den ersten Hinweis darauf zu entdecken, daß wir sie getäuscht haben. Die Fangarme spüren dem Falschen und Betrügerischen nach. Sie suchen nach Heimtücke, nach der Gefahr, die in dem zwischenmenschlichen Wald lauert, den wir durchwandern.

Unsere seelischen Tentakeln: Könnten wir unser seelisches Selbst sehen, würden wir wie ein seltsamer Käfer auf zwei Beinen aussehen, mit Fühlern, die in alle Richtungen weisen. Unsere seelischen Tentakeln schlingen sich um den, der spricht, betasten ihn, messen ihn, prüfen ihn. Sagt er die Wahrheit? Zusammengenommen bilden die Fühler ein Alarmsystem, das alles Gesagte, Gehörte und Gesehene abwägt und bewertet. Das System sucht nach Disharmonien – ein falscher Zungenschlag, ein für eine Idee unangemessenes Wort, eine allzu geplante Bewegung, ein Satzrhythmus, ein Blick, ein Hüsteln, das etwas fehl am Platz wirkt.

Wir alle besitzen solche Fühler. So wie unser Abwehrsystem, sind auch unsere unsichtbaren *Glaubwürdigkeitsdetektoren* ständig auf der Suche nach dem Feind, nach dem hohlen Klang des Gefälschten. Es geht mir hier nicht um Intelligenz. Sowohl das Genie als auch der Durchschnittsbürger haben derartige Detektoren. Es geht auch nicht um Intuition oder irgendein mystisches, weit hergeholtes Konzept. Es geht um den psychischen Mechanismus, durch den wir den Klang der Wahrheit erkennen können, durch den wir uns vor jenen schützen, die mit Scheingründen und Täuschungen auf uns eindringen.

Mit vielen Zungen sprechen: In den nachfolgenden Kapiteln werden wir lernen, daß wir nicht nur mit Worten kommunizieren, sondern mit den verschiedenen Klängen der Wörter und ihrem Rhythmus. Wir sprechen, auch wenn wir schweigen. Wir sprechen mit Händen und Körpern, mit *körpersprachlichen* Wörtern – durch die Art und Weise, wie wir uns halten, stehen und uns bewegen.

Zum Beispiel das Lächeln: Wie schätzen wir jemanden ein, der lächelt, wenn er über seinen Kummer oder seinen Schmerz spricht, und das ununterbrochen? Sehen Sie ihn? Er lächelt immer noch. Was ist mit denjenigen, deren Mundwinkel sich beim Lächeln nach unten ziehen, wenn sie lächeln, als wollten sie es unterdrücken? Was halten sie noch vor uns zurück? Was ist mit jenen, über deren Gesicht ein nervöses Lächeln huscht, das jeden zweiten Satz begleitet? Auch das haben Sie schon gesehen. Der Mund verzieht sich nanosekundenschnell zu einem schiefen, schwächlichen Grinsen, in dem sich aber keine Freude ausdrückt, sondern das auf ein ganz anderes Gefühl schließen läßt – Schmerz. Haben wir Vertrauen in solche Menschen?

Und die Augen: Die angeblichen »Spiegel der Seele«. Was hat es mit ihnen auf sich? Uns allen sind schon Menschen begegnet, die uns nie erlauben, in ihr »Fenster« zu blicken. Wir vertrauen ihnen ebensowenig wie dünnem Eis. Ich kannte einen Richter, der, wenn er sich mit mir unterhielt, auf einen Punkt fünf Zentimeter über meiner Nasenwurzel blickte. Du lieber Himmel, dachte ich, habe ich da oben etwas Häßliches? Mehr als einmal suchte ich dort, wo er hinsah. Ich reckte mich ein bißchen. Aber er hob den Blick, so daß die Augen auf denselben Punkt gerichtet blieben. Obwohl ich bei vielen Gelegenheiten vor ihm erschien und mit ihm seit vielen Jahren sozial verkehre, sah er mir – aber auch niemand anderem – nicht einmal in die Augen. Und obwohl er mir im Laufe der Jahre etwas mitgeteilt haben muß, kann ich mich an kein einziges Wort von ihm erinnern, denn er hat nie mit mir, sondern mit meiner Stirn gesprochen.

Dennoch können uns die Augen, wie Spiegel, in die Irre führen. Im

Gerichtssaal bin ich den fiesesten psychopathischen Mördern begegnet. Ich habe sie dazu gebracht, daß sie den Blick hoben, leere Augen, die aber keinen Haß zum Ausdruck brachten. Es waren Augen, die nichts enthüllten, Augen ohne jedes Leben, wie leere Flaschen. Ich habe im Gerichtssaal auch liebende Augen gesehen, die ein böses Herz verbargen. Ich kenne einen Versicherungsanwalt, der mich und alle Anwesenden beim Sprechen mit bewundernden Blicken bedenkt. Zwar war er oft mein feindseliger und hinterlistiger Gegner, doch stelle ich fest, daß ich ihm noch heute freundliche, warmherzige Gefühle entgegenbringe. Es ist schwierig, für jemanden, der uns schöne Augen macht, keine freundlichen Gefühle zu hegen. Doch wenn ich mich einen Augenblick abwende, merke ich immer, daß da etwas nicht ganz stimmt. Der Mann ist intelligent. Was er sagt, klingt durchaus freundlich – ich nenne ihn »Zuckermund«. Doch wenn man genau hinsieht und hinhört, läßt sich immer eine leichte Unaufrichtigkeit in der Luft feststellen; die Augen blicken allzu liebevoll, die Lippen sind allzu ölig. Und wenn jemand unwissend in die Falle tappt, nun ja, dann wird er mit Sicherheit vernichtet, und wenn Zukkermund ihm das Messer ins Herz stößt, werden seine Augen ebenso sanft und liebevoll blicken wie seine Lippen überzuckert sind.

Der Blick der Glaubwürdigen übermittelt eine Botschaft, die mit der einfachen Bedeutung der gesprochenen Wörter übereinstimmt. Die Augen befinden sich im Einklang mit der restlichen Darstellung. Es sind glückliche Augen, traurige und kummervolle Augen, zornige Augen, Augen, die den Worten entsprechen, das Gefühl des Sprechenden unterstützen und mit der Mitteilung übereinstimmen. Aber wenn der Blick »lügt«, dann merken wir es sofort.

Mit dem Körper sprechen: Auch die Muskeln des Körpers sagen uns etwas, manchmal subtiler als Worte. Wir alle können den Anfänger erkennen, der sich seiner Hände schmerzlich bewußt ist und sie in die Hosentaschen steckt, hinter dem Rücken verschränkt oder eng am Körper hält. Verflucht seien die Arme! Verflucht seien die Hände! Als Berufsanfänger hatte ich einen Riesenbammel, ich müßte ohne Rednerpult sprechen, an dem man sich wenigstens festhalten konnte. Frauen haben es da besser. Ihre Kleidung hat keine Taschen. Trotzdem verschränken manche die Hände vor dem Körper, als wäre ihr Nabel ernsthaft gefährdet.

Der geübte Redner hat seine Hände vergessen und erlaubt ihnen, sich frei mit seinen Gefühlen zu bewegen. Aber der Redner, der sich unbefangen bewegt, sollte uns auch lieber die Wahrheit sagen, damit sein Körper nicht seine entgegengesetzten Gefühle offenbart. Kürzlich sah ich im Fernsehen eine Werbung für einen Versandservice. Der Mann trug den typischen »Vertrauen-Sie-mir«-grauen-Anzug mit einem blauen Oberhemd und einer unauffälligen, respektablen Krawatte. Das Haar war adrett frisiert, und soweit ich erkennen konnte, hatte der Mann keine verräterischen Schuppen auf den Schultern, die den guten Eindruck unwiderruflich zerstört hätten.

Den Lehren derjenigen zufolge, die Marketing unterrichten, sah dieser Sprecher den Zuschauern direkt in die Augen. Dann sagte er seinen Sermon auf. Als wir schließlich fast aufgesprungen wären und am liebsten ausgerufen hätten: »Ja, ja, reden Sie nicht so lange! Ich will das Zeug haben!«, widersprachen die *körpersprachlichen* Worte der Mitteilung. Denn während er uns verbal geradezu anflehte, die Produkte zu kaufen, schüttelte er heftig den Kopf, als wollte er »nein« sagen.

Wir alle wissen über die Körpersprache Bescheid. Uns ist bewußt, daß man bestimmte Wahrheiten durch die Bewegung und die Haltung des Körpers selbst enthüllt. Zum Beispiel, wenn sich eine Person leicht von dem Gegenüber abwendet, das er nicht akzeptiert; vielleicht, indem er den Finger an die Wange legt, wenn er verblüfft ist, oder er sich den Mund mit dem Finger versiegelt, um sich zu ermahnen, nicht zu sprechen, sondern zuzuhören. Doch nicht immer kommt in der Körpersprache die ganze Wahrheit zum Ausdruck.

In einem Prozeß, den ich gegen den Automobilkonzern Crysler führte, ging es darum, daß sich ein nachlässig konstruierter Sitz in einem Fahrzeug bei einem Auffahrunfall aus der Verankerung gelöst und meinen Mandanten dabei schwer verletzt hatte. Während des Verfahrens machte ich mir Sorgen, einer der Geschworenen in der zweiten Reihe, ein Farmer in Latzhose, könnte sich meinen Argumenten verschließen. In Übereinstimmung mit der Theorie der Fachleute für Körpersprache signalisierten seine Arme, die er vor dem Bauch verschränkt hielt, daß er meine Argumentation ablehnte. Aber ich mußte ihn überzeugen. In Wyoming muß der Urteilsspruch der Geschworenen einstimmig gefällt werden. Im Laufe des Prozesses merkte ich, daß ich mich mit meinen Ausführungen häufiger an ihn wandte als an die anderen Jurymitglieder. Doch während er mich böse ansah, hielt er die Arme weiter verschränkt. Auch als die Juroren ein Urteil zugunsten meines Mandanten gefällt hatten, war ich mir über das Verhalten des Farmers immer noch nicht ganz im klaren. Ich sprach ihn an, ehe er aus dem Gerichtssaal trottete.

»Wissen Sie, ich habe mir während des ganzen Prozesses Ihretwegen Gedanken gemacht. Sie hielten die Arme verschränkt, und das bedeutet, so sagt man zumindest, daß Sie gegen mich eingestellt sind.«

»Ach, das hatte nichts zu bedeuten«, entgegnete er. »Ich habe einen ziemlichen Bauch. Irgendwo muß man doch seine Arme lassen.« Er lachte. »Sie haben Ihre Sache gut gemacht.«

Unsere Glaubwürdigkeitsdetektoren: Meine Erfahrung bestätigt, daß Menschen, die ihre Glaubwürdigkeitsdetektoren einsetzen, Unaufrichtigkeit fast immer erkennen. Das ist der große Vorzug des amerikanischen Geschworenengerichts. In fast jedem Geschworenenprozeß ziehen die Anwälte beider Parteien Sachverständige zu Rate, die sich zu Fragen äußern, die sich den normalen Kenntnissen des Durchschnittsbürgers entziehen. Doch die Fachleute werden von Durchschnittsbürgern beurteilt, und zwar mit einer geradezu unheimlichen Treffsicherheit. So kann ein Sachverständiger auf dem Gebiet Ballistik aussagen, daß die Schmauchspuren, die man an den Händen des Angeklagten fand, beweisen, daß er an dem fraglichen Tag eine Waffe abgefeuert hat. Aber die Verteidigung kann einen Experten beibringen, der den Geschworenen erzählt, daß sich die chemischen Elemente in den Schmauchspuren auch in Substanzen finden, mit denen viele Leute jeden Tag in Berührung kommen. Ganz normale Autoschmiere enthält zum Beispiel Barium, eines der Elemente, das man gemeinhin mit Schmauchspuren in Verbindung bringt. Und selbst wenn die Substanzen, die man den Händen des Beklagten abgenommen hat, von einem Schuß herrührten, bezeugt der Sachverständige der Verteidigung unter Umständen, daß der Angeklagte möglicherweise damit in Berührung gekommen ist, ohne die Waffe abzufeuern. Er hätte ja die Waffe, aus der kurz zuvor geschossen worden war, auch nur angefaßt haben können. Er hätte die Kleidung des Toten berührt haben können, nachdem dieser erschossen worden war. Er kann unmittelbar neben der Mündung der Waffe gestanden haben, als aus ihr geschossen wurde. Und so gehen die Ausführungen der Fachleute hin und her. Welchem Sachverständigen soll man glauben?

Geschworene sind von Hause aus Experten bei der Beurteilung, ob jemand glaubwürdig ist. So wie die Geschworenen sind alle Menschen, mit denen wir täglich sprechen, Experten. Sie testen uns mit ihren Glaubwürdigkeitsfühlern. Wenn etwas in der Kommunikationskette nicht paßt, sind sie auf der Hut. Sie hören und sehen die feinen Unterschiede, oft im Unterbewußtsein. Sie hören den Unterschied im Klang der Wörter. Sie nehmen die feinen Widersprüche zwischen den *bewußt gewählten* Wörtern, den Klang-Wörtern und den körpersprachlichen Wörtern wahr. Der Lügendetektor versucht, unsere physiologischen Reaktionen beim Lügen zu analysieren, aber jeder Mensch hat ein vielfach feineres Sensorium als dieser primitive Apparat. Unsere Sinne zeichnen im Laufe einer kurzen Begegnung Hunderte von Signalen auf, und schneller als jeder Computer verarbeiten wir die Informationen und fällen unser Urteil. Während der Lügendetektor und die Person, die ihn bedient, möglicherweise Minuten, wenn nicht Stunden benötigt, um die Analyse eines einzigen Satzes fertigzustellen, zieht unser Verstand so schnell, wie die Worte dem Sprecher aus dem Mund kommen, in Sekundenbruchteilen, Schlußfolgerungen, was die Glaubwürdigkeit des Sprechers betrifft.

Könnten wir die Signale, die wir in einigen Redeminuten übermitteln, in allen Details analysieren – ein widersprüchlicher Satz, der eher unbewußt ausgesprochen wird, ein unbewußtes Abwenden, eine hochgezogene Augenbraue, die nicht miteinander harmonierenden Wort-Klänge, die der Botschaft widersprechen, die verräterische Körpersprache, die Augen, die betrügen –, dann würden wir erkennen, daß es uns ganz unmöglich ist, diese ganze Kette absichtsvoll und perfekt zu einer harmonischen Darstellung zu verbinden. Wenn wir uns auf die Wörter, die wir auswählen, konzentrieren, werden wahrscheinlich der Tonfall und die Gesten nicht dazu passen. Wenn wir versuchen, unseren Körper mit dem Gesagten in Einklang zu bringen, werden wir befangen, steif, unglaubwürdig wirken. Zu versuchen, die zahllosen Signale, die wir in einer bestimmten Kommunikationssituation aussenden, zu kontrollieren und aufeinanander abzustimmen, ist so, als ob man versuchte, eine Schar wilder Truthähne zusammenzubinden. Möglicherweise sind wir in der Lage, einen davon zu bändigen, aber dann entwischen uns die anderen – und wir haben die Auseinandersetzung verloren.

Der biologische Vorteil der Wahrheit: Es gibt eine einleuchtende biologische Erklärung dafür, warum alle Kulturen, einst und heute, Ehrlichkeit auf die Spitze des moralischen Totempfahls setzen. Wer uns anlügt, bringt uns in Gefahr. Wir können uns vor einem Angriff schützen, doch nicht vor einer unerkannten Lüge. In einem Gerichtsprozeß kann ich meine Argumente gegenüber ehrlichen Geschworenen vortragen und ihre ehrlichen Antworten akzeptieren. Aber ich kann meinen Mandanten nicht schützen, wenn ein Geschworener gegenüber meinem Mandanten eine versteckte Abneigung hegt, denn jener Juror wird sich mit Sicherheit erheben, normalerweise aus dem Hinterhalt, aus dem Schutz des Geschworenenzimmers heraus, und das Leben meines Mandanten ruinieren.

Vor mehreren Jahren verteidigte ich einen Sheriff, der in Anwesenheit zweier weiterer Sheriffs seinen verdeckten Ermittler mit einem Kopfschuß getötet hatte. Der Tote hatte am nächsten Tag vor einer Grand Jury des Bundesstaates aussagen sollen, in einem Fall, in den vermutlich auch der Sheriff verwickelt war. Der Prozeß erregte das Interesse einer breiten Öffentlichkeit. Dan Rather hatte die Story in seiner Sendung *60 Minutes* gebracht. Da das Gericht Fragen nach dem organisierten Verbrechen in Wyoming gestellt hatte, entwickelte sich der Mord an dem verdeckten Ermittler am Vorabend seiner Aussage zu einem großen öffentlichen Skandal. Die Leute waren empört. Selbst ich glaubte, obwohl dazu ausgebildet, von der Unschuld des Angeklagten auszugehen, daß der Sheriff den Zeugen, der gegen ihn aussagen sollte, erschossen hatte. Später, als ich mich bereit erklärte, mit dem Sheriff zu sprechen, kam ich zu der Überzeugung, daß der Sheriff den Beamten in Wahrheit in einem Akt der Selbstverteidigung erschossen hatte. Doch schon bald stand ich im Gerichtssaal vor einer Phalanx von Geschworenen aus dem Bundesstaat Wyoming, die von denselben Medien, die mich von der Schuld meines Mandanten so sehr überzeugt hatten, mit denselben Informationen bombardiert worden waren.

Traute ich mich, das Leben meines Mandanten einer Jury anzuvertrauen, deren Mitglieder ausgesagt hatten, daß sie ungeachtet dessen, was sie gelesen oder gehört hatten, ein faires Urteil fällen würden? Ich erinnere mich, daß ich mich dem Sheriff zuwandte, und sagte: »Nun, Ed, sollen wir diejenigen behalten, die sagen, sie hätten sich noch nicht gegen dich entschieden, oder diejenigen, die uns die Wahrheit gesagt haben und denken, daß du schuldig bist?«

»Halten wir uns an diejenigen, die mich hängen sehen wollen«, sagte er. »Wenigstens sagen sie die Wahrheit.«

Wir wählten eine Jury aus Männern und Frauen, die, ohne daß sie ein einziges Wort einer einzigen Zeugenaussage gehört hatten, meinen Mandanten bereits seines kostbarsten verfassungsmäßigen Rechts beraubt hatten, der Unschuldsannahme, Leute, die zugaben, daß sie an die Schuld meines Mandanten glaubten. Doch als der Bundesstaat Wyoming die Anklage nicht über vernünftige Zweifel hinausgehend begründen konnte, waren die zwölf Geschworenen, die so ehrlich waren, zuzugeben, daß sie meinen Mandanten für schuldig hielten, auch so ehrlich, das Urteil »nicht schuldig« zu sprechen. Normalerweise können wir denjenigen vertrauen, die uns die Wahrheit sagen. Darum hat auch im Laufe der Menschheitsgeschichte jede Kultur die Wahrheit als die höchste Tugend bezeichnet, und deshalb ist die daraus resultierende Glaubwürdigkeit immer machtvoll.

DAS SCHLOSS: **Sagen Sie nicht, man kann eine Person nicht täuschen. Mich hat man schon mehr als einmal hereingelegt.**

DER SCHLÜSSEL: **Jeder ist schon mal »hereingelegt worden«. Doch wenn das geschieht, haben normalerweise unsere Bedürfnisse unsere Glaubwürdigkeitsdetektoren außer Kraft gesetzt.**

Ich weiß, so wie Sie, daß man uns täuschen kann. Aber die Zeichen, die Arlarmsignale waren schon alle da; wir hätten sie sehen und hören können, wenn wir nur hingesehen und zugehört hätten. Wenn man uns hereinlegt, so zumeist nicht deshalb, weil wir nicht imstande sind, eine List zu durchschauen, sondern weil wir sie nicht erkennen *wollen*. Wir sind mit dem Weihnachtsmann und mit Superman aufgewachsen. Wir wollen an Märchen und Mythen glauben. Man hat uns beigebracht, daß es in den USA Freiheit und Gerechtigkeit für alle gibt. Wir wollen dem Ankläger im Gerichtssaal und dem Sprecher der Abendnachrichten glauben. Wir wollen glauben, daß wir geliebt werden. Wir wollen unseren Nachbarn und unseren Freunden vertrauen. Wir wollen uns geborgen fühlen. Wir wollen essen und trinken, was uns schmeckt. Wir wollen schnell reich werden. Wir *wollen* immer mehr, so daß wir unseren Glaubwürdigkeitsdetektoren keine Aufmerksamkeit schenken.

Ich glaube, daß die meisten Menschen die Wahrheit sagen – das, was in ihren Augen der Wahrheit entspricht. Ich glaube, daß die meisten Menschen Gutes tun wollen – was sie als gut empfinden. Ich glaube, daß die meisten Menschen ehrlich sind – so ehrlich, wie es für das eigene Wohlbefinden gut ist. Ich glaube, daß die meisten Menschen mir nicht schaden wollen – zumindest nicht in böser Absicht. Ich sage nur, daß wir hinsehen und hinhören sollen. Die Fähigkeit, zuzuhören und zu beobachten, muß doppelt so wichtig sein wie die Fähigkeit zu sprechen, denn warum sonst hätte Gott uns zwei Augen und zwei Ohren und nur einen Mund gegeben?

DAS SCHLOSS: **Ich versuche meistens, die Wahrheit zu sagen, doch man nimmt mich nicht so ernst, wie ich es mir wünsche. Etwas fehlt da.**

DER SCHLÜSSEL: **Offen mitzuteilen, was man empfindet, erzeugt Glaubwürdigkeit. Wir sind, was wir fühlen.**

Mit welchen Gefühlen reagieren wir auf das Benehmen unseres Kindes, den Plan unseres Partners, den Arbeitsplatz zu wechseln, die Einstellungspolitik unseres Chefs oder den Vorschlag des Stadtrats zur Ausweisung von Gewerbegebieten? Unsere Bereitschaft, in einer Auseinandersetzung offen unsere *Gefühle* zu offenbaren, erhöht fast immer unsere Glaubwürdigkeit. Doch viele von uns weigern sich, ihren Gefühlen Ausdruck zu verleihen, weil sie fürchten, daß sie böse werden. »Ich halte den Mund, damit bei meinem Gegenüber keine Sicherung durchbrennt«, heißt es dann. Doch oft verbirgt sich hinter der Wut Angst. Das Benehmen unseres Kindes macht uns möglicherweise wütend, doch im Grunde haben wir *Angst,* daß unser Kind in ernstliche Schwierigkeiten gerät. Die Einstellungspolitik unseres Chefs löst bei uns möglicherweise einen Wutanfall aus, doch dahinter verbirgt sich die *Angst,* die Politik des Chefs könnte unseren Arbeitsplatz gefährden. Möglicherweise macht uns die Stadtverwaltung wütend, wenn sie ein Gewerbeunternehmen in unserer Nachbarschaft zuläßt, doch dahinter steht die *Angst,* die Ansiedlungspolitik der Stadt könnte den Wert unseres Eigentums schmälern. Streitigkeiten können Wettkämpfe sein. Und wie alle Kämpfe erzeugen sie letztlich Angst – die Angst, die Auseinandersetzung zu verlieren und die Folgen unserer Niederlage tragen zu müssen.

Angst, Treibstoff für eine erfolgreiche Auseinandersetzung: Ich kann mich an keine Auseinandersetzung erinnern, an der ich jemals teilgenommen habe, die nicht in irgendeiner Form irgendeine Furcht in mir ausgelöst hätte. Wenn ich in einem Streit unterliege, selbst in einem eher unwichtigen, bin ich zumindest enttäuscht. Enttäuscht zu werden ist unangenehm, und der dabei wirkende Vermeidungsmechanismus – selbst zur Vermeidung der Enttäuschung – ist Angst. Eine kleine Dosis Angst, wie auch eine große, läßt uns den – großen wie den kleinen – Schmerz vermeiden. Dieser Schmerz ist das Wagnis, das wir eingehen, wenn wir streiten. Aber auch ein wenig Schmerz tut immer noch weh, und auch ein bißchen Angsterleben ist immer noch Angst.

Glaubwürdigkeit und das Eingeständnis der Angst: Ich habe die vereinfachte, aber zutreffende These vertreten, daß wir die Wahrheit sagen müsen, um glaubwürdig zu wirken. Wir haben bereits die Vorstellung erörtert, wonach es nicht schlimm ist, Angst zu haben, sondern wir vielmehr diese Angst spüren sollen. Aber sollte man soweit gehen, dem *anderen* unsere Angst einzugestehen?

Es liegt noch nicht lange zurück, als ich ein Schlußplädoyer in einem Prozeß halten sollte, der große öffentliche Aufmerksamkeit genoß. In dem Verfahren stand Randy Weaver vor Gericht, dem unter anderem der Mord an dem Bundesmarschall der Vereinigten Staaten zur Last gelegt wurde. Der stellvertretende Bundesstaatsanwalt hatte soeben *sein* Schlußplädoyer gehalten, das viele für das beste in seiner gesamten Laufbahn hielten. Das Leben meines Mandanten hing davon ab, daß meine Argumentation absolut überzeugend war. Ich ging im Gerichtssaal auf und ab, meine Nerven lagen blank, mein Bauch war angespannt. Eine befreundete Anwältin, die im Zuschauerraum saß und mit der ich in einem anderen Mordprozeß zusammengearbeitet hatte, rief mich zu sich. Sie hatte meine Nervosität bemerkt.

»Komm, ich erzähle dir einen Witz.«

»Nein, bitte nicht«, entgegnete ich, völlig verzweifelt, weil ich gleich mein Plädoyer halten mußte. »Sag mir lieber, wie ich aufrichtig sein kann.« Auf einmal war mir klar, wie ich es anstellen mußte. Ich mußte meine Angst empfinden – wieder einmal. Immer wieder dieser verfluchte Schmerz der Angst. Ich konnte sie verbergen, wenn ich wollte, aber womit? Mit gespielter Tapferkeit? Aber wer findet einen stolzierenden Hahn auf der Hühnerleiter sympathisch? Sollte ich meine Angst hinter einem kaltherzigen, emotionslosen Vortrag verbergen? Aber wer mag den Kaltschnäuzigen, den Unsensiblen, den Teilnahmslosen? Wer glaubt einem solchen Menschen? Sollte ich den Kopf einziehen, so wie eine Schildkröte in ihrem Panzer verschwindet? Wer vertraut jenen, die sich uns nicht öffnen? Sollte ich angreifen, so wie ein Löwe? Wer öffnet sich einem solch furchterregenden Geschöpf? Sollte ich mich wie ein Kaninchen in seinen Bau flüchten? Wer glaubt jenen, die sich verstecken? Die Schildkröte, die sich in ihren Panzer zurückzieht, der Löwe, der angreift, und das Kaninchen, das in seinen Bau huscht – sie alle reagieren auf das gleiche Gefühl: Angst. Die Geschworenen betraten den Saal.

Der Richter sprach die verhängnisvollen Worte aus, nach denen ich mich gesehnt und die ich gefürchtet hatte. »Mr. Spence, bitte beginnen Sie mit Ihrem Plädoyer.« Ich warf einen raschen Blick auf die Geschworenen. Sie beobachteten mich, während ich auf sie zuging, sie warteten auf meine Argumente, warteten darauf, mich zu beurteilen. War ich in der Lage, dem Bundesanwalt etwas entgegenzuhalten? Würden mir die Geschworenen glauben? Würde ich mich der Lage gewachsen zeigen? Am liebsten wäre ich davongelaufen. Ich saß in der Falle und wollte, wie der Löwe, den Gegner angreifen. Ich hatte rasendes Herzklopfen. Ich hatte Angst. Du lieber Himmel, immer wieder diese große Angst!

Dann blickte ich auf meine Füße und versuchte zu fühlen, wo die Angst lag. Sie war dort, wo ich sie immer fand: Sie drückte beidseits von oben gegen die Rippen. Ich blickte die Geschworenen an: »Ladies und Gentlemen der Jury, ich wollte, ich hätte nicht so große Angst«, hörte ich mich sagen. »Ich wünschte, mir wäre nach den vielen Jahren, die ich im Gerichtssaal verbracht habe, nicht so ängstlich zumute. Man sagt ja immer, man würde seine Angst mit der Zeit überwinden.«

Einige Geschworene blickten erstaunt drein. Dieser Anwalt, der den Angeklagten durch das Kreuzverhör von mehr als hundert, überwiegend feindlich gesinnten Zeugen – FBI-Beamte, Polizeichefs, Sachverständige – begleitet hatte; dieser Mann, der anscheinend immer die Oberhand behielt, gesteht seine Angst ein. Sie beobachteten mich. Sie warteten. Sie hatten ihre Fühler ausgestreckt. Sie betasteten mich, erforschten mich.

»Ich fürchte, kein so gutes Plädoyer halten zu können, wie Randy

Weaver es verdient«, sagte ich. »Nach diesem beinahe dreimonatigen Prozeß fürchte ich, den Anforderungen nicht zu genügen. Ich wünschte, ich wäre ein besserer Anwalt.« Wie immer legten sich die Angstgefühle allmählich, und an ihre Stelle trat das Schlußplädoyer, das schließlich drei Stunden in Anspruch nehmen sollte. Es war ein ehrliches, zorniges und humorvolles Plädoyer, durchsetzt mit kleinen Fehlern und falschen Anfängen und Sätzen, die jeden Englischlehrer mit Selbstachtung entsetzt hätten. Meine Argumentation war so aufrichtig, wie sie nur sein konnte – und am Ende bewirkte sie, daß mein Mandant auf freien Fuß gesetzt wurde.

Nachdem die Plädoyers gehalten worden waren und die Geschworenen sich zu ihrer Beratung zurückgezogen hatten, kam ein junger Anwalt auf mich zu, als ich gerade den Gerichtssaal verlassen wollte. »Mr. Spence, wieso ist Ihnen der Anfang so schwergefallen?« fragte er.

»Was wollen Sie damit sagen?« fragte ich zurück.

»Offenbar kamen Sie am Anfang schwer rein, aber dann haben Sie losgelegt, danach haben Sie vielleicht aufgedreht.« Er lachte. »Aber am Anfang war das alles ziemlich holprig.«

»Es ging holprig los, weil ich mich so fühlte«, sagte ich.

»Oh«, sagte er. Offenbar hatte er nicht begriffen, was ich meinte. Er hatte mein Plädoyer zwar glaubwürdig gefunden, doch nicht verstanden, daß dessen Glaubwürdigkeit daher rührte, daß ich Angst hatte, den Anforderungen nicht zu genügen, und gewillt war, das zuzugeben.

Glaubwürdigkeit und Notlüge: Die Räder der Gesellschaft werden durch die sogenannten Notlügen geschmiert. Wir sagen einem Freund, er sähe großartig aus, wenngleich er in Wahrheit aussieht, als hätte ihn eine Herde Gorillas in die Mangel genommen. Manchmal loben wie ein Essen in höchsten Tönen, obgleich es in Wirklichkeit scheußlich geschmeckt hat. Wir sagen Menschen, die uns vorgestellt werden, daß wir uns freuen, sie kennenzulernen, obwohl es uns in Wahrheit völlig egal ist, ob wir sie je wiedersehen. Die meisten sozialen Begegnungen sind schöner Schein. Doch wir erlauben einander, in diese sozialen Lügen einzustimmen. Mitunter müssen wir ihnen Glauben schenken.

Unlängst kam ein Mann zu mir an den Tisch in einem Restaurant, in dem ich mit Imaging zu Mittag aß. Ich hatte den Mann seit der

Zeit, als er ein junger Emporkömmling gewesen war, nicht mehr getroffen. Er war nicht mehr jung. Das Haar war schon etwas ergraut. Er hatte zugenommen, so daß ich von Glück sagen konnte, daß ich ihn überhaupt erkannt hatte. »Sie sehen gut aus«, sagte er, was frei übersetzt hieß: »Nach all den Jahren sind Sie ganz schön alt geworden.« Aber da stand er an unserem Tisch und sprach weiter und schüttelte den Kopf, während sein Körper seine Worte Lügen strafte. »Sie sehen wirklich gut aus.«

Aber was hätte er denn tun sollen? Zu mir herüberkommen und sagen: »Du lieber Himmel. Wir haben uns seit zwanzig Jahren nicht mehr gesehen – Sie sehen aus, als wäre Ihnen gerade ein Lkw übers Gesicht gerollt? Man sieht noch die Reifenabdrücke. Und Ihr Haar – früher war es schmutzig blond, und jetzt ist es fast schlohweiß. Aber ich habe Sie wiedererkannt, trotz aller Verheerungen.« Und was hätte ich sagen sollen? »Als wir uns das letzte Mal trafen, da waren Sie ein gutaussehender junger Mann, und jetzt sehen Sie aus wie einer dieser stinknormalen, dickbäuchigen, angeschlagenen Kerle in mittleren Jahren, die immer zu mir an den Tisch kommen, mich beim Lunch unterbrechen und mir sagen, daß ich gut aussehe?« Hätte ich das antworten sollen? Nein. Ich sagte: »Sie sehen auch verdammt gut aus!« Als Imaging und ich gegangen waren, dachte er wahrscheinlich: »Der alte Knabe macht's bestimmt nicht mehr lange«, und ich dachte: »Der alte Vater Zeitbombe hat dem Burschen ganz schön zugesetzt«, aber keiner verschwendete viele Gedanken daran, wie der andere tatsächlich aussah. Wir fanden nichts dabei, den anderen ein wenig anzulügen. Es war ein Geschenk, das wir uns gegenseitig gemacht hatten. Das Ganze hatte nichts mit der Frage der Glaubwürdigkeit zu tun.

DAS SCHLOSS: **Schauspielern. Darum geht's in Wirklichkeit bei Streitigkeiten. Entweder man ist ein guter Schauspieler oder man ist es nicht. Ich konnte noch nie gut schauspielern.**

DER SCHLÜSSEL: ***Schauspielern ist einfach das Enthüllen der Wahrheit.* Um ein guter Schauspieler zu sein, muß man glaubwürdig sein.**

Die häufigste Frage, die man mir stellt, lautet: »Schauspielern Sie im Gerichtssaal?« Tatsächlich will man wissen: »Können wir Ihnen vertrauen? Sie wirken ja ganz aufrichtig. Wir wollen Ihnen glauben. Aber Sie müssen einfach ein begabter Schauspieler sein, der die Geschworenen zum Narren halten kann, und deshalb führen Sie unter Umständen auch uns an der Nase herum.« Das führt uns natürlich zur Frage der Schauspielerei. Wie kann man sie definieren?

Schauspielern ist Sein. Wirkliche Schauspielkunst ist niemals ein So-tun-als-ob; vielmehr stellt sie die schrittweise Enthüllung einer Figur in einer bestimmten Situation dar. Die Darstellungskunst fordert vom Schauspieler, daß er mit seinen wahren Gefühlen in Verbindung kommt, seiner Wut, seiner Freude, seiner Überraschung, seinem Kummer, seinem Schmerz. Als Al Pacino den blinden, pensionierten, mürrischen Armeeoffizier in dem Film *Der Duft der Frauen* spielte, war er geistig erblindet. Er gab nicht vor, blind zu sein. Nachdem er sich tief in die Rolle versenkt hatte, verlor er sein Sehvermögen. Natürlich können wir so tun als ob, doch ein Schauspieler, der chargiert, statt zu spielen, wird kaum einen Oscar gewinnen.

Wie dem auch sei: Auch die makelloseste Bühnendarstellung, für die man tagelang probt, dauert nur ein paar Stunden. Nicht nur, daß die großen Filmschauspieler ihren Text so lange üben, bis er »sitzt«, sondern die Szenen werden auch immer wieder geprobt, bis sie möglichst perfekt sind; die Testfrage für eine gelungene Szene lautet dabei: »War sie *glaubwürdig*?« Das Streben des Regisseurs – wie auch unseres – gilt der Glaubwürdigkeit. Wenn wir argumentieren, können wir uns nicht den Luxus leisten, unsere Darbietung so lange zu wiederholen, bis sie fehlerfrei ist. Wir können unsere Ehefrau oder unseren Chef nicht bitten, unsere drei letzten Darbietungen nicht zu beachten und untätig zuzusehen, bis wir die Szene richtig hinbekommen. Wenn wir »Schauspielern«, wird der *andere*, ganz gleich, wie geschickt, wie überzeugend und wie wohlerprobt die Darstellung sein mag, erkennen, daß etwas nicht stimmt. In diesem Augenblick haben wir die Auseinandersetzung verloren. Man schenkt uns Glauben, und wir überzeugen den *anderen*, wenn wir die Wahrheit sagen, die Wahrheit über die Tatsachen, die wir kennen, und die Wahrheit über die Gefühle, die wir haben.

DAS SCHLOSS: **Wie sage ich nun aber die Wahrheit? Vielleicht weiß ich nicht, wie.**

Von Kindesbeinen an werden wir ermahnt, nicht zu lügen, und in jeder Lebensphase hat man uns versichert: »Ehrlich währt am längsten!« Im Laufe unseres Lebens entwickeln wir jedoch nur wenige Fertigkeiten, was das Aussprechen der Wahrheit betrifft. Seltsamerweise ermuntert unsere Gesellschaft uns nicht dazu. Ich kenne kein Universitätsseminar mit dem Titel: »Wie man die Wahrheit sagt.« Ich kenne keine Organisation mit dem Namen »Anonyme Lügner«. Mir ist noch nie jemand begegnet, der öffentlich bekennt, ein Fachmann auf dem Gebiet des »Sag die Wahrheit« zu sein, und wenn ich jemals einem Menschen begegne, der stets die Wahrheit sagt, werde ich wahrscheinlich Reißaus nehmen.

Unsere frühesten Erfahrungen haben uns eines gelehrt: Wenn wir die Wahrheit sagen, verlieren wir, werden wir abgewiesen oder ausgeschlossen. Wenn wir die Wahrheit sagen über das Unrecht, das wir begangen haben, sei es noch so geringfügig und unbeabsichtigt, werden wir häufig bestraft. Wenn wir die Wahrheit sagen über unsere Gefühle, unsere Angst, werden wir verachtet. Wenn wir unsere Sehnsüchte offenbaren, werden wir verspottet. Wenn wir unsere Liebe gestehen, werden wir manchmal zurückgewiesen. Wenn wir unsere Abneigung offenlegen, werden wir ausgestoßen. Wenn wir unseren Zorn offenbaren, schlagen unsere Gegner voll Wut zurück. Wir lernen, vor der Wahrheit zurückzuschrecken. Wir reden drumherum. Wir erschaffen Mythen, die uns vor dem Glanz der Wahrheit schützen sollen. Wir vermeiden die Wahrheit wie die Lepra. Man hat uns gelehrt, daß jemand, der die Wahrheit sagt, naiv ist – ein Einfaltspinsel, ein reiner Tor. Wir halten »Wahrheit« für ein schmutziges Wort. Die Wahrheit: Gott schütze uns! Vor allem vor der Wahrheit über uns selbst.

DER SCHLÜSSEL: **Lernen Sie, nackt dazustehen.**

Zwar hat man uns das Gegenteil gelehrt, doch ich behaupte, daß wir alle lernen müssen, unsere Seele zu entkleiden. Aber ehe ich Sie davon überzeugen kann, Ihre seelischen Kleider abzustreifen, muß ich meine ablegen. Wenn ich im Bild bleibe, so gebe ich zu, daß ich Angst vor dem habe, was ich im Entkleiden möglicherweise entblöße – meinen schlaffen Bauch, meine blasse, unbewunderte Brust, mein Wasimmer, das vielleicht nicht den Anforderungen genügt. Aber dennoch behaupte ich, daß wir *sprechen müssen, als wären wir nackt.*

Ich habe einmal die folgende Parodie geschrieben, um zu zeigen, wie frustriert Richter sind, die den Anwälten, die vor ihnen erscheinen, nicht die Wahrheit entlocken können.

Als ich aufwachte, waren alle im Gerichtssaal Anwesenden, einschließlich der Zeugen, mit nichts als ihren Socken bekleidet. Der Ankläger war nackt, sein haariger Schmerbauch kündete von der besonderen Form der Schwangerschaft, die die meisten Männer um die Fünfzig durchmachen. Seltsamerweise schien sich der Ankläger ganz wohl in seiner Haut zu fühlen. Er lehnte sich zurück und kratzte sich unter dem Arm, wobei er die dünnen Achselhaare geistesabwesend teilte. Sockenhalter umfaßten die dürren haarlosen Waden. Er wackelte mit den Zehen in den schwarzen Seidensocken. Ich senkte den Blick. Auch ich war nackt, und – o Graus! – ich trug zwei verschiedene Socken! Ich zog das Rednerpult näher an mich heran, um meine Blöße zu bedecken.

»Euer Ehren, hier sind ja alle nackt!« rief ich.

»Sehr gut beobachtet, Herr Anwalt«, antwortete er gelangweilt.

»Aber warum?«

»Ganz einfach, Herr Anwalt, ich habe alle Anwesenden angewiesen, sich auszuziehen – bis auf die Socken. Füße sind häßlich.«

»Aber warum, in Gottes Namen, haben Sie, Euer Ehren, mit allem gebotenen Respekt, die Anwesenden angewiesen, sich auszuziehen?«

»Das kann ich Ihnen sagen, Herr Rechtsanwalt! Ich habe diese ganzen Vertuschungen und Unaufrichtigkeiten, die mir Anwälte in feinen Nadelstreifenanzügen auftischen, gründlich satt. Ein Anwalt, der seinen Fall vorträgt und dabei nackt ist, sagt wahrscheinlich eher die Wahrheit.«

»Aber Sie sind nicht nackt, Euer Ehren. Das scheint mir ungerecht«, wandte ich ein.

»Das Vorrecht eines Richters, Herr Rechtsanwalt. Wir Richter verbergen so manches Geheimnis unter den Talaren.« Dann lachte er, als hätte er einen tollen Witz gemacht.

Wir tragen unsere seelischen Kleider, damit wir verbergen können, wer wir sind. Wir leben in einer Gesellschaft, die nicht belohnt, wer wir *sind*, sondern wie wir *erscheinen*. Es ist wichtiger, gut auszusehen, als gut zu sein. Unsere Erscheinung im Gegensatz zu unserem

Wesen, unsere mythische Persona im Gegensatz zu unserem wahren Selbst, werden präsentiert und vermarktet wie ein in Seidenpapier eingewickelter Pfirsich im Supermarkt. Doch was wir sehen, ist nicht, was wir bekommen – weder im Supermarkt noch anderswo. Wir sind so verwirrt, so durcheinander von den eigenen Masken und denen der anderen, daß wir gar nicht mehr wissen, wer wer ist. Darin liegt die große Macht, sich zu entblößen, denn wir alle wissen, wann der *andere* nackt vor uns steht. Wir erkennen, daß er oder sie aufrichtig ist. An diesem Punkt kommt eine weitere Dynamik ins Spiel. Daß der *andere* soviel Vertrauen in uns hat, daß er seine Psyche enthüllt, bestätigt, daß man ihm vertrauen kann.

Manchmal, wenn ich meinen Gefühlen unbedingt auf die Spur kommen möchte, stelle ich mir vor, daß ich alle meine Kleider abgelegt habe und nackt vor meinem Publikum stehe. Manchmal ist die Angst einfach zu groß. Sich entblößen? Die rohen, selten besuchten, ungeschützten Orte der Seele enthüllen? Doch unter den Schleiern unserer Seele liegt die große Macht der Glaubwürdigkeit, die uns erlaubt, zu streiten, gehört und verstanden zu werden und zu gewinnen.

DAS SCHLOSS: **Wenn ich die Wahrheit sage, wenn ich dem *anderen* sage, was ich wirklich möchte, dann werde ich darunter leiden. Das habe ich bereits gelernt.**

Wenn wir unserem Nachbarn mitteilen, wir möchten sein Grundstück kaufen, schnellt der Preis plötzlich in die Höhe. Wenn wir unserem Freund sagen, daß wir seine Frau begehren, seinen Besitz, seine Dienerin oder seinen Diener, so wie in den Zehn Geboten, reagiert unser Freund abwehrend, feindselig, aggressiv. Wenn wir unsere wahre Begierde gegenüber einem Angehörigen des anderen Geschlechts äußern, nun ja, dann handeln wir uns vielleicht jede Menge Ärger ein. Das wissen wir alle. Aber ...

DER SCHLÜSSEL: **Wenn wir ehrlich unsere Wünsche zeigen, um das bitten, was wir haben möchten, kann es uns der *andere* nur schwer abschlagen.**

Wenn wir dem *anderen* ehrlich mitteilen, was wir uns wünschen, üben wir große Macht aus. Niemand sagt gerne »nein«, nicht zu uns, nicht mitten ins Gesicht, nicht, wenn wir schlicht um etwas gebeten haben, nicht, wenn es sich dabei um ein vernünftiges, gerechtfertigtes Ansinnen handelt.

Die Wahrheit sagen, um etwas zu verkaufen: Als Imaging und ich in London waren, suchten wir Burmansky Market auf, wo die Bauern jeden Tag ihre Erzeugnisse verkaufen. Die Straße war gesäumt von Karren und Ständen, auf denen alle erdenklichen Obst- und Gemüsesorten feilgeboten wurden, die auf den britischen Inseln heimisch sind. Die meisten Händler saßen hinter ihren Ständen wie Indianer aus Holz mit dunklen Glasaugen, die darauf warteten, daß man bei ihnen kaufte. Doch ein alter grauhaariger Händler rief uns zu, als wir an seinem Stand vorbeigingen: »Kaufen Sie mein Gemüse, Sir. Ich *brauche* das Geld.«

Ehe mir bewußt wurde, was ich tat oder warum, blieb ich stehen und kaufte dem alten Mann ein Bündel Karotten ab. Ich hatte keinen Hunger. Ich mag rohe Karotten gar nicht besonders, außerdem trug ich schon mehrere andere Einkaufstüten. Trotzdem tätigte ich den Kauf, denn *der Klang der Wahrheit* und das einfache Argument des alten Mannes, der uns unumwunden gesagt hatte, was er wollte, hatte mich entzückt. Er hatte nicht gesagt, daß Karotten viel Karotin enthielten oder etwas über ihren Wert als Ballaststoff. Er hatte mir nicht gesagt, daß sie ganz frisch waren oder daß sie aus biologisch-dynamischem Anbau stammten. Er hatte nicht versucht, mich davon zu überzeugen, daß ich ein Schnäppchen machen würde. Er hatte mir einfach die Wahrheit gesagt: *Er brauchte das Geld.* Weil er es mir offen und ehrlich mitgeteilt hatte, war er glaubwürdig. Weil er glaubwürdig war, kaufte ich ihm das geradeaus vorgebrachte Argument ab, von seinen Karotten gar nicht zu reden.

Wie man einen Freispruch für den eigenen Mandanten erreicht, indem man die eigenen Wünsche eingesteht: In meinem Plädoyer in dem Fall Randy Weaver verwendete ich eine ähnliche Strategie. Ich sagte den Geschworenen ganz offen, was ich wollte: »Ich möchte, daß wir am Ende dieses Prozesses gemeinsam den Gerichtssaal verlassen – wir alle.« Ich wies auf meinen Mandanten. »Ich möchte, daß Sie Randy Weaver freilassen. Ich möchte, daß Randy Weavers Kinder, die dort drüben sitzen –« ich zeigte auf sie – »zusammen mit uns den Gerichtssaal verlassen – mitten durch das Tor des Gerichtsgebäudes, mit ihm und Ihnen und mit mir.« Ich ging langsam auf die Kinder zu, während die Geschworenen zu ihnen hinschauten, ihre Gesichter betrachteten, wahrnahmen, wie sie zuhörten, warteten, hofften. Dann sahen die Geschworenen wieder mich an. »Ich möchte, daß Sie durch ihr Urteil uns alle in die Freiheit entlassen.«

Wochen, nachdem die Jury ihr Urteil gefällt hatte, sprach ich mit einer der Geschworenen, die sich intensiv für den Freispruch von Randy Weaver eingesetzt hatte. »Sie haben uns gesagt, was Sie wollten«, sagte sie. »Und ich wollte das gleiche. Uns ist es dadurch leichtergefallen, Sie zu verstehen. Wir wollten Ihnen geben, was Sie wollten.« Die Macht meines Plädoyers lag darin, daß ich die Jury in meinen Traum eingeweiht hatte, in das, was mir als die Wahrheit erschien – was ich mir *selbst* ersehnte.

Durch Bitten an das große Geld herankommen: Immer wieder stellen mir Anwälte die Frage: »Wie schaffen Sie es bloß, für Ihre Mandanten Schadensersatzurteile in Millionenhöhe zu erwirken?« Ich antworte, daß ich einfach darum bitte. Ich teile den Geschworenen meinen Wunsch mit. Je mehr wir uns nach etwas sehnen, desto größer scheint unser Zögern, darum zu bitten. Haben Sie schon einmal beobachtet, daß zwei Menschen, die zusammensein möchten, Angst haben zu sagen: »Ich möchte die Nacht bei dir verbringen«, und sich statt dessen häufig über alles mögliche unterhalten und dann allein nach Hause gehen? Es hemmt sie die – bedrohliche, schreckenerregende – Angst, zurückgewiesen zu werden.

Menschen fürchten sich davor, anderen zu sagen, was ihre Dienste wert sind. Sie haben Angst, den Arzt zu fragen, wie hoch die Rechnung sein wird. In einem Schadensersatzprozeß sage ich der Jury ohne Umschweife, daß sie meinem Mandanten zu Geld verhelfen soll; und auch, zu wieviel. Wenn sich die Geschworenen zur Urteilsfindung zurückziehen, wissen sie genau, was ich will. Meine Offenheit macht mich außerdem glaubwürdiger. Wie kann man sich in Gegenwart eines Menschen wohl fühlen, von dem man weiß, daß er etwas von uns will, sich uns gegenüber aber nie ehrlich äußert?

Es scheint schwierig, um Geld zu bitten. Zwar bemißt unser Rechtssystem, das unsere Gesellschaft widerspiegelt, die meisten Dinge nach Geld, doch Anwälten erscheint es falsch, über das Leben eines Menschen, über seinen Wert, den Schmerz und das Leid in

Geldbegriffen zu sprechen. Die Idee scheint die Justiz zu prostituieren. Warum sollen die Geschworenen den Eltern Geld zusprechen, deren Töchterchen in eine blutige, unkenntliche Masse aus zerfetztem Fleisch und gebrochenen Knochen verwandelt wurde? Ich könnte meine Ausführungen beginnen, indem ich frage, ob die Geschworenen das tote Kind den Eltern zurückgeben können. Das bringt uns der Wahrheit näher. Die Jury kann es nicht.

»Wir sind hier, um Recht zu sprechen. Das Kind wurde den Eltern genommen. Können Sie es ihnen zurückgeben?« Ich sehe die Geschworenen an, jeden einzelnen. Ich warte. »Sie können mir also keine Gerechtigkeit bieten? Sie können den Eltern das Kind nicht zurückgeben?« Die nun entstehende Stille unterstreicht meine Frage. »Welche Form der Gerechtigkeit *können* Sie geben?« Wieder warte ich ab, damit die Geschworenen nachdenken können. »Das Gesetz sagt: Werden wir von einem anderen verletzt, haben wir das Recht, wieder ganz hergestellt zu werden. Wie kann man uns wieder gänzlich herstellen? Ungeachtet der gesamten Macht, über die die Jury verfügt, und ungeachtet aller Macht des Gesetzes, sind wir fast machtlos, Recht ergehen zu lassen. Etwa nicht?

Das Gericht hat Sie unterrichtet, daß Sie Schadensersatz gewähren können. Eine andere Gerechtigkeit können Sie nicht walten lassen. Schadensersatz! Das bedeutet, daß Ihre Macht, Recht zu sprechen, sich darauf beschränkt, für ein kleines totes Mädchen Geld zuzusprechen. Das ist nicht sehr viel Gerechtigkeit, oder? Nur Geld, bloß Dollar für ein Kind? Welche Mutter, welcher Vater würde das als Gerechtigkeit ansehen? Doch in einem Fall wie diesem ist Geld das einzige, was die Jury geben kann. Alles, was Sie geben können.«

Dann stützt sich meine Argumentation auf eine einfache Wahrheit. »Wenn Sie lediglich die Macht haben, Geld zuzusprechen, damit den Eltern Gerechtigkeit widerfährt, wenn Geld alles ist, das in diesem Fall die Gerechtigkeit repräsentiert, wenn nur Geld für das Grauen steht, das die Eltern erlebt haben, ihren unaussprechlichen Verlust, wenn Geld für ihr Kind steht, sollten diese Eltern dann nur einen *Teil* dessen erhalten, worauf sie ein Anrecht haben? Soll man sie weiter verletzen, diesmal durch das Gesetz, diesmal durch eine Jury, die ihnen nur eine Teilgerechtigkeit zubilligt?« Immer noch lasse ich große Zwischenräume zwischen meinen Sätzen, in denen die Geschworenen meine Worte abwägen können. »Die Gerechtigkeit besteht in diesem Fall darin, was dem ganzen Kind entspricht, denn diese Eltern haben ein *ganzes* Kind verloren, nicht einen Teil. Ich bitte Sie um die *ganze* Gerechtigkeit, keine Teilgerechtigkeit. Geben Sie den Eltern nicht einen Teil des kleinen Mädchens zurück. Geben Sie ihnen nicht die kleine Hand mit den kleinen rundlichen Fingern des Kindes. Geben Sie ihnen nicht nur das zurück, was für den Klang der geliebten, kleinen Stimme steht. Geben Sie ihnen nicht nur sein Lächeln oder die samtige Berührung seiner Wange, wenn die Eltern ihm einen Gute-Nacht-Kuß gaben. Geben Sie ihnen nicht nur einen Teil. Geben Sie ihnen *so viel* von dem Kind zurück, wie die Gerechtigkeit ihnen geben kann.

Dies war ein Millionen-Dollar-Mädchen. Geben Sie den Eltern so viel, wie es in Ihrer Macht steht. *Ich möchte alles haben, für die Eltern!*«

Warum gelingt es mir, so hohe Geldsummen für meine Mandanten zu erstreiten? Weil ich die Wahrheit sage, weil meine Mandanten ein Recht darauf haben, weil sie gerecht sind. *Ich bekomme sie, weil ich darum bitte.*

Eine Gehaltserhöhung bekommen durch Bitten: Und wie bekommt man eine Gehaltserhöhung? Ganz einfach – bitten Sie darum.

»Mr. Jones, ich möchte mit Ihnen sprechen, aber ich hatte ein wenig Angst davor. Heute morgen wurde mir plötzlich klar, daß Sie mich ausreden lassen werden, weil Sie ein fairer Mann sind.«

Beide Äußerungen klingen aufrichtig. Sie *hatten* Angst. Und tatsächlich sieht sich der Chef als zwar anspruchsvoller, aber gerechter Arbeitgeber. Nun sitzt er in der bequemen Falle, die Sie ihm gestellt haben. »Ich möchte mit Ihnen über eine Gehaltserhöhung sprechen. Hätten Sie ein paar Minuten Zeit?«

Lassen Sie sich Zeit. Blicken Sie dem Chef ins Gesicht.

Beschreiben Sie dann die Arbeiten, die Sie übernommen haben, die Loyalität, die Sie empfinden und demonstriert haben. Benennen Sie etwas, was Sie besser können als irgendein anderer Mitarbeiter. Gehen Sie langsam vor. Warum sind Sie etwas ganz Besonderes? Welche Qualität, welcher Charakterzug oder welche Begabung, welche Fähigkeit haben Sie, die von keinem übertroffen wird? Sind Sie anderen Menschen besonders sympathisch? Kann man sich leichter mit Ihnen unterhalten als mit den anderen Mitarbeitern? Sind Sie imstande, ein Problem zu erkennen und eine Lösung dafür zu finden, ehe der Schaden eintritt? Können Sie gut organisieren? Können Sie mehr produzieren? Sprechen Sie in eigener Sache. Bitten Sie um das, was Sie *wollen*. Und reden Sie nicht drumherum. Fordern Sie die Summe, die Sie haben möchten, die Summe, die Sie verdienen. Sie könnten hinzufügen: »Mir ist bewußt, Sie machen schwere Zeiten durch. Das weiß ich, weil sie auch für mich schwer sind.« Geben Sie ihm Zeit, das, was Sie soeben gesagt haben, aufzunehmen. Der Chef weiß, daß Sie seinem vorausgegangenen Argument, daß es schwere Zeiten sind, Gehör geschenkt haben. Jetzt haben Sie ihn darum gebeten, Ihre Argumente anzuhören.

Um etwas bitten birgt kein Risiko: Und wenn der Chef nun gegenüber Ihrer Argumentation die Ohren verschließt? Vielleicht sagt er dann: »Wir haben darüber nachgedacht, die Abteilung, Ihre Abteilung, abzubauen, und wenn Sie wirklich mit Ihrem Gehalt unzufrieden sind, sollten wir Sie vielleicht auf die Entlassungsliste setzen.« Aber Sie gewinnen in jedem Fall. Was ist riskanter, als wenn Sie Ihr Leben, Stunde für Stunde, Tag für Tag, Jahr für Jahr, an ein Unternehmen verkaufen, das Sie in eine Diskount- oder Wegwerfware verwandelt? Das größere Risiko besteht darin, daß Sie das nächste Jahr oder die nächsten zwanzig Jahre für einen Arbeitgeber arbeiten, der sich der Gerechtigkeit und Ihnen gegenüber taub stellt.

Und deshalb: Unser Leben lang müssen wir uns unserem Geschworenengericht stellen – unseren Mitarbeitern, unseren Chefs, unseren Partnern, unseren Kindern. Wir alle führen Prozesse, die wir gewinnen müssen. Aber schöne Worte und goldene Reden richten normalerweise nichts aus. Die Überzeugungskraft eines Arguments liegt stärker in der Person begründet als in den Worten, mehr darin, daß man glaubwürdig *ist*, als darin, glaubwürdig *zu erscheinen*.

Das Problem der Glaubwürdigkeit stellt sich natürlich, wenn das, was wir sagen, nicht dem entspricht, was wir meinen, wenn wir von Fürsorge reden, wenn uns der andere gleichgültig ist, wenn wir tiefsitzende Überzeugungen vortäuschen, unsere Seele aber leer ist. Das Problem der Glaubwürdigkeit entsteht, wenn wir die Wahrheit unterdrücken – wenn wir nicht die faktische Wahrheit *und* die *emotionale Wahrheit* sagen, wenn wir dem *anderen* verschweigen, was wir empfinden.

Form und Inhalt des siegreichen Arguments entstammen dem logischen, intellektuellen, linearen Geist, doch die Energie, die Kraft, das, was uns erregt und berührt, was uns glaubwürdig macht und schließlich überzeugt, entspringt der Seele. Weil ein Argument, das seinen Ursprung in der Seele hat, echt ist, klingt es wahr. Wenn wir die Wahrheit verschweigen, wird im Prozeß der Verständigung etwas »schiefgehen«. Es ist, als ob ein Stoßtrupp über eine Straße marschiert, einer der Soldaten aber aus dem Tritt kommt. Selbst der geschickteste Wortverdreher kann den gesamten Trupp nicht lange im Gleichmarsch halten. Doch wenn wir wahrheitsgemäß unseren Gefühlen Ausdruck verleihen, äußern wir die *gewählten Wörter* im Einklang mit den *Klang-Wörtern* und den *körpersprachlichen Wörtern*. Wenn wir die Wahrheit sagen, sachlich und gefühlsmäßig, fließen alle Elemente der Verständigung, körperliche und verbale, automatisch zusammen.

Wir führen dann eine erfolgreiche Auseinandersetzung, wenn wir die Fähigkeit zurückgewonnen haben, uns zu zeigen, unsere Gefühle preiszugeben und einfach um das zu bitten, was wir wollen. Letztlich müssen wir unsere Psyche entblößen und nackt vor jenen stehen, an die wir unsere Worte richten. Die Macht der Ehrlichen, die nichts anderes tun, als uns zu sagen, *wer sie sind* und *was sie wollen*!

5. Die Macht des Zuhörens

Die Person hinter dem Rauschen hören

DAS SCHLOSS: **Die anderen streiten, und ich gehe darauf ein. Aber nie gewinne ich.**

DER SCHLÜSSEL: **Hören Sie zu – hören Sie genau hin, dann werden Sie rasch die ersten Erfolge erzielen.**

Wenn man von mir verlangte, die wichtigste einzelne Fertigkeit aus den vielen auszuwählen, aus denen sich die Kunst des Argumentierens zusammensetzt, dann wäre es die Fähigkeit, zuzuhören. Ich kenne Rechtsanwälte, die einen Zeugen noch nie einem erfolgreichen Kreuzverhör unterzogen haben, die nie verstanden haben, worauf der Richter hinauswollte, die das, was die Menschen, mit denen sie zu tun haben, ihnen unumwunden mitteilen, nie begriffen haben. Ich kenne Anwälte, die nie die Schwächen der Gegenpartei oder die Ängste des Staatsanwaltes erkennen; die am Ende nie die unmittelbar vor ihnen liegenden Probleme sehen, weil sie nie gelernt haben, zuzuhören. Zuhören ist die Fähigkeit zu verstehen, was jemand sagt, oder daß er *nicht das sagt*, was seine Worte zum Ausdruck bringen.

Auf das hören, was nicht gesagt wird: »Was halten Sie von einer Witwe, die dafür, daß ihr Ehemann gestorben ist, Geld fordert?« habe ich einmal einen künftigen Geschworenen in einem Prozeß gefragt, in dem ich die Witwe vertrat.

»Ich weiß nicht«, erwiderte der Geschworene. »Ich weiß nicht« bedeutete nicht, daß der Geschworene keine Meinung hatte, sondern daß er sie mir nicht verraten wollte. Wenn es ihm nichts ausgemacht hätte, daß man der Gerechtigkeit halber Geld bekommt, dann hätte er gesagt: »Das finde ich völlig in Ordnung.«

»Haben Sie zu dieser Art Prozeß eine bestimmte Meinung?«

»Eigentlich nicht«, antwortete der Geschworene. »Eigentlich

nicht« bedeutete nicht »eigentlich nicht«, sondern »eigentlich schon«. Der Geschworene wollte sich mit meinesgleichen nicht öffentlich streiten. Hätte er sich zu Hause mit seiner Frau unterhalten, hätte er etwas ganz anderes gesagt. Ich hakte mit folgender Frage nach:

»Wenn Sie zu Hause wären und mit Ihrer Frau über den Fall sprechen würden, könnte es sein, daß Sie ihr dann etwa folgendes sagen: ›Ich finde nicht, daß man wegen eines toten Ehemannes einen Prozeß anstrengen sollte. Kein Geld der Welt wird ihr den Mann zurückbringen. Ich halte solche Prozesse für falsch.‹«

»Über so etwas unterhalte ich mich nicht mit meiner Frau«, antwortete er. Jetzt weigerte er sich, die vorliegende Frage zu beantworten.

»Wenn wir beide sehr gut befreundet wären, und wir würden bei einem Bier über diesen Fall diskutieren, was würden Sie mir in dem Fall sagen?«

»Ich trinke kein Bier.«

»Dann eben bei einem Kaffee.« Ich lächelte ihn entwaffnend an, damit er sicher war, daß ich ihn nicht aufs Glatteis führen wollte.

Plötzlich brach es aus ihm heraus: »Mein Vater ist bei einem Unfall ums Leben gekommen, und meine Mutter hat keinen Cent gesehen.« Da hatten wir's! Sofort war der große Schmerz spürbar – ein Junge ohne Vater, eine Mutter, die die Familie ohne ihren Mann durchzubringen versucht hatte.

»Es muß eine ziemlich schwere Zeit für Ihre Mutter gewesen sein, ganz auf sich gestellt ihre Kinder großzuziehen.« (Die Worte, *es muß... gewesen sein*, sind magische Worte, die dem *anderen* sagen: »Ich verstehe, wie es gewesen sein muß.«)

»Das kann man wohl sagen.« Jetzt waren der Geschworene und ich Verbündete.

»Und es muß schwer gewesen sein, ohne Vater aufzuwachsen.«

Er betrachtete seine Hände.

»Wenn es in der Jugend in Ihrer Macht gestanden hätte, Ihrer Mutter Hilfe zu besorgen, hätten Sie es getan?«

»Natürlich. Ich habe ihr damals geholfen, soviel ich nur konnte.«

»Hätten Sie etwas dagegen, wenn ich versuchte, Mrs. Richardson dabei zu helfen, daß sie und ihre Kinder in diesem Prozeß bekommen, was ihnen zusteht?«

»Nein.« Damit war die Sache erledigt – denn die Magie des Zuhörens hatte ihre Wirkung getan.

Unser verzweifeltes Bedürfnis, gehört zu werden: Wenn wir die Küche betreten, in der ein Paar in einer dieser typischen lautstarken Ehestreitigkeiten verwickelt ist, können wir, wenn wir genau hinhören, häufig feststellen, daß in dem ganzen Lärm nichts weiter zum Ausdruck kommt als der dringende Wunsch, gehört zu werden. Denn wenn wir nie gehört, nie verstanden, nie geliebt werden, sind wir allein, selbst im Zusammensein mit einem anderen Menschen. Kurzum: *Normalerweise steckt hinter dem Geschrei das Bedürfnis, gehört zu werden,* Schmerz hinter der Wut. Ich stelle mir van Gogh vor, der sich aufgrund seines verzweifelten Wunsches, Gehör zu finden, das Ohr abschnitt und der, als ihm immer noch niemand zuhörte, Selbstmord beging. Ach, das so außerordentlich wichtige Ohr – das Ohr, das uns hört!

Wenn wir das Geschrei, die Wut, sowohl unsere als auch die des *anderen* hören, *wenn* wir gut zuhören können, dann treten wir einen Schritt zurück und hören nicht mehr die Tiraden, sondern das Weinen, nicht den Lärm, dessen man so schnell überdrüssig wird, sondern die Einsamkeit, die Enttäuschung, vielleicht die Angst, die sich unter dem Radau verbirgt. Wenn wir all den streitsüchtigen Lärm hören, ist es Zeit, leise eine simple Frage zu stellen: Welcher *Schmerz* hat zu dieser Kakophonie geführt?

Ersatz-Wut: Im Gerichtssaal begegnen Anwälte häufig Richtern, die es darauf abgesehen haben, ihre Wut an irgend jemandem auszulassen, normalerweise an uns Anwälten. Oft ist die Verärgerung des Richters nicht das Produkt unseres Fehlverhaltens, sondern resultiert aus einem schmerzlichen Erlebnis außerhalb des Gerichtssaals. Ich habe erlebt, daß Richter Anwälte attackiert haben, wenn ihnen jemand zu Hause weh getan oder wenn irgend etwas im Verfahren die Wiederkehr eines schmerzlichen Teils der Vergangenheit ausgelöst hatte. Und dann wird der Richter aggressiv, aber nicht gegenüber seiner Frau, die ihn vielleicht am Frühstückstisch mit diversen Sticheleien gepiesackt hat, nicht gegenüber dem Richterkollegen, der ihn vielleicht geärgert hat, sondern gegenüber irgendeinem verdatterten, verängstigten Anwalt, der gerade in der Nähe ist. Der Richter, selber ein Opfer, möchte nun einen anderen zum Opfer machen.

Haben Sie schon einmal zwei Hunde gesehen, die Nase an Nase dastehen, mit gesträubtem Nackenfell, während die Schwänze kurz und steif wackeln? Dann sticht jemand den größeren Hund mit einem Stock, und der greift an, aber nicht die Person, die ihn gestoßen hat, sondern den kleineren Hund. Menschen sind ähnlich. Hunde wie Menschen suchen nach Sündenböcken. Die Elternperson läßt ihren Schmerz am hilflosen Kind aus, nicht am Partner, der den Schmerz verursacht hat. Der Vorarbeiter läßt ihn an dem unglückseligen Arbeiter aus, nicht am Vizepräsidenten, der ihm soeben mit der Kündigung gedroht hat, der wiederum vom Präsidenten der Firma bedroht worden war, der selbst wiederum vom Aufsichtsrat in Verlegenheit gebracht worden war, der gesehen hatte, wie der Wert der Aktien sturzartig fiel. Das Ganze erinnert mich an die Aussätzigen in der Bibel, die glaubten, sie könnten sich von ihrer Krankheit befreien, wenn sie sie einem anderen übertrugen. Diesen Vorgang des *Ersatzhasses,* dieser Wut, die man nicht auf die verantwortliche Person richtet, sondern gegen eine Ersatzperson, normalerweise einen machtlosen Menschen, müssen wir unbedingt zu verstehen trachten.

Andererseits sollten wir nicht mit denjenigen streiten, die uns chronisch beleidigen oder pathologisch reagieren, ob sie nun bei Gericht tätig sind oder anderswo. Ihnen gegenüber müssen wir uns zurückziehen und Maßnahmen ergreifen, die zu unserem Selbstschutz notwendig sind. Die höchst wirkungsvolle Methode dafür ist – wie immer – das Zuhören, denn die Wut aus Gründen der Vergeltung verschließt die Ohren, schaltet das Gehirn ab und entleert die Seele. Wenn sie auftaucht, sind wir angespannt und zum Kampf, nicht aber zum wirksamen Argumentieren bereit. Nicht bereit zu gewinnen.

»Ver llegar«: Die spanischen Stierkämpfer haben eine Redewendung für den Umgang mit dem angreifenden Stier – »*Ver llegar.*« Hemingway erläutert den Ausdruck in *Tod am Nachmittag*; es ist »die Fähigkeit, den Angriff des Stiers zu beobachten, ohne etwas zu denken, sondern nur ruhig wahrzunehmen, was er tut, und die Bewegungen auszuführen, die für das avisierte Manöver notwendig sind. Das ruhige Beobachten des nahenden Stieres ist das Entscheidenste und zugleich Schwierigste beim Stierkampf.« Das gleiche trifft zu, wenn man mit einem angreifenden *anderen* konfrontiert ist, einem Richter, einem Gegner, einem Zeugen, einem Chef. Durch sichere Konzentration beobachtet man ruhig die Attacke und spitzt die Ohren. Wenn wir wollen, können wir beobachten, wie die Aggression des *anderen* hervorbricht, aber auch, *durch Willenskraft*, zulassen, daß der Lärm von den Wänden zurückprallt wie klappernde Getränkedosen.

Dem *Ohr der Seele* zuhören: Wie ein verborgener Schatz, der nur gehoben werden muß, lassen sich endlose Erkenntnisse sammeln, wenn wir dem *seelischen Ohr* zuhören. Wir müssen uns von dem seelischen Ohr sagen lassen, was es hört. Und ihm dann vertrauen. Es geht hier nicht um mystische Dinge. Ich schenke sozusagen nur dem riesigen Wissensvorrat, mit dem wir geboren sind und den wir während unseres Lebens angesammelt haben, vollstes Vertrauen. Im Laufe unseres Lebens füllt sich unser Wissensreservoir – allmählich, stetig, nicht wahrnehmbar. Wir wählen Wörter, normalerweise unbewußt. Aber wie sie zusammenkommen – der Satzbau, der Ton, die Tonhöhe, mit denen der *andere* ihnen »Geschmack« verleiht – enthält mehr Informationen über das, was gesagt wird und wer es sagt, als die Worte selbst. Als ich ein kleiner Junge war, sagte meine Mutter zu mir: »Sobald jemand den Mund aufmacht, weiß man, wen man vor sich hat.«

Es ist uns möglich, in Sekundenbruchteilen unser mentales Reservoir anzuzapfen, die Milliarden der dort gelagerten Informationen durchzusehen, auszuwählen, was für unsere Entscheidung relevant ist, und die Entscheidung in Form eines Gefühls, normalerweise eines negativen oder positiven, vorzulegen. Von Menschen, die auf die Enthüllungen des seelischen Ohres achtgeben, sagt man, sie hätten Intuition. Doch wir alle besitzen das seelische Ohr. Und wenn wir gut zuhören, wird es uns etwas berichten. Zuzuhören und zu glauben, was uns das seelische Ohr sagt, darin besteht die größte Kunst.

Wie können wir aber einem nicht beweisbaren, durch nichts gestützten Bericht aus dem Inneren Glauben schenken? Man hat uns gelehrt, logisch zu denken und Beweise zu verlangen. Doch der bewußte, logische Verstand kann nur ein paar Fakten sammeln, nur mit einigen wenigen Begriffen ringen, und selbst dann sind wir unseres logischen Denkvermögens nie ganz sicher, denn nicht selten ist es eine gefährliche Gabe. Andererseits hört das seelische Ohr auf ganze Bibliotheken von Daten, aus denen es ständig sein Endergebnis, *das Gefühl* konstruiert.

Es gibt keine Bedienungsanleitung, die uns erklärt, wie das seelische Ohr funktioniert. Man braucht aber auch keine Erklärung dafür, ebensowenig wie man eine Erklärung für die Geheimnisse des Herzschlages braucht. Das Herz schlägt. Das seelische Ohr hört. Wir können auf den Herzschlag achten und hören, wie es schlägt. Ebenso können wir auf *das seelische Herz* achten und seine Weisheit vernehmen.

Die Bedeutung des Klangs: Wenn wir zuhören, vernehmen wir zugleich auch den Klang, der in *den Worten* derjenigen *mitschwingt*, die zu uns sprechen. Jeder Mensch bringt einen bestimmten Klang mit seinem persönlichen Musikinstrument, den Stimmbändern, hervor. Klingt seine Stimme lebendig und glücklich oder traurig und niedergeschlagen? Klingt sie so, als würde sich der Kehlkopf um die Worte schließen, als ob er sie zurückhalten wolle? Ist die Stimme kräftig und bestätigend oder schwach und zögerlich? Hören wir angenehme Töne oder den Klang einer tödlich monotonen Maschine? Hören wir die Klänge der Wut, der Aggression, des Kummers? Passen die Klänge zu den Worten? Die von der Stimme produzierten Laute gleichen dem Licht, das durch einen Filter fällt. Das Licht, das die Farbe des Filters annimmt, und die Klänge der Person nehmen die Substanz und die Stimmung der Person an, die sie erzeugt hat.

Manchmal, wenn ich dem Schlußplädoyer meines Gegners zuhöre, lege ich den Kopf in den Nacken, schließe die Augen, lasse die Worte vorbeiziehen und konzentriere mich ausschließlich auf den Ton: Dieser übermittelt die Argumente immer besser als die Worte. Die Klangfarbe verrät die Dringlichkeit, das Gefühl der Fürsorge, die Wut, die Aufrichtigkeit, die Kraft, die die Jury umstimmen kann. Wenn der Klang mich nicht berührt, ganz gleich wie stark die Worte auch sein mögen, wird er auch die Geschworenen nicht bewegen. Der Ton ist der Bedeutungsträger. Erst wenn er in mich dringt, mich anstößt und aufweckt, mache ich mich an die Widerlegung.

Manche der bedeutendsten, schriftlich fixierten Reden der Menschheitsgeschichte, die den ausgefeiltesten Satzbau und den differenziertesten Wortschatz haben, ziehen, mündlich vorgetragen, durch den Geist des Zuhörers wie leere Radiowellen – es sei denn, sie werden vom Tonfall einer der guten Sache verpflichteten Person begleitet. Die Gettysburg-Rede, die wir Amerikaner verehren sollen, gilt als bedeutende Prosa, ja, beinahe als Dichtung. Wie es heißt, hat die Rede jedoch bei den Zuhörern, die sie in der Realität hörten, fast keinerlei Wirkung hinterlassen.

Mit den Augen zuhören: Weiter oben habe ich bereits von der »Körpersprache« gesprochen. Welche Gefühle uns eine Person entgegenbringt, läßt sich oft dann erkennen, wenn sie etwas ganz Einfaches tut. Zum Beispiel uns die Hand gibt. Haben Sie gespürt, wie die Person einen Sekundenbruchteil, ehe sie den Handschlag löste, Ihre Hand losgelassen hat? Das verrät absolut alles. Es zeigt, ob er oder sie Angst vor dem Zusammentreffen hat oder Sie abstoßend findet. Haben Sie schon einmal darüber nachgedacht, daß sich jemand entscheidet, Ihnen die Hand zu schütteln oder Sie zu umarmen? Wenn man Sie anläßlich eines sozialen Zusammentreffens umarmt, haben Sie bemerkt, wie die Person Sie hält, wie manche Menschen sich zurückhalten? Fällt Ihnen auf, wenn sie sich der Umarmung entziehen, ob die Person Ihnen in die Augen sieht und, wenn ja, was der Blick aussagt?

Körpersprache ist gesprochene Sprache, mit den Augen gehört. Im Körper spiegeln sich Angst, Langeweile, Interesse, Abneigung, Ekel, Offenheit, Anziehung, Fürsorge, Haß. Wenn wir aufmerksam mit den Augen zuhören, wird er uns etwas mitteilen. Der leichteste Weg, zu entdecken, was uns die Körpersprache eines anderen sagt, besteht darin, den *anderen* nachzuahmen und uns dann zu fragen, wie *wir* uns *fühlen*, wenn wir die Körperhaltung des *anderen* einnehmen.

Sehen wir zum Beispiel jemanden, der einer anderen Person zuhört und dabei den Zeigefinger fest an die Lippen legt, können auch wir den Zeigefinger in die gleiche Position bringen. Es wird uns dann nämlich klar: Wenn wir den Finger fest an den Mund legen, warnen wir uns, zu schweigen und aufmerksam zuzuhören. Wenn wir mit dem gestreckten Zeigefinger unsere Lippen nur leicht berühren, merken wir, daß die Bedeutung, grob übersetzt, lautet: »Ob das, was er sagt, wohl auch stimmt?« Auch wenn eine Frau die Beine übereinanderschlägt und gegeneinander preßt, oder wenn jemand die Arme fest um sich schlingt und sich sozusagen selber festhält, ist die Botschaft normalerweise deutlich. Es gibt hier endlos viele Kombinationen – und Ausnahmen.

Man kann auch mit den Augen zuhören, indem man beobachtet,

was uns die Kleidung des *anderen* sagt. Was bedeutet die schrillfarbene Krawatte? Handelt es sich um einen Hauch Unabhängigkeit? Ich kenne eine Frau, die zu allen Gelegenheiten, sogar auf Festen, alte ausgebeulte Latzhosen und T-Shirts trägt. Was verrät uns das über diese Frau? Einmal habe ich einen Angeklagten beobachtet, der zu seiner eigenen Verteidigung in den Zeugenstand trat. Er trug einen perfekt sitzenden Maßanzug. Sein Gesicht war sonnengebräunt. Die Schuhe waren teuer und auf Hochglanz gewienert. Das Hemd war gestärkt, auf die Hemdtasche waren seine Initialen gestickt, auf die goldenen Manschettenknöpfe seine Initialen in altenglischer Schrift eingraviert. Als er in den Zeugenstand trat, schlug er die Beine übereinander, sah am Hosenbein hinunter, sammelte nachlässig einen Fussel von der Hose und schnippte ihn mit einer arroganten Handbewegung weg. Dann blickte er etwas hochnäsig zu seinem Anwalt hinüber und wartete auf dessen erste Frage. Die Geschworenen brauchten kein Wort aus seinem Mund zu hören und sprachen ihn nach kurzer Beratung schuldig.

Wir können auch mit den Augen zuhören, wenn wir den Gang eines Menschen beobachten. Schlurft er? Geht er, als trüge er das Gewicht der Welt auf den Schultern? Sehen wir einen schwungvollen Gang, ein Stolzieren? Achten Sie darauf, wenn jemand mit den Füßen auf dem Boden aufstampft, als wäre er wütend auf die Erde unter sich. Wenn ich an einem Prozeß teilnehme, lasse ich einen meiner Mitarbeiter immer Notizen machen, damit ich mir ansehen kann, wie die Geschworenen hereinkommen und sich auf die Geschworenenbank setzen. Die Körperhaltung der Juroren ist der Stempel, den das Leben ihnen aufgeprägt hat. Ich sehe Menschen, die sich bewegen, als gingen sie schweren Schrittes einen Berg hinauf. Ich sehe Frauen, die umherhüpfen, als wären sie Spatzen, die sich gleich in die Lüfte erheben. Ich sehe junge Männer, die nervös wie Rennpferde im Vorführring tänzeln. Ich sehe Menschen, die schlurfen, gleiten, schlüpfen, schleichen, auf Zehenspitzen gehen. Wie sich Menschen bewegen, das ist ihre körpersprachliche Autobiographie.

Und deshalb: Wir können erst dann argumentieren, wenn wir verstanden haben, worum es in der Auseinandersetzung geht. Wenn wir ins Blaue hinein reden, gleichen wir einem Boxer, der in jeder Runde hundert Schläge austeilt und dem es nie gelingt, seinen Gegner zu treffen. Täglich sehen wir Menschen, die mit Worten streiten, kämpfen, ringen, mit allen über alles und jedes. Für manche ist das Leben zu einer immerwährenden, nie enden wollenden Auseinandersetzung geworden. Die anderen, die Siegertypen – nun ja, die hören zu.

6. Die Macht des Vorurteils

Die Kleidung prüfen, den dunklen Fleck bleichen

DAS SCHLOSS: **Vorurteile sperren die Gedanken ein. Nichts kann eindringen. Dabei kann nichts Wahres herauskommen.**

Wirft man einen Blick in einen vorurteilsbeladenen Geist, so ist das, als öffnete man eine Tür zu einem Zimmer, das bis zur Decke mit Trödel gefüllt ist. Nichts, aber auch gar nichts hat dort mehr Platz, und wenn sich die Tür öffnet, fällt einem der ganze Krempel entgegen.

Diejenigen, deren Verstand durch Vorurteile verklemmt ist, haben für kaum etwas anderes Raum. Es findet keine Entwicklung statt. Lernen erschöpft sich in Schemata. Möglicherweise verstehen sie, wie wir denken, aber es spielt keine Rolle. Menschen hegen Vorurteile für oder gegen eine Philosophie, eine Religion, ein Glaubenssystem. Sie sind voreingenommen für oder gegen eine politische Partei, gegen eine Automarke, eine Rasse, eine Person – was auch immer. Wenn jemand Juden oder Katholiken haßt, kann ihn vermutlich nichts davon abbringen. Man kann diese Person gleichsam mit Vernunft überschütten, schreien, weinen und bitten, aber unser Flehen, doch fair und gerecht zu sein, wird gar nichts ausrichten. Ebensogut könnte man einer Tüte Gummibärchen ein Lied vorsingen.

Vorurteile verstehen: Unsere Vorurteile – wir alle haben sie –, sind Teil unserer Persönlichkeitsstruktur. Das Problem ist nur, daß sie möglicherweise auf dem Boden des unterirdischen Geistes lauern, von dem sie langsam aufsteigen und unser Denken tönen, ohne daß es uns bewußt wird. Vorurteile können aus der Erziehung durch einen gewalttätigen oder nachlässigen Vater stammen, von einer kranken oder wirrköpfigen Mutter, daraus, daß man uns in der Besenkammer eingesperrt hat. Sie können dem eigenen Schrecken entwachsen, daraus, daß man uns zu verhaßten, ungeliebten Aufgaben gezwungen oder unverdientermaßen bestraft hat. Sie können entstehen, weil man sich alleingelassen gefühlt hat, weil einem bestimmte Speisen Übelkeit verursacht haben oder weil man unser Gehirn immer wieder in der Lauge des Hasses gewaschen hat. Vorurteile sitzen, wie Phobien, so tief, daß wir normalerweise hilflos vor ihnen stehen, selbst wenn sie uns zu Bewußtsein kommen. Wenn wir unsere Vorurteile bewußt wahrnehmen, können wir uns zwar vor den Gefahren schützen, die sie für uns und für andere bedeuten, doch bleiben sie genausosicher erhalten wie die Geburtsnarbe, die wir als Nabel bezeichnen. Argumente tilgen Vorurteile ebensowenig wie sie Narben – ob seelische oder körperliche – zum Verschwinden bringen.

Religion als Vorurteil: Sind nicht alle Religionen Vorurteile? Oder sind wir zu voreingenommen, dies anzuerkennen? Wenn man einen Baptisten davon überzeugen wollte, daß Christus nicht der Sohn Gottes war, oder einen strenggläubigen Mormonen, daß ihr Religionsgründer Brigham Young ein Paria mit einer Neigung für das schöne Geschlecht war, welche Chance hätte man in diesen Fällen? Wenn Sie dieses Buch jetzt zuklappen, dann hat es etwas mit Ihren Vorurteilen zu tun.

Versuchen Sie einmal, einen Industriemagnaten davon zu überzeugen, daß sein Dogma, mehr als den gerechten Anteil vom allgemeinen Reichtum zu horten, von seiner Gier herrührt und böse ist. Statt dessen wird er Sie auf seine letzte Bilanz als Beweis für seinen Erfolg verweisen – eine Rechnung, die seine schuftenden Arbeiter als »Arbeitskosten« aufführt. Daß Kinder nicht verhungern sollen, daß man sich um die Kranken kümmern soll, daß junge Menschen eine Ausbildung erhalten sollen, daß jeder Mann, jede Frau und jedes Kind ein Dach über dem Kopf haben sollen, betrachtet so jemand nicht als Zeichen der Menschlichkeit, sondern als böse, sozialistische Ziele. Daß wir mehr Mitgefühl für verhungernde kleine Hunde als für hungernde Kinder, die unter Brücken leben, haben, läßt sich nur auf krasse Voreingenommenheit zurückführen.

Das Gesetz und das Vorurteil: Das Rechtssystem versteht das unbarmherzige Wesen des Vorurteils. Es anerkennt, daß vorurteilsbeladene Richter von bestimmten Prozessen ausgeschlossen werden müssen, obwohl die meisten befangenen Richter so voreingenommen sind, daß sie ihre Vorurteile nicht erkennen bzw. einräumen können und von selbst gehen. Will man so einem Richter den Prozeß entziehen, ist das, als wollte man einem tobsüchtigen Gorilla einen Zahn ziehen. Die Justiz erlaubt auch, daß ein potentieller Geschworener, der erwiesenermaßen befangen ist, von seiner Geschworenenpflicht entbunden werden kann. Doch sobald man das erkannt hat, konspirieren, absurder- und paradoxerweise, der Geschworene selbst, die gegnerische Partei und normalerweise auch der Richter, den befangenen Geschworenen nicht vom Prozeß auszuschließen. Aber das ist ein anderes Thema.

Das allgegenwärtige Wesen des Vorurteils: Die Frage lautet nicht: Haben wir Vorurteile?, sondern: Wie lauten unsere vielen Vorurteile? Wir haben sogar Vorurteile gegen das Wort *Vorurteil*, da man uns beigebracht hat, es sei sozial und politisch unkorrekt, Vorurteile zu haben. Ich selber bin voreingenommen gegen Rassisten, Bigotte aller Couleur (ausgenommen jene, mit denen ich einer Meinung bin), Bankiers und in einem geringeren Maße gegen Golfer. Ich habe auch etwas gegen Sour cream in meinem mexikanischen Essen. Ich mag keine Bankiers, weil sie auf legale Weise Menschen ausrauben. Ich nenne sie, wie es schon einige vor mir getan haben, »Bankster«. Ich habe größere Achtung für Matt Dillinger als für die meisten Bankiers. Dillinger hat keine armen Leute ausgeraubt. Er hat diejenigen überfallen, die reich geworden sind, weil sie arme Leute ausgeraubt haben. Außerdem sind Bankiers ziemlich hochnäsig. Verflucht hochnäsig, und normalerweise kennen sie sich in nichts aus als mit Geld, das per se langweilig ist. Obendrein hege ich Vorurteile gegenüber Bankiers, weil sie die Armen von oben herab behandeln. Darin spiegelt sich ihre tiefe, unvergängliche und gräßliche Voreingenommenheit. Sie gehen an einem verhungernden Mann auf der Straße vorbei, leiten aber eine großzügige Spende an das sozial korrekte Symphonieorchester (aber nur, wenn ihr Name auf dem Programmheft als Sponsor erscheint). Ich hege Vorurteile gegenüber Golfspielern, weil sich in jeder Gruppe von Golfspielern wahrscheinlich eine Menge Bankiers finden oder Freunde von Bankiers, und weil Golfer insgesamt ebenso langweilig sind wie Bankiers. Sie können kaum etwas Erhellenderes zum Gespräch beitragen als eine Analyse ihrer Spielresultate. Ich behaupte (aufgrund meines Vorurteils): Wenn Gott an einem beliebigen Tag alle Golfer auf allen Golfplätzen der Welt mit einem Blitz niederstrecken würde – alle auf einmal –, würde sich die Welt weiterdrehen, als wäre nichts geschehen.

Ich habe Vorurteile gegen Sour cream, weil in meiner Kindheit meine Großmutter gegorene Milch zu Butter verarbeitete. Es roch schlecht. Sie verfütterte die saure Milch an die Hühner. Das wiederum löste in mir ein Vorurteil gegen Hühner aus, weil ich mich fragte, wie man etwas so Übelriechendes wie saure Milch essen konnte. Meine Abneigung hat sich nie ganz gelegt. Trotzdem verlangte meine Großmutter gelegentlich, daß ich meine Milch austrank, auch wenn sie schon einen Stich hatte, und das prägte meinen lebenslangen Haß auf gesäuerte Molkereiprodukte.

Mein Sohn haßt Nüsse – das heißt, Nüsse jeder Art und Sorte. Erdnüsse, Walnüsse, Cashewnüsse, Paranüsse – was verrückt ist. Wie bereits erwähnt, erwachsen Vorurteile aus Kindheitserlebnissen, etwa wenn die Eltern Schwarze, »Bullen« oder Prediger hassen, oder was auch immer – ob es nun die Boston Red Sox sind oder die Republikanische Partei. Vorurteile resultieren allerdings auch aus Erfahrungen im späteren Leben, beispielsweise, wenn man von einem Latino auf der Straße ausgeraubt wird und anschließend seinen Haß gegen alle Latinos richtet. Das Problem ist, daß sich Vorurteile ausbreiten wie ein Fleck auf dem Tischtuch. Wer einmal von einem Latino ausgeraubt wurde, haßt möglicherweise alle, die auch nur die kleinste Pigmentmenge in der Haut haben. Ich kenne einen Mann, der sich als Kind übel an Giftsumach verbrannte. Heute haßt er nicht nur jede Pflanze, die wie Efeu aussieht, sondern auch jede Pflanze, die sich an Gebäuden emporrankt, Wälder, in denen Giftsumach vorkommt, alles, was in der freien Natur vorkommt, die Berge, die Prärien – ja, im Grunde haßt er die gesamte Pflanzenwelt.

Schlimmer noch: Wer Vorurteile hegt, hat häufig nicht nur keine Kenntnis von ihnen, sondern kann auch ganz gut damit leben. In seinen Augen sind Vorurteile wahr – was er für wahr hält. Meine Wahrheit ist, daß Bankiers seelenlose Roboter sind, die moralisch und sozial benachteiligt sind, arme Menschen aus ihren Wohnungen werfen, wenn sie einmal keine Miete zahlen, und die kein gutes Buch gelesen haben, seit sie ihr Betriebswirtschaftsstudium an der Harvard-Universität abgeschlossen haben. Zwar bin ich mir über meine Vorurteile im klaren, fühle mich aber völlig wohl dabei. Ich mag sie. Ich könnte nur schwer auf sie verzichten.

DER SCHLÜSSEL: **Wir müssen Informationen einholen, damit wir vor Vorurteilen bewahrt werden. Aber wie?**

Wie kommen wir also den Vorurteilen des *anderen* auf die Spur – ob es sich beim *anderen* nun um einen Geschworenen, einen Konsumenten, ein Mitglied des Stadtrates oder unseren Nachbarn handelt? Eines jedenfalls wissen wir: Deren Vorurteile werden offenbar, *nachdem* sie sich gegen unsere makellose Argumentation gewandt haben. Es wäre aber schön, wenn wir diese Vorurteile schon zu Beginn kennen würden. *Man muß sich informieren.* Aber wie?

Manchmal fragt man die Geschworenen, ob sie gegen einen Fall oder einen Mandanten Vorurteile hegen, und sie geben es zu. Dies geschieht zumeist, damit sie sich vom Dienst als Geschworene befreien können, oder, schlimmer noch, ein Vorurteil fabrizieren, um dieser Verpflichtung zu entgehen. Die meisten Juroren räumen ihre Befangenheit jedoch nicht ein. Sie halten ihre Vorurteile vielmehr für wohlbegründete Meinungen. Tief im Inneren ist ihnen bewußt, daß sie befangen sind, finden das aber ganz prima. Außerdem: Warum sollten sie ihre Vorurteile einräumen und sich deshalb aus dem Geschworenengericht hinauswerfen lassen, wenn sie über den Fall richten dürfen und unseren Mandanten sich winden sehen können? Zudem ist ein Gerichtssaal voller Zuschauer kein Ort, um seine ganz persönlichen Vorlieben und Abneigungen, seine antisozialen oder politisch inkorrekten Einstellungen zu bekennen. Welcher Bankier wird sagen, daß er Vorurteile gegen Schwarze, Latinos oder die Armen hat? Welcher Personalchef wird zugeben, daß er niemanden über Fünfzig einstellt? Welcher Homophobe wird, zumindest jemandem, der nicht homophob ist, seine Voreingenommenheit gegen Homosexuelle beichten? Er wird sie freundlich lächelnd leugnen, abstreiten – einfach so. Und was können wir dagegen tun?

Persönlichkeitsmuster erkennen: Ich persönlich verlasse mich häufig auf das Konzept der »Traube«, des Musters. Die Persönlichkeit einer Person, ihre Vorlieben und Abneigungen, ihre Einstellungen, Standpunkte, ihre Vorurteile bilden *Trauben*, so wie einzelne Weinbeeren eine Traube bilden. Wenn man eine Beere untersucht, kann man ziemlich sicher sein, wie die übrigen Beeren aussehen. Hat man eine Beere probiert, kennt man den Geschmack der anderen. Es mag zwischen den einzelnen Beeren winzige Unterschiede geben, aber eins steht fest: Die Beere, die man nicht probiert hat, schmeckt bestimmt nicht wie Beefsteak.

Zum Beispiel der Bankier: Wenn man weiß, der *andere* ist Bankier, dann weiß man auch, daß er nicht in einem Getto lebt und vermutlich auch nie wohnen wird. Er fährt keinen alten, klapprigen Kleinlaster mit ein paar Zaunpfählen, einem Ballen Bindedraht und einem alten Hirtenhund auf der Ladefläche. Höchstwahrscheinlich gehört er nicht der Pfingstgemeinde an, und er abonniert auch nicht den *Daily Worker*. Seine Freunde sind wahrscheinlich keine Mitglieder der Kommunistischen Partei. Wahrscheinlich raucht er kein Haschisch. Er hat kein einziges Mal unter freiem Himmel oder auf der Straße übernachtet. Vermutlich hat er eine weiterführende Schule besucht, und wahrscheinlich hat er einen Hochschulabschluß. Man kann sicher sein, daß seine Eltern vermögend sind. Wahrscheinlich wählt er die Republikaner. Er kauft seine Anzüge nicht in billigen Kaufhäusern und war noch nie längere Zeit arbeitslos. Er hat noch nie ein Gedicht geschrieben. Er hat noch nie ein Bild gemalt. Wenn man will, lassen sich mühelos zahlreiche Ausnahmen zu dem Obengenannten finden, die gibt es ja immer.

Wie steht es aber mit den Einstellungsmustern des Bankiers? Wer keine Arbeit findet, ist faul, wird er wahrscheinlich sagen. Und: »Es gibt da draußen jede Menge Jobs. Ich finde keinen Fensterputzer und niemanden, der mir den Schornstein repariert. Es dauert zwei Wochen, bis ein Klempner hier in die Bank kommt. Wer nicht arbeiten will, will einfach nicht arbeiten.« Seine Ansichten über die Gewährung von Sozialhilfe werden von vielen geteilt und sind völlig vorhersehbar. Er wird Ihnen eine Geschichte erzählen, die Sie schon hundertfünfundsiebzigmal gehört haben: über Frauen, die von Sozialhilfe leben und Kinder bekommen, um noch mehr Sozialhilfe einzustreichen – »Also, diese Frauen, die Sozialhilfe bekommen, die verdienen doch an den Kindern. Das ist deren Geschäft« –, obwohl er noch nie, kein einziges Mal im Leben, eine arme Frau ohne Ausbildung mit sieben Kindern zum Mittagessen eingeladen hat, die in einer Dreizimmerwohnung haust, die im Winter meistens kalt ist; er hat sie auch noch nie gefragt, warum sie so viele Kinder hat. Warum sollte er auch.

Was ein Bankier von Schwarzen hält, ist ebensoleicht durchschaubar. Er wird behaupten, daß er überhaupt nichts gegen Schwarze habe, doch wenn Sie nachfragen, werden Sie entdecken, daß die Schwarzen ungefähr 0,00067 Prozent der Kreditnehmer ausmachen. Seine Meinung über die Obdachlosen lautet, daß sie auf der Straße leben, weil sie dort leben möchten. Seine Lösung des Problems lautet *laissez faire*, was er allerdings nie zugeben wird, das heißt, man müsse »der Natur freien Lauf lassen«. Ein Euphemismus dafür, daß man sich der Ärmsten der Gesellschaft entledigen soll, indem man sie verhungern läßt.

Welchen politischen Ansichten der Bankier anhängt, läßt sich vorhersagen, ohne daß man eine einzige Frage stellt. Er befürwortet den freien Handel, er lehnt weitere Steuern ab, egal, wie gering die Erhöhung ist. Er ist der Auffassung, die Regierung solle sich gänzlich aus unserem Leben heraushalten – abgesehen davon, daß die Regierung die Industrie und das Bankgewerbe doch bitte unterstützen solle. Die Krise im Bankengewerbe sei zum großen Teil ein von der Regierung inszenierter Schwindel. Die Regierung soll uns vor der Straßenkriminalität schützen, aber nicht vor den Verbrechen der Banken gegen die Einleger. Die Grenzen des Landes sollten fest verschlossen werden. »Wir brauchen hier nicht noch mehr Mexikaner« (dabei wird er nie ein abwertendes Wort benutzen, außer gegenüber Bankkollegen in der Sauna). Die Todesstrafe soll ausgeweitet, nicht eingeschränkt werden. Mit anderen Worten: Die Gesellschaft soll mehr, nicht weniger ihrer Mitglieder töten. Man soll von der Gesellschaft nicht fordern, Mörder für den Rest ihres Lebens unterzubringen. Man soll Räuber und Diebe hängen, vor allem Bankräuber. Wer einen ungedeckten Scheck ausstellt, dem soll man ein Zeichen auf die Stirn tätowieren, damit man ihn leichter erkennen kann. Was die vorurteilsbeladenen Seiten seiner Persönlichkeit betrifft, gilt: Wenn man einen Bankier kennt, kennt man alle. Ausnahmen können einem zwar immer unter die Nase gehalten werden, aber wenn man eine Traube mit blauen Beeren untersucht, findet man normalerweise immer eine andersfarbige. Es geht hier um Trauben, um die siebenundfünfzig blauen Beeren, und nicht um die eine bräunliche kleine Beere auf der Rückseite.

Ein weiteres Beispiel: Worin bestehen die Persönlichkeitsmuster des schwarzen Eisenbahnarbeiters? Seine Ansichten zu einigen Themen sind meilenweit entfernt von denen des Bankiers. Hinsichtlich anderer Fragen sind sie jedoch kaum zu unterscheiden. Beide blicken auf den Arbeitslosen herab. Beide nehmen es übel, wenn sie mehr Steuern bezahlen müssen. Ihre Meinungen über den Wohlfahrtsstaat sind wahrscheinlich identisch. Doch der schwarze Eisenbahnarbeiter weiß, daß 70 Prozent der Gefängnisinsassen Schwarze sind, und er vermutet, daß der Rassismus für diese unverhältnismäßig hohe Zahl der Häftlinge verantwortlich ist. Er findet Bankleute unsympathisch. (Golfer mag er auch nicht.) Er äußert gegenüber seinen Arbeitskollegen politisch korrekte Ansichten, kommt gut mit ihnen aus, ißt mit ihnen in der Kantine und betrachtet viele von ihnen als Freunde. Vergessen Sie nicht, es geht hier um die *Muster*. Jeder Mensch hat sein eigenes Muster; allerdings dürfte es demjenigen von Personen mit ähnlicher Herkunft und ähnlichen Lebenserfahrungen sehr ähneln.

Sonstige: Die Vorurteilsmuster der Rancher und Arbeiter ähneln den Mustern von Regierungsangestellten und Arbeitern im Staatsdienst. Die Muster von Schriftstellern, Schauspielern, Musikern und Künstlern gehören in dieselbe Gruppe; aber seien Sie vorsichtig. Denken Sie nur an Charlton Heston, der politisch so weit nach rechts lehnt, daß man genauer hinsieht, um zu entdecken, ob sein rechtes Bein vielleicht dreißig Zentimeter kürzer ist als sein linkes, während Jane Fonda früher ein Problem mit ihrem linken Bein hatte. Die Muster für Lehrer, Bergsteiger, Krankenschwestern und Sekretärinnen sind verschwommener und weniger leicht vorherzusagen. Die Leute, die von ihren Eltern Geld geerbt haben, sind ganz schwer einzuschätzen. Die besten unter ihnen haben oft Schuldgefühle wegen des unverdienten Reichtums und bemühen sich, dieses Verbrechen der Geburt wiedergutzumachen, während andere, wie etwa die Menendez-Brüder, so bar jeden moralischen Inhalts sind wie eine leere Cola-Dose am Strand. Ältere Hausfrauen dürften eher die Muster ihres Ehemannes widerspiegeln als die jüngeren berufstätigen Ehefrauen. Während Sie meine Ansichten über Muster lesen, die von meinen eigenen Vorurteilen befleckt sind, reagieren Sie aufgrund Ihrer eigenen Vorurteile. Wenn wir uns gegenüberstehen, wirkt keiner von uns voreingenommen. Wenn Sie anderer Meinung sind als ich, dann sind Sie voreingenommen – finden Sie nicht?

Die Gefahr, das Muster zu übersehen: Es ist gefährlich, vielleicht falsch, Menschen in Kategorien wie Rasse, ethnische Zugehörigkeit,

Geschlecht, ökonomischer Status oder Berufszugehörigkeit zusammenzufassen. Doch wenn wir uns überhaupt auf verantwortliche Weise vor den Verheerungen der Voreingenommenheit schützen wollen, ist der Begriff des Musters ein hilfreiches Mittel. Vielleicht ist es politisch nicht korrekt, aber immer noch erheblich besser als Kartenlegen.

Ich möchte Ihnen eine Geschichte erzählen: Vor einigen Jahren verteidigte ich in Louisiana in einem Strafprozeß einen Bankier, der wegen diverser Betrugsdelikte gegenüber der US-amerikanischen Notenbank angeklagt war. Ich sprach mit dem Mann, der den weiten Weg von Louisiana zu mir nach Wyoming gekommen war, um mich zu überzeugen, daß ich seinen Fall übernehmen müsse, ganz offen.

Ich sagte: »Hören Sie, ich finde Bankiers unsympathisch; Sie machen auf mich einen freundlichen Eindruck, das schon, aber ich habe noch nie einen Bankier vor Gericht vertreten, und offen gestanden weiß ich nicht, wieso ich in Ihrem Fall eine Ausnahme machen soll.« Ich bemühte mich um einen freundlichen Tonfall.

»Mr. Spence«, antwortete er, »ich bin kein schlechter Mensch.« Da wurde ich aufmerksam. Er sah mich aus traurigen, ernsthaft blickenden Augen an.

»Wenn ich viel Lebenszeit in einen Fall investiere, möchte ich etwas dafür bekommen. Ich gehe davon aus, daß die Person, die ich verteidige, einen Beitrag zum Wohle der Gesellschaft leistet Sonst würde ich mein Leben als Vergeudung ansehen. Das möchte ich nicht.«

Der Bankier erklärte mir, warum er in Schwierigkeiten war – er hatte sich allzuoft zu guten Taten hinreißen lassen. Er hatte an arme Mitbürger Kredite vergeben, die geplatzt waren, Kredite, die er nicht hätte vergeben dürfen, da sie bestimmten strengen Vorschriften der Regierung widersprachen. Er stammte aus einer armen Familie und hatte sich von ganz unten emporgearbeitet. Er verachtete die üblichen Geschäfte im Bankwesen, wo problemlos Darlehen vergeben wurden, wenn man das Geld nicht benötigte, aber nicht, wenn man es brauchte, selbst wenn man eine Hypothek auf Frau und Kinder aufnahm. Er hatte versucht, kleinen Geschäftsleuten bei der Firmengründung zu helfen. Er hatte sich gegenüber seinen Freunden, die keine Bankleute waren, loyal verhalten. Er hatte den Schwarzen am Ort oft mit Spenden ausgeholfen, darunter auch mit ansehnlichen Summen für eine Universität mit ausschließlich schwarzer Studentenschaft. Aufgrund seiner politischen Ansichten und seiner aggressiven Einstellung geriet er in Konflikt mit den Aufsichtsbehörden und schließlich, während er sich nach Kräften zur Wehr setzte, in Konflikt mit dem Bundesstaatsanwalt, der sich geschworen hatte, ihn hinter Gitter zu bringen.

Der Mann paßte nicht in mein Bankiermuster. Trotzdem wollte ich ihn nicht verteidigen. Ich besprach die Sache mit Imaging.

»Ich verstehe nicht, warum du den armen Mann nicht verteidigen willst«, sagte sie. »Bankiers sind auch nur Menschen.«

»Stimmt«, antwortete ich, »aber das trifft auch auf jeden anderen Soziopathen zu.«

»Bankiers haben das Recht, daß man zunächst von ihrer Unschuld ausgeht.«

»Das gilt für alle Angeklagten.«

»Bankiers haben das Recht auf einen Verteidiger.«

»Das gilt für jeden, der einer Straftat angeklagt ist.«

»Du bist voreingenommen«, sagte sie, »es wäre eine gute Gelegenheit, dein Vorurteil durchzuarbeiten.«

Sie hatte recht, wie meistens. Je besser ich den Mann kennenlernte, desto mehr bewunderte und mochte ich ihn. Etwas scheint in fast jedem Menschen zu stecken, sogar in einem Bankier. Schließlich willigte ich ein, die Verteidigung zu übernehmen.

Unmittelbar zu Beginn des Verfahrens wurde ich mit einem Problem konfrontiert, vor dem ich noch nie gestanden hatte. Was würden schwarze Mitbürger aus dem Bundesstaat Louisiana von einem weißen Bankier aus Louisiana halten? Im Zuge der Auswahl der Geschworenen und ohne daß ich mir dessen bewußt war, begann ich Geschworene auszuwählen, in deren Gegenwart ich mich wohl fühlte. Obwohl ich in Wyoming geboren worden war und als Kind wenig Erfahrungen mit Schwarzen gemacht hatte, fühle ich mich im Umgang mit Schwarzen wohl. Ich habe mir ein gesundes Mißtrauen gegenüber der herrschenden Schicht der Weißen bewahrt. Ich habe ein Gespür für die Ungerechtigkeiten, die diese Gesellschaft den Marginalisierten und Hilflosen aufzwingt. Meine Eltern waren arm. Während der Schulzeit hatten mich Schüler aus den besseren Kreisen, die sich in Bruderschaften organisierten, abgelehnt. Ich war ein Außenseiter, der um den Preis der Unabhängigkeit oft bereit war zu riskieren, daß man ihn aus der Gruppe ausstieß. Trotzdem fühlte ich mich oft einsam und abgelehnt. In den sechziger Jahren merkte ich, daß ich ganz automatisch auf der Seite der Schwarzen stand.

Während die Auswahl der Juroren weiterging, entschloß ich mich, möglichst nur schwarze Geschworene auszuwählen. Ich glaubte, die Schwarzen zu verstehen. Wenn ich sie mochte, würden auch sie mich mögen, und wenn sie mich mochten, würden sie meine Argumente verstehen. Und wenn sie meine Argumente verstanden, würden sie meinen Mandanten auf freien Fuß setzen. So lauteten meine Gedanken. Der Bankier stimmte zu. Auch er fand Schwarze sympathisch und hatte überhaupt nichts dagegen, ihnen sein Schicksal anzuvertrauen. Außerdem würde eine aus Schwarzen bestehende Jury sicherlich verstehen, daß der Bankier sie ausgewählt hatte, daß er ihr vertraute und daß sie deshalb eher Vertrauen in ihn setzen würde. Vertrauen erzeugt Vertrauen. Ich predige das ja ununterbrochen.

Der Ankläger vertrat dagegen die Auffassung, daß Schwarze die Regierung favorisieren würden. Als die Geschworenen schließlich ausgewählt waren, gingen wir mit zehn Schwarzen und zwei Weißen in den Prozeß. Ich hatte versucht, die Weißen – einen weißen Farmer und eine weiße Hausfrau – aus dem Kreis der Geschworenen auszuschließen, aber mir waren die kritischen Fragen ausgegangen, und so wurden sie, zu meiner großen Enttäuschung, in die Jury aufgenommen.

Der Prozeß dauerte mehrere Monate. So wie in jedem Prozeß kristallisierte sich ein Sprecher der Jury heraus, in diesem Fall ein junger Schwarzer, der ganz links in der ersten Reihe saß. Im Kollegenkreis nannte ich ihn den »Schönling«, weil er immer ein ausgeprägtes Selbstbewußtsein zur Schau stellte und einen gewissen federnden Gang hatte, der allen Leuten zeigte, daß er das Sagen hatte. Der Mann fand mich sympathisch. Wenn ich ein Argument vortrug, sah er mich breit lächelnd an, manchmal zwinkerte er mir zu, dann wieder nickte er mir kräftig bejahend zu.

Im weiteren Verlauf des Prozesses kam ich zu dem Schluß, daß der Mann nicht nur zum Sprecher der Jury ernannt werden würde, sondern die Geschworenen auch meinen Mandanten freisprechen würden. Außerdem hatten wir der Jury die Tatsache vorgelegt, daß mein Mandant viele Anliegen der Schwarzen unterstützt hatte und den Schwarzen freundlich gesinnt war. Mein Kreuzverhör, so sagten sie, sei phantastisch gewesen. Zum Ende des Prozesses hatte ich die Anklage der Regierung so weit reduziert, daß kaum mehr als ein Haufen

Regierungsbürokraten übrigblieb, die meinem Mandanten zeigen wollten, wer Herr im Hause war, indem sie gerichtlich gegen ihn vorgingen. Sie wollten es ihm heimzahlen, weil er sich kompromißlos geweigert hatte nachzugeben.

Ich hielt ein Schlußplädoyer, das beispielhaft alle Ideale und Vorstellungen, Techniken und Fähigkeiten enthielt, die ich in diesem Buch darlege, und doch konnten die Geschworenen am Ende nicht zu einer einhelligen Meinung finden. Der Richter erklärte, daß das Verfahren zu keinem Urteil geführt habe, und die Geschworenen gingen nach Hause. Als ich das Gerichtsgebäude verließ, sah ich den Schönling vorbeifahren. Er winkte mir zu, lächelte zu mir herüber und hob die Finger zu einem V als Zeichen des Sieges.

Später befragte der Richter die Geschworenen; zu meinem Erstaunen stellte ich fest, daß die zehn Schwarzen alle gegen mich gestimmt hatten, während die beiden weißen Geschworenen, die ich aus der Jury herausbekommen wollte, für mich gestimmt hatten. Ich hatte das Musterphänomen nicht beachtet. Es stimmte ja: Ich fand die schwarzen Geschworenen sympathisch, und die schwarzen Geschworenen hatten mich gut leiden können. Doch ihr tiefes, unverrückbares Vorurteil gegen Bankiers, vor allem gegen Bankleute mit weißer Hautfarbe, zumal gegen diejenigen, die sie zu bevormunden versuchten, indem sie große Geldsummen an die gesellschaftlichen Institutionen der Schwarzen spendeten (keiner von ihnen konnte es sich leisten, sie in Anspruch zu nehmen), hatte ihr Urteil entscheidend beeinflußt. Ihre Voreingenommenheit war, so wie meine, gänzlich vorhersehbar gewesen. Ich hatte es nur deshalb übersehen, weil ich mir insgeheim sagte, daß die Schwarzen mehr Vorurteile gegen die Autorität des Bundesstaatsanwaltes und der US-Regierung haben würden als gegen diesen Bankdirektor. Ich hätte es wissen müssen. Ich hatte es gewußt. Ich hatte ein positives Vorurteil gegenüber den Schwarzen in der Jury, und fast hätte es meine Niederlage herbeigeführt.

Die weißen Geschworenen hatten, wie vorauszusehen, in Übereinstimmung mit ihrem Muster abgestimmt. Der Farmer hatte die Nase gestrichen voll von der Gesetzgebung der Regierung. Er fand mich und meinen Mandanten, der großzügiger Kredite vergab als die meisten Bankleute, mit denen er geschäftlich zu tun hatte, sympathisch. Die Hausfrau, mit niemand anderem, nach dem sie sich richten konnte, hatte sich dem Urteil des weißen Farmers angeschlossen. So einfach war das. Jeder einigermaßen intelligente Laie hätte, ohne eine Zeile dieses Buchs gelesen zu haben, das Ergebnis vorhersagen können.

Kurzum: Der Begriff des Musters beruht auf einem *Vor-Urteil*, einer positiven Voreingenommenheit gegenüber den Menschen, die die gleiche Herkunft, den gleichen ethnischen Ursprung, die gleichen Bedürfnisse, Erfahrungen, Werte, Ziele und Berufe haben. Es ist der Prozeß, bei dem man die eigenen Vorurteile anwendet, um die Vorurteile des *anderen* vorhersagen zu können. Dieser Vorgang steckt voller Fallstricke und Ausnahmen. Er kann nur wirksam werden, wenn man dadurch die eigene Aufmerksamkeit steigert – und aufmerksam muß man immer sein – und erkennt: Wenn man eine Beere findet, stößt man wahrscheinlich auf eine weitere, die ähnlich ist. Es zählt zu den großen Freuden beim Beobachten seiner Mitmenschen, wenn man die eine Traube findet, die einen überrascht.

Menschenkenntnis: Junge Leute fragen mich oft, welche Seminare sie im Studium belegen sollen, damit sie sich am besten auf den Anwaltsberuf vorbereiten können. Man sollte die Frage umformulieren: Was benötigen wir, damit wir menschlich werden? Wenn wir ein erfolgreicher Anwalt werden oder in irgendeinem anderen Beruf Erfolg haben wollen, müssen wir große Kenntnisse über unsere Brüder und Schwestern erwerben, die diese Erde bevölkern. Aber wie? Wie werden wir Experten in simpler Menschenkenntnis? Leider lernt man in der Schule nicht, wie man eine Persönlichkeit wird.

Wer wohlhabende Eltern hat, wird oft auf Privatschulen geschickt, wo man ihn in alte Tinte taucht, mit Latein und Griechisch einweicht und er die Bildung der Eliten erleidet. Ich kenne die Argumente für eine Ausbildung in den klassischen Fächern. Ich möchte jedoch auf etwas anderes hinaus: Die Art und Weise, wie wir die Menschen, mit denen wir täglich umgehen, wahrnehmen, hängt davon ab, wer wir *selbst* sind. Wenn unser Erfahrungsmuster dem des *anderen* entspricht, können wir ihn leichter verstehen und einschätzen. Der Arbeiter versteht einen anderen Arbeiter besser als der Gelehrte den Arbeiter. Nichts ist so traurig, aber auch so amüsant zu beobachten wie ein Rechtsanwalt, der eine steife, intellektuelle Ausbildung an einer Eliteuniversität durchlaufen hat und vor einer aus »kleinen Leuten« bestehenden Jury argumentiert. Seine Wortwahl, sein Satzbau, seine Metaphern, seine Vorstellungen, was der Richter und die

Geschworenen überzeugend finden – das alles spiegelt den Schatz seiner Erfahrungen wider, aus dem er schöpft. Häufig wirkt er eingebildet oder von oben herab. Es fällt den Geschworenen schwer, sich in ihn einzufühlen oder ihm zu vertrauen, weil sie mit seinen Denkmustern nicht vertraut sind.

Ich rate den jungen Leuten, wenn sie gute Strafverteidiger werden wollen, ja, wenn sie in irgendeinem Beruf Erfolg haben wollen, daß sie soviel wie möglich über jeden Aspekt der *condition humaine* lernen sollen, und zwar möglichst durch eigene Erfahrung. Ich vertrete die Auffassung, daß junge Menschen viel arbeiten sollten, als Teil ihrer Erziehung und als Vorbereitung für lebenslanges Spielen. Sie sollen lernen, was es bedeutet, jeden Pfennig zweimal umdrehen zu müssen, wenn man sich Sorgen macht, ob man die Miete bezahlen kann, abends todmüde nach Hause zu kommen, Verzicht leisten zu müssen, die Freude zu erleben, kleine Aufgaben zu erledigen. Ich möchte, daß meine Kinder eine Vielzahl von Dingen wissen: wie man eine Latrine reinigt, wie man ein Haus baut, wie man eine Tragmulde trägt, wie man mauert. Sie sollen wissen, wie man einen Kranken pflegt, wie man eine Weide wässert, einen Berg ersteigt, ein Gedicht schreibt, Volkslieder singt, am Fluß liegt und träumt, die Freude der Liebe und den Schmerz des Verlustes kennenlernt. Ich halte die jungen Leute, die nie arbeiten, sich sorgen oder kämpfen mußten, für auf durchaus ähnliche Weise ernstlich unterprivilegiert wie die jungen Menschen, die in den Elendsvierteln aufwachsen.

Wohlhabende Eltern machen zumeist den Fehler, ihre Kinder an irgendeinen sicheren Ort zu schicken, wo sie sich von den übrigen Mitgliedern der Gesellschaft isolieren, und danach von ihnen erwarten, daß sie auf geheimnisvolle Art und Weise zu gut funktionierenden Individuen in der Erwachsenenwelt heranwachsen. Man bereitet sich aber nicht auf einen Boxkampf vor, indem man sich zum Experten in den strengen Techniken des Ballettanzes ausbilden läßt (ich gebe allerdings zu, daß es jedem Boxer zugute käme, wenn er besser tanzen lernte).

DAS SCHLOSS: **Nachdem ich also die Vorurteile entdeckt habe, wie gehe ich mit ihnen um?**

Wenn Sie herausgefunden haben, wo Ihre Vorurteile lauern, müssen Sie sich daran erinnern, was Sie bereits gelernt haben – daß jemand von seinen Vorurteilen abzubringen etwa ist, als ob man die Küchenspüle anbrüllt. Ich habe viele Anwälte erlebt, die vor befangenen Richtern oder voreingenommenen Geschworenen plädierten und nach der Niederlage quälende Fragen stellten: »Wo habe ich versagt? Wo habe ich es fehlen lassen? Ich dachte, ich hätte das perfekte Plädoyer vorgetragen.« Ihr Scheitern lag natürlich nicht in ihrer Argumentation begründet. Vielmehr war es ihnen nicht gelungen, Vorurteile aufzudecken und zu lernen, wie man mit ihnen umgeht.

DER SCHLÜSSEL: **Zu Türen, die mit Vorurteilen verrammelt sind, gibt es nicht in jedem Fall einen Schlüssel.**

Eigeninteresse, die undurchdringliche Mauer: Wenn der *andere* erkennt, daß sein Eigeninteresse auf dem Spiel steht, kann man nicht siegreich argumentieren. Das liegt daran, daß das Kernvorurteil jedes Lebewesens, ob Mann oder Frau, auf den Fortbestand seiner Existenz abzielt. *Ganz gleich, wie geschickt wir argumentieren, wir können nicht gewinnen, wenn sich der* andere *aufgefordert fühlt, gegen sein Eigeninteresse zu entscheiden.*

Ein siegreiches Argument, mit dem man verliert: Nehmen Sie zum Beispiel eine Diskussion mit einem Holzfäller, bei der es um die Rettung eines alten Waldes geht, wenn der Lebensunterhalt des Holzfällers davon abhängt, daß er weiter Bäume schlagen kann. Verständlicherweise sind Holzfäller gegenüber dem Fleckenkauz voreingenommen, dem unschuldigen kleinen Vogel, dessen schwierige Lage in den USA zum verhaßten Inbegriff des Umweltschutzes geworden ist. Um die unüberwindliche Schwierigkeit zu veranschaulichen, der wir begegnen, wenn wir einem Vorurteil widersprechen, das seinen Ursprung im Willen zum Überleben hat, wollen wir, hypothetisch, unseren Holzfäller mit der absoluten Macht ausstatten, auf die Abholzung eines alten Waldes mit »ja« oder »nein« zu antworten.

Am besten sollte man gleich zu Beginn der Auseinandersetzung das Vorurteil des Holzfällers zur Kenntnis nehmen. Er muß schließlich überleben:

Zum Holzfäller: »Natürlich wissen wir beide, daß Sie Ihren Lebensunterhalt nur bestreiten können, wenn diese alten Bäume abgeholzt werden.«

»Genau. Damit verdiene ich mein Geld. Was wollen Sie – daß meine Kinder nichts zu essen haben, damit so eine verfluchte kleine Eule weiterlebt?«

»Da haben Sie recht. Aber Sie haben zugestimmt, sich meine Gründe gegen das Abholzen des Waldes anzuhören und zu versuchen, eine unparteiische Entscheidung in dieser Frage zu treffen – darauf haben wir uns doch geeinigt, oder?«

»Ja. Ich lasse Sie ausreden. Und dann knalle ich den kleinen gefleckten Mistkerl ab.«

Danach stellt man den Holzfäller zur Rede, indem man sich danach erkundigt, ob er bereit ist, seine persönlichen Interessen außer Betracht zu lassen:

»Wie wollen Sie von Ihren persönlichen Interessen absehen, um völlig unvoreingenommen und fair sein zu können?«

»Wieso fragen Sie das?«

»Nun, wie sollen Sie sichergehen, daß Ihre Entscheidung nicht auf Eigeninteresse beruht? Am wichtigsten ist doch schließlich, daß Sie Ihre Familie versorgen können, oder?«

»Das kann man wohl sagen.«

»Das steht sogar über dem Gebot der Fairneß, stimmt's?«

»Vielleicht.«

»Also, wie wollen Sie unter diesen Umständen fair sein?«

»Keine Ahnung. Ich kann's versuchen – mehr nicht.«

»Unter diesen Umständen kann ich fairerweise nicht verlangen, daß Sie unparteiisch sind. Wenn wir unsere Positionen tauschen würden, wüßte ich auch nicht, ob ich unvoreingenommen sein könnte. Vielleicht kann es niemand sein, wenn der Lebensunterhalt und das Wohl der Familie auf dem Spiel steht.«

Keine Antwort.

»Darf ich Ihnen einen Hinweis geben, wie Sie versuchen könnten, unvoreingenommen zu sein?«

»Ja, natürlich.«

»Versuchen Sie so zu tun, als ob Sie die ›höchste Autorität im Universum‹ wären. Sie haben die unumschränkte Macht über alle Lebewesen auf der Welt. Tun Sie so, als hätten Sie nur einen Wunsch: als derjenige, der alle Befugnisse hat, die Wahrheit und die reine Gerechtigkeit herbeizuführen. Könnten Sie sich das vorstellen – wenigstens einen Augenblick lang?«

»Ich weiß nicht. Wollen Sie, daß ich Gott spiele?«

»Über diese Macht verfügen Sie doch in diesem Fall, oder? Der alte Wald bildet eine Welt für sich, die sich in Jahrmilliarden entwickelt hat. Und für Millionen von Pflanzen, Tieren, Bäumen und die anderen Geschöpfe wird Ihre Entscheidung die Entscheidung Gottes sein. Meinen Sie, Sie könnten – als Gott dieses Waldes – ein gerechtes Urteil fällen?«

»Sie setzen mich ganz schön unter Druck.«

»Ja, aber als Gott des Waldes tragen Sie große Verantwortung. Gott zu sein ist kein Kinderspiel.«

An diesem Punkt der Auseinandersetzung begreift der Holzfäller seine Macht. Er begreift, daß nur er die Entscheidung treffen kann. Außerdem muß er nun erkennen, daß sein Interesse im Widerstreit mit dem Interesse vieler Lebewesen liegt, die das Universum des Waldes bilden. Er hat sich bereiterklärt, zu versuchen, sein persönliches Interesse beiseitezulassen. Zwar hat er gemerkt, daß ihm das schwerfallen wird, aber er begreift vermutlich auch etwas anderes: Wenn er weiter im eigenen Namen und im Namen seiner Familie spricht, wird man seine Entscheidung nicht als unparteiisch werten, sondern als ein Urteil, das mit dem Makel des Eigeninteresses befleckt ist. Er ist drauf und dran, über das Schicksal des Fleckenkauzes zu bestimmen.

Jetzt könnte ich meine Argumentation ändern und eine Geschichte erzählen: »Ich möchte Ihnen eine wahre Geschichte erzählen: Bis 1800 hatte man ungefähr zehn bis fünfzehn Millionen Afrikaner als Sklaven nach Nord- und Südamerika gebracht. Sie machten nur ein Drittel der Männer und Frauen aus, die von Sklavenhändlern in Afrika gefangengenommen worden waren. Zwei von drei Schwarzen, die gefangen wurden, starben. Die Schwarzen wurden wie Fische in die Laderäume der Sklavenschiffe gepackt. Ein Beobachter schreibt, daß ein Sklavendeck so sehr mit Blut und Schleim verunreinigt war, daß es einem Schlachthaus glich.

Im Jahre 1637 stach das erste amerikanische Sklavenschiff, die *Desire*, von Marblehead in See. Ihre Laderäume wurden in Gestelle von 60 mal 180 Zentimeter eingeteilt, die mit Fußeisen und Stangen versehen waren. Angesehene Forscher auf diesem Gebiet schätzen, daß Afrika im ersten Jahrhundert nach der Entdeckung Amerikas durch Tod und Sklaverei rund fünfzig Millionen Menschen verlor.«

»Und was hat das mit dem verdammten Fleckenkauz zu tun? Der Fleckenkauz ist kein Mensch.«

»Stimmt. Aber er ist – wie der afrikanische Sklave – ein Lebewesen *ohne Rechte*.«

»Aber das ist doch bloß ein Vogel, verdammt noch mal. Die Sklaven waren Menschen.«

»Das gebe ich zu. Aber können Sie der These stattgeben, daß die Sklaven als Dinge *betrachtet* wurden, als bloße wilde Geschöpfe, die, hatte man sie gefangen, als Eigentum galten und als solche gekauft und verkauft oder nach dem Willen ihres Besitzers erschossen werden durften?«

Keine Antwort.

»Und Bäume sind ebenfalls Dinge der Wildnis, die, wenn man sie fällt und in Besitz nimmt, bloßes Eigentum *werden*, habe ich recht?«

»Bäume sind Bäume.«

»Ob ein Sklave oder ein Baum Eigentum ist, hängt einzig und allein davon ab, was wir Menschen als Eigentum bezeichnen, stimmt's?«

Keine Antwort.

»Das heißt, ob Menschen als Eigentum *ohne* Rechte oder als Bürger *mit* Rechten behandelt werden, hängt einzig und allein davon ab, wer die Macht hat. Trifft das gleiche nicht auch auf den Wald zu? Eigentum und Macht sind untrennbar miteinander verknüpft, finden Sie nicht auch?«

»Was soll das heißen?«

»Das heißt: Da wir nicht mehr die Macht über den ›Schwarzen Mann‹ haben, können wir ihn auch nicht mehr in Eigentum verwandeln. Und wenn Sie keine Macht über den Wald hätten, dann könnten Sie den Wald auch nicht in Eigentum verwandeln. Letztlich geht es bei der Frage, ob der Wald Eigentum ist oder nicht, schlicht um Macht.«

»Und das heißt?«

»Daß wir heute alte Bäume als unser Eigentum betrachten, aber nicht weil sie Eigentum *sind*, sondern einfach, weil wir die *Macht* haben, sie zum Eigentum zu erklären.

»Ja?«

»Ja, deshalb haben Sie Macht. Wollen Sie den alten Wald zum Eigentum erklären, oder wollen Sie so unvoreingenommen sein, den Wald auf andere Weise zu betrachten?«

»Vielleicht ja, vielleicht auch nicht.«

»Könnten wir uns dann auf eines einigen – daß der bloße Besitz an sich nicht diktiert, was das Recht ist und was nicht? Daß die Sklavenbesitzer die Macht hatten, Sklaven für sich arbeiten zu lassen, bedeutete doch nicht, daß dieser Besitz rechtens war.«

»Wir haben uns sehr weit vom Fleckenkauz entfernt.«

»Besitz begründet nicht, was moralisch richtig und was moralisch falsch ist. Was richtig und falsch ist, existiert unabhängig vom Besitz, oder?«

»Vermutlich. Aber es gefällt mir nicht, worauf Sie hinauswollen.«

»Die Tatsache, daß man einen Wald besitzen kann, liefert weder eine Ausrede noch einen Grund, den Wald zu zerstören, würden Sie mir da zustimmen?«

Keine Antwort.

»Wenn Sie beschlössen, den Wald abzuholzen, dann könnten Sie nicht sagen, das sei rechtens, nur weil er Ihnen gehörte oder Sie die Macht hätten, über sein Schicksal zu bestimmen, oder?«

»Sie kommen ziemlich weit vom Thema ab.«

»Eigentum verpflichtet, würden Sie mir da zustimmen?«

Keine Antwort.

»Wenn Ihnen ein Pferd gehört, dann dürfen Sie es nicht verhungern lassen und Ihr Verhalten damit entschuldigen, daß Sie mit ihm machen können, was Sie wollen, weil es ja Ihnen gehört, richtig?«

»Richtig.«

»Ich gebe Ihnen noch ein Beispiel. Angenommen, ich besäße ein bedeutendes Gemälde, sagen wir, einen dieser unvergleichlichen van Goghs. Habe ich die Pflicht, das Bild zu bewahren, oder dürfte ich es zerstören, wenn ich wollte?«

»Na ja, es ist Ihr Gemälde, aber es ist kein Pferd.«

»Aber würden Sie mir nicht zustimmen, daß die ganze Welt ein Interesse an der Bewahrung bedeutender Gemälde hat und daß die Rechte aller Menschen auf der Welt, daß sie erhalten werden, größer sind als das Recht eines Einzelnen, im Rahmen der Besitzordnung, mit solchen Gemälden nach Belieben zu verfahren?«

»Ich weiß nicht recht.«

»Führen wir den Gedanken fort. Woher stammt das Recht auf Eigentum? Ist es ein göttliches Recht? Kommt es von Gott?«

»Ich weiß nicht, vermutlich nicht.«

»Es ist also lediglich ein von Menschen verfaßtes Gesetz?«

»Wahrscheinlich.«

»Und wenn es nur ein von Menschen gemachtes Gesetz ist, ist es da nicht möglich, daß das Gesetz auch von Menschen geändert werden kann, damit es ihnen besser geht oder ihnen größeren Nutzen bringt?«

»Hört sich richtig an.«

»Glauben wir nicht auch, daß Gesetze zum Wohle eines möglichst großen Teils der Bevölkerung gemacht werden?«

»Darum geht's in der Demokratie.«

»Wenn wir diese Idee auf den fraglichen Wald anwenden, wenn die Rettung des Waldes der gesamten Menschheit zugute käme, indem man die einzigartige Welt der Blumen, Bäume, Vögel und Tiere erhält, würden Sie mir da nicht zustimmen, daß wir die Eigentumsgesetze ändern sollten, damit dieser eine Mensch oder ein paar Menschen nicht eine ganze Welt aus Gründen des privaten Gewinns vernichten können?«

»Und was ist mit meinem Job?«

Da haben wir's – die undurchdringliche Mauer, an der jegliche Vernunft und Gerechtigkeit abprallt –, die Mauer des Eigeninteresses. Ganz gleich, wie stark wir diese Mauer berennen, ganz gleich, ob wir darüber hinwegklettern wollen – sie bleibt undurchdringlich und unübersteigbar. Der Überlebensinstinkt ist in unser Erbgut eingeschrieben. Er setzt jede denkende Zelle des menschlichen Gehirns außer Kraft.

»Sie haben zugestimmt, ihr Eigeninteresse zurückzustellen, erinnern Sie sich?«

»Aber ich habe auch Rechte.«

»Natürlich. Doch als unparteiischer Richter müßten Sie Ihre Rechte außer Betracht lassen und diesen Fall auf Grund von Vernunft und Gerechtigkeit entscheiden, stimmt's?«

»Ich glaube, ich habe mehr Rechte als ein verfluchter Fleckenkauz.«

»Wer hat Ihnen dieses Recht verliehen?«

»Es sind meine Rechte als amerikanischer Staatsbürger – als Mensch.«

»Sie wurden mit ihnen geboren?«

»Ja.«

»Mit welchen Rechten wurden die Geschöpfe des Waldes geboren?«

»Die haben keine.«

»Warum nicht?«

»Weil Bäume und Käfer keine Rechte haben.«

»Wer hat das gesagt?«

»*Ich*!«

»Fällen Sie Ihr Urteil in Ihrer Funktion als unparteiische ›höchste Autorität des Universums‹, oder treffen Sie Ihre Entscheidung als Holzfäller, der eine Familie ernähren muß?«

»In diesem Fall kommt's auf das gleiche hinaus.«

Die obige Argumentation könnte, wenn man sie einem Lehrer in Sioux Falls oder einem Künstler in New York vorlegt (bei denen weder Familienangehörige noch Freunde betroffen wären), Erfolg haben. Möglicherweise finden sie meine Einwände gegen die Vernichtung des alten Baumbestandes sowohl logisch als auch rechtens. Doch selbst in diesem Fall würde wahrscheinlich dasselbe Ergebnis herauskommen. Vermutlich glauben die meisten Leute, daß ein Mensch mehr Rechte hat als ein Fleckenkauz. Das ist das Vorurteil unserer Spezies.

Das Argument verschieben, um zu gewinnen: Die Stoßrichtung des Arguments kann jedoch ein wenig geändert werden, so daß es am Ende Erfolg hat. Dabei nimmt man eine Verschiebung vor, damit man das Eigeninteresse des *anderen* ansprechen kann. Man könnte dann argumentieren:

»Die Arbeit als Holzfäller ist gefährlich, nicht wahr?«

»Das kann man wohl sagen.«

»Jedes Jahr kommen Männer im Wald ums Leben oder werden verletzt, und ihre Familien haben dann kaum genug zum Leben, ja?«

»Genau.«

»Und es ist keine geregelte Arbeit. Manchmal gibt's Arbeit und manchmal nicht.«

»Ja, das stimmt.«

»Gefällt Ihnen Ihre Arbeit?«

»Sie ist die einzige, die ich kann. Ich bin gern in den Wäldern.«

»Würden Sie einen Plan befürworten, der uns erlaubte, den alten Forst zu retten, wenn wir Ihnen eine geregelte Arbeit bieten könnten, die Ihnen Spaß macht und die gut bezahlt ist?«

»Ich würde es mir durch den Kopf gehen lassen.«

»Würden Sie Mitglied eines Planungskomitees werden und versuchen, eine solche Lösung zu finden?«

»Bestimmt. Eigentlich gefällt es mir auch nicht, diese alten Bäume zu fällen. Ich kann es kaum ertragen, wenn ich höre, wie sie umstürzen. Es hört sich an, als würden sie weinen.«

Daß man den Holzfäller in ein Komitee wählt, ist notwendig, denn so ermächtigt man ihn. Wir erinnern uns: Wir können keine Streitigkeit gewinnen, wenn der *andere* keine Macht hat, unsere Argumente anzunehmen oder zurückzuweisen. Angenommen aber, er und seinesgleichen lassen sich von einer Pharmafirma einstellen, damit sie im Wald Proben von Pflanzen nimmt, die zur Entwicklung neuer Heilmittel verwendet werden können. Angenommen, er könnte in einer Firma, die Baumaterialien aus Rohstoffen herstellt, mehr Geld verdienen als zuvor. Unter diesen Umständen dürfte sich der Holzfäller, der den Wald wirklich liebt, der Argumentation anschließen, die ich zur Rettung des Waldes und seines Symbols, des Fleckenkauzes, vorgebracht habe. »Das ist ein wirklich hübscher Vogel«, würde er wahrscheinlich sagen. »Es gibt nur noch ganz wenige von ihnen. Und Menschen gibt es so viele. Wir Menschen können unsere Häuser aus etwas anderem herstellen als aus diesen alten Bäumen. Der Fleckenkauz nicht.«

Ich habe die obige Argumentation einem Freund vorgelesen. Anschließend sagte er: »Ich sage dir mal, was ich davon halte. Ich finde, ein einziger Fleckenkauz ist wichtiger für unsere Erde als ein einzelner Mensch, weil der Fleckenkauz vom Aussterben bedroht ist, während sich die menschliche Rasse derart ausbreitet, daß sie auf der ganzen Welt verhungert.«

»Das ist ein gutes Argument«, erwiderte ich. »Aber *welches* Leben welches Menschen würdest du eintauschen, um den Fleckenkauz zu retten?«

»Keine Ahnung. Aber wir haben genug Menschen, die herumlungern, die Erde bevölkern und sie zerstören.«

»Aber die Frage ist: *Welche* Menschen würdest du zur Rettung des Fleckenkauzes preisgeben? Würdest du ein verhungerndes Kind in Neu Delhi eintauschen?«

»Wahrscheinlich wäre es dann besser dran.«

»Welches Kind in Neu Delhi?«

Er gab keine Antwort.

»Na komm, laß uns spazierengehen.«

Wenn wir mit Vorurteilen konfrontiert werden, sind Logik und Gerechtigkeit wirkungslos. Dennoch können wir verpflichtet sein, uns direkt gegen ein Vorurteil zu wenden, auch wenn keinerlei Aussicht auf Erfolg besteht. Wenn jemand die These vertritt, daß alle Iren rührselige Trunkenbolde und Latinos von Hause aus faul sind oder daß Frauen auf Grund ihres emotionalen Wesens keine so guten Voraussetzungen wie Männer für verantwortliche Positionen einbringen, sind wir, als Verpflichtung uns selbst gegenüber, aufgerufen, uns mit all unserem Geschick und all unserer Kraft dagegen auszusprechen – ob wir den Streit nun gewinnen können oder nicht. Doch um die Voreingenommenheit des *anderen* – den Fleck auf dem Hemd seines Charakters – zu entfernen, muß man sich wahrscheinlich mehr als nur streiten. Der Makel des Vorurteils ist häufig unauslöschlich.

Ein persönlicher Fall: Vor einigen Jahren kamen ein sehr guter Freund, seine wunderbare Frau und ihr achtzehnjähriger Sohn, ein herausragender Sportler, ums Leben, als nachts ihr Haus in die Luft gesprengt wurde. Der für die Tat verantwortliche Mann war ein Krimineller mit langem Strafregister – ein Drogenhändler, der einen örtlichen Ganoven gemietet hatte, um die Tat auszuführen. Später, nachdem man mich zum Nebenkläger ernannt hatte, ließ der Mann unseren Hauptzeugen ermorden, unmittelbar bevor der Zeuge vor der Jury aussagen konnte, die wir zur Untersuchung des ersten Mordfalls zusammengestellt hatten.

Ich war immer ein strikter Gegner der Todesstrafe. Es ist meine tiefe Überzeugung, daß wir dem Morden auf unseren Straßen erst Einhalt gebieten können, wenn unsere Regierung aufhört, Menschen zu Hause und auf der ganzen Welt abzuschlachten. Mord ist Mord, und er ist ebensowenig vertretbar, wenn er von einer Regierung, einer Gruppe von Einzelpersonen – von uns – ausgeht, wie wenn der Mord von einem Mörder begangen wird.

Doch als ich schließlich meine Argumente gegen den Mörder zusammenstellte, der an dem sinnlosen Tod von vier Menschen schuld war, wurde mir klar, daß ich dem Gesetz entsprechend als Nebenkläger die Todesstrafe fordern würde. Der Mörder wurde verurteilt, und nach über zwölf Jahren, in denen es immer wieder zu Revisionsverfahren kam, wurde er hingerichtet. Der Schmerz, den ich in diesen Jahren empfand, als meine moralische Überzeugung mit dem Gesetz kollidierte, ist mir noch lebhaft in Erinnerung.

Es ist leicht, sich zu distanzieren, sich aus einer Sache herauszuhalten, nichts mit ihr zu tun haben zu wollen, zu verurteilen, zu predigen und selbstgerecht im Abstrakten zu reden. Es ist leicht, für seine festen moralischen Überzeugungen einzutreten, so wie ich weiter oben für den Erhalt des alten Waldes, solange ich nicht meine Stellung dabei verliere oder meine Familie darunter leidet. Es ist leicht zu behaupten, das Leben eines Fleckenkauzes sei wertvoller als das Leben eines Menschen, solange es nicht mein Leben ist oder das meines Kindes kostet, das man im Tausch dafür hergeben müßte. Und es ist leicht, sich gegen die Todesstrafe auszusprechen, aber nur, solange es nicht die eigene Frau ist, die ermordet wurde, oder das eigene Kind oder der eigene Freund. Nur Heilige können dem Eigeninteresse entgehen, und selbst sie weichen ihm aus, um sich treu zu bleiben – ihrem großen, unbezwingbaren Bedürfnis, Gerechtigkeit in die Welt zu bringen.

Soziale Vorurteile erkennen und mit ihnen fertigwerden: Als Mitglieder einer Gesellschaft begegnen wir ihren Vorurteilen, ob sie nun edel, prinzipiengeleitet, böse oder korrupt sind. Wir befürworten ein System, das auf Gewinn beruht, und lehnen die Planwirtschaft ab. Wir sind strikt für eine demokratische Staatsform und schrecken vor totalitären Idealen zurück. Wir glauben, gute Muslime seien verdächtig und gute Christen ehrlich. Wir akzeptieren unsere Vorurteile, weil es gesellschaftliche Normen sind. Unsere sozialen Einstellungen sind größtenteils bekannt, vorhersehbar und beherrschend.

Die Kräfte, die diktieren, was politisch korrekt ist und was nicht, können für eine Gesellschaft, die um Gerechtigkeit ringt, sowohl wohltätige als auch zerstörerische Folgen haben. Das »politisch korrekte« Denken im Nazi-Deutschland führte zu den widerwärtigsten Greueltaten in der Geschichte der Menschheit. Doch gäbe es keinen vom politisch korrekten Denken ausgehenden sozialen Zwang, ließen sich kaum Fortschritte im Kampf gegen den bösen Fluch des Rassismus und die schreiende Ungerechtigkeit des Sexismus erzielen. Wenn es die Macht der politischen Korrektheit nicht gäbe, würden wir uns immer noch im Schlamm und Dreck der alten, schändlichen Zeiten wälzen. Es geht mir hier darum zu betonen, daß soziale Einstellungen, so wie einzelne Vorurteile, sowohl gut als auch böse sein können.

Der Fall Marcos und Volkes Meinung: Ich habe, wie bereits erwähnt, Imelda Marcos vor dem Bundesgericht in New York verteidigt. Der Prozeß entwickelte sich zum klassischen Beispiel für die Wirkungsweise von Vorurteilen, die zur landläufigen Meinung einer ganzen Gesellschaft werden. Nach dem Sturz von Ferdinand Marcos durch das Aquino-Regime sahen sich Marcos und seine Frau zahlreichen Anklagepunkten gegenüber, die sämtliche Vergehen umfaßten, die das FBI auf dem Gebiet Gaunereien und Betrügereien kennt. Als es zum Prozeß kam, war es schließlich die einhellige Meinung der Bevölkerung, daß sich Frau Marcos, die ehemalige Freundin und Wohltäterin mehrerer ehemaliger US-Präsidenten und deren Frauen, in ein geldgieriges Luder verwandelt hatte, das auf dem Times Square an den Füßen aufgehängt werden sollte.

Volkes Stimme verlangte, daß Frau Marcos verurteilt werde und daß man sie an irgendeinen gräßlichen Ort schicken müßte, wo sie an ihren bösen Füßen keines ihrer dreitausend Paar Schuhe tragen könnte. Rudolph Giuliani, der New Yorker Bürgermeister und damalige Bundesstaatsanwalt, war sich der allgemeinen Voreingenommenheit gegen sie wohl bewußt. Er garantierte der Regierung eine Verurteilung, und zwar schriftlich. Doch die wenigsten, die sie verurteilten, kannten Frau Marcos persönlich.

Ich übernahm den Fall, denn ich war der Auffassung, daß die Regierung der Vereinigten Staaten kein Recht hatte, eine ihrer vielen Nasen in die inneren Angelegenheiten der Philippinen zu stecken, indem sie die Ehefrau des verstorbenen Präsidenten vor Gericht stellte. Am Ende erwies sich als ihr schwerstes Vergehen die ewige Treue zu ihrem Ehemann, sowohl vor als auch nach seinem Tod.

Der Prozeß dauerte drei Monate. Die Mitglieder der sorgfältig ausgewählten Jury, die sich Volkes Meinung nicht anschlossen, sprachen Frau Marcos in allen Punkten der Anklage frei. Die Anklage der Regierung stand auf so schwachen Füßen, daß ich zur Verteidigung von Frau Marcos keinen einzigen Zeugen aufbot. Ich rief Frau Marcos nicht einmal selbst in den Zeugenstand. Die Argumentation der Regierung zielte auf etwas, was – in ihren Augen – die Geschworenen mit Sicherheit verurteilen würden: Frau Marcos' angebliche wilde Großeinkäufe, ihre angebliche Verwicklung in die Finanzbetrügereien ihres Ehemannes – Themen, die die armen New Yorker Geschworenen in Empörung versetzen sollten, die vielfach Schwierigkeiten hatten, ihre Telefonrechnung zu bezahlen.

Während des Verfahrens setzte die Presse, die ihre eigenen Geschichten glaubte und die von ihr selbst kreierte Meinung gänzlich übernahm – nämlich daß Frau Marcos eine ganz böse Person war –, ihre Kampagne fort, sie herabzusetzen und zu beschimpfen. Jeden Morgen las ich in den New Yorker Zeitungen die Berichte über meinen Prozeß. Ich war verwirrt. Wenn ich die Reportagen las, dachte ich, die Reporter müßten bei einem anderen Prozeß zugegen gewesen sein. Man hätte meinen können, die Staatsanwaltschaft hätte bei jeder Zeugenvernehmung und bei jedem juristischen Scharmützel gewonnen, während im Gerichtssaal Zeuge um Zeuge den Zeugenstand verlassen hatte, ohne daß man meiner Mandantin ein einziges Vergehen nachweisen konnte. Tatsächlich verbürgte sich ein Regierungszeuge nach dem anderen für die Güte und Anständigkeit von Frau Marcos. Im weiteren Verlauf des Prozesses fragte der Richter sogar laut, was der Fall eigentlich in seinem Gerichtssaal zu suchen habe.

Während des Verfahrens schickte eine Zeitung jeden Morgen ihren Reporter in den Gerichtssaal – aber nicht, weil er Frau Marcos interviewen oder irgendwelche mitteilenswerten Nachrichten sammeln sollte, sondern einfach, um die Schuhe, die Frau Marcos trug, zu fotografieren. Es waren schwarze, unauffällige Pumps, und unübersehbar trug sie an zwei aufeinanderfolgenden Tagen oft dasselbe Paar. Dennoch bediente sich die Zeitung dem in der Bevölkerung herrschenden Vorurteil gegenüber dieser angeblich so niederträchtigen, unmoralischen Frau, die dreitausend Paar Schuhe besaß. Einmal sprach ich den Reporter an und sagte, meine Mandantin besäße deshalb so viele Schuhe, weil es auf den Philippinen so viele Schuhfabriken gäbe, und Frau Marcos als »First Lady« jedes Jahr Hunderte von Paaren zum Geschenk gemacht würden, von Firmen, die behaupten wollten, die Frau des Präsidenten trage ihre Schuhe. Frau Marcos vertraute mir an, daß ihr die meisten Schuhe zwar nicht paßten, sie sie aber trotzdem aufbewahrte. Aber über diese Tatsache, die Wahrheit, die mit Volkes Stimme kollidierte, wurde nie etwas berichtet.

Ein besonders zynisches Mitglied der Medien war von seinem eigenen Vorurteil derart gefangengenommen, daß er, als Frau Marcos im Gerichtssaal zusammenbrach, sie mit dem Kopf auf den Tisch prallte und ihr Blut aus dem Mund schoß – die Folge eines geplatzten Blutgefäßes im Magen – herbeieilte und mich fragte, woher ich die gefälschte Blutkapsel habe, die meine Mandantin im richtigen Moment zerbeißen sollte. Man brachte Frau Marcos ins Krankenhaus, wo sie mehrere Tage unter ärztlicher Aufsicht verbrachte, ehe sie wieder am Prozeß teilnehmen konnte. Wenn ich heute mit der landläufigen Meinung konfrontiert bin, wonach Frau Marcos ein schlechter Mensch sei, nimmt das Gespräch, nach dem üblichen Eröffnungsschlag, ungefähr folgenden Verlauf:

Die Person, die weiß, daß Frau Marcos böse ist: »Früher, ehe Sie den Fall Marcos übernahmen, habe ich Sie bewundert, Mr. Spence. Was ist eigentlich in Sie gefahren? Sagen Sie mir, daß es Ihnen ums Geld ging. Dann könnte ich Ihnen verzeihen.«

»Ich vermute, Sie können meine Mandantin nicht leiden.«

»Das kann man wohl sagen.«

»Sie müssen viel Zeit mit ihr verbracht haben und sie sehr gut kennengelernt haben.«

»Ich habe die Frau nie im Leben getroffen.«

»Das ist merkwürdig. Ich kenne Sie als fairen Menschen. Dann müssen Sie eine sehr verläßliche Quelle haben, die Frau Marcos persönlich kennt.«

»Das kann ich nicht gerade behaupten.«

»Könnte es sein, daß Sie etwas über sie gelesen haben, das Ihnen nicht gefiel?«

»Ganz genau. Ich lese täglich die Zeitung.«

»Da haben wir's! Sie haben ein Grundprinzip entdeckt und sich darauf verlassen: Wenn etwas in der Zeitung steht, dann ist es das Evangelium.«

»Das Argument zieht bei mir nicht.«

»Vielleicht bin ich der einzige Mensch in der ganzen Welt, den Sie kennen, der Frau Marcos persönlich kennt und der viele Tage mit ihr verbracht hat, und zwar unter besonders schwierigen und nervenaufreibenden Umständen. Wenn Sie daran interessiert sind, würde ich Ihnen gerne erzählen, was ich über Frau Marcos weiß.«

Aber diese Argumente dienen überwiegend meiner eigenen Befriedigung. Ich habe noch keinen Menschen kennengelernt, der eingestanden hat, daß er nach meinen Einwänden seine Version der landläufigen Meinung preisgab.

Wie man (manchmal) ein soziales Vorurteil überwindet: Welche Einwände kann man gegen einen Sturm von sozialen Vorurteilen vorbringen? Normalerweise steuert man nicht frontal hinein. Man laviert, so wie man ein Segelboot im Sturm steuert. Wenn man zum Beispiel aufgefordert wird, der landläufigen Meinung zu widersprechen, wonach Starverteidiger Prozesse manipulieren, so daß der schuldige Mandant durch die Lücken im Gesetz entkommen kann, würde ich wie folgt argumentieren (Das Gespräch beginnt stets mit dieser Frage, die in Wahrheit ein verkappter Angriff ist):

»Sagen Sie mal, Mr. Spence, haben Sie schon einmal jemanden verteidigt, von dem Sie wußten, daß er das Verbrechen, dessen er angeklagt war, begangen hatte?« (Diese Frage zieht eine Antwort nach sich, bei der man immer vierliert.)

»Interessant, daß Sie mich das fragen. Wenn ich mit ›ja‹ antworte, dann bin ich sofort als Schurke abgestempelt. Antworte ich mit ›nein‹, würden Sie mich der Lüge zeihen. Wie soll ich Ihrer Auffassung nach die Frage beantworten, als Schurke oder als Lügner?«

»Eine sehr schlaue Antwort. Sie halten, was Ihr Ruf verspricht.«

»Jetzt möchte ich Ihnen einmal eine Frage stellen: Wenn Sie Ihren Arzt konsultieren, fragt der Sie dann auch, ob die Krankheit, über die Sie klagen, möglicherweise daraus resultiert, daß Sie eine Straftat begangen haben?«

»Natürlich nicht.«

»Würde Ihr Arzt Sie nicht behandeln, ganz gleich, ob Sie schon einmal etwas verbrochen haben?«

»Doch, natürlich.«

»Ich nehme an, er würde nicht über Sie urteilen, ehe er zustimmt, Ihnen helfen zu wollen?«

»Werden Sie nicht unverschämt.«

»Sie stimmen mir sicher zu, daß Sie das Recht haben, behandelt zu werden, ohne daß der Arzt Sie vorher moralisch beurteilt?«

»Selbstverständlich.«

»Mein Mandant hat ebenfalls Rechte. Bis er schuldig von einer Jury freigesprochen ist, gilt für ihn *die Unschuldsvermutung*. Das vergessen die meisten Leute – es hat etwas mit dem verstaubten alten Instrument namens Verfassung zu tun.«

»Nun werden Sie aber wirklich unverschämt.«

»Stimmt, aber ich will damit nur zeigen, daß mein Mandant, wie Sie bei Ihrem Arzt, Rechte hat, das Recht auf Hilfe durch den Anwalt – ohne daß man ihn im vorherein verurteilt.«

»Sie haben also doch schon Menschen verteidigt, von denen Sie wußten, daß sie schuldig sind.«

»Wenn man Sie eines Verbrechens beschuldigte und Sie zu mir kämen, würden Sie dann erwarten, daß ich hinten in meinem Büro einen Beichtstuhl aufstelle und Ihnen die Beichte abnehme, ehe ich Ihren Fall übernehme?«

»Sie sind immer noch unverschämt.«

»Nun wissen Sie, wie die richtige Frage lautet: ›Was für Rechte hat jeder Angeklagte, schuldig oder nicht schuldig, für die sich jeder ehrliche Anwalt einsetzen muß?‹ Wenn Sie mich so fragen, werde ich Ihnen antworten.«

»Also gut. Tun Sie so, als hätte ich die Frage gestellt.«

»Jeder Anwalt weiß: Ehe man in diesem Land einen Bürger verurteilen kann, muß der Bundesstaat Klage gemäß der gesetzlichen Bestimmungen erheben, von denen die wichtigste der garantierte Schutz der Verfassung ist. Diese Gesetze bewahren unsere Rechte als amerikanischer Staatsbürger und schützen uns vor der Tyrannei des Staates. Jeder ehrliche Anwalt hat die Pflicht, dafür zu sorgen, daß jede eines Verbrechens angeklagte Person, ob schuldig oder nicht schuldig, nicht verurteilt wird, bis der Staat fair und rechtsgültig diese Gesetzesbestimmungen befolgt. Diese sehr noble Idee unterscheidet unser Land von fast jedem anderen in der Welt.«

»Tolle Rede.«

»Denken Sie mal darüber nach.«

»Und was ist mit den Schlupflöchern, die die Anwälte immer finden?«

»Was ein ›Schlupfloch‹ für ›diese Kriminellen‹ ist, werden *Ihre* heiligen verfassungsmäßigen Rechte werden, wenn – Gott verhüte – Sie oder ein Mitglied Ihrer Familie jemals einer Straftat angeklagt wird.«

»Na gut, wer wird denn Ihrer Meinung nach das Endspiel im Footballpokal gewinnen?«

Das in Stein gehauene Vorurteil: Schließlich gibt es jene Gelegenheiten, bei denen man mit aufrichtigen Menschen konfrontiert ist, die unter Vorurteilen leiden, die in Stein gehauen sind. Mit diesen Menschen kann man nicht streiten, überhaupt nicht. Gewinnen kann hier einfach bedeuten, höflich zuzuhören. Versuchen Sie zum Beispiel jemanden, der die Bibel wörtlich versteht, davon zu überzeugen, daß wir Menschen das Produkt der Evolution sind, nicht der Schöpfung des Herrn am siebten Tage. Der große Anwalt Clarence Darrow hat im Scopes-Prozeß im Jahre 1932 – dem »Affenprozeß« – versucht, Argumente gegen derartige in Stein gehauene Vorurteile vorzubringen. Er scheiterte. Ich hätte lieber einen Verstand, der durch Staunen geöffnet wird als einen, der vom Glauben verschlossen wird.

Gewinnen, wie ich es weiter oben definiert habe, heißt zu bekommen, was man will. Was wir, langfristig gesehen, *wollen,* ist unser Anteil am produktiven Leben, in dem wir uns sinnvollen Aufgaben widmen. Wir wollen unser Leben nicht vergeuden. Ich habe mir das Recht bewahrt zu bestimmen, in welchen Kriegen ich kämpfe, welche Schlachten ich schlage und welche Argumente ich vorbringe und gegenüber wem. Wenn ich General wäre, würde ich mein Heer nie in eine Schlacht schicken, bei der sich der Feind so sehr verschanzt hat, daß meine Truppen in den sicheren Tod gingen. Wir sollten für uns ebensoviel Fürsorge aufbringen wie der General für seine Soldaten. Gewinnen ist deshalb nicht immer dasselbe. Manchmal bedeutet es, die Weisheit eines taktischen Rückzugs zu schätzen, zumal angesichts eines unverrückbaren Vorurteils, angesichts dieser undurchdringlichen Stahlkammer, die den Verstand einschließt.

Und deshalb: Es gibt immer Einwände, die sich gegenüber unüberwindlichen Vorurteilen vorbringen lassen. Normalerweise bringen wir sie vor, weil es nicht anders geht. Manchmal, wenn das Eigeninteresse des *anderen* angemessen angesprochen wird, überzeugt unsere Argumentation. Manchmal, selten, kann das Argument dazu dienen, den *anderen* für sein oder ihr Vorurteil zu sensibilisieren. Manchmal überzeugt unsere Argumentation andere Menschen, als diejenigen, an die sie sich richtete, und das kann eine Menge Gutes bewirken.

Manchmal werden wir stark, indem wir uns in Auseinandersetzungen begeben, die wir nicht gewinnen können, doch letztlich ändern Argumente nur selten etwas an der Voreingenommenheit eines anderen Menschen. Jesus soll die Welt mit seinen Argumenten geändert haben, doch richteten sie sich an das größere Eigeninteresse des Menschen, an die ewige Erlösung; denn im Grund wurde seine Argumentation durch die große Furcht vor der ewigen Verdammnis gestützt, der man ausgeliefert war, wenn man den Glauben zurückwies. Wenn eine solche Kraft hinter unseren Argumenten wirkt, können auch wir den Lauf der Geschichte ändern.

Seien Sie also vor Vorurteilen auf der Hut. Begreifen Sie, daß nicht jeder jeden Streit gewinnen kann. Wäre es anders, hätten schon längst Logik und Gerechtigkeit die Welt erobert, ungeachtet des Titels des vorliegenden Buches. Außerdem hätten dann diejenigen unter uns, die nach deren Sieg streben, nichts mehr zu tun, oder?

7. Die Macht der Wörter

Vergoldung des Zwiegesprächs

Die besten Argumentationen glänzen. In ihnen blitzen Geist und Witz auf, sie erstrahlen im Glanz ihrer Bilder und Metaphern. Wenn man einen Langweiler auf dem Podium beschreiben wollte, könnte man sagen: »Der Kerl ist so aufregend wie eingeschlafene Füße.« Doch durch allzu langen Gebrauch ist diese Redewendung selber langweilig geworden. Schlimmer noch: Wenn wir solche Wendungen benutzen, verwandeln auch wir uns langsam in »eingeschlafene Füße«. Treffender ließe sich eine langweilige Person mit den Worten Dorothy Parkers charakterisieren, die einmal witzelte, als sie vom Tod Calvin Coolidges erfuhr – »Woran hat man gemerkt, daß er tot ist?« Man könnte seiner Langeweile auch in Form einer leisen Klage Ausdruck verleihen, wie Denis Healy, der frühere englische Schatzkanzler, als er 1986 das monotone Geschwafel eines eingebildeten Dummkopfes mit der Bemerkung quittierte: »Mir ist, als hätte mich ein totes Schaf angefallen.«

Die schöpferischen Gaben anderer Menschen liegen auf der Straße. Montaigne hat gesagt, Zitate seien die »Blumen anderer Menschen«. Und Emerson schrieb, daß »jeder Mensch ein Zitat aller seiner Vorfahren« ist. Könnte ich nicht selbst etwas Geistreicheres sagen, etwa »die Zitate und geistreichen Bemerkungen der anderen sind die Rosinen in unserem Hafermehl«?

Wenn man schon andere Leute zitieren will, so sind für mich die besten Quellen die ganz normalen Leute in meiner unmittelbaren Umgebung. Wir werden immer etwas Amüsanteres, Bildlicheres, vernichtend Hellsichtigeres aus dem Munde eines Ölfeldarbeiters hören, der erbarmungslos unsere Sprache malträtiert, als aus dem Mund eines todernsten Englischprofessors, der die Sprache jämmerlich perfekt beherrscht. Ich stimme Nietzsche zu, der ausrief: »Ich habe das Haus der Gelehrten verlassen und die Tür hinter mir zugeschlagen. Zu lange saß ich hungernd an ihrem Tisch.«

Ich kann mich noch gut erinnern, wie ich vor einigen Jahren nach einem langen Tag bei Gericht in einer Bar saß. Ich hörte mir an, was die Arbeiter sagten, die auf Hockern neben mir saßen, um die Geistesschärfe des örtlichen Sheriffs zu beschreiben.

»Der Sheriff ist so dämlich, daß er eine Begräbnisprozession nicht regeln könnte, in der zwei Autos fahren«, sagte ein Cowboy mit einer Baseballmütze. Daß er wirklich Cowboy war, erkannte man an den Gebrauchsspuren an seinen Stiefeln, und an seinem Akzent hörte man, daß er aus Oklahoma gekommen und in Wyoming hängengeblieben war.

»Der ist so dämlich, daß er seinen Hintern nicht mal mit einer großen Taschenlampe und einem Spiegel finden würde«, sagte der Ölfeldarbeiter. Er trug einen Schutzhelm, und der Geruch der Bohrturmschmiere hatte sich bis zu mir ausgebreitet.

»Der ist so dämlich, der könnte nicht mal Pisse aus einem Stiefel gießen, wenn die Anleitung auf dem Hacken geschrieben wäre«, sagte der andere Cowboy. Auch er war ein echter Cowboy. Das erkannte man an dem Ring, den seine Skoal-Dose auf der Brusttasche seines Jeanshemds hinterlassen hatte. Nur Drugstore-Cowboys tragen ihren Kautabak in der Gesäßtasche. Ein echter Cowboy sitzt den ganzen Tag im Sattel, und ich kenne keinen Cowboy, der sich auf seinen Kautabak setzen würde.

Wenn man wollte, könnte man keinen geringeren als den bedeutenden Richter Oliver Wendell Holmes zitieren, der die Eigenschaften eines Einfaltspinsels so beschreibt: »Er kommt sich selbst als letzter auf die Schliche.« Dennoch ziehe ich den beißenden Sarkasmus eines Arbeiters vor. Nie wieder werde ich dem Sheriff begegnen können, ohne das prägnante Bild vor mir zu sehen, wie er versucht, vom Hacken seines Stiefels eine Anleitung abzulesen (und Holmes' Satz habe ich bereits vergessen). Ich erinnere mich auch an die Bemerkung eines Mannes über die geistige Wendigkeit eines Kandidaten für das US-amerikanische Repräsentantenhaus. »Der Bursche braucht zwei Stunden, um sich *Sixty Minutes* anzusehen.«

Ich höre mir also die Gespräche und Ausdrücke der Arbeiter genau an. Sie sprechen ohne Feinheiten, aber aus dem Herzen und mit einer schlichten Klugheit, die die intellektuellen Herren so oft vermissen lassen. Wenn ich herausfinden möchte, wie ich argumentieren soll, diskutiere ich häufig mit einem Mann, der Schwielen an den Händen hat oder dem sämtliche Knochen im Leibe wehtun. Nehmen wir zum Beispiel den Prozeß gegen Imelda Marcos: Ich schnitt das Thema, wie man sie verteidigen könnte, gegenüber dem New Yorker Taxifahrer an, der mich zum Gericht fuhr.

»Was halten Sie von dem Fall Imelda Marcos?« fragte ich. Ohne auch nur einen Blick in den Rückspiegel zu werfen, antwortete er mit starkem Brooklyner Akzent: »Ich begreife nicht, warum sich die Leute so über ihre Schuhe aufregen. Meine Frau besitzt auch hundert Paar Schuhe, und ich bin nur ein Taxifahrer. Scheiß doch drauf.« Ich drückte mich ein bißchen gewählter aus, als ich das Argument den Geschworenen vortrug.

Mehr denn je sind wir heute visuell eingestellt. Das Fernsehen mit seinem Übermaß an Ton- und Lautsignalen ist zum Medium geworden, aus dem viele Menschen, vielleicht bedauerlicherweise, das Gros ihrer Informationen beziehen. Manche Pädagogen behaupten, die Entwicklung wäre so weit fortgeschritten, daß wir nur noch etwas lernen, wenn wir es sehen. So werden heute visuelle Bilder zum Stoff, aus dem erfolgreiche Argumentationen sind. Ich habe einmal einen Text verfaßt, nachdem ich miterlebt hatte, wie die ersten Bulldozer in einen unberührten Wald mit uraltem Baumbestand rollten. Wir standen in stummem Entsetzen da – so, als würden wir zusehen, wie ein riesiges Krokodil ein Lamm verschlingt. Und so habe ich den Vorgang beschrieben – aus der Perspektive und dem Gefühl des Waldes heraus:

»Inzwischen war das Getöse der Bulldozer angeschwollen, der Boden erbebte, und die großen Kiefern erschauerten. Als ich den Kopf in den Nacken legte, sah ich, daß die schmalen Nadeln zitterten. Riesenhohe Fichten, die sich tapfer gegen vierhundert Jahre Feuer und Blitz, gegen Überschwemmungen und Dürre, gegen Pest und Stürme gewehrt hatten, Riesen, die bereits große Bäume waren, als Patrick Henry die Tugenden der Freiheit pries, ächzten und erzitterten. Im Gesicht des Waldes stand blankes Entsetzen. Die Eichelhäher schrien nicht mehr. Die Grillen, die Frösche, selbst die Mücken waren stumm wie trockene Steine. Die Gesichter der Menschen waren geballte Fäuste.«

Dennoch ziehe ich die derbe Beschreibung des Bulldozerfahrers vor, der das erste Fahrzeug in den Wald steuerte, weil ich die Erfahrung eines Menschen schneller begreife als das Erleben eines kollektiven Waldes, dem ich menschliche Eigenschaften zuschreibe. Das

Erleben des Mannes entsprang seinem Schmerz und war deshalb glaubwürdiger. Er hieß Billy Joe Wheeler und bemühte sich, sein Dilemma zu erklären, als erster Mensch gegen den hilflosen Wald losgeschlagen zu haben. Er weinte.

»Es gibt gute Menschen, die Tabak anbauen und Zigaretten herstellen, und es gibt gute Menschen, die in Whiskydestillerien, in Bars und dergleichen arbeiten. Es gibt gute Menschen, die an der Herstellung der Atombombe arbeiten. Aber es gibt auch gute Menschen, die mit dem Bulldozer in den Wald fahren.« Er hielt inne; er wollte seine Fassung wiedergewinnen. »Keiner versteht, wie schwer es ist, eine Familie zu ernähren. Wenn ich den Bulldozer nicht fahren würde, dann würde das jemand anders tun. Wer Geld hat, kann leicht edle Ideen haben.« Er schnaubte in sein rotes Taschentuch. Schließlich sagte er leise: »Sie sollten mal hören, wie das klingt, wenn eine von diesen alten Fichten auf den Boden schlägt. Ein paar davon sind über vierhundert Jahre alt. Das ist furchtbar, wenn man hört, wie ein Baum umstürzt. So'n Geräusch vergißt man nie wieder.«

Dann mischte sich der Fahrer des Sattelschleppers in unser Gespräch, der die Bäume abtransportierte und der ebenfalls an dem Massaker teilnahm. Er hieß Cap. »Es sind ja nicht nur wir Menschen, die die Bäume töten. Käfer und Stachelschweine machen das auch. Manchmal schleifen Georgia [Er meinte seinen Truck, den er ›Georgia‹ getauft hatte.] und ich Baumstämme. Man muß ja Geld verdienen. Ich hab mal mit Jimmy Hoffa gesprochen. Das war ein *echter* Verbrecher. Aber eins kann ich zu seinen Gunsten ins Feld führen: Wir hatten Arbeit! Wenn es nach diesen Umweltschützern ginge, dann würden wir alle, genau wie die, von der Stütze leben.«

»Und wie steht's mit den Wäldern?« fragte jemand.

»Ich seh das so: die Menschen sind wie Borkenkäfer. Die fressen sich auch durch alles durch und machen dabei alles kaputt; erst wenn die Menschen von der Erde verschwunden sind, wird alles wieder besser. Man kann den Borkenkäfern keine Vernunft beibringen, und den Menschen auch nicht. Ich jedenfalls hole mir, was ich brauche, solange noch was da ist.«

»Wir haben Grips, die Käfer nicht«, rief ein anderer.

»Grips führt bloß dazu, daß jemand verrückte Sachen anstellt«, sagte Cap – mehr nicht. Andererseits muß man sich nur die Worte anhören, um zu erkennen, daß Cap recht hat. Watt, ein sicherlich hochintelligenter Mann, der offenbar beauftragt war, dem Konzern USA die Schätze der nordamerikanischen Wälder zu übergeben, wurde einmal von einem Reporter gefragt, welchen Wert er persönlich alten Bäumen beimesse: »Wieviele Bäume braucht man denn schon«, erwiderte er. »Wenn man einen gesehen hat, hat man alle gesehen.«

Die orthodoxe Sichtweise Watts war bemerkenswert. Ein Reporter hörte sich unter den Leuten um, nachdem Watt sein unsterbliches Urteil abgegeben hatte. Zufällig fragte er einen Obdachlosen, der neben ihm auf einer Bank saß, was er von alten Bäumen halte. Er soll geantwortet haben: »Man macht aus den Bäumen doch Zeitungspapier, oder?«

»Ja, stimmt«, antwortete der Reporter.

»Und aus dem Zeitungspapier macht man Zeitungen. Stimmt's?«

»Stimmt.«

»Und wissen Sie, was man mit den Zeitungen macht?«

»Aber klar«, sagte der Reporter. »Die liest man.«

»Falsch«, antwortete der Obdachlose. »Man wickelt nachts seinen Hintern darin ein, damit er warm bleibt. Das macht man mit Zeitungen. Deshalb sag ich, fällt die Bäume.«

Eine weitere Geschichte, die hier hingehört, von der ich aber nicht weiß, ob sie wahr ist, handelt von der beredten Demonstration, mit der eine kleine Gruppe von Umweltschützern angeblich James Watt verblüfft hatte. Angeblich waren sie in sein Büro in Washington eingedrungen. Dort hatten sie wortlos fünf Elchföten auf seinen Schreibtisch gelegt, die kurz zuvor als Totgeburten zur Welt gekommen waren, nachdem die Getty Oil Company in den Little Granite Creek Schneisen geschlagen und die Herden von den Revieren, in denen sie ihre Jungen zur Welt brachten, vertrieben hatte.

Wortwahl: Im Laufe der Jahre, wenn wir »gebildeter, gewandter« werden, errichten wir oft Wegzeichen, die allen Menschen mitteilen sollen, wer wir sind. Wir sprechen nicht mehr die Sprache des gemeinen Mannes. Wir fangen an, längere Wörter zu bevorzugen, die bestätigen sollen, daß wir in der Tat gebildeter sind als die Leute in unserer unmittelbaren Umgebung. Da wir inzwischen mehr in unserem Kopf als in der *Herzzone* leben, beginnen wir, unsere Sätze bis zum Ende zu durchdenken und ein wohlklingendes Wort nach dem anderen zu verwenden. Außerdem haben wir gelernt, daß uns Wörter vor anderen Menschen schützen können. Wir können uns damit völlig undurchdringlich machen, so sicher, als trügen wir ein dünnes Stahlnetz. Wie können die anderen aber zu uns durchdringen, wenn wir uns auf so fabelhafte Weise hinter dem Stahlnetz aus schönen Wörtern schützen?

Selbstverständlich funktioniert dieses Wörternetz in beiden Richtungen. Es ist, als trügen wir beim Geschlechtsverkehr unsere Winterkleidung. Ich habe bereits die These aufgestellt: Wenn man sein Ich mit Wörtern schützt, schützt man auch den *anderen* vor den eigenen Argumenten.

Wörter, die keine Bilder erzeugen, soll man verwerfen. Wörter, die von Hause aus keinen emotionalen oder visuellen Inhalt haben, soll man vermeiden. Auf Wörter, die sich an den sterilen intellektuellen Kopf wenden, soll man verzichten. Verwenden Sie einfache Worte, Wörter, die *Bilder* und *Handlungen* hervorbringen und die *Gefühle auslösen*.

Mich interessiert hier weniger die richtige Wortwahl als vielmehr die Tatsache, daß die Wörter natürlich strömen müssen. Die Wortwahl ist ein geistiger Vorgang, der sich auf der Ebene des Bewußtseins vollzieht. Bei jeder Wortwahl geht man sein geistiges Lexikon durch, aus dem man die Wörter, eines nach dem anderen, auswählt; das ist aber keine sinnvolle Art der Verständigung, sondern eher so, als esse man Hühnersuppe mit der Gabel. Man zerdrückt Kartoffeln mit der Gabel und spießt Erbsen auf. Dann blickt man sich nach einem Stück Karotte um – Sie wissen, was ich meine. Es wäre sehr viel befriedigender, wenn man die Suppe einfach nur äße, Löffel für Löffel. Die Zutaten sollen zusammen verspeist werden, während man die Suppe löffelt. Wenn ich aufrichtig bin, wenn ich aus der *Herzzone* heraus spreche, werden mir schon die richtigen Wörter einfallen: Sie werden mir, gleichsam löffelweise, in der richtigen Mischung einfallen.

Was ganz normale Unterhaltungen betrifft, sind Rechtsanwälte besonders schlimm. Die meisten sprechen und schreiben, als lebten sie in einem Leichenschauhaus. Ihre Anträge, die irgendein wehrloser Richter lesen muß, füllen sie mit schwerem, grauem, leblosem, entsetzlich langweiligem Wortkies – haufenweise, tonnenweise. Beim Lesen der meisten juristischen Schreiben möchte ich am liebsten laut aufschreien. Am liebsten würde ich sie allesamt aus dem Fenster werfen und hinterherspringen. Wenn ich den Verfasser finden könnte und die Macht hätte, würde ich den Schurken dazu zwingen, sie Seite für Seite zu essen, ohne Salz und ohne Ketchup.

Einmal habe ich beim Court of Claims, dem Gericht, das sich mit Entschädigungsansprüchen befaßt, eine Klage eingereicht, die nur aus einigen Seiten mit Comiczeichnungen bestand, die mein Bruder für mich gezeichnet hatte. Die Klageschrift enthielt keinen einzigen Hinweis auf den vorliegenden Fall. Zur Verblüffung meines Gegners – und vermutlich der Richter – kam ich mit dem Antrag durch. Meines Erachtens soll es Spaß machen, die Schreiben von Rechtsanwälten, und auch die aller anderen, zu lesen. Wenn wir Euer Ehren nicht einer grausamen, ungewöhnlichen Bestrafung zuführen wollen – und was ist grausamer als ein Leben in ewiger Langeweile? –, haben wir die Pflicht, ihn zu unterhalten beziehungsweise wenigstens nicht zu langweilen, ihn zumindest nicht unter einem Berg von grauem Wortkies lebendig zu begraben. Es gibt keine Bestimmungen, die besagen, daß Rechtsanwälte den Richter anöden müssen. Es gibt keine Vorschriften gegen Originalität. Es gibt keine Gesetze, die besagen, daß Rechtsanwälte nicht aus dem Herzen heraus schreiben oder sprechen dürfen. Leidenschaftlichkeit ist bis heute nicht verboten, obgleich sie unter den meisten Anwälten und bei fast allen Akademikern eine wenig verbreitete Lebensform ist.

Als ich Ihnen meine Gedanken über alte Wälder mitteilte, fiel mir ein, daß ich einmal Klage gegen einen multinationalen Konzern einreichte, der einen alten Forst aufgekauft hatte. Ich wollte, daß das aufhört. In dem Dokument behauptete ich, daß unsere Regierung den Baumbestand am Oberlauf eines Bergbachs an den Konzern »für einen schmutzig geringen Preis – für weniger, als die Verwaltung des Forstes kosten würde« – verkauft habe. In einfachen, verständlichen Worten behauptete ich: »Es war weniger verkauft als verschenkt. Die Uferregion des Bachs ist ein bevorzugter Lebensraum des Grizzly-Bären, und die dichten Gehölze von Murray-Kiefern und Fichten bieten dem Elch, dem Waldhuhn, Polarhasen, dem Schopfspecht und unzähligen Arten der Hochwaldflora und -fauna Schutz. Die Abholzung des Waldes würde die Heimat dieser Lebewesen vernichten. Überdies würden neue Trassen durch die Wälder geschlagen, und Waldarbeiter mit Kettensägen und forstwirtschaftlichen Maschinen würden die Stille zerreißen, und schreiende Männer würden mit quietschenden Rädern tiefe Spuren in den Waldboden treiben, bis das Gebein der Erde erzittern und alle Bewohner des Waldes vor Schreck erstarren würden.« Das klingt nicht wie ein juristisches Schriftstück. Aber es enthält eine verständlichere Darstellung des Schadensfalles als die übliche Formulierung: »Die Einführung des Straßenverkehrs in die oben genannte Region würde den dortigen Bewohnern irreparablen Schaden zufügen.«

In meiner Klageschrift fuhr ich folgendermaßen fort: »Der Wald würde explodieren, sich in ein Kriegsgebiet verwandeln, aus dem die Toten stapelweise auf großen Sattelschleppern herausgezogen und in monströsen Häckselmaschinen pulverisiert werden würden; was einst die Wohnung des Stellers Eichelhäher und der braunen Walddrossel war, würde sich in Wegwerfwindeln und Millionen japanische Eßstäbchen verwandeln.« Das bringt das Problem deutlich genug zum Ausdruck.

Weiter schrieb ich: »Nachdem man die Trassen durch den Wald geschlagen hat, wird sich eine zweite Welle von Eindringlingen über die Toten, Sterbenden und die Terrorisierten ergießen. Jäger in ihren Autos werden den Wald überrennen, Stoßstange an Stoßstange werden sie mit ihren Anhängern und Wohnwagen Einzug halten, beladen mit Pferden und Lebensmitteln und genug Waffen, die Russen aus Afghanistan zu vertreiben. Sie werden große Lagerfeuer entzünden und Bier trinken und laute, unanständige Lieder singen; am Morgen werden die Männer auf ihren Pferden den Boden niedertrampeln und tiefe Furchen in ihn graben, und sie werden ihren Abfall in der Gegend verstreuen und ihre Notdurft verrichten, wo immer der Drang sie überkommt. Der Elch und der Braunbär und alle anderen Geschöpfe werden um ihr Leben laufen, während die Jäger jeden Meter des Terrains durchkämmen auf der Suche nach allem, was sich bewegt. Der Wald wird sich in eine Hölle verwandeln, und die Höllenklänge werden an den Wänden der Canyons widerhallen, bis jedes Lebewesen, das sich darin versteckt, aus seinem Zuhause davonläuft, und einige werden den Jägern ins Visier rennen, und andere werden in die trügerischen Canyons und in die hohen, kargen Regionen fliehen, wo sie im Sommer abmagern und sich im Winter in dem, was von ihrem Fell und ihren Knochen übriggeblieben ist, niederlegen, um zu erfrieren.«

Beschwerdeschriften, wie man sie nennt, sind formaljuristische Dokumente, die normalerweise kein einziges ausdrucksstarkes Wort enthalten. Sie sind eine heimtückische Übung in geistiger Perversion. In einer typischen Beschwerdeschrift liest sich die grausige Verstümmelung eines Kindes so, als ob jemand sagte, er habe nur vergessen, das Dressing auf den Salat zu gießen. Aber es gibt kein Gesetz, das einen lebendigen oder lebhaften Stil verbietet, auch wenn das Rechtssystem uns manchmal so gut wie tot erscheint.

Ich habe einmal der Rede eines Mannes zugehört, der uns nur als Jethro bekannt war. Wortgewandt sprach er für die Sache des Waldes. Er war kein schöner Mann. Im größten Teil seines spitzen, pockennarbigen Gesichts wuchs ein spärlicher brauner Vollbart. Der Schädel war kahl, und die Haare an der Seite hingen ihm in verfilzten Zotteln auf die Schultern. Ich fand, er sah aus wie ein Aasgeier in der Mauser. Und doch ging etwas Anziehendes von ihm aus, vielleicht wegen seiner Augen, etwas Wildes und verräterisch Sanftes; seine Rede rührte mich zu Tränen und machte mich zornig. Hören Sie, was er mit hoher, heiserer Stimme vorbrachte. Achten Sie dabei auf die Wörter, die kursiv gedruckt sind.

Jethro begann mit einem Paukenschlag:

»Man führt derzeit einen *Blitzkrieg* gegen die Erde. Die Ökosysteme werden um des Profits willen zerstört. Die lebenserhaltenden Ressourcen des Planeten sind bedroht. Das globale Klima *wandelt* sich, die Meere werden *vergiftet*, die Ozonschicht wird *zerrissen*, während die Erde mit *saurem Regen* und *radioaktivem Fallout berieselt* und mit *krebserregenden Pestiziden* überschwemmt wird.

Heute steht alles Leben *vor dem alles entscheidenden Augenblick in ihrer dreieinhalb Milliarden Jahre währenden Geschichte auf diesem Planeten.*« In seiner Stimme schwang eine tiefe und schmerzliche Liebe. »Nie zuvor, nicht einmal zu der Zeit, als die Dinosaurier am Ende der Kreidezeit vor 65 Millionen Jahren ausstarben, hat sich eine derart drastische Verringerung der Artenvielfalt auf diesem Planeten vollzogen.«

»Hört, hört!« rief jemand.

Ab und zu griff sich Jethro an den haarigen, dürren Hals. Die Hakennase stand über dem dünnen Mund hervor, der in den Ecken ständig naß zu sein schien, das Kinn ragte hervor wie ein ausgekugelter Ellbogen. Aber die Leute musterten sein Gesicht und erfreuten sich daran.

»In den nächsten zwanzig Jahren wird *ein Drittel aller Arten auf der Erde* aussterben«, rief Jethro, dessen langer, loser Ledergürtel den schlaffen Bauch umklammerte. Mit traurigen Augen sah er zu den aufragenden Fichten empor, dann hob er die Hände gen Himmel.

»*Unsere Brüder und Schwestern des Waldes* sind in Gefahr, denn man hat diesen *großen alten Wald zum Tod durch die Sägen der Henker verurteilt.*« Er stieß den Kopf nach vorn, im Rhythmus seiner Sätze. »Das ist kein Krieg, um einen Kauz zu retten. Das ist kein Krieg zum Schutz eines Waldes oder im Namen schöner Blumen und unberührter Wiesen und Wanderwege, auf denen man schlendern kann. Das ist kein Krieg zur Rettung fischreicher Flüsse, in denen Väter mit ihren Söhnen angeln können. Es ist die unbedingte Hingabe an Mutter Erde, *denn wenn eine Art stirbt, dann stirbt auch unsere Mutter Erde selbst.* Es gibt keinen besseren Ort, diesen Krieg zu führen, als das Hier und Jetzt. Und es gibt keine bessere Zeit, *unser Leben für unsere Mutter Erde hinzugeben als heute.*«

Ich weiß noch, daß Jethro innehielt und wartete, bis der Strom seiner Wörter in den Teich seiner Zuhörer geflossen war. Dann fuhr er fort. »Wenn man den lebendigen Wald *ermordet, ermordet* man uns alle«, sagte er inbrünstig. »Es ist die uneingeschränkte Sichtweise von uns Menschen, wenn wir meinen, wir wären von der Erde getrennt. Die Luft, die wir atmen – ist sie denn nicht ein Teil von uns? Überlegen Sie eine Minute, und antworten Sie mir. Dieser Fluß – ist er nicht ein Teil von uns? Versuchen Sie, einen Tag lang ohne Wasser auszukommen, und antworten Sie mir dann. Auch dieser Wald ist ein Teil von uns. Wenn er zerstört ist, sind wir alle am Ende.«

Plötzlich sagte er ganz leise: »*Das Gesetz hat die Menschen verlassen.*« Er betrachtete die Anwesenden fast anklagend und entblößte seine schiefen Zähne. »Das Gesetz wird weder diesen Wald beschützen noch den Fleckenkauz. Dennoch« – die Pause entstand zum genau richtigen Zeitpunkt – »letztlich sind *immer die Menschen das Gesetz*, und wir Menschen sind heute hier!«

Trotz Jethros aufrührender Worte bewegte mich am tiefsten die einfache Metapher einer unscheinbaren kleinen Frau, die neben mir stand. Sie redete leise, als spräche sie mit sich selbst.

»Die Erde ist wie mein Leib. Wir, die Kinder, leben darin. Wenn wir den Leib zerstören, der uns ernährt, werden alle zukünftigen Generationen Totgeburten sein.«

Eine andere Frau mit offenem Gesichtsausdruck und einem schlafenden Kind in einem Wiegenbrett auf dem Rücken, formulierte ein weiteres eindruckvolles Bild: »Und jede Art ist wie eine Speiche in einem Rad. Wenn wir genügend Speichen herausgebrochen haben, bricht das Rad zusammen.«

Ein Postangestellter, der auch hier seine blaue Uniform trug, sagte: »Den Konzernen zu erlauben, diesen Wald abzuholzen, um Spanplatten und Toilettenpapier daraus herzustellen, ist so, als benutzte man einen Rembrandt, um Fisch darin einzuwickeln.«

Der Zimmerer, der neben ihm stand, sagte: »Man sollte ein Gesetz erlassen, das jedem verbietet, einen Baum zu fällen, der älter ist als er selbst.«

Ein anderer Demonstrationsteilnehmer bezeichnete die konventionellen Umweltschützer als »Dildos mit leeren Batterien«. Unter den Umweltschützern auf dieser Versammlung war die Mitgliedschaft im Sierra Club etwa so, als wenn man zur Sonntagsschule ginge, um das Verbrechen zu bekämpfen. Für sie waren die ängstlichen Süßholzraspler der Audubon-Society »Voyeure mit einer Bambi-und-Butterblume-Einstellung«.

Die Sprache, die Metaphern, die Geschichten der ganz normalen Leute! Wie gesagt, hören Sie ihnen zu, wenn Sie Zeuge eines gesunden, nützlichen, oft brillanten Gebrauchs der Sprache werden wollen. Merken Sie sich die Wörter, die Durchschnittsbürger verwenden, wenn sie den Sonnenschein auf der Sprache glänzen sehen wollen.

Auf dieser Demonstration wurde Jethro auch von den Vertretern der Medien interviewt.

»Haben Sie keine Achtung vor jenen, die mit legalen Mitteln das Recht erworben haben, diesen Wald abzuholzen?« fragte der Reporter.

»Der Mensch hat seine Rechte aus derselben Quelle wie die Kaulquappe«, antwortete Jethro. »Die Rechte der Menschen sind für Mutter Natur nicht heiliger als die Rechte ihrer anderen Kinder, nichts ist gesegneter als die zirpenden Grillen am Teichufer oder der Frosch, der auf dem Seerosenblatt sitzt, als wäre er eine kleine grüne Blüte.«

Man kann einen Menschen, einen Frosch und eine Kaulquappe durchaus als gleichberechtigt ansehen. Jethros Bilder prägten sich mir unauslöschlich ein.

»Wollen Sie damit sagen, daß ein Frosch genauso wichtig wie ein Mensch ist? Eine Schnecke genauso wichtig wie Ihr Kind?« Der Reporter schien ungläubig.

»Das hängt davon ab, ob Sie die Mutter dieses einen Kindes sind oder, wie Mutter Erde, die Mutter aller Kinder.«

»Ich dachte, die Herrschaft der Natur bestehe im Überleben der Tüchtigsten«, erwiderte der Reporter scharf.

Doch Jethro hatte auch darauf eine Antwort. »In dem Fall werden Kanalratten und Kakerlaken, die die Strahlung eines atomaren Holocaust überleben können, die auserwählten Arten sein.«

»Und wie steht's mit dem Satz ›Die Macht hat recht‹?« Jetzt spielte der Reporter mit Jethro.

Unbeeindruckt von diesem Spott antwortete der mit folgenden großartigen Sätzen: »Der Mensch ist nicht in der Lage, eine einzige kleine Grille in einem Seerosenteich zu erschaffen. Er kann nur die Seerosen herausreißen, die Teiche trockenlegen und das Singen der Wald-Fiedler für immer zum Schweigen bringen. Der Mensch hat die größere Macht, Gutes wie Böses zu tun. Deshalb ist seine Verantwortung gegenüber Mutter Erde umso größer.«

»Wer sind Sie?« fragte der Reporter, der allmählich Ehrfurcht empfand.

Jethro gab keine Antwort.

Dann hörte ich, wie jemand hinter ihm leise sagte: »Er hält zu jenen, die im Staub schlafen. So einer ist er.«

An dieser Stelle endete Jethros Argumentation.

Und deshalb will ich auch meine beenden.

Teil II
Gewinnend argumentieren

8. Das siegreiche Argument strukturieren

Das Haus bauen, in das der Wolf nicht hineinkommt

DAS SCHLOSS: **Ich könnte keine Argumentation schreiben, nicht um alles in der Welt.**

DER SCHLÜSSEL: **Schreiben Sie nicht. Sie müssen nur eines wissen, und das wissen Sie bereits – nämlich, wie man eine Geschichte erzählt.**

Jede Argumentation, ob vor Gericht oder anderswo, ob sie am Abendbrotstisch oder während einer Kaffeepause ausgetragen wird, läßt sich auf eine Geschichte reduzieren. Jede Argumentation hat wie ein Haus, ja, wie die Häuser der drei kleinen Ferkel, eine Struktur. Ob sie zusammenfallen wird, ob sie sich umwehen läßt, wenn der Wolf pustet und hustet, hängt davon ab, wie man das Haus gebaut hat. Das stabilste Gerüst für jede Argumentation ist die *Geschichte*.

»Ich möchte Ihnen eine Geschichte erzählen.«

Geschichten zu erzählen ist das wichtigste Instrument, mit dem sich Menschen seit Urzeiten etwas beigebracht haben. Die Stammesmitglieder versammelten sich am Lagerfeuer, die kleinen Kinder spähten den Erwachsenen über die Schulter, mit Augen so groß wie Münzen, und hörten zu. Der alte Mann – hören Sie seine brüchige Stimme, während er Geschichten aus längst vergangenen Zeiten erzählt? Man konnte etwas aus diesen Erzählungen lernen – zum Beispiel wie man einen Säbelzahntiger einkreist und tötet oder über die Jagd auf den König des Mastodon in einem weit entfernten Tal. Wie der alte Mann das Unwetter überlebt hat. Es sind Geschichten über die Liebe, über die Entdeckung besonderer Zaubertränke, über das Böse der kriegführenden Nachbarstämme – seit Äonen wird alle Bildung des Menschen der Nachwelt in Gestalt von Geschichten übermittelt.

Unser Planet wird von den verschiedensten Geschöpfen bewohnt – von grasenden, jagenden und fliegenden Kreaturen, von Kreaturen, die im Wasser leben, die sich ins Erdreich graben, und von Parasiten, die sich an andere Lebewesen heften und von ihnen leben. Doch Geschichten erzählt allein der Mensch. Geschichten zu erzählen und ihnen zuzuhören sind die Aktivitäten, die unsere Spezies von allen anderen Arten unterscheidet. Die Geschichten aus unserer Kindheit bleiben uns eingeprägt, es sind die primären Erlebnisse, vor deren Hintergrund wir als Erwachsene Streitfragen beurteilen und entscheiden. Sie sind auf immer im Bewußtsein und auch Unbewußtsein eingepflanzt. Wir lassen uns von dramatischen Ereignissen in Filmen, Fernsehsendungen und Theaterstücken unterhalten – es sind hochentwickelte Formen des Geschichtenerzählens. Die wirkungsvollsten Werbespots im Fernsehen sind stets halbminütige Miniaturgeschichten. Witze sind kleine Geschichten. Die bedeutenden Lehrer der Welt lehren anhand von Geschichten. Jesus' Gleichnisse sind Geschichten.

Wenn der Vorarbeiter in der Fabrik feststellt, daß eine Maschine defekt ist, erkundigt er sich vermutlich zunächst bei den Leuten, die sich darum versammelt haben und die Maschine zu reparieren versuchen: »Was ist denn das hier für eine Geschichte?« Wenn uns ein Polizist an den Straßenrand winkt und das Boxergesicht zum Seitenfenster hereinsteckt, dürfte seine erste schroffe Frage lauten: »Was machen Sie denn für Geschichten?« Was Sie Ihrem Vorarbeiter oder dem Polizisten antworten, nimmt meist die Form einer Geschichte an, das heißt, Sie berichten, was geschehen ist. »Diese Walze«, antwortet der Arbeiter dem Meister, »hat einwandfrei gearbeitet, und dann habe ich etwas gehört und bin rübergelaufen, und die Walze war blockiert, und das Papier fing an, sich zu stauen. Gott sei dank, daß das ganze passiert ist, während wir da drüben waren. Es hätte jemand hineingeraten können. Ich habe schon überlegt, wie man sie reparieren kann, damit so etwas nicht nochmal passiert.« Daraus ergibt sich dann die übrige Geschichte, die Auseinandersetzung um angemessene Sicherheitsvorkehrungen in der Fabrik.

Das Geschichtenerzählen liegt uns im Blut – wie auch das Zuhören. Daraus folgt als logische Konsequenz, daß das wirksamste Gerüst für jede Argumentation immer die *Geschichte* ist.

Der Philosoph Hans Vaihinger vertritt in seinem wichtigen Buch *Die Philosophie des Als-Ob* die Auffassung, daß es neben dem induktiven und dem deduktiven Denken eine ursprüngliche Denkform gibt, die er als »Denken in Fiktionen« bezeichnet. Mythen, religiöse Allegorien, Metaphern, Aphorismen, ja die ganze Welt der juristischen Fiktionen und Analogien sind Beispiele für die Fiktionen, die wir jeden Tag in unserem Denken benutzen. Eine ganz normale Straßenkarte ist in Wahrheit eine Fiktion, denn die Wirklichkeit sieht nicht wie eine Landkarte aus. Dennoch können wir uns in der Wirklichkeit präzise und sicher bewegen, weil wir uns auf die fiktionale Darstellung der Landkarte verlassen. Eine Argumentation, die vom »fiktionalen Denken« abhängt, wie Vaihinger es nannte, ist die stärkste alle Argumentationen – Jesus' Gleichnisse, die Geschichten der Stammeshäuptlinge, die Märchen und Fabeln, die die Unterfütterung unserer Gesellschaft bilden. Auch Jorge Luis Borges, der Literaturnobelpreisträger, Gabriel García Márquez und Joseph Campbell vertreten diese These, wonach das »fiktionale Denken« die ursprüngliche Denkform des Menschen darstellt, da es auf unser Erbgut zurückgeht.

Ehe wir dem *anderen* eine wirkungsvolle Geschichte erzählen können, müssen wir uns zunächst ein Bild vor Augen rufen. Fangen Sie an, in Geschichten zu denken. Angenommen, wir wollen beim Landrat eines Landkreises eine Eingabe machen, damit eine neue Straße gebaut wird, die die bestehende ersetzt. Man könnte argumentieren, daß der Landkreis die Pflicht hat, dem Steuerzahler sichere Verkehrswege zu garantieren, und daß die existierende Straße in sich unsicher ist und nicht den Mindestanforderungen für eine Schnellstraße entspricht. Man könnte die Vorschriften zitieren und im einzelnen aufführen, in welcher Hinsicht die Straße diese Vorschriften verletzt. Man könnte dem Kreis gegenüber auch in Form einer Geschichte argumentieren:

»Heute bin ich auf der Beach Creek Road gefahren. Ich hatte meine vierjährige Tochter Sarah dabei. Ich gurtete sie so fest wie möglich in den Kindersitz, weil ich wußte, daß die Straße gefährliche Abschnitte hat, dann schnallte ich mich selbst an. Es handelt sich um eine gefährliche Straße, aber es ist die einzige, auf der Sarah und ich in die Stadt gelangen konnten.

Ich fuhr, wie immer, sehr langsam, und ganz rechts. Als ich zur ersten unübersichtlichen Kurve kam, dachte ich: Was geschieht, wenn ein Betrunkener auf der entgegengesetzten Fahrspur um die Ecke biegt und mir entgegenkommt? Was würde passieren, wenn ein

Fahrer mit überhöhter Geschwindigkeit um diese Kurve käme und über die Mittellinie schleuderte? Es gäbe kein Entrinnen. Der Seitenstreifen ist sehr schmal. Dahinter führt ein Steilhang in die Tiefe. Ich sah meine kleine Tochter an und dachte: Das ist nicht fair ihr gegenüber. Warum setzt man sie dieser Gefahr aus?

Und dann, als ich schon weit in der Kurve war, sah ich das Fahrzeug; es kam direkt auf uns zu. Viele Gedanken schossen mir durch den Kopf. Mir fiel ein, daß in den letzten zehn Jahren auf dieser Straße vier Menschen tödlich verunglückt waren; und ich weiß nicht, bei wie vielen Unfällen es Schwerverletzte gegeben hatte. Ich dachte, gemessen an der Anzahl der Todesfälle pro tausend Personen in diesem ›Kriegsgebiet‹ waren die Überlebenschancen in Vietnam weitaus besser.

Wie Sie sehen, sind Sarah und ich diesmal noch heil davongekommen. Diesmal war der Fahrer nicht betrunken. Diesmal hatte er seinen Wagen unter Gewalt, aber es war nicht mehr viel Platz, als wir aneinander vorbeifuhren. Die Frage lautet: Wann werden Sarah und ich zu einer weiteren Zahl in der Statistik dieser Straße? Werden Sie sich an uns erinnern? Werden Sie sich erinnern, wie ich hier stand und Sie inständig bat, etwas in dieser Angelegenheit zu unternehmen? Vor allem für Sarah?«

Die Argumentation weckt Bilder von unschuldigen Menschen, die einer unentrinnbaren Gefahr hilflos ausgeliefert sind. Sie spricht die Gefühle des Landrats an, der die Macht und deshalb die Verantwortung hat. »Werden Sie sich daran erinnern, wie ich hier stand und Sie inständig bat, etwas in dieser Sache zu unternehmen?« sind mächtige Wortwaffen, die man nicht wieder vergißt.

Die Geschichte ist eine Gestalt, in die sich fast jede Argumentation kleiden kann. Man muß sich nicht den nächsten Gedanken, den nächsten Satz in Erinnerung rufen. Man muß überhaupt nichts auswendig lernen. Man sieht sie vor dem inneren Auge, während man sich an das Gerüst und die Abfolge einer formalen Argumentation manchmal erinnert, manchmal auch nicht.

Wenn Sie dem Produktionsingenieur in der Fabrik die Tatsachen mitteilen wollen, ohne eine Geschichte zu erzählen, dann beginnen Sie vermutlich damit, daß Sie die Zahlen zitieren, in denen sich der Rückgang in der Produktivität spiegelt. Sie könnten die Zahlen herunterbeten und den Gewinnverlust errechnen, den diese mißliche Situation hervorgebracht hat. Das ist die typische Argumentation, die die Produktionsingenieure jeden Tag hören. Es tauchen dabei keine Wortbilder auf. Das Argument hat keinen gefühlsmäßigen Inhalt. Nichts regt die Phantasie an.

Die Argumente lassen sich in Form einer Geschichte besser entfalten.

> Heute war ich im Bereich Z. Die Arbeiter sahen erschöpft aus. Ihre Gesichter wirkten leer. Ich dachte: Bin ich hier in der Leichenhalle? Ich ging zu einem der Mechaniker und sagte: »Wie geht's denn?« Er sah mich nicht einmal an, sondern murmelte nur eine Antwort, die ich nicht verstand. Die anderen Arbeiter im Bereich Z rührten sich kaum. Schließlich zog ich den Mechaniker zu mir, steckte mir einen Kaugummi in den Mund, bot ihm einen an und fragte: »Was geht hier vor, verdammt noch mal?« Zunächst zuckte er die Achseln. Schließlich sagte er: »Wollen Sie es wirklich wissen?« Zum erstenmal regte sich etwas Leben in seinen Augen. Als ich sagte: »Ja, will ich wirklich«, da hat er mir folgendes erzählt...

Im weiteren Verlauf schilderte er die Ursache des Zusammenbruchs, die schlechte Verständigung mit den anderen Bereichen, das Gefühl der Sinnlosigkeit, das sich bei den Arbeitern einstellt, wenn sie versuchen, die fehlerhaften Maschinen zu korrigieren, den immer wiederkehrenden Stillstand in der Produktion und die daraus resultierende Apathie der Arbeiter. Seine Worte lassen den Produktionsingenieur erkennen, wie die Arbeiter schuften. Er sieht ihre mutlosen Mienen vor sich. Er hört die Geschichte des Mechanikers, aus der sich ein klares Heilmittel ergibt.

Vor kurzem las ich nochmals ein Antwortschreiben, das einer der jüngeren Mitarbeiter meiner Kanzlei als Antwort auf einen Antrag verfaßt hatte, den die Gegenpartei bei Gericht eingereicht hatte. Der gegnerische Anwalt hatte den Richter gebeten, die Sache an den Obersten Gerichtshof von Wyoming zu verweisen. Der Schriftsatz unseres Gegners war lang, langweilig und voller Zitate.

Unser junger Anwalt hatte den gleichen leblosen Ansatz wie sein Gegner gewählt. Zu Beginn des Schreibens hatte er einige Fragen wiederholt, die der Gegner bereits gestellt hatte. Die Fragen waren so interessant wie kalter Haferbrei.

»Angenommen, Sie wären der Richter«, sagte ich zu dem jungen Anwalt. »Versetzen Sie sich einen Augenblick in seine Rolle. Machen Sie sich klar, daß er diese Schriftsätze stapelweise bekommt und daß sich diese langweiligen, beschissenen Schriftsätze, die er lesen muß, bis zur Decke türmen. Kein Wunder, daß er Anwälte haßt. Er erstickt in der Flut ihrer papiernen Exkremente. Sehen Sie ihn vor sich? Er möchte diese Stapel verbrennen. Plötzlich geht ein Ruck durch ihn. Er dreht durch. Er schnappt sich den oben liegenden Schriftsatz, reißt das Deckblatt herunter, hält ein Streichholz daran und nun, während er lacht und geifert, steckt er Blatt für Blatt in Brand. Er läßt den brennenden Schriftsatz zu Boden fallen und wirft weitere dazu, bis ein großes Feuer in der Ecke seines Büros lodert. Sie sehen, daß er das Feuer wie von Sinnen mit Schriftsatz für Schriftsatz füttert, bis er zu Ihrem kommt. Er nimmt ihn in die Hand. Er ist der letzte auf dem Stapel. Inzwischen haben die Vorhänge Feuer gefangen, das Zimmer verwandelt sich in ein Inferno. Er bleibt einen Augenblick stehen und liest die letzten juristischen Wörter, die er je zu Gesicht bekommen wird. Und was liest er:

> Diese Antwort erfolgt als Antwort auf die Erklärung des Beklagten, daß die betreffende Strafsache eine materiell-rechtliche Frage darstellt, die dem Gericht gemäß Paragraph 3039 (B) (2) (a) (ii) Absatz (zz) zur Prüfung vorgelegt wird.

»Können Sie sich den bedauernswerten Richter vorstellen? Er hält Ihren Schriftsatz in der Hand, es entringt sich ihm ein grausiger Schrei, er wirft das Schreiben ins Feuer und will gerade hinterherspringen, als er, eben noch rechtzeitig, von seinem Angestellten gerettet wird. Warum retten Sie dem Richter das Leben nicht schon vorher, indem Sie Ihrem Schriftsatz eine Geschichte voranstellen, etwa diese:

> Diese Geschichte beginnt damit, daß der Beklagte dasteht und zu euch Richtern hinaufblickt. Und was glauben Sie, was er macht? *Er dreht Ihnen eine Nase.* Er sagt: »Ich kann machen, was ich will. Ich kann dieses Land zerstören und das Gesetz brechen, und bis Sie, Hohes Gericht, entdeckt haben, worum es im vorliegenden Fall geht, werde ich das Land geschändet und meinen Gewinn eingestrichen haben. Und dann können Sie mich auf meinem Weg zur Bank lachen hören, während Sie immer noch den umständlichen Schriftsatz meines Anwalts lesen.«

Ich hätte dem jungen Mann auch sagen können: »Ihr Schriftsatz ist ein bißchen zu formell und traditionell, außerdem enthält er keine einzige originelle Formulierung«, wobei er diese Kritik wahrscheinlich bei der Abfassung des nächsten Schriftsatzes vergessen haben würde. Aber die Geschichte über den verrückten Richter wird er nie vergessen. Wenn der junge Anwalt seine Argumentation mit einer Geschichte einleitet, wird darüber hinaus die strittige Frage in dem Fall sofort benannt, und die Richter werden nie das Wortbild des Beklagten vergessen, der dasteht und ihnen eine Nase zieht.

Warum ist das Argument, das sich in eine Geschichte kleidet, so stark? Es ist so überzeugend, weil es der Sprache der menschlichen Spezies entspricht. Es entspricht der Natur des Menschen. Es erlaubt dem, der die Geschichte erzählt, dem Vortragenden, mühelos, offen, kraftvoll aus der *Herzzone* heraus zu sprechen. Es weckt Interesse. Es ist ein Gegenmittel zum schlimmsten Gift, das man jeder Argumentation injizieren kann – Fadheit. Eine Geschichte bewegt uns. Eine Geschichte berührt uns in jenen sanften, ungeschützten Orten, in denen wir stets unsere Entscheidungen treffen.

Wo beginnen wir? Manchmal erzähle ich eine Geschichte vom Ende her. Wenn eine Jury die verheerenden Auswirkungen defekter Bremsen in einem Fahrzeug und die Verantwortung des Automobilherstellers verstehen soll, der diese Tötungsmaschinen aus Gründen des Profits auf die Straßen losgelassen hat, stelle ich ein Bild an den Anfang, beispielsweise wie ein junger Mann an einem schönen Sonntagnachmittag ins Grüne fährt.

> Es ist einer jener frischen kühlen Frühlingstage, wenn uns das Leben schön erscheint. Der Himmel ist tiefblau. Die Sonne scheint und die Wildblumen sind erblüht. Plötzlich springt eine Kuh von der Weide, und Sammy tritt auf die Bremse. Die hinteren Bremsen – etwas stimmt nicht mit ihnen! Adrenalin schießt ihm ins Blut. Das Herz schlägt ihm bis in den Hals. Der nagelneue Wagen beginnt zu schleudern, und das Heck bricht aus. Er sitzt in der Falle! Wenn er den Fuß von der Bremse nimmt, wird er gegen die Kuh prallen und schwere Verletzungen davontragen oder ums Leben kommen. Wenn er den Fuß auf der Bremse läßt, wird der Wagen noch heftiger ins Schleudern geraten und im Graben landen. Gleich sterbe ich, denkt er.

Indem ich die Geschichte vom Schluß her erzählt habe, habe ich von zwei Enden her Spannung erzeugt: Wird der Fahrer umkommen? Und was war die Ursache dieses grauenhaften Geschehens? Das Interesse des Zuhörers bleibt gefesselt, bis die ganze Geschichte zu Ende erzählt ist – wie die technische Abteilung des Herstellers diese Gefahr ein Jahr zuvor entdeckt hatte, die Geschäftsleitung es jedoch vorzog, nichts dagegen zu unternehmen, weil es billiger war, Prozesse zu führen und für die Verletzten und Toten zu zahlen, als Tausende Autos zurückzurufen und den Schaden zu beheben. Ich werde erzählen, wie zahllose andere unschuldige Fahrer eben diesen Alptraum erlebten, die, als sie ihren neuen Wagen kauften, mit gutem Recht davon ausgehen konnten, daß er kein Sicherheitsrisiko darstellte. Dann werde ich die Geschworenen erneut zum Schauplatz des Geschehens führen, zu dem furchtbaren Unfall, als der Stahlrahmen und die Fahrgastzelle den Fahrer erdrückten, und erzählen, wie sein zermalmter Körper aus dem Wrack herausgeschnitten werden mußte.

Ich werden den Geschworenen erzählen, wer Sammy war, wo er aufwuchs, die Schulen aufzählen, die er besucht hat. Ich werde ihnen seine Kindheit und Jugend schildern, was er werden wollte, seine Liebschaften, seine Siege und Niederlagen. Ich werde ihnen erzählen, wie er und seine Frau für den neuen Wagen gespart haben, wie sie ihn daheim den Kindern voll Stolz präsentierten. Die Kinder wußten ja nicht, daß das, für das sie so eisern gespart hatten, zur Falle werden würde, die ihren Vater das Leben kosten würde. Schließlich werde ich seine Familie vorstellen, die kleinen vertrauensseligen Kinder und die verängstigte Frau, die neben ihnen sitzt. So etwas vergißt man nie wieder. Sammy wird für die Geschworenen im Gerichtssaal lebendig, wenn sie den Fall seiner Frau und seiner Kinder beraten.

Die Geschichte vorbereiten – die These: Jede Geschichte hat im Kern eine *These* – ein Standpunkt, der durch die Argumentation geltend gemacht wird. Fragen Sie sich: »Was will ich?« Ich will, daß der Landrat die gefährliche Straße verbreitern läßt. Die These, die meinen Wunsch zum Ausdruck bringt, besteht darin, daß die Kreisverwaltung die Pflicht hat, die Bürger zu schützen. Ich will, daß der Richter die Argumente meines Gegners abweist. Die These ist, daß er den Prozeß so führt, daß er das Land schänden kann, ehe das Gericht den Rechtsfall entscheiden kann. Ich will Gerechtigkeit für die Familie, deren Vater auf Grund der defekten Bremsen ums Leben kam. Die These ist, daß die Geldgier des Herstellers am Tod meines Mandanten schuld ist. Mit Hilfe des Kernarguments, der These, bekommen wir, was wir wollen.

Die einfache Frage der Struktur: Bei der Vorbereitung auf unsere Argumentationen müssen wir uns diese einfachen Fragen stellen:

- Was wollen wir?
- Was ist das Hauptargument, auf dem wir aufbauen?
- Warum sollen wir bekommen, was wir wollen? Das heißt: Welche Fakten, welche Gründe, welche gerechten Forderungen gibt es, um die These zu untermauern.
- Und schließlich: Worin besteht die Geschichte, die aus allen oben genannten Fragen das Beste herausholt?

So fangen wir an: Angenommen, Sie sind mit Ihrem Arbeitsplatz unzufrieden und wollen die Stelle wechseln: Sie fragen sich: »Was *will* ich?« Vielleicht träumen Sie davon, ein kleines Diner-Restaurant in einer Kleinstadt in Wyoming zu eröffnen. Vielleicht stellen Sie sich vor, Sie würden gern jeden Morgen frisches Weizenbrot backen und den lokalen Arbeitern, die sich nach und nach mit Ihnen anfreunden, ein herzhaftes Frühstück servieren. Vielleicht sehen Sie vor Ihrem geistigen Auge, wie Ihre Kinder, Angeln über der Schulter, auf einer fast leeren Straße radeln. Vielleicht ist genau das Ihr Traum – an einem Ort zu leben, wo Ihre Kinder geborgen sind, wo sie Vertrauen gewinnen können, wo sie fern vom schmutzigen Großstadtleben aufwachsen können, das unauslöschliche Flecken auf ihrer zarten Seele hinterläßt.

Was also ist die *These* Ihrer Argumentation? Schreiben Sie als erstes Ihre Gedanken auf, so wie sie Ihnen in den Sinn kommen. »Ich habe das Recht, glücklich zu sein, und im Augenblick bin ich unglücklich. Das Leben geht sehr schnell vorbei. Heute morgen habe ich den letzten Rest aus der Zahnpastatube gedrückt, und plötzlich wurde mir klar, daß so auch das Leben ist – vor kurzem war es noch voll. Ich möchte nicht mein ganzes Leben in diesen Job pressen, bei dem ich das Gefühl habe, ich vergeude mein Leben.« Kurz gesagt: Die These lautet: »Ich habe das Recht, ein befriedigenderes Leben zu führen.«

Sich erkundigen; etwas über die Tatsachen erfahren: Ehe Sie Ihr Argument Ihrer Familie vortragen, müssen Sie auch ein bißchen über Diner-Restaurants wissen. Vielleicht können Sie eines besuchen, sich mit dem Besitzer unterhalten und sich über die Kosten der Nahrungsmittel und der Ausstattung, die Lizenzvergabe, Versicherung und Miete informieren. Vielleicht können Sie ein, zwei Tage auf eigene Rechnung dort arbeiten, um herauszufinden, ob Ihnen die Arbeit gefällt. Bei alldem geht es um die *Vorbereitung* Ihrer Argumentation.

Suchen Sie eine Bücherei auf und lesen Sie alle Artikel in den Zeitschriften, die sich mit Restaurants, im besonderen mit Diners, befassen. Sie müssen herausfinden, wohin Sie ziehen können. Rufen Sie die Handelskammer an, um festzustellen, wie groß die Konkurrenz ist. Wie steht's mit Schulen in der Nähe? Kirchen? Was muß man sonst noch wissen?

Vom »Brutto«- zum »Netto«-Gedanken: Sie werden Ihre Argumentation zwar nie vortragen, aber wenn Sie das, was Sie herausgefunden haben, aufschreiben, und diesen Wust von Ideen zusammenstellen, ergibt sich ein Fundus von *»Brutto«-Gedanken,* aus dem sich dann allmählich das »Netto« ergibt.

Straffen, umreißen: Schauen Sie sich nun an, was Sie geschrieben haben. Streichen Sie die Ideen durch, die nicht mehr hineinpassen. Stellen Sie die Gedanken neu zusammen, straffen Sie sie. Umreißen Sie sie.

- ICH HABE DAS RECHT, ein befriedigenderes Leben zu führen (die These)
  - Ich bin nicht glücklich, wo ich bin
  - Das Leben ist wie eine Zahnpastatube
  - – jeden Tag wird eine weitere Portion ausgedrückt
  - – bald ist die Tube leer
  - – *ich vergeude mein Leben*

Fahren Sie mit der Skizzierung fort – wieviel Geld Sie verdienen müssen, wo es eine gute Schule gibt, eine Umgebung, in der Ihre Kinder sinnvollere Primärerfahrungen als Fernsehgucken und Straßenkriminalität machen.

- ICH WÄRE GERN MEIN EIGENER CHEF
  - Ich könnte mir vorstellen, einen Diner zu eröffnen
  - Neun bis zehn Sitzplätze
  – eine Kleinstadt in Wyoming
- DIE KOSTEN
  - Ausstattung: gebraucht, $ 2700
  – Finanzierung über Jako Restaurant Co.
  - Miete: $ 700 im Monat, usw.

Und die Kehrseite der Argumentation: Wie steht's aber damit, daß Sie eine Stellung aufgeben, die Ihnen Sicherheit und – irgendwann – eine Rente bietet? Was passiert, wenn Sie krank werden und das Geschäft nicht mehr leiten können? Wie, wenn die Konkurrenz zu stark ist und der Diner Verluste macht und wieder schließen muß? Wie, wenn nach ein, zwei Jahren die Arbeit zu schwer ist, zu viele Einschränkungen erforderlich macht und Sie am Ende den ganzen Laden nicht mehr ausstehen können? Wie, wenn es zu einer Art Gefängnis wird? Vermutlich ist so mancher leere Diner der stumme, abblätternde, verrottende Zeuge seines Besitzers, der einst in einer rhapsodischen Traumwelt lebte, statt in der Realität, die sich aus einer umsichtigen, gründlichen Untersuchung der Fakten ergibt. Wie lauten also Ihre Antworten auf diese Fragen?

Die Argumente abwägen (wie in einer Ehe auf Probe): Es läßt sich schnell erkennen, daß wir auf Grund unserer Vorbereitung eine intelligente, informierte Entscheidung treffen können. Die Vorbereitungsphase ähnelt einer Ehe auf Probe. Manchmal bereite ich meine Anträge bei Gericht ausgiebig vor, stelle dann jedoch fest, daß ich die zugrundegelegte Auffassung gar nicht vertreten möchte. Es ist besser, dies auf einem Blatt Papier im Arbeitszimmer herauszufinden. Die Grundregel bleibt also immer die gleiche. *Jede Argumentation beginnt bei uns selbst.* Wenn wir uns nicht vorbereitet haben, glaubwürdig zu argumentieren, dann sollten wir es bleiben lassen. Ist die Argumentation hingegen gut durchdacht, dann ist uns bewußt, sie beruht auf Fakten. Dazu gehört auch das Wichtigste von allem: *Wir müssen uns für das einsetzen, was wir wollen.*

Nun sind wir bereit, unsere Geschichte zu erzählen: Der Ehemann könnte seine Frau zum Abendessen ausführen. Wenn die Zeit reif ist, und sie sich nach dem Grund der Einladung erkundigt, könnte er antworten: »Ich habe dich heute abend zum Essen eingeladen, weil es ein besonderer Anlaß ist. Ich möchte dir eine Geschichte erzählen.«

»Eine Geschichte?«

»Ja, eine Geschichte. Darf ich dir eine wunderschöne Geschichte erzählen?«

»Ja, warum nicht.« Seine Frau nickt.

»Die Geschichte geht so: Es war einmal ein Mann, der hatte einen Traum. Er träumte, daß er eines Tages seinen unmenschlichen, nervtötenden Bürojob aufgeben und seine wunderschöne Frau und seine Kinder in eine kleine Ortschaft auf dem Lande brachte, wo sie glücklich bis ans Ende ihrer Tage lebten.«

Obwohl die Frau bald weiß, worauf ihr Ehemann hinauswill, wird sie sich die Geschichte anhören, auch wenn sie zu Hause, wenn er herumschimpft, oft weghört.

»Der Mann hatte den Eindruck, als vergeude er sein Leben«, fährt der Ehemann fort, »als stürbe er. Er war unglücklich. Er sah sein Leben als Zahnpastatube, die er jeden Morgen weiter ausdrückte, und sie war schon fast leer. Er dachte: ›Wenn ich doch nur mein eigener Herr sein könnte.‹

Plötzlich erkannte der Mann, was er tun mußte. ›Ich koche gern‹, sagte er sich. ›Und ich koche gut. Ich könnte ja einen kleinen Diner eröffnen.‹ Da begann er darüber nachzudenken...« Nun erzählt er seiner Frau den Rest der Geschichte über die Kleinstadt in Wyoming, in der die Kinder zur Schule gehen könnten. Seine Frau ist Lehrerin. Er hat sich bereits erkundigt und herausgefunden, daß die Frau an einer der örtlichen Schulen unterrichten könnte. Er schildert ihr die übrigen Fakten und sagt zum Schluß: »Darf ich dir das Ende der Geschichte erzählen?« Ehe sie antworten kann, sagt er: »Das Ende dieser Geschichte ist, daß dieser Mann und seine wunderschöne Frau und ihre wunderbaren Kinder in ihre Traumstadt zogen. Sie teilten ihre Träume. Er eröffnete einen kleinen Diner, kochte Eintöpfe und großartige Chilis, sie unterrichtete an der Schule und« – jetzt hob er das Glas, um anzustoßen – »so lebten sie glücklich bis ans Ende ihrer Tage.«

Weiteres zum Thema Vorbereitung: Etwas vorzubereiten entspricht einer einfachen, offensichtlichen Regel der Physik: Wenn nichts da ist, kann nichts fließen. »Ohne Input kein Output«, wie die Computerfachleute sagen. Wenn ich mich auf ein Plädoyer vor einem Geschworenengericht vorbereite, in dem ich darlegen muß, wie man als Tetraplegiker (das ist jemand, der von der Hüfte aufwärts teilweise und von der Hüfte abwärts völlig gelähmt ist) lebt und wie die Jury in ihrem Urteil diese schwere körperliche Behinderung in einen Geldbetrag umsetzen soll, könnte ich etliche Tage mit meinem Mandanten verbringen, bei ihm zu Hause wohnen, morgens mit ihm aufstehen, dabeisein, wie er sich aus dem Bett müht, sehen, wie er mühsam die Hose zuknöpft, erleben, wie er von den Aufgaben, die wir allmorgendlich automatisch durchführen, erschöpft ist, ehe der Tag begonnen hat. Wie funktioniert der Stuhlgang, wie wechselt er den Urinbeutel, wie badet er. Wie groß ist der Teil seines Lebens, der jeden Tag von den enormen Anstrengungen verzehrt wird, nur weil er aufstehen, baden und sich ankleiden muß?

Ich habe mit dem Mandanten über seine intimsten Gefühle gesprochen: Wie es heute mit der Liebe in seinem Leben steht; daß er keinen Geschlechtsverkehr mehr haben kann; daß er eine düstere Hilflosigkeit empfindet; daß es ihm zuwider ist, seine Mutter für sich arbeiten zu lassen und um Hilfe zu bitten; den Selbsthaß, den er täglich aufs neue bekämpft; die tiefe, dunkle Grube der Depression, in die er sinkt und aus der er nur wieder herauskommt, wenn er sich an den Haaren seines verletzten Körpers und seiner Seele herauszieht. Ich habe erfahren, daß er anfällig für viele Krankheiten ist, für Nieren- und Blasenentzündungen; was für Kosten anfallen für Spezialmedikamente und die ständige ärztliche Hilfe; für die Pfleger, die Ausrüstung – Rollstühle, ein speziell umgerüsteter Pkw, den er zu bedienen und zu fahren lernen muß, damit er mobil ist, Rampen, die zum Haus führen, extrabreite Flure für seinen Rollstuhl, ein besonders gestaltetes Badezimmer, damit er mit dem Rollstuhl direkt in die Dusche gelangen kann. Ich weiß alles über Muskelspasmen, über die Hyperthermie, die er erleidet, wenn er sich zu lange in der Hitze aufhält, weil er nicht schwitzen kann. Ich werde die medizinische Fachliteratur solange lesen und die Fachleute interviewen, bis ich feststelle, daß ich allmählich alles zum zweiten Mal erfahre.

Weiteres zum Schreiben der Argumentation: Dennoch schreibe ich nach diesen intensiven Vorbereitungen alles auf. Schreiben ist ein Prozeß, durch den der Computer meines Geistes geladen wird. Wenn man seine Argumentation stenographisch, auf der Schreibmaschine oder dem Computer festhält, bestätigt das, daß einem die Sache so wichtig ist, daß man in die These, die man vorbringen möchte, Zeit und Gedanken investiert. Eine derartige Vorbereitung kräftigt das Selbst und stärkt die Argumentation. Außerdem bekräftigt es die Achtung für diejenigen, vor denen wir argumentieren wollen, so daß sowohl wir als auch der *andere* als Personen anerkannt werden, die dieser Mühe wert sind; denn weder nehmen wir uns die Zeit, eine Argumentation so intensiv vorzubereiten gegenüber jenen, die uns nicht wichtig sind, noch vergeuden wir unser Leben damit, uns über bedeutungslose oder belanglose Fragen zu streiten. Daß wir dem *anderen* durch sorgfältige Vorbereitung unseren Respekt zollen, zeigt sich in der profunden Kenntnis auch der geringfügigsten Einzelheiten der Argumentation, in der Klarheit unserer Gedanken und der Tiefe unserer Leidenschaft. Daß wir unserem Argument tief verbunden sind, beweisen wir durch unsere Vorbereitung, und diese wiederum führt dazu, daß der *andere* uns respektiert. Achtung ist ein wunderbarer Spiegel.

Noch mehr über den Zauber des Schreibens: Ich bereitete mich aus einem noch anderen Grund durch eine schriftliche Erörterung vor; ich will erkunden, was ich weiß. Wir wissen erst, was sich in den Spalten und Falten unserer Seele verbirgt, wenn wir danach suchen. Als ich begann, meine Überlegungen, warum man seine Argumente schriftlich festhalten muß, aufzuschreiben, dachte ich auch über die Beziehung zwischen dem physischen Akt des Schreibens – den Gebrauch der Finger und der Hände – und dem kreativen Akt nach – den Gebrauch der rechten Gehirnhälfte. Ohne daß ich vorher darüber nachgedacht hatte, schrieb ich plötzlich das Folgende: *Die Finger und der schöpferische Anteil des Gehirns sind auf irgendeine Weise durch uralte Verbindungen miteinander verknüpft, denn Kreativität war immer mit den Händen verbunden – dem Spitzen von Pfeilenden, dem Herstellen von Schabern und Ahlen, dem Weben von Körben, dem Zeichnen auf Felswänden, dem Herstellen von Töpfen: Alle Schöpferkraft des Menschen scheint mit seinen Händen verknüpft zu sein. Und so ist es in meinen Augen bis heute geblieben. Wenn wir den physischen Akt des Schreibens vollziehen, stellen wir eine Verknüpfung zwischen den Händen und jenem Anteil des Gehirns her, in dem unsere schöpferischen Energien lagern, so daß wir eher eine* *neue Idee hervorbringen, während wir schreiben oder tippen, als wenn wir lediglich den Akt des Denkens vollziehen.*

Wie der Geist funktioniert: Im Laufe der Jahre, während ich meine Argumentationen bei Gericht vorbereitet habe, ist mir eine bemerkenswerte Ähnlichkeit zwischen der Arbeitsweise des Computers und des menschlichen Geistes aufgefallen. Da ersterer das Produkt des letzteren ist, ist es nicht verwunderlich, daß einer den anderen imitiert. Daten werden im Geist so gespeichert, daß man sie auf verschiedene Weise sortieren und zurückholen kann. Aber der Computer ist lediglich in der Lage zurückzuholen und zu verarbeiten, was man ihm eingegeben hat, während der Geist nicht nur ganze Sätze zurückholen kann, sondern sie auch nach Belieben umschreiben, die Wörter mit Gefühlen ausschmücken, die Worte mit lyrischen Klängen und rednerischem Furor wiederholen und sich zur Unterstützung der Argumentation des gesamten Körpers bedienen kann. Der Geist kann bewirken, daß die Hände und Arme angemessene Gesten hinzufügen, daß das Gesicht den richtigen Ausdruck annimmt, daß die Augen im Einklang mit der übermittelten Nachricht glänzen. Und das alles gelingt ihm automatisch.

Der Bockmist-Künstler: Wenn wir uns aber nicht vorbereiten, wenn wir die Fakten nicht ganz genau kennen, dann haben wir nur diese Alternativen: Wir müssen sie vortäuschen oder zugeben, daß wir etwas nicht wissen. Diejenigen, die Mist verkaufen (es gibt kein anschaulicheres Wort dafür), sind feste Größen in der amerikanischen Gesellschaft. Der Bockmist-Künstler hat oft eine wichtige Stellung inne – das reicht vom Weißen Haus bis zum Fernsehstudio. Viele trifft man auf der Madison Avenue. Sein Repertoire umfaßt Übertreibungen, Redensarten und verbale Luftschlösser. Manchmal wird er akzeptiert, manchmal bewundert – aber nie sehr lange. Er steht immer im Rampenlicht, am Ende aber kann er keine Auseinandersetzung gewinnen. Er macht sich selbst zum Opfer, wenn er die faktischen Leerstellen mit leeren Konstruktionen füllt. Schließlich kann er Fakten und Fiktion nicht mehr unterscheiden, und da die Grundregel der Argumentation immer noch gültig ist – *daß jede Argumentation, jeder Streit bei uns selbst beginnt* – ,werden sich seine Ausführungen am Ende als genauso unglaubwürdig erweisen wie er.

Mist mag ja, wie manche immer wieder behaupten, die Maschinerie der Gesellschaft in Gang halten, doch letztlich gewinnt man damit keine wichtigen Streitfälle; denn im selben Maße, wie sich der Bockmist-Künstler immer weiter darin zum Experten heranbildet, entwickeln wir die sehr präzise Fähigkeit, ihm auf die Schliche zu kommen. Daß nur 32 Prozent der wahlberechtigten Amerikaner zur Wahl gehen, ist Beweis genug für die Malaise, in der die Wähler stecken. Eine tiefe Gleichgültigkeit hat sich ausgebreitet. Man hat uns im Bockmist erstickt. Wir kommen uns machtlos vor und sind wütend. Am Ende raubt uns der Mist die lebenswichtigen politischen Auseinandersetzungen, was zur Folge hat, daß wir uns aus dem kritischen Dialog zurückziehen.

Die These wählen: Jetzt, da wir die Argumente aufgeschrieben und umrissen haben, wollen wir sie uns noch einmal ansehen, nicht einmal, sondern mehrmals. Wir müssen sie umstellen und redigieren. Umkreisen Sie die Schlüsselwörter mit rotem Stift. Dann formulieren Sie einen beschreibenden Satz – oder eine Metapher – der den Kern des Problems ausmacht – vielleicht einen Refrain –, und nennen ihn das *Thema. Das Thema unterstützt die These der Argumentation.*

Im Silkwood-Prozeß wollte ich die These vertreten, daß ungeachtet der Tatsache, daß das Unternehmen Kerr-McGee nicht fahrlässig gehandelt hat, es dennoch haftbar für die Strahlenschäden der Karen Silkwood war. Meine Theorie beruhte auf einer alten, aus dem Gewohnheitsrecht stammenden Vorstellung: Wenn man eine von Natur aus gefährliche Substanz – etwa Plutonium – auf den eigenen Grund und Boden holt und wenn sie austritt und anderen Schaden zufügt, dann ist das Unternehmen, dem dieser gefährliche Stoff gehört, haftbar. Ich berichtete den Geschworenen von einem Prozeß im alten England, in dem ein Bürger einen Löwen auf sein Grundstück geholt hatte, der – obgleich der Mann Vorkehrungen getroffen hatte, das Tier im Käfig zu halten – irgendwie entkam und seinen Nachbarn zerfleischte. Das Gericht urteilte, daß der Eigentümer des Löwen haftbar sei, denn dieser sei von Natur aus gefährlich, wie der Besitzer sehr wohl gewußt habe, und der Besitzer, nicht der unschuldige Nachbar, müsse das Risiko tragen, wenn der geflüchtete Löwe einem anderen Schaden zufügte.

Als Vorbereitung auf den Silkwood-Fall skizzierte ich die Geschichte; auf die gegenüberliegende Seite der Kladde schrieb ich eine Art Slogan, der für die gesamte Argumentation stand; das war mein

Thema: »Wenn der Löwe entkommt, muß Kerr-McGee zahlen.« Immer wieder wiederholte ich das Thema, wie den Refrain in einem Lied. Die Geschworenen stimmten in das Thema ein, indem sie ein Urteil fällten, das Ms. Silkwood Schadenersatz zuerkannte.

In einem Prozeß, den ich für einen kleinen Eiscremehersteller gegen den Hamburger-Konzern McDonalds führte, der einen mündlichen Vertrag gebrochen hatte, wählte ich das *Thema: »Geben wir dem Handschlag die Ehre zurück.«* Damit wollte ich natürlich sagen, daß per Handschlag geschlossene Verträge von ehrlichen Geschäftsleuten voll und ganz erfüllt werden müssen. Ich vertrat sogar die These, daß ein Handschlag mehr Ehre, mehr Gewicht als ein Vertrag haben sollte, der von gescheiten Rechtsanwälten aufgesetzt wird, da letztlich mehr Ehrbarkeit in die amerikanische Geschäftswelt Einzug halten müsse. Das Geschworenengericht erwies dem Thema seine Ehre und beehrte meinen Mandanten mit ihrem Urteil: 52 Millionen Dollar.

Vor einigen Jahren verteidigte ich einen jungen Mann, der angeklagt war, eine Kollegin in einer Schule für geistig Behinderte niedergestochen zu haben. Als ich den Fall recherchierte, sah ich das Opfer, so wie der junge Mann die Frau gesehen haben mußte –, als eine Art Sex-Göttin, eine wunderschöne junge Verführerin, die, um sich zu amüsieren, ihn erbarmungslos verspottet hatte, was soweit ging, daß sie über ihr CB-Funkgerät mit Lkw-Fahrern *blind dates* vereinbarte. Eines Morgens fanden die Mitarbeiter der Tagesschicht die Frau halb entkleidet im Keller der Schule. Ihr Körper wies zahlreiche Stichverletzungen auf. Mein Mandant wurde sofort festgenommen.

Stich zu! Stich zu! Stich zu! Stich zu! Es war, als habe der junge Mann sie mit dem einzigen wirkungsvollen Phallus angegriffen, den er besaß – sein Messer. Der Staatsanwalt, ein Mann, den ich während meiner Tätigkeit als Bezirksstaatsanwalt zu meinem Assistenten ausgebildet hatte, hatte meinem Mandanten ein Geständnis entlockt. Staatsanwälte wollen ihre Autorität bewahren. Aus meiner Sicht wollte der Staatsanwalt, um seinem alten Chef zu zeigen, wer jetzt der Herr im Hause war, nicht nur meinen Mandanten, sondern auch mich besiegen. Gerichtsverhandlungen sind oft verbale Schußwechsel.

Mein Mandant war ein verängstigter spindeldürrer Mann mit einer Brille, deren Gläser aussahen wie die Böden von Cola-Flaschen. Sein Lächeln wirkte starr und etwas seltsam, und wenn man ihn ansah, bekam man ein unheimliches, nervöses Gefühl.

Im Laufe des Verfahrens bewiesen wir jedoch, daß der junge Mann unschuldig war und daß der Mord wahrscheinlich von einem unbekannten nächtlichen Eindringling begangen worden war.

In meinem Schlußplädoyer bezeichnete ich die Bitte meines Mandanten, man möge ihm Gerechtigkeit widerfahren lassen, als »den Schrei des Sperlings«. Dann entwickelte ich mein Thema. In meiner Argumentation wandte ich mich an den Staatsanwalt, ein in vielerlei Hinsicht feiner Mann, ein guter Charakter, aber jemand, der ein scharfes Profil besaß. Er erinnerte mich an einen Falken. »Das hier ist ein kleiner Sperling«, sagte ich und wies auf meinen Mandanten. »Der Falke will den Sperling haben!« Dann wandte ich mich wieder an die Geschworenen. »Also, wenn Sie wollen, liefern Sie diesen Sperling dem Falken aus! Achten Sie nicht auf seinen Schrei. Schenken Sie ihn dem Staatsanwalt!« Ich wartete und sah jedem einzelnen Geschworenen in die Augen. Die Frau in der zweiten Reihe schüttelte verneinend den Kopf. Dann sprach ich sie an. »Nein? Er ist bloß ein Sperling. Wer kümmert sich um ihn? Sicherlich sollten wir unsere Fürsorge für jemanden aufsparen, der wichtiger ist als nur ein kleiner Sperling.« Mehrere Geschworene verschränkten die Arme vor der Brust. Danach ging es leicht. Zwar war er ein Sperling, aber nun war er der Sperling der Geschworenen. Meine Argumentation verdeutlichte, zusammen mit dem gewählten Thema, die Wahrheit. Der junge Mann war klein, hilflos und unbedeutend. Aber die Gerechtigkeit! Wie stand's mit der Gerechtigkeit? Der letzte Ruf nach Gerechtigkeit aus den Mündern der Unschuldigen ist ohrenbetäubend.

Lassen Sie uns einen Satz, ein Thema, einen Slogan auswählen, der den Hauptpunkt unserer Argumentation präsentiert. Das Thema kann eine Geschichte zusammenfassen, die unseren wichtigsten Argumentationspunkt hervorkehrt: ein Sprichwort sozusagen, das den Kern der Frage symbolisiert. Kürzlich habe ich in dem Prozeß, bei dem ich eine Versicherungsgesellschaft wegen betrügerischer Machenschaften gegen meinen Mandanten, den Tetraplegiker, verklagte, ein Fall, in dem ich Schadenersatzforderungen wegen seines emotionalen Leids stellte, das *Thema* gewählt: »Die Bedürftigkeit des Menschen gegen die Geldgier der Großunternehmen.« Das Geschworenengericht reagierte mit einem menschlichen Urteil: 33,5 Millionen Dollar, dem ein humaner Richter Zinsen hinzufügte, die sich auf weitere 10 Millionen Dollar beliefen.

Wenn Sie eine Gehaltserhöhung fordern wollen, könnten Sie als Ihr Thema das Dreizehnte Amendement wählen, das unfreiwillige

Knechtschaft verbietet. Humorvoll formuliert könnte es lauten: »In diesem Land ist die Sklaverei seit über einem Jahrhundert abgeschafft.« (Humor kann eine der schlagkräftigsten Waffen in Ihrem Arsenal sein. Unangebracht verwandt, kann er allerdings gefährliche Folgen haben, wie wir später sehen werden.)

Wenn Sie auf einer Versammlung des Stadtrats die Auffassung vertreten, daß ein bestimmtes Industrieansiedlungsprojekt die Umwelt schädigen würde, könnten Sie als Thema einen Schlüsselsatz von Häuptling Seattle entleihen, der einmal gesagt hat: »Wir besitzen die Erde nicht. Die Erde besitzt uns.« In einer Auseinandersetzung um den Erwerb eines kleinen Diners in einer Kleinstadt in Wyoming ließe sich das Thema auswählen: »Endlich frei.« Eine solche Auswahl hilft uns, den Kern des Arguments zu verstehen, sie bringt Vorstellungsbilder hervor, die bewegender sind als alle Worte, mit deren Hilfe wir es so sorgfältig beschreiben.

Der Zauber, die Freude der Vorbereitung: Ah, die Vorbereitung! Hier beginnt der Zauber! Dennoch scheinen junge Anwälte enttäuscht zu sein, wenn ich das sage. Sie sehnen sich nach einer einfachen Formel, mit deren Hilfe sie den langweiligen Kram namens Arbeit umgehen können. Ich wünschte, ich könnte ihnen erklären, daß wahre Vorbereitung keine Arbeit ist, sondern mit schöpferischer Freude einhergeht. Wer sich vorbereitet, watet hinein ins Leben, suhlt sich darin, umarmt es, schmiert es sich über das Selbst, lebt darin. Ich bezweifle, ob man Mozart dazu hätte bringen können, daß er das Komponieren als Arbeit bezeichnete. Seine Musik war sein Leben, sein Atem. Sein »Argument«, das er durch seine unsterblichen Partituren übermittelt, war das Produkt intensiver Vorbereitung, die ihn jeden Tag seines Lebens verzehrte. Ich wäre lieber ein ganz normaler Mensch, der sich wortgewandt vorbereitet, als eine Person mit einem außergewöhnlich hohen IQ, die nicht intelligent genug ist, sich vorzubereiten. Vorbereitung ist einfach die Nahrung für die *Herzzone*. Letztlich ist Genie nicht irgendeine glückliche Anordnung von Gehirnzellen. Genie ist Kraft, gerichtete Energie. Genie ist Vorbereitung.

Ich arbeite nicht, wenn ich meine Argumentationen vorbereite. Ich arbeite nicht, während ich dies schreibe. Ich spiele. Ich bin mein Kind, wenn ich spiele. Als Kind werde ich des Spiels niemals überdrüssig. Als Kind bin ich egozentrisch, fokussiert – gierig, aus dem

Spiel viel Vergnügen zu ziehen. Als Kind bin ich gebannt, entzückt, neugierig. Freudig wie Bienen und Schmetterlinge und Vögel gehe ich dem Geschäft des Spielens nach. Häuptling Smohall der Nez Percé sagte dazu: »Nie sollen meine jungen Männer arbeiten. Männer, die arbeiten, können nicht träumen; und Weisheit erscheint uns in Träumen.«

Sie wollen Ihre Geschäftspartner davon überzeugen, die Firmenpolitik zu ändern, und Sie wollen gewinnen? Sie wollen also mit Ihrem Partner sprechen, damit er einem Wechsel in Ihrer Berufslaufbahn zustimmt, und Sie wollen Erfolg damit haben? Sie wollen ein Geschworenengericht davon überzeugen, daß Sie die Gerechtigkeit auf Ihrer Seite haben? Ich rate Ihnen: Stellen Sie Nachforschungen an, lernen Sie, bereiten Sie sich vor. Wie ich sagte: spielen Sie. Bereiten Sie Ihre Argumentation vor. Schreiben Sie auf, was Ihnen einfällt. Beobachten Sie, wie neue Gedanken plötzlich aus magischer Tiefe emporsteigen. Lernen Sie, was es heißt, nicht nur zu entdecken, was es über Ihr Argument zu wissen gibt, sondern auch, was Sie über die einzigartigste, interessante Person in der Geschichte der Menschheit herausfinden können – Sie selbst.

Dennoch sagen mir Anwälte immer wieder: »Mr. Spence, wie schaffen Sie es, einen Gerichtssaal zu verzaubern?« Einmal wurde ich von einem führenden Mitglied der Verteidigung beschuldigt, ich hätte eine Jury hypnotisiert. Er argumentierte gegenüber dem Richter, daß man mich aus dem Prozeß ausschließen solle, weil ich zu diesem Trick gegriffen hätte. Er behauptete, er habe während seiner ganzen Zeit im Gerichtssaal noch keine Jury erlebt, die so bereitwillig ein Urteil für die klägerische Partei fällt wie die Geschworenengerichte in meinen Prozessen. Er hatte sogar Nachforschungen darüber angestellt, wieviele Prozesse ich gewonnen und verloren hatte, und behauptete, so etwas hätte nicht durch rechtschaffene Argumentationsmethoden erreicht werden können; zum Beweis dafür verwies er auf den Umstand, daß ich meine Hände rhythmisch bewege und zwingende, respekteinflößende Laute mit meiner Stimme produziere, wobei er argumentierte, daß es sich dabei um nichts weiter als einen billigen Trick handele, der nun aufgedeckt sei und vom Gericht ausgeschlossen werden müsse.

Natürlich hatte mein Gegner nichts begriffen. Er hielt mich fälschlich für einen heimtückischen Verführer. Er hatte sich darauf vorbereitet, mich anzugreifen, statt auf seinen eigenen Fall. Ihm war nicht klar, daß ich mich Wochen, ja manchmal Monate einsam und abgeschieden auf eine Verhandlung vorbereite. Er sah bloß, ohne daß es ihm bewußt war, einen Anwalt, der deshalb frei war, weil er sich einen Fundus von wortgewandt vorgetragenen Fakten angeeignet hatte. Der Richter hatte das verstanden und gab dem Einspruch natürlich nicht statt. Als ich schließlich mein Plädoyer vor den Geschworenen hielt, erhob sich der Anwalt immer wieder und unterbrach meine Ausführungen mit Einsprüchen, in der Hoffnung, sie zu entkräften. Dadurch machte er sich aber nur bei den Geschworenen unbeliebt, die meine Argumente hören wollten. Die Geschworenen zogen sich lange genug zur Beratung zurück, daß es den Anschein hatte, als hätten sie sich Zeit für das Urteil genommen, und sprachen meinem Mandanten eine hübsche Summe zu.

Ich untermauere meine Ausführungen immer mit faktenreichen Geschichten. Mit ihnen versuche ich zu zeigen, daß ich mich in einem Fall engagiere und mich für das Schicksal meines Mandanten interessiere. Letztlich sind meine Argumentationen das Ergebnis der Entwicklung, die ich in jedem Gerichtsverfahren, das ich vorbereite, durchlaufe. Ich habe so manchen Morgen erlebt, wie sich der Schein der aufgehenden Sonne auf dem Bildschirm meines Computers spiegelt, während meine Gegner noch friedlich in Abrahams Schoß schlummerten. »Wie lange soll ich mich vorbereiten?« Das hängt davon ab, wie groß Ihr Verlangen danach ist. Ich erinnere mich an einen rosafarbenen Becher, aus dem mein Großvater morgens immer seinen Kaffee trank. Darauf sah man das Gesicht eines dicken Mannes, unter dem die Worte standen: »Ich bin gar nicht gierig, mir schmeckt eben nur sehr viel.«

Ich visualisiere meine Argumente: Nie wähle ich Sätze mit intellektuellem Anstrich in meinen Ausführungen: »Mein Mandant hat infolge des niederträchtigen Betrugs, den die Anklage an ihm begangen hat, schweren emotionalen Schaden genommen.« Statt dessen sehe ich vor meinem geistigen Auge, wie mein Mandant abends nach Hause kommt, und erzähle: »Ich stelle mir vor, wie Joe Rado abends nach Hause trottet und den Haufen unbezahlter Rechnungen auf dem Küchentisch sieht. Nichts als die kalten Rechnungen empfangen ihn in der kalten, leeren Wohnung, in der die Leitungen eingefroren sind, weil das Elektrizitätsunternehmen die Heizung abgestellt hat. Ich sehe meinen Mandanten vor mir, er ist ein müder Mann, ausgebrannt, erschöpft, ein Mann ohne einen Penny, ohne Stolz, ohne Hoffnung. Ein leerer Mann. Die Bank hat ihm alles genommen.«

Indem wir visualisieren, was etwas für einen Menschen bedeutet, stellen wir uns auf die Macht der *Herzzone* ein und vermeiden damit langweilige und leere Abstraktionen. Diese bestehen auf einer zweiten Ebene, die jenseits von Handlungen liegt. Lassen Sie mich Ihnen zeigen, was ich damit meine. Wenn ich sage: »Der Schmied vollführt mit einer Reihe von Werkzeugen eine Reihe von körperlichen Aktivitäten, von denen alle in das hergestellte Produkt münden«, verwende ich eine Abstraktion. Was ich gesagt habe, ist richtig und zutreffend, aber wir haben sehr wenig über das erfahren, was der Schmied macht. Andererseits kann ich sagen: »Der Schmied nimmt den schweren Stahlhammer in die Hand und hebt ihn über den Kopf, als wolle er einen Menschen erschlagen. In der anderen Hand hält er mit einer Zange das rotglühende Hufeisen an den Amboß. Der Hammer saust mit einem lauten Knall herab. Er saust herab, immer wieder! Und wieder saust er herab! Dann wendet der Schmied das Eisen mit der Zange und schlägt abermals zu, Schlag auf Schlag. Das Eisen gibt langsam nach, es wird flach und nimmt Form an, bis der Schmied das Hufeisen geschmiedet hat, das dem alten Ned, dem Pferd des Milchmannes paßt, das geduldig an der Tür wartet.

Handlungsverben, Handlungsbilder – der Mann, der müde nach Hause kommt und eine leere Wohnung vorfindet, der Schmied, der das Hufeisen für den alten Ned formt – vermeiden das Abstrakte, das uns so wenig sagt. Wenn mir jemand etwas abstrakt erklärt, werde ich ungeduldig. Geben Sie mir ein Beispiel, bitte ich dann meistens. Zeigen Sie mir, wie man das macht. Schildern Sie es nicht. Zeichnen Sie eine Landkarte, ein Schaubild. Zeichnen Sie eine Zeitlinie der Vorfälle. Lassen Sie mich *sehen,* was passiert ist, und wann. Sagen Sie mir nicht, der Mann wurde verletzt und erlitt einen Schienbeinbruch. Zeigen Sie mir ein Bild seines gebrochenen Beines. Zeigen Sie mir ein Röntgenbild. Sagen Sie nicht, er hatte große Schmerzen. Sagen Sie mir, wie es sich anfühlt, wenn man ein gebrochenes Bein hat und der Knochen aus dem Fleisch herausragt. Erzählen Sie mir, wie es war. Ich will es mir vorstellen! Ich will es fühlen. Ich will es verstehen! Es muß mich interessieren. Wenn es mich nicht interessiert, kann ich auch niemand anderen dafür interessieren.

Aktion, nicht Abstraktion: *Halten Sie sich an Handlungen – vermeiden Sie die Abstraktion,* so lautet die Regel. Wenn Sie sich auf eine Argumentation vorbereiten, fragen Sie sich: »Erörtere ich etwas abstrakt oder *zeige* und *erzähle* ich, wie wir es früher als Kinder taten? Vergessen Sie nicht: Die Geschichte bezieht ihre Kraft aus der Fähigkeit, Handlungen zu erschaffen und Abstraktionen zu vermeiden. Wenn mir gegenüber jemand abstrakt argumentiert, so muß ich die geistigen Bilder selber hinzufügen. Oft verstehe ich die Abstraktion nicht ausreichend, so daß ich kein geistiges Bild erschaffen kann. Häufig verliere ich das Interesse. Häufig geht das Gesagte ins eine Ohr hinein und zum anderen wieder hinaus, ohne eine Spur zu hinterlassen. Bestenfalls kann ich die Abstraktion in Handlungen übersetzen, und wenn mir das endlich gelungen ist, ist die Argumentation zu weiteren Abstraktionen übergegangen, und ich bin verloren. Wie auch das Argument.

Bekenntnis – die Macht, sich zu bekennen: Etwas zu bekennen ist eine gute, angemessene Methode, mit der man, wie bereits erwähnt, sowohl Glaubwürdigkeit erlangt als auch ein gewinnendes Argument strukturieren kann. Ich bekenne zu Beginn immer, was wahr ist, auch wenn es meiner Argumentation abträglich ist. Legen Sie die Fakten offen auf den Tisch. *Ein Bekenntnis aus Ihrem Mund ist längst nicht so verletzend wie eine Bloßstellung, die von Ihrem Gegner kommt.* Man verzeiht uns Missetaten, die wir begangen haben. Man verzeiht uns keine Missetat, die wir begangen und zu verschleiern versucht haben. Wenn man gegen uns aussagt, können wir bekennen und verkleinern, einräumen und erklären. Wenn wir etwas bekennen, wird der *andere* uns anhören, aber er wird die Geduld verlieren, wenn er unsere Erklärungen hört, *nachdem* wir bloßgestellt worden sind. Präsidenten sollten diese einfache Regel befolgen. Richard Nixon hätte den Watergate-Skandal vermeiden können, wenn er einfach zugegeben hätte: »Ich wußte von dem ganzen Schlamassel. Die ganze Sache lief aus dem Ruder, als Eiferer, die an mich glaubten, das Falsche taten. Ich wünschte bei Gott, es wäre niemals geschehen. Ich hoffe, das amerikanische Volk wird mir vergeben.«

Ein einfaches Beispiel für die Kraft des Bekenntnisses: Vor vielen Jahren hatte ich einen Fall, bei dem Trunkenheit im Spiel war.

Mein Mandant George war über die Straße getorkelt und angefahren worden. Aber er hatte die Fahrbahn bei Grün überquert und wurde von einem Autofahrer angefahren, der mit überhöhter Geschwindigkeit bei Rot über die Kreuzung fuhr. Daß mein Mandant unter Alkoholeinfluß gestanden hatte, bekannte ich so:

> George war auf einer Party gewesen und hatte sich gut amüsiert. Er war, um es ganz deutlich zu sagen, betrunken, als er die Party verließ. Und er war auch noch betrunken, als er die Straße überquerte. Aber George zählt zu jenen Menschen, die wissen, wann sie betrunken sind. Sie kennen solche Leute – sie sind unvorsichtig und bewegen sich extrem langsam. Wir erkennen, daß ein solcher Mensch betrunken ist, daran, daß er sich übermäßig umsichtig und vorsichtig verhält.
>
> George näherte sich der Kreuzung, die Ampel stand auf Grün. Daran besteht kein Zweifel. Mehr als ein halbes Dutzend Zeugen haben gesehen, daß er bei Grün über die Straße ging. Als er hilflos in der Straßenmitte stand, kam Mr. Majors hier, der Beklagte, mit hoher Geschwindigkeit und quietschenden Reifen um die Kurve; das Fahrzeug kippte leicht zur Seite, schleuderte bei Rot über die Kreuzung und überfuhr den armen George wie einen räudigen Hund.
>
> Gewiß, George war stark angetrunken. Aber die Gesetze unseres Landes wurden zum Schutz des Betrunkenen wie des Nüchternen erlassen. Man verliert nicht seine Bürgerrechte, nur weil man in betrunkenem Zustand bei Grün über die Straße geht. Genaugenommen ist ein Betrunkener wie George sogar stärker auf den Schutz des Gesetzes angewiesen als ein nüchterner Mensch unter denselben Umständen.

Das Urteil wäre weniger günstig ausgefallen, wenn ich die Tatsache, daß George betrunken war, verschwiegen und versucht hätte, mich mit aller Macht dagegen zu wehren, daß man die Blutprobe, die eine halbe Stunde nach dem Unfall auf der Aufnahmestation abgenommen worden war und 1,8 Promille ergeben hatte, als Beweismittel zuließ.

Aus Spaß – wie man sich um ein Präsidentenamt bewirbt und ehrlich dabei bleibt: John Madden, ein berühmter Football-Coach und Sportkommentator, hat einmal gesagt: »Je höher man den Flaggenmast hinaufklettert, desto mehr entblößt man sein Unterzeug.« Wer sich um ein öffentliches Amt bewirbt (ein Wahlkampf ist nichts weiter als eine Argumentation zugunsten des Kandidaten), muß hinsichtlich seiner Vergangenheit freimütig sein. Würde ich kandidieren, schriebe ich einen Brief ungefähr folgenden Inhalts.

Lieber Henry,
da wir uns im Rennen um das Amt des Präsidenten der Vereinigten Staaten gegenüberstehen, sind Sie vielleicht an den größeren Indiskretionen und Skandalen meines Lebens interessiert. Ich halte es für legitim, Sie davon zu unterrichten, und zwar, weil es Ihnen eine Menge Zeit, Energie und Kosten spart, die Sie hätten, wenn Sie sie selbst herausfinden müßten. Ein Wahlkampf ist teuer genug, das wissen wir beide. Außerdem haben Sie die Gelegenheit zu entscheiden, ob meine Enthüllungen weiterhin Teil meines Privatlebens bleiben sollen oder ob die Öffentlichkeit von diesen Fakten Kenntnis erhalten soll, damit sie darüber urteilen kann, ob ich mich für das Präsidentenamt eigne. Wenn Sie der Meinung sind, daß die Öffentlichkeit von diesen Enthüllungen Kenntnis nehmen und sie bedenken soll, so steht es Ihnen frei, sie preiszugeben.

Am 6. Januar 1962 hatte ich eine Affäre mit Mary Lou Jordanson, meiner Sekretärin, während ich noch mit meiner ersten Frau verheiratet war. Das gilt gemeinhin als Ehebruch. Ich war dreißig Jahre alt. Ich entschuldige mich nicht für dieses Verhalten. Mary Lou war sehr hübsch und sehr gut zu mir. Ich hoffe, daß ihr Name aus der Sache herausgehalten wird. Sie hat die Affäre all die vielen Jahre als Geheimnis geehrt. Ich wünsche Ihnen, daß Sie nie etwas Ähnliches getan haben, aber wenn doch, hoffe ich, daß es mit einer Frau geschah, die so gut und gütig war wie Mary Lou.

Um den 7. Juni 1972 herum feierte ich mit einigen mit mir befreundeten jungen Leuten, die mir einen Joint anboten. Ich nahm ihn an. Und ich *inhalierte* – nicht einmal, sondern mehrmals. Eine interessante Erfahrung, die ich bis heute nicht wiederholt habe.

Ich hatte eine Beteiligung in der Peabody Savings and Loan Company. Sie machte bankrott. Mein Sohn war der Geschäftsführer. Ich habe ihn beraten und ihm gesagt, daß er nichts Falsches getan habe und daß er der Untersuchungsbehörde die ganze Wahrheit sagen solle. Das hat er getan. Er wurde daraufhin vor Gericht gestellt. Ihn – und seine Familie – hat das Verfahren tief verletzt. Ich habe mit ihm geweint. Gott segne das amerikanische Geschworenengericht, das ihn freigesprochen hat. Ich hoffe, Sie haben nie eine so schmerzliche Zeit durchgemacht.

Ich habe mich von meiner Frau getrennt, habe ihr von allem die Hälfte gegeben und meine wahre Liebe Betsy geheiratet. Wenn Sie sich jemals verlieben, so wie ich mich verliebt habe, hoffe ich, daß Sie nie denselben Schmerz erfahren haben, den ich durchlitt, als ich meine erste Frau und meine Familie verlassen habe. Es war die Hölle. Auch ihnen hat es sehr wehgetan. Aber meine Liebe zu Betsy hat Bestand. Sie ist das Monument in meinem Leben, dem mein größter Stolz gilt.

Ich habe noch andere Sünden begangen. Von Zeit zu Zeit, um ehrlich zu sein, benutze ich empörend vulgäre Ausdrücke. Vermutlich habe ich mich diverser Formen politischer Inkorrektheit schuldig gemacht. Ich hoffe, daß ich mich voll und ganz gebessert habe und daß ich auf Grund meines aufrichtigen Bemühens, allen Menschen angemessen einfühlsam zu begegnen, ein guter, anständiger und fürsorglicher Mensch geworden bin.

Ich habe mich bemüht, nicht zu lügen, doch ist mir das wohl nicht immer gelungen. Ich habe versucht, kein Blender zu sein. Dennoch zeigt sich in mir manchmal ein Hang zur Großsprecherei. Ich bin nicht immer mutig. Ich habe nicht immer dem Richtigen vor dem Nützlichen den Vorzug gegeben. Dennoch habe ich im Laufe der Jahre gelernt, meistens das Richtige zu tun.

Das wollte ich Ihnen mitteilen.

Vielleicht habe ich einige Vergehen vergessen, einige Taktlosigkeiten, einige skandalöse Dinge, aber wenn sie mir einfallen, werde ich Sie als ersten darüber informieren. Wenn Sie die Neigung verspüren, würde ich mich glücklich schätzen, einen Brief ähnlichen Inhalts von Ihnen zu erhalten, an den ich ganz bestimmt ein Streichholz halten werde. Ich lege deshalb ein Streichholz bei, damit Sie es zur Hand haben, wenn Sie den Brief verbrennen möchten. Wenn nicht, gehe ich davon aus, daß Sie seinen Inhalt nicht zum Vorteil Ihrer Kandidatur, sondern zum Wohle des amerikanischen Volkes veröffentlichen.

Ich wünsche Ihnen alles Gute. Möge es ein sauberer Wahlkampf werden, in dem die wichtigen Probleme zur Sprache kommen, vor denen unser geliebtes Land steht.

Hochachtungsvoll
Bill Peabody
Präsidentschaftskandidat

Anlage: Ein Streichholz

Wenn Henry sich entschließt, den Brief zu veröffentlichen, oder wenn er an die Öffentlichkeit gerät, dann könnte ich mir vorstellen, daß man Bill sehr viel schneller vergeben wird, als wenn die Fakten – eine schmerzliche Enthüllung nach der anderen – öffentlich gemacht würden.

Und deshalb: Bereiten Sie sich vor. Bereiten Sie sich vor. Bereiten Sie sich vor. Und gewinnen Sie.

9. Den anderen zum Reden bringen

Die Kluft überbrücken, damit man Gehör findet

DAS SCHLOSS: **Wie erreiche ich, daß man mir wenigstens zuhört? Wie erreicht man, daß der andere sich uns öffnet?**

DER SCHLÜSSEL: **Es ist ganz einfach. Geben Sie den anderen alle Macht. Sagen Sie die Wahrheit. Seien Sie, wer Sie sind.**

Den Mond anheulen: Wenn Argumentieren eine Gabe ist, ein Geschenk an uns selbst, ein Mitteilen unserer Gedanken, unserer Gefühle, unserer Wünsche gegenüber dem *anderen*, wie kann man dann Erfolg haben, wenn der *andere* nicht bereit ist, es anzunehmen? Jede erfolgreiche Argumentation verlangt, wie ein erfolgreiches Liebesspiel, zwei Teilnehmer. Und wie beim erfolgreichen Liebesspiel darf der Wunsch des einen dem anderen nicht auferzwungen werden.

Und doch – wie oft verschließt sich uns der *andere*! Wenn wir eine Auseinandersetzung beginnen, nimmt der *andere* häufig eine Abwehrhaltung ein. Da er auf Grund unserer Wortwahl und der Intensität unserer Stimme eine Konfrontation erwartet, verschließt er sich. Wenn er sieht, daß sich die Gesichtsmuskeln spannen und unser Körper starr wird, bereitet er sich darauf vor, sich vor uns zu verteidigen, sich zu wehren, als hinge sein Leben davon ab. Unsere entstehende Argumentation weckt im *anderen* alle Gefühlskräfte der Selbstbehauptung und Vergeltung. Diese Kräfte brechen aus Urquellen hervor, aus ebenjenem Ort, aus dem heraus unsere Spezies seit Jahrmillionen auf lebensbedrohliche Angriffe reagiert. Werden diese Abwehrreaktionen manifest, verschließt sich der *andere* ganz und endgültig. Wir haben verloren, ehe wir begonnen haben.

Wenn die anderen sich nur öffnen und unsere Argumente aufnehmen würden! Denn immer, wenn der *andere* uns hören *will*, ist man mit dem einfachsten Argument erfolgreich. Andererseits können wir das geschickteste Argument seit Menschengedenken vorbringen und hätten uns doch ebensogut den Kojoten zugesellen und den Mond anheulen können, bis der *andere* bereit ist, uns anzuhören. Wie erreichen wir also, daß er sich unseren Argumenten öffnet?

Der Satz »Er will nichts davon wissen« enthüllt die wirkende Dynamik, mit dem die meisten Auseinandersetzungen beginnen. Wenn der *andere* sich uns verschließt, will er uns nicht verstehen. Tatsächlich hat man den Hörmechanismus so fest verschlossen, als trüge man Ohrstöpsel. Wenn ich vor Rechtsanwälten einen Vortrag halte und aus irgendeinem Grunde vermute, daß man sich mir verschließt, breche ich manchmal mitten im Satz ab und frage die Zuhörer: »Haben Sie gehört, was ich gesagt habe?« Dann warte ich ab. Erfolgt keine Antwort, wähle ich jemanden aus der Zuhörerschaft aus und frage: »Könnten Sie uns bitte sagen, was ich soeben gesagt habe? Könnten Sie es wiederholen?« Oft erweist sich meine Vermutung als richtig. Mit der Struktur meines Arguments und auch der Art des Vortrags war alles in Ordnung. Es war mir nur einfach nicht gelungen, mir Gehör zu verschaffen, bevor man auf Grund irgendeiner bewußten oder unbewußten Drohung die Ohren verschloß.

Warum verschließt man sich mir? Stimmt etwas nicht mit mir? Bin ich ein grausiges Gespenst, das vor seinen Zuhörern steht und sie derart abstößt, ihnen so große Angst einjagt, daß sie mich nicht verstehen wollen? Am häufigsten verschließen sich die Ohren des Verstandes, wenn man sich ängstigt. Wenn wir oder unser Argument als Bedrohung wahrgenommen werden, wird man uns niemals zuhören. Hinter dieser Schwierigkeit lauert unser alter Freund und Feind, die *Angst*. Wenn der *andere* uns fürchtet, werden seine Türen verschlossen bleiben. Wir werden verlieren, ohne daß wir ein einziges Wort gesagt haben.

Welche Ängste schleichen im Geiste des *anderen* umher? Wir müssen die Angst nur benennen, und wir werden sie finden.

»Wenn ich Ihr Argument akzeptiere, habe ich dann das Gefühl, nachgegeben zu haben?«

»Ich fürchte, in deinen Augen als schwach angesehen zu werden.«

»Verliere ich deinen Respekt, wenn ich zustimme?«

»Werde ich irgendeinen Selbstverlust erleiden?«

»Was könnte ich noch verlieren? Geld, Ansehen, Macht, Rang?«

»Werde ich zugeben müssen, daß ich unrecht hatte?«

»Werde ich das Gefühl haben, gescheitert zu sein?«

»Werde ich mich in einer unbequemen, ja, unhaltbaren Position wiederfinden?«

»Wird man etwas von mir erwarten, wozu ich nicht bereit bin?«

»Werde ich einen Verlust erleiden, irgendeinen Verlust?«

»Wird sich meine Macht verringern?«

»Wird mein Nachgeben alte, schmerzliche Erinnerungen an eine frühere Kapitulation wecken?«

»Werde ich es riskieren müssen, über etwas Neues nachzudenken?«

»Kurzum: Bedroht Ihr Argument scheinbar oder tatsächlich mein Wohlbefinden?«

Wenn die Antwort auf eine der obigen Fragen »Ja« lautet, hat der *andere* Ihr Argument vielleicht nicht gehört. Möglicherweise widerspricht er. Möglicherweise schreit er und unterbricht Sie. Möglicherweise kreischt er und füllt die Luft mit logischen und unlogischen Bemerkungen, mit Beschimpfungen und Beleidigungen, aber er wird uns nicht hören. Deshalb müssen wir, ehe sich der *andere* unserem Argument öffnet, mit *seiner* Angst fertig werden.

Die Kraft, den anderen zu ermächtigen: Der Schlüssel, um den *anderen* für unsere Argumente empfänglich zu machen, besteht darin, ihn zu bevollmächtigen, uns zurückzuweisen. Entscheidend ist, unsere Macht in die Hände des *anderen* zu legen. Indem wir sie an ihn abtreten, vermeiden wir, daß er Angst vor unserem Argument hat. Wenn er die Macht behält, die klare, anerkannte Macht, unser Argument anzunehmen oder zurückzuweisen, dann bleibt nichts übrig, gegen das er sich verteidigen muß.

Waschbären-Pie: Wie reagieren wir, wenn jemand seine Macht mißbraucht und uns ein Argument aufzwingen will? Angenommen, ein Freund ist vor kurzem von einem Jagdausflug zurückgekehrt und hat gerade einen Auflauf mit dem Fleisch des erlegten Waschbären zubereitet. Er holt das Gericht aus dem Ofen, sichtlich stolz auf seine kulinarische Leistung, und möchte, daß ich mir eine große Portion auffülle. Die Zehen stoßen mich ab. Waschbären haben kleine Pfoten, die wie Menschenhände aussehen, und sie tragen »Masken« und machen possierliche Dinge, wozu allerdings auch gehört, daß sie die Hühner des Bauern töten, die sie zum Gebirgsbach schleppen und gründlich waschen, ehe sie sie verspeisen. Das ist die ganze unerhebliche Wahrheit über Waschbären. Nehmen wir an, es entwickelt sich folgendes Gespräch.

»Sieh dir bloß meinen Waschbären-Pie an. Und guck mal, was für eine schöne Kruste!« Mein Freund sieht nicht hoch zu mir und merkt also nicht, daß ich ganz entsetzt dreinschaue. »Nicht schlecht, was?«

Ich schweige. Ich habe mich verschlossen – Angst. Gleich bittet man mich, etwas zu essen, was ich so ekelhaft finde, wie einen Milchshake aus roher Leber. Schließlich sieht mein Freund mich an.

»Was ist denn los, magst du meinen Waschbären-Pie nicht? Hier...« Er schneidet den Braten mit einem Tranchiermesser in große, fettriefende Stücke. Braune Fleischsoße tritt aus.

»Sieh mal, die Soße! Ich habe den alten Bären perfekt gewürzt! Und dann die Zwiebeln, Möhren und Kartoffeln!« Er spießt ein Fleischstück auf, schiebt es sich in den Mund und kaut das Fleisch mit breitem, halb offenem Mund, der mich an Jerry Lewis erinnert, der einen Tennisball kaut. Brauner Speichel läuft ihm aus dem linken Mundwinkel, die Lippen sind mit der Soße beschmiert.

Er spießt ein weiteres Fleischstück auf und hält es mir unter die Nase. Ich weiche jäh zurück: »He, was soll das, was ist denn mit dir los? Mann, das ist ein Waschbären-Pie! Jedem, der hier in den Wäldern lebt und Klasse hat, schmeckt so etwas. Willst du dich wie ein zimperlicher Großstädter aufführen?« Jetzt stellt er auch noch meine Männlichkeit in Frage.

»In China ißt man sogar Hunde«, platzt es endlich aus mir heraus.

»Na und? Wir sind hier nicht in China, und ich bin auch kein Hundefresser. Wenn du mein Freund bist, dann ißt du meinen Auflauf.«

»Freundschaft sollte nicht auf gemeinsamem Waschbärenessen beruhen«, erwidere ich.

»Hier, nun iß schon! Das wird dir guttun. Wird nen richtigen Mann aus dir machen.« Mein vermeintlicher Freund packt mich freundschaftlich an den Schultern und versucht, mir einen Bissen in den Mund zu stopfen.

Unter diesen Umständen überlege ich womöglich nicht nur, ihm die Freundschaft zu kündigen, sondern von nun an werde ich wahrscheinlich alles verachten, was mit Waschbären, darunter Waschbärenhunde, Waschbärenreviere, Waschbärenmützen und Waschbärenjäger, zu tun hat.

Wir können ein Argument – wie auch einen Waschbären-Pie – dem anderen nicht aufzwingen. Andererseits wäre es meinem

Freund vielleicht mögich gewesen, mich selbst entscheiden zu lassen, ob ich das Fleisch probieren möchte. Angenommen, er sagt ganz beiläufig, während er sich über die Backofentür beugt: »Ich kann mich noch gut erinnern, als zum erstenmal jemand meinte, ich müsse Waschbären-Pie essen. Ich war zwar unaussprechlich angeekelt, aber nachdem ich ihn probiert hatte, konnte ich gar nicht genug davon bekommen.«

»Nicht der Geschmack ist abstoßend, sondern der Gedanke an das Tier«, erwidere ich.

»Ich weiß«, sagt er, »ich habe große Schwierigkeiten, ein Ferkel zu essen. Neulich abend war ich auf einer Party, und man brachte das kleine Tierchen auf einem großen Tablett rein, mit Kopf und drum und dran und dem Apfel, der in der kleinen versengten Schnauze steckte...«

»Ich liebe Spanferkel!« rufe ich.

»Tatsächlich?« Er scheint überrascht. »Wenigstens sieht der Waschbär hier nicht zu, während wir ihn essen.«

»Während *du* ihn ißt.«

»Das Leben öffnet sich dir, damit du neue Erfahrungen machen kannst«, sagt er und zieht den Auflauf aus dem Ofen.

»Warum ißt du denn nicht gleich Katzen?« erwidere ich, rasch und beißend.

»Gute Frage«, sagt er. Ich muß zugeben, der Braten sieht köstlich aus, die Kruste ist schön braun. Ein verführerischer Duft breitet sich aus. Mein Freund hat keine Feindschaft geweckt, sondern mir die Möglichkeit gegeben, die Meinungsverschiedenheit zu gewinnen. Er schneidet ein kleines Stück ab und legt es mir auf den Teller. Die dampfenden Möhren und Kartoffeln und Stücke roten Pfeffers sind gemischt mit kleinen Fleischstücken; alles sieht sehr appetitlich aus. Er nimmt einen kleinen Bissen, kaut, genießt, schüttelt den Kopf in stummer Zustimmung, schnalzt mit den Lippen und nimmt noch einen Bissen. »Es würde mir nicht im Traum einfallen, jemand zu bitten, etwas so Seltsames zu essen, was so gut schmeckt«, sagt er und grinst.

»Dann bitte mich doch nicht«, antworte ich.

»Ich käme überhaupt nicht auf den Gedanken, solange du mich nicht bittest, eins dieser kleinen Ferkel zu essen, die ersticken, wenn ihm jemand einen Apfel in den unschuldigen kleinen Hals steckt.«

»Wenn's unbedingt sein muß«, könnte ich dann sagen und das

Gefühl haben, als hätte man mich übergangen, »gib mir ein kleines Stück.« Wenn ich dann seine Gabel nehme und ein Fleischstückchen zusammen mit einem Stückchen Zwiebel aufspieße, sage ich vielleicht: »Schmeckt fast wie Hähnchen!« Dann werfe ich einen Blick auf die Katze: »Apropos neue Erfahrungen, wollen wir morgen abend einen Katzeneintopf machen?«

Immer wenn ich eine Argumentation beginne, versuche ich mich daran zu erinnern, daß ich den *anderen* nicht dazu bringen kann, Waschbären-Pie zu essen. Indem wir dem *anderen* die Möglichkeit geben, unsere Argumente zurückzuweisen, indem wir anerkennen, daß die Entscheidung einzig und allein bei ihm liegt, gewinnen wir in jedem Fall; denn wenn wir ihn nicht auf diese Weise ermächtigen, wird er sich uns immer wieder verschließen und sich vor unseren Argumenten schützen. Auf diese Weise verlieren wir immer.

Die Angst entdecken, den Schrecken besänftigen: Besonders deutlich wird dieser Prozeß in folgendem Gleichnis: Ein Jäger hatte sich im Gebirge verlaufen. Seit Tagen wußte er nicht mehr, wo er war. Er war erschöpft und schon fast verhungert, als er auf eine kleine Hütte im Wald stieß. Darin wohnte ein Einsiedler, ein alter Griesgram, der berüchtigt war wegen seiner aggressiven Feindseligkeit gegenüber jedem, der in sein Territorium eindrang. Doch Hunger zwang den Jäger, sich dem Eremiten zu stellen.

Dem Jäger bieten sich mehrere Strategien: Er könnte mit geladenem Gewehr vor die Tür der Hütte treten, die Kapitulation verlangen und, während er den Eremiten mit vorgehaltener Waffe bedroht, dessen Essen stehlen. In diesem Fall müßte er sich später wegen seines Verbrechens vor Gericht verantworten. Andererseits könnte der Einsiedler nach *seiner* Waffe greifen, was zu einer Schießerei führen würde. Wenn der Jäger den Einsiedler erschießt, hätte er sich des Mordes schuldig gemacht. Wenn er selbst erschossen werden würde, hätte er ebenfalls verloren.

Der Jäger entschied sich für eine viel klügere Lösung. Er klopfte an die Tür; als der Einsiedler öffnete, begrüßte ihn der Jäger mit einem »Hallo« und reichte ihm sein Gewehr, mit dem Kolben voran. Überrascht nahm der Eremit die Waffe entgegen.

»Ich dachte, ich könnte vielleicht mein Gewehr gegen etwas zu essen eintauschen«, sagte der Jäger. »Ich habe großen Hunger.« Der Eremit, der nun die Waffe des Gegners in Händen hielt, fühlte sich nun völlig sicher und war erfreut, weil man ihn anerkannte und respektierte. Er lud den Jäger in seine Hütte ein und bereitete ihm ein Mahl; als es zu Ende war, reichte er dem Jäger die Waffe zurück und zeigte ihm den Weg aus dem Wald.

Wenn wir den *anderen* ermächtigen, so daß er unsere Argumente annehmen oder zurückweisen kann, verliert er die Angst – die Angst, die uns immer besiegt. So können Sie zum Beispiel zu Ihrem Partner gehen und sagen: »Ich habe meine Arbeit wirklich satt. Nächste Woche mache ich Urlaub. Du kannst Urlaub nehmen in deiner Firma und mitkommen, wenn nicht, fahre ich allein«, in dem Fall müssen Sie vielleicht allein fahren. Oder Sie können sagen: »Liebling, ich bin wirklich erschöpft, und ich weiß, du bist es auch. Wann immer du in deiner Firma Urlaub nehmen kannst, je eher, desto besser, würde ich gern ein paar Tage wegfahren.«

»Ja«, antwortet sie, »wohin?« Sie ist offen und bereit, sich anzuhören, welche Argumente für Ihre Traumreise nach Argentinien sprechen.

Wenn der Sohn möchte, daß seine Eltern verstehen, warum er und seine Braut sich lieber aus dem Staub machen wollen, statt eine große, teure Trauung zu Hause zu feiern, könnte die Argumentation des Sohnes folgendermaßen lauten:

»Ich hasse große Hochzeiten. Wir fliegen nach Reno und heiraten in einer kleinen Kapelle.«

»Aber du weißt doch, wie sehr sich dein Vater und ich auf die Hochzeit gefreut haben. Es bedeutet uns sehr viel«, fleht die Mutter.

»Das weiß ich«, sagt der Sohn. »Aber eine große Hochzeit ist für dich und Dad bloß ein Vorwand, vor euren Freunden anzugeben. Es geht um unsere Hochzeit und nicht eure.« Damit wird er, ganz gleich, wie sehr er es bereut, bis zum Rest seines Lebens gebrochene Herzen reparieren.

Statt dessen könnte er argumentieren. »Mutter, wir haben unsere eigene kleine Hochzeit geplant. Wir finden, daß wir, mit deinem und Daddys Segen, nach Reno fliegen und dort heiraten sollten.«

»Aber du weißt doch, wie sehr dein Vater und ich uns auf deine Hochzeit gefreut haben. Es bedeutet uns so viel.«

»Ich weiß, Mom. Und wenn du wirklich willst, daß wir die Hochzeit zu Hause veranstalten, machen wir das auch. Aber es ist nicht das, was Betsy und ich möchten.« Die meisten Mütter wollen, daß ihre Kinder glücklich sind. Diese Mutter ist nun ermächtigt, ein Ereignis mit Unglück zu überziehen, das der Inbegriff der Freude sein soll. Wenn man einer Mutter so viel Macht zubilligt, wird sie sie normalerweise nicht gegen ihr Kind wenden. Aber wenn der Sohn seiner Mutter keine Macht geschenkt hätte, hätte das Gespräch auch zum Saatbeet Jahre währender Grollgefühle werden können.

Aber die Mutter hätte auch ihren Sohn ermächtigen können. Sie hätte sagen können: »Also, mein Sohn, es ist deine Hochzeit, deine und Betsys, nicht unsere. Wie immer du dich entscheidest, wir werden euch unterstützen – vorbehaltlos.« Ausgestattet mit dieser Macht, wird er seine Mutter besser verstehen, wenn sie ihm sagt, wieviel es ihr bedeutet, die Hochzeit zu Hause stattfinden zu lassen, wo die ganze Familie zusammen wäre und in dieses wichtigste Ereignis im Leben einer Mutter einbezogen würde. Und selbst wenn der Sohn seinen Entschluß nicht ändert, weiß sie, daß er sie nicht ausgeschlossen hat – daß sie gehört wurde.

Wenn ein guter Arzt möchte, daß ein Patient sich einer notwendigen Operation unterzieht, stellt er ihm frei, sein oder ihr Urteil selbst zu fällen. »Konsultieren Sie einen anderen Arzt. Lesen Sie die Fachliteratur. Fragen Sie andere Patienten, die die gleiche Erkrankung hatten und geheilt wurden. Die Entscheidung liegt bei Ihnen.«

Der Arbeitgeber, der möchte, daß der Arbeitnehmer mehr für ein geringeres Gehalt arbeitet, könnte so argumentieren: »Wir haben ein Problem, George. Ich möchte mit Ihnen sprechen.«

»Ja, worum geht's?« Der Arbeitgeber ruft George zu sich ins Büro. Nachdem er Platz genommen hat, reicht er ihm die letzten Zahlen der Firma.

»Sehen wir uns die Zahlen einmal an.« Sie unterhalten sich über die Lage der Firma. Der Chef geht alle kostensparenden Maßnahmen durch, die die Firma vorgenommen hat. »Unseres Erachtens sieht es danach aus, daß wir weitere Einsparungen vornehmen müssen, es sei denn, wir finden eine andere Lösung.« Der Chef gibt seine Macht nicht preis, aber George wird in den Prozeß der Problemlösung, der Entscheidungsfindung einbezogen. Wie immer die Entscheidung ausfällt, George wird das Gefühl haben, als hätte er eine faire Chance, angehört zu werden, und der Chef wird den Eindruck haben, daß seine Entscheidung, wie immer sie ausfällt, nicht willkürlich erscheint.

Wenn ich vor einer Jury mein Schlußplädoyer halte, bediene ich mich häufig einer Geschichte, die mittlerweile viele Anwälte kennen

– »Die Vogel-Geschichte«. Woher sie stammt, weiß ich nicht. Ich habe sie nicht geschrieben. Vielmehr ist es ein Gleichnis, das die Jury wunderbar ermächtigt und gleichzeitig beschwört, Recht zu sprechen – anzuerkennen, daß die Gerechtigkeit auf meiner Seite ist. Die Geschichte lautet so:

Es waren einmal ein alter Mann und ein neunmalkluger Junge. Der Junge hatte nur einen Wunsch – den weisen alten Mann als Narr hinzustellen. Der neunmalkluge Junge hatte einen Plan. Er hatte im Wald einen kleinen, zarten Vogel gefangen. Der Plan sah vor, daß er, mit dem Vogel in der Hand, zu dem Alten gehen und ihn fragen wollte: »Alter Mann, was halte ich in meinen Händen?«, worauf der weise alte Mann antworten würde: »Einen Vogel, mein Sohn.«

Dann würde er fragen: »Alter Mann, ist der Vogel tot oder lebendig?« Wenn der alte Mann antwortete, daß der Vogel tot sei, würde er die Hände öffnen und den Vogel in den Wald fliegen lassen. Doch wenn der Mann antwortete, daß der Vogel lebe, würde er den Vogel in den geschlossenen Händen erdrücken und drücken und drücken, bis der Vogel tot wäre. Dann würde er die Hände öffnen und sagen: »Siehst du, Alter, der Vogel ist tot!«

Der neunmalkluge Junge ging also wie geplant zu dem alten Mann und sagte: »Alter Mann, was habe ich in meinen Händen?«

Der Alte antwortete: »Einen Vogel, mein Sohn.«

»Alter«, sagte der Junge daraufhin in einem Tonfall, der vor Hohn geradezu troff, »ist der Vogel *tot* oder *lebendig?*«

Woraufhin der alte Mann ihn aus gütigen Augen ansah und sagte: »Der Vogel ist in *deinen* Händen, mein Sohn.« An diesem Punkt wende ich mich an die Geschworenen und sage: »Und genauso, Ladies and Gentlemen, liegt das Leben meines Mandanten in *Ihren* Händen.«

Die Geschichte hat eine große ermächtigende Kraft, sie zeigt, daß das Schicksal meines Mandanten in den Händen der Geschworenen liegt. Es besteht kein Wettstreit mehr zwischen dem Staatsanwalt und der Jury. Und doch haben die Juroren erfahren, daß sie – ungeachtet ihrer absoluten Macht – den Vogel nicht töten dürfen – das Leben meines Mandanten, das ich in ihre Hände lege.

Menschen bevormunden: Es gibt viele Möglichkeiten, mit denen jene, die argumentieren, den *anderen* zur Annahme ihrer Argumente zu bewegen versuchen. Manche Redner beginnen trotz der

Intelligenz ihrer Zuhörer ihre Vorträge in einer offensiven und herablassenden Weise. Wie oft habe ich gehört, daß jemand die Worte an den Anfang stellte: »Ich kann Ihnen gar nicht sagen, wie erfreut ich bin und wie privilegiert ich mich fühle, heute abend vor dieser hervorragenden Gruppe bedeutender Amerikaner und ihrer wunderschönen Frauen zu sprechen«, oder ähnlichen Blödsinn. Denn alle Anwesenden wissen, daß man den Redner gemietet hat und daß er lieber barfuß Schildkrötenherden über die glühenden Kohlen des Hades treiben würde, als vor diesen langweiligen, halbbetrunkenen Nieten zu sprechen und in halbbetrunkenem Zustand eine ebenso langweilige Rede zu halten. Mit Bevormundung wird man in keinem Fall Erfolg haben, wenn man seine Zuhörerschaft zum Zuhören bringen will. Das Gegenteil trifft zu.

Auch hier ist der bessere Weg, die Zuhörer zu ermächtigen. Man könnte so beginnen: »Ich bin hier, um Ihnen von meinem Traum zu berichten. Es steht in Ihrer Macht, meinen Traum wahr werden zu lassen. Wollen Sie hören, worin der Traum des Redners besteht, über den Sie so große Macht haben? Ich möchte Ihnen von einem neuen Programm berichten, das vielen Obdachlosen Arbeit verschafft und das sie als nützliche, stolze Mitglieder unserer Gesellschaft in unsere Gemeinschaft zurückholt.« Damit ist das Interesse der Zuhörer geweckt. Man hat sie weder bevormundet noch verwöhnt. Die Zuhörer schalten nicht ab. Ermächtigt sind sie bereit, ihre Macht auszuüben.

Der Witz geht auf Kosten des Witzereißers: Manche Redner versuchen, die Zuhörer »aufzuwärmen«, indem sie einen Witz erzählen: Der Witz kann gut sein oder auch nicht. Ist er es nicht, steht der Redner vor einem Fiasko. Die Zuhörer sind gezwungen zu lachen, doch ein gequältes Lachen klingt wie ein Gluckern aus der Hölle, und damit ist die Rede bereits ein Fehlschlag. Wenn der Witz unangebracht ist oder nichts zum Thema beiträgt oder wenn seine Bedeutung überzogen wird, hätte der Redner ihn in seinem Witzbüchlein lassen sollen. Und wenn der Witz mit dem Ton der Darbietung im Widerstreit steht, leidet die ganze Rede darunter. Es ist, als liefe man in einem Clownskostüm ins Auditorium, vollführte einige alberne Kunststücke und würde erst, nachdem man sich umgezogen hat und wieder Anzug und Krawatte trägt, von den Zuhöreren erwarten, ernst genommen zu werden. Ich erzähle meinen Zuhörern nie einen Witz, um sie »aufzuwärmen«. Ich spreche zu ihnen, um ihnen etwas mitzuteilen, was mir wichtig ist. Normalerweise komme ich von weither, da Jackson Hole, Wyoming, fernab von fast allen Städten liegt. Ich habe keine Zeit für Witze, auch wenn die Zuhörer im Laufe der Rede häufig etwas zu lachen haben.

In keiner der großen Reden der Geschichte finden sich solche einleitenden Witzeleien. Nach Pearl Harbor begann Roosevelt sein berühmtes »ein Datum, das uns ewig Schande machen wird« nicht mit einem Witz. Martin Luther Kings »Ich habe einen Traum«-Rede begann ebenfalls nicht mit einem Witz, obwohl Martin Luther King seine Zuhörer jederzeit zum Lachen bringen konnte. Wir gehen nicht zum Chef und bringen ihn mit einem Witz in Stimmung, wenn wir möchten, daß er unseren Vorschlag übernimmt. Wir beginnen unsere Aussprache mit unserem Ehemann bzw. unserer Ehefrau über etwas Wichtiges in unserem Leben nicht, indem wir einen Witz reißen. Scherze bestimmen den Ton, wenn man Spaß haben will. Gewiß, wir wollen, daß die Zuhörer uns mögen. Aber Zuhörer mögen Witzbolde nicht unbedingt. Wir sind nicht gekommen, um als Komiker aufzutreten, aber wenn wir diese Erwartung hervorrufen, indem wir einige Witze erzählen, scheitern wir zumeist sowohl als Komiker als auch als Redner, der etwas Wesentliches zu sagen hatte. Ich habe ziemlich viele Reden gehört, bei denen die Zuhörer, wenn man sie hinterher befragt hätte, an was sie sich erinnern, nur an die Witze erinnert hätten, vielleicht glücklicherweise.

Die Einleitung als Brücke: Wenn der Redner freundlich vorgestellt worden ist, ist die Aufwärmphase häufig nicht erforderlich. Das sieht man. Die Zuhörer blicken gespannt. Sie, der Redner, fühlen sich angenommen und akzeptiert. Oft fange ich sofort an. Nie beginne ich jedoch eine Rede mit dem gespenstischen Abstieg in die unwiderrufliche Langeweile, die man empfindet, wenn der Redner erst einmal erzählt, wie es kommt, daß er auf dem Podium steht, und was ihm passiert ist, als er seine Rede vorbereitete, wie etwa: »Als George, Ihr Präsident, mich bat, vor Ihnen zu reden, dachte ich ...« Die grausame und banale Reise zu dem Ort, wo die ewige Trübsal haust, weckt in mir den Wunsch, aufzuspringen und zum nächsten Ausgang zu laufen.

Das positive, unbestreitbare Bedürfnis nach dem Positiven: Ob unsere Argumentation nun die Form einer Rede annimmt, einer

Bitte um Hilfe oder der Bemühung, den *anderen* zu überzeugen – stets sollte die Präsentation damit beginnen, einen *positiven Kontakt* zwischen uns und dem *anderen* herzustellen. Lassen Sie mich zeigen, was ich damit meine:

Wir gehen des Weges, und ein Fremder spricht uns an: »Hallo« sagt er und tritt uns in den Weg. »Ich habe eben eine Flasche Bier aufgemacht.« Er hält uns die Flasche entgegen. »Möchten Sie einen Schluck?« Sie umrunden ihn, antworten: »Nein danke« und gehen eilig weiter; der Fremde steht da und sieht einsam und verlassen aus.

Wenn Sie dagegen mit Freunden in einer Bar sitzen und ein Bewunderer auf der anderen Seite des Raumes, den Sie nicht kennen, die Kellnerin mit einem Drink zu Ihnen schickt, nehmen Sie die Geste vielleicht an. Die erste Begegnung mit dem Fremden auf der Straße war ein negativer Kontakt, ein Eindringen. Der letztere ein positiver Kontakt, ein Angebot, ein Kompliment.

Auch jede Argumentation müssen wir beginnen, indem wir ein enges Verhältnis zwischen uns und dem *anderen*, einen *positiven* Kontakt herstellen. Aber wie können wir erreichen, daß man uns sympathisch findet? Wir alle wollen gemocht werden. Andererseits habe ich während meines ganzen Lebens immer wieder festgestellt, daß manche Leute eben nicht zu meinen Freunden zählen. Wenn ich in einem Strafprozeß einen unbeliebten Angeklagten vertrete, sehen mich sofort alle Freunde und Familienangehörige des Opfers als ihren Feind. Wenn ich einen unpopulären Fall übernehme, betrachtet mich die gegnerische Partei mit Feindseligkeit. Wenn ich meinem bilderstürmerischen Drang nachgebe, wenn ich liebgewonnene Überzeugungen angreife und Traditionen in Frage stelle, wenn ich anderen meine Ideen zur politischen Korrektheit unter die Nase reibe, schaffe ich mir scharenweise Feinde, wie jemand, der mit einem Hammer auf einen Bienenstock schlägt. Zurückweisung ist der Preis, den man für seine Persönlichkeit bezahlt. Es ist der Preis, den der Advokat bezahlt. Zurückweisung ist das Bett, das sich der Ikonoklast selber bereitet.

Dennoch bleibt die Frage bestehen: Wie stellen wir einen positiven Kontakt zu unseren Zuhörern her, damit sie sich unseren Argumenten öffnen?

Lächeln: Und wenn man lächelt? Wir kennen Menschen, die ewig zu lächeln scheinen, eine Gewohnheit, die auf der Annahme beruht, daß ein nettes Lächeln normalerweise ein nettes Lächeln hervorbringt. Außerdem lächeln nette Menschen, und wir alle mögen doch nette Menschen, oder? Mit einem netten Lächeln verdient man viel Geld. Fernsehverkäufer lächeln fast ununterbrochen. Man verkauft uns Autos und Shampoos und Hamburger mit einem netten Lächeln. Obwohl es viele verschiedene Arten des Lächelns gibt – glückliche, erotische, wissende, »Ich hab's dir doch gesagt«-Lächeln, böse, neckische, traurige und übellaunige –, das einfach nur nette Lächeln ist die Lieblingswaffe derjenigen, die wollen, daß wir sie sympathisch finden, und die wiederum etwas von uns wollen. Politiker bedenken uns mit einem netten Lächeln; es ist die Ausstaffierung, ohne die sie sich vermutlich nackt fühlen. Das im Gesicht tätowierte »Mr. Nice Guy«-Lächeln ist das ausschließliche Eigentum von Politikern und Fernsehgrößen und denjenigen, denen nicht zu trauen ist.

Nettsein: Aber ich behaupte, daß es gar nicht gut ist, nett zu sein. Es ist gut, respektiert zu werden. Es ist gut, Recht zu haben. Es ist gut, liebevoll und fürsorglich zu sein. Es ist gut, aufrichtig zu sein. Aber es ist nicht gut, nett zu sein. Wenn man mir sagt, jemand sei ein »netter Mensch«, gehe ich ihm aus dem Wege, da er mich vermutlich mit einem unendlichen Nachschub an nettem Lächeln versorgen will. Jemand, der mit allem, was ich sage, übereinstimmt, betreibt soziale Onanie. Wenn ich sterbe, wird etwas bestimmt nicht auf meinem Grabstein gemeißelt stehen: »Hier ruht ein netter Bursche.« Garantiert nicht, wie mir meine Freunde versichern.

Wenn Sie auf eine Cocktail-Party gehen und sich im Zimmer die Menschen ansehen, die sich dort unterhalten, dann werden Sie merken, daß auf fast allen Gesichtern ein nettes Lächeln zu sehen ist. Es ist, als ob die Leute beim Betreten des Zimmers ihre Nettes-Lächeln-Masken aufgesetzt hätten. Wo man auch hinsieht, alle lächeln. Man denkt: »Die müssen sich ja königlich amüsieren! Und wie nett, wie außerordentlich *nett* doch alle sind!« Trotzdem wissen wir, daß nicht alle Leute nett sind, sich in dem Raum vielmehr ein buntes Volk von Mistkerlen, Hochstaplern, gewalttätigen Ehemännern, Kinderschändern, Gaunern und Sozialverbrechern der einen oder anderen Sorte tummelt, von ein paar anständigen Menschen abgesehen, denen sterbenslangweilig zumute ist und die es gar nicht erwarten können, bis sie nach Hause fahren können.

Wenn Sie die Paare beobachten könnten, die von der Party zu ihren Autos gehen, würden Sie sehen, daß sie nun ihr maskenhaftes Lächeln abgelegt haben. Einige nörgeln und beschweren sich, was sie auf dem Fest erdulden mußten. Manche sind wütend auf ihre Partner, weil sie ihnen nicht genug Aufmerksamkeit geschenkt haben oder weil sie einem anderen zuviel Aufmerksamkeit geschenkt haben. Manche haben schmerzende Füße oder Magendrücken. So etwas kennen wir alle, auch wenn wir jenen zugelächelt haben, die uns ein letztes einfallsloses nettes Lächeln zugeworfen haben, als sie uns Gute Nacht wünschten und ausriefen, was für ein wunderschöner Abend es doch gewesen sei.

Viel zu lächeln, das Gebaren des netten Burschen anzunehmen erwirkt keine Glaubwürdigkeit und macht den *anderen* nicht für unsere Argumente empfänglich. Ein Lächeln sollte unsere Gefühle nicht *verdecken*. Statt dessen sollten wir lächeln, wenn uns *danach ist*. Wir sollten lächeln, wenn wir glücklich oder dem *anderen* gegenüber freundlich gesonnen sind. Wir sollten lächeln, wenn uns etwas amüsiert. Aber wir sollten nicht lächeln, um den *anderen* für uns einzunehmen, denn seine Glaubwürdigkeitsdetektoren werden diejenigen unter uns identifizieren, deren Lächeln nicht in Einklang mit den Umständen oder der Person steht, die das Argument vorträgt. Statt durch nettes Lächeln Anerkennung zu bekommen, wird er wahrscheinlich einen Sumpf schaffen, in dem unsere Argumentation in Mißtrauen und Zweifel versinkt.

Ich behaupte also: Um gemocht zu werden, muß man uns achten.
Um geachtet zu werden, muß man uns glauben.
Damit man uns glaubt, muß man glaubwürdig sein.
Damit man glaubwürdig ist, muß man der sein, der man ist.
Keine Masken.
Nackt.
Kein nettes Lächeln, wenn einem danach nicht zumute ist.
Um akzeptiert zu werden, muß man einfach die Wahrheit sagen.
Sagen Sie einfach die schlichte Wahrheit!

Die Wahrheit sagen, die schmerzliche Wahrheit: Wie also stellt man ein enges Verhältnis her, eine *positive Verbindung* mit dem *anderen? Warum nicht die Wahrheit sagen?* Vor Zuhörern, denen ich nahekommen will, habe ich oft gesagt: »Die meisten von Ihnen kenne ich nicht, und die meisten von Ihnen kennen mich nicht. Ich wünschte, wir wären alte Freunde. Ich wünschte, wir würden uns schon seit Jahren kennen. Ich wünschte, ich würde Ihre Kinder kennen und hätte wichtige Zeiten in Ihrem Leben mit Ihnen geteilt. Dann fiele es uns leicht, miteinander ins Gespräch zu kommen. Aber bevor ich zu Ende gesprochen habe, so hoffe ich, werden wir einander viel besser kennen und Freunde werden.«

Gegenüber einem recht bösartig wirkenden Staatsanwalt, mit dem ich über Zugeständnisse in einem Verfahren streiten will, beginne ich meine Ausführungen, indem ich die Wahrheit sage: »Ich kenne Sie nicht, nur den Ruf, der Ihnen vorausgeht. Es heißt, Sie sind jemand mit einem ausgeprägten Gerechtigkeitssinn und nicht so aggressiv, wie Sie aussehen. Ich hoffe, ich kann offen und ehrlich sprechen. Ich muß mit Ihnen einen Handel machen, aber das wird nur funktionieren, wenn ich Sie davon überzeugen kann, daß auch ich eine faire Person bin, der Sie vertrauen können.« Um mit einem feindseligen Richter, und die meisten sind feindlich gesinnt (inzwischen bin ich der Überzeugung, daß das Anlegen der schwarzen Robe ein ehemals gutes und großzügiges Herz in ein finsteres Loch verwandelt), ein vertrauensvolles Verhältnis herzustellen, sage ich dem Richter die Wahrheit: »Euer Ehren, mir ist bewußt, daß Ihre Aufgabe darin besteht, dem Gesetz zu folgen, und daß diese Aufgabe manchmal von Anwälten stark erschwert wird, die nicht die Wahrheit sagen. In unserem Fall ist die Wahrheit, daß die Mehrzahl der Präzedenzfälle nicht für meinen Mandanten sprechen. In der Vergangenheit haben die meisten Richter das Gesetz nicht so ausgelegt, wie ich es mir in diesem Verfahren wünsche. Zwar sind die meisten Fälle nicht auf unserer Seite, doch das Recht ist es, und letztlich geht es bei jeder erfolgreichen Rechtssprechung darum, einem Menschen Gerechtigkeit widerfahren zu lassen. Lassen Sie mich Ihnen also zeigen, warum die Gerechtigkeit auf unserer Seite ist.«

Ich erinnere mich an die Geschichte eines Rentners, der von Arkansas nach Wyoming gezogen war, wo er seinen Lebensabend als Farmer verbringen wollte. Er hatte sein Leben lang hart gearbeitet und seine kleine Viehranch allmählich erweitert, indem er benachbarte Kleinfarmen aufkaufte, bis er einer der größten Ranchbesitzer im County geworden war. Der alte Rancher hieß Henry.

Eines Tages sagte sich Henry, daß er einen weiteren Kredit von der Bank brauchte, mit der er über Jahre hinweg geschäftlich zu tun hatte. Henry, der immer noch sein Maultier ritt, begab sich in das

Kuhdorf Lander, Wyoming, wo die Bank ihren Sitz hatte. In den Latzhosen und dem alten schmutzigen Hut sah er wie der typische Hinterwäldler aus, der er war. Er trampelte mit seinen Bauernschuhen durch die Bank, dorthin, wo der Filialleiter saß.

»Mr. Hayes, ich wollte was mit Ihnen besprechen«, sagte Henry.

»Es ist immer schön, Sie zu sehen, Henry. Nehmen Sie Platz. Was haben Sie auf dem Herzen?«

»Na ja, Mr. Hayes« – Henry setzte sich dem Bankier gegenüber –, »ich wollte Ihnen ne Frage stellen.«

»Ja? Worum geht's denn?«

»Also, Mr. Hayes, ich wollte mal fragen, ob Sie heute morgen schon ein Bad genommen haben?«

»Wie bitte?« Der Bankier war zu erstaunt, um beleidigt sein zu können.

»Nun, haben Sie heute morgen gebadet?«

»Wie können Sie nur so etwas fragen, Henry? Natürlich habe ich das!«

»Ich wollte das bloß wissen, weil ich mir 'n bißchen Geld von Ihnen borgen möchte, und Sie wissen ja, dafür muß ich Ihnen den Hintern küssen.« Henry bekam sein Geld.

Manchmal, wenn uns der *andere* feindlich gesinnt ist, gibt es nur eine Möglichkeit, ihn für unsere Argumente empfänglich zu machen: Wir müssen ihm hinsichtlich der Feindseligkeit die Wahrheit sagen. Ich bin einmal gebeten worden, vor einer Versammlung von Immobilienmaklern zu sprechen. Man hatte mich einerseits als Redner ausgesucht, weil ich mich bekanntermaßen für den Umweltschutz engagierte, und andererseits, weil der Vorsitzende ein ausgeglichenes Programm präsentieren mußte. Für einige Anwesende war ich einer dieser Bäume umarmenden Ungläubigen, die den Leuten aus dem Immobiliengeschäft am meisten Ärger verursachten.

Die einleitenden Worte waren oberflächlich und gehässig. Sie lauteten ungefähr so:

»Wie Sie wissen, hat Mr. Spence einmal ein Unternehmen verklagt, weil durch den Einsatz ihres Insektenvernichtungsmittels versehentlich einige Bäume abgestorben sind. Die Bäume gehörten dem Nachbarn des Unternehmens, und Mr. Spence erzielte für seinen Mandanten vor Gericht eine riesige Schadenersatzsumme, die sogar höher war, als der Wert des Grundstücks – mit Bäumen oder ohne.

Mr. Spence ist seit vielen Jahren die Erschließung neuer Grundstücke ein Dorn im Auge, doch der Fairneß halber sollte man ihn hören, und wenn nur aus dem Grund, daß man seine Argumente kennenlernt, damit wir vorbereitet sind, wenn wir darauf antworten müssen.« Gelächter. »Deshalb erteile ich nun Mr. Spence, dem bekannten Anwalt und Baumfreund, das Wort.«

Wie kann man eine Tür öffnen, die einem auf diese Weise zugeschlagen wird? Zunächst bezog ich mich auf die einführenden Worte.

»Wenn ich gewußt hätte, daß man mich mit diesen Worten vorstellt, wäre ich heute abend nicht gekommen«, begann ich. Das war völlig aufrichtig, und die Zuhörer wußten es. Sie lachten – aber nur ein bißchen. »Ich komme mir vor wie ein Regenwurm auf dem Hühnerhof.« Wieder leises Gelächter. »Und was meinen Prozeß im Namen der erwähnten Bäume betrifft – diese Bäume, die man getötet hat, waren meine Freunde. Ich hatte jeden einzelnen Dutzende Male umarmt.« Sie lachten, aber es ähnelte mehr einem Johlen.

»Einer der Bäume hieß Shirley. Ein anderer hatte den Namen Lulu Bell.« Wieder Gelächter. »Ich erinnere mich, daß ich einen von ihnen besonders gern hatte. Sie hatte liebevolle dunkle Augen, und im Herbst trug sie ein wunderschönes gelbes Kleid. Ihre Arme hoben sich in den Himmel, und wenn sie im Frühling sang, zitterten und schüttelten sich ihre Blätter beim leistesten Windhauch. Sie war schön. Ich kann sie nicht mit allen Rotkehlchen und Eichhörnchen bekanntmachen, die im Laufe der Jahre in ihren Armen ihr Nest bauten. Ich kann nicht namentlich alle die Spechte aufzählen, die in diesem Baum Schutz für ihre Jungen fanden. Ich weiß nicht, wie viele Liebespaare unter ihren ausgestreckten Armen Picknick gemacht und wie viele Kinder um sie herum gespielt haben, Jahr um Jahr. Sie hieß Gladys, und man hat sie ermordet. Sie haben sie ermordet, genauso wie ihre Schwester Betty Joe und alle ihre anderen Schwestern, und sie haben die Wildblumen ermordet, die sich zu ihren Füßen versammelten. Dann lachten sie und verspotteten jene, die sie liebten, die sich um sie sorgten und die vor Gericht gingen und Gerechtigkeit forderten.«

Schweigen im Saal. Der Präsident knirschte vernehmlich mit den Zähnen. Ich wartete. Aus dem Hintergrund hörte man ein nervöses Lachen oder zwei. »Ich bin heute abend nicht hier, um mich zu verteidigen, weil mir die Bäume soviel bedeuten, und auch nicht, um mich zu verteidigen, weil ich für ein in meinen Augen gerechtes Anliegen gestritten habe, sondern um Sie zu bitten, sich mir in einem Kampf anzuschließen gegen etwas, das eindeutig falsch ist.«

Dann legte ich dar, warum man das wunderschöne Tal von Jackson Hole nicht in gräßliche Parzellen zerschneiden solle, da dies nur dem Profit der Entwicklungsplaner diene. »Erlauben Sie mir, Ihnen zu Beginn eine Geschichte zu erzählen«, sagte ich. »Ehe die Venus von Milo in den Besitz des Louvre in Paris überging, gelangte sie in die Hände eines venezianischen Kunsthändlers. Die Statue stand bereits im Licht großen öffentlichen Interesses. Haltung und Ausdruck verliehen der Venus große Würde, die in der Tat ein Meisterwerk war, ausgestattet mit der ganzen Kraft, die von vollkommenen Kunstwerken ausgeht. Menschen kamen von weither, weil sie die Statue sehen wollten. Im Laufe der Zeit wurde sie immer beliebter, und man schrieb ihr die Fähigkeit zu, alle Frauen, die sie berührten, schön werden zu lassen.

Der Kunsthändler erkannte, daß er einen Riesengewinn einstreichen konnte, wenn er die Nachfrage der Öffentlichkeit, ein kleines Stück der Venus zu besitzen, ausbeutete. Frauen aus dem ganzen Land wallfahrteten zu ihr und sehnten sich nach einem kleinen Stück von ihr, in dem Glauben, daß sie vielleicht durch diesen Besitz selber schön würden. Der Kunsthändler hatte einen Plan. Er wollte die Venus in einer Gipskopie bewahren und hinterher die originale Venus in Tausende kleine Stücke zerbrechen, denn er erkannte, daß der Profit aus dem Verkauf der vielen Einzelteile jede Summe, die er aus dem Verkauf des Kunstwerkes im ganzen erzielen könnte, bei weitem übertreffen würde.

Also bestellte er Arbeiter zu sich, die mit Hämmern in sein Geschäft kamen, wo die Venus ausgestellt war. ›Zerlegt sie, Männer‹, befahl er. ›Brecht sie in tausend Stücke‹. Er hob den Arm zum Zeichen, man solle mit der Arbeit beginnen, aber gerade als er den Arm senken wollte, wurde dieser wie von einem unsichtbaren Schwert von seinem Körper abgetrennt. Im selben Augenblick wurde der entgegengesetzte Arm der Venus von Milo abgetrennt. Beide Arme fielen zu Boden, einer aus Fleisch, der andere aus Stein; an der Stelle, an der sie fielen, bildete sich ein Kreuz, das die Arbeiter als göttliches Zeichen deuteten, daß die Venus niemals zerstört werden dürfe. Kurz darauf wurde die Venus von Milo vom Louvre erworben, wo sie sich bis auf den heutigen Tag den Blicken aller Liebhaber der Schönheit zeigt.«

Ich hielt kurz inne. Schweigen im Saal. Die Gesichter der Zuhörer waren so versteinert wie die Venus selbst. Dann fuhr ich fort: »Dieses Tal ist nicht nur die Schöpfung eines Bildhauers. Es ist ein Kunstwerk, geschaffen von Gott. Viele Weltreisende, die es wissen müssen, beurteilen dieses Tal mit seinen hochragenden Gipfeln und seinen kristallklaren Seen als das schönste Tal der Welt. So wie die Venus von Milo einst in die Hände eines geldgierigen Kunsthändlers geriet, der sie aus Gründen des Profits zerstören wollte, so liegt das Tal in Ihren Händen.«

Ich stieg vom Podium. Kein Applaus. Schweigen im Saal. Niemand sprach mich im Hinausgehen an. Ich dachte, die Rede sei ein entsetzlicher Fehler gewesen, eine elende, peinliche Zügellosigkeit, bis ich einige Tage später einen der örtlichen Immobilienmakler im Lebensmittelgeschäft traf.

»Das war ja eine beeindruckende Rede, die Sie da neulich gehalten haben«, sagte er.

»Sie ist wohl nicht sonderlich gut angekommen«, sagte ich.

»Da bin ich mir nicht sicher. Ich hatte unten am Fluß zwei Parzellen, die ich unterteilen wollte. Ich habe sie gestern verkauft, habe mir aber vertraglich vorbehalten, daß der Boden nicht parzelliert werden darf. Das wollte ich nicht zulassen, sonst wäre mir noch der Arm von einem unsichtbaren Schwert abgeschlagen worden.« Er lachte. Und ich auch.

Bei einer anderen Gelegenheit wurde ich eingeladen, auf einer nationalen Medienkonferenz zu sprechen. Ich hatte gerade »Miss Wyoming« vor Gericht vertreten; die junge Frau hatte einen Prozeß gegen die Zeitschrift *Penthouse* angestrengt. Die Zeitschrift hatte einen ihres Erachtens humorvollen Artikel veröffentlicht, in der die Miss Wyoming als eine derart versierte Expertin in der Kunst des Fellatio dargestellt wurde, daß die Männer geradezu »schwebten«.

Die Geschichte demütigte meine Mandantin so sehr und zerstörte ihre Fähigkeit, ein normales Leben zu führen, daß sie schließlich das College verlassen mußte. Sie konnte in ihrem Heimatort keine Arbeit finden und trat schließlich als Assistentin des Militärgeistlichen in die Armee ein. Das Geschworenengericht fällte ein Urteil, das ihr über 25 Millionen Dollar Schadenersatz zusprach.

Die Medien sind, wie wir alle, glühende Befürworter der freien Meinungsäußerung. Die Medienvereinigung hatte das Urteil gegen

Penthouse als Angriff auf das First Amendment interpretiert, so daß ich mich einem feindseligen Publikum gegenübersah. Der Konferenzvorsitzende hatte mich mit den Worten vorgestellt: »Vor Ihnen steht der fleischgewordene Gegner des Rechts auf freie Meinungsäußerung, der durch ansteckende Übertreibungen ein Geschworenengericht dazu veranlassen konnte, unsere heiligen Rechte der freien Rede preiszugeben und anschließend seiner Mandantin eine Schadenersatzsumme in Höhe von 25 Millionen Dollar für ihre vermeintlich verletzten Gefühle zu erstreiten. Das soll Gerechtigkeit sein? Nun, meine Damen und Herren, hier ist der Mann, der weiß, wie man das First Amendment abschlachtet, Mr. Gerry Spence.«

Ich trat hinter das Rednerpult und betrachtete die schweigende, feindselige Menge. Ich hatte das Gefühl, als hätte man mich beschuldigt, Rotkäppchen vergewaltigt zu haben, und stünde einem Lynchmob gegenüber, kurz bevor man mich aufknüpfen würde. Ich wartete. Nichts, ich wartete noch ein wenig. Immer noch nichts.

Dann sagte ich: »Ihr könnt mich mal.« Plötzlich brachen die Zuhörer in schallendes Gelächter aus. Einige begannen Beifall zu klatschen, und das Eis war gebrochen. Daß ich den Leuten, die vor mir saßen, gesagt hatte, was ich empfand – die Wahrheit –, hatte die Kluft überbrückt, die Verbindung hergestellt, und am Ende konnten meine Zuhörer den Schluß ziehen, daß meine Klage gegen *Penthouse* keineswegs ein Angriff auf das First Amendment darstellte, sondern es mir vielmehr darum ging, Gerechtigkeit für einen *Mißbrauch* des First Amendment aus Gründen des Profits zu ahnden.

Auch in einem anderen Zusammenhang rettete ich meine Haut einmal dadurch, daß ich die Wahrheit sagte. Ich steckte mitten in der Anhörung der Jury, das heißt dem Prozeß, bei dem die angehenden Geschworenen im Gerichtssaal sitzen und von den Anwälten befragt werden.

Ich hatte mehrere Jahre in einem kleinen Ort, Riverton, Wyoming, als Anwalt gearbeitet, wo ich auch zum Bezirksstaatsanwalt ernannt worden war. Die Folge war, daß ich die Kinder von Müttern ins Gefängnis gebracht und unpopuläre Fälle übernommen hatte. Später praktizierte ich als Anwalt, stritt hartnäckig für meine Mandanten und erwarb mir dadurch eine gewisse Anzahl weiterer Feinde in diesem County, in dem sich alle gut untereinander kannten. Als mir dies klar wurde, wollte ich sichergehen – so sicher wie möglich –, daß ich keinen meiner Kritiker in der Jury hatte. Ich begann, Fragen zu stellen, die möglicherweise enthüllten, wer zu dieser Gruppe gehörte.

»Kennt irgend jemand unter Ihnen mich oder hat von mir gehört?«

Fast alle Hände gingen hoch.

»Gibt es unter Ihnen jemand, der etwas über mich weiß, wodurch es ihm schwerfiele, Mitglied dieser Jury zu sein und unsere Argumente auf faire Weise anzuhören?«

Ein junger Mann in einem alten Westernhemd und in verblichenen Jeans hob die Hand. »Ich weiß etwas über Sie.« Ehe ich vorschlagen konnte, wir sollten uns ins Richterzimmer zurückziehen, um die Angelegenheit dort zu besprechen, rief er aus, so daß es alle Anwesenden hörten: »Mein Vater meint, daß Sie einmal sein Anwalt waren und daß Sie ihn verraten und verkauft haben.« Ich war wie betäubt. Wer war sein Vater? Wie sollte ich reagieren? Alle Geschworenen hörten zu und würden sich später gegen mich wenden – gegen diesen Anwalt, der den Vater des jungen Mannes verraten hatte.

Ich schwieg eine Weile und versuchte währenddessen, meine Fassung wiederzugewinnen. Schließlich sagte ich: »Ich weiß, ich habe Sie gebeten, die Wahrheit zu sagen, aber ich muß sagen, daß mich Ihre Antwort vor all diesen Menschen verlegen macht. Ich weiß wirklich nicht, was ich sagen soll.« Ich sagte wirklich nichts. Ich muß ungeheuer verdutzt ausgesehen haben.

»Ach«, antwortete der junge Mann, »machen Sie sich nichts daraus, Mr. Spence. Mein Vater sagt sowas über alle möglichen Leute.« Plötzlich war ich gerettet, vom selben Geschworenen, der mich hatte vernichten wollen, gerettet, weil er erkannt hatte, daß ich ihm freimütig enthüllt hatte, wer ich war, ein Mann, der sich gekränkt und gedemütigt fühlte. Am Ende half der Wortwechsel, die Kluft zwischen mir und den übrigen Geschworenen zu überbrücken.

Und deshalb: Um den *anderen* für Ihre Argumente empfänglich zu machen, sagen Sie die Warhheit. Seien Sie Sie selbst. Das genügt.

10. Wie man gewinnend argumentiert

Die Stimme finden und den Zorn freilassen

Das Instrument, »Stimme« genannt: Wir sprechen mit einem Instrument, das wir »Stimme« nennen. Wären wir nicht damit ausgestattet, könnten wir uns auch mit Geigen oder Tubas oder Trommeln verständigen. Alle diese Instrumente, einschließlich der Stimme, dienen dem Zweck, einen Klang zu produzieren. Das haben wir vergessen. Wenn wir die Laute von Regenwürmern verstärken könnten, die sich in den Boden bohren, würde ihr Stöhnen demjenigen vieler Menschen ähneln, die sich durch ihr mühseliges Leben schleppen. Der Ton ihrer Stimme verrät stets ihren schwerfälligen Marsch durch die Sümpfe der Langeweile.

Die Stimme spielt die Musik der Seele. Hören Sie hin, welche Laute ein Mensch beim Sprechen produziert – nur auf den Klang. Hören Sie hin, welche Laute Ihre Frau, Ihre Kinder von sich geben. Hören Sie sich die Laute an, die Ihr Chef, Ihre Kollegen, Ihr Ehemann machen. Lauschen Sie auf den Klang der Fernsehansager, der Prediger, der Schauspieler. Lauschen Sie, aber nicht auf die Worte, sondern auf den *Ton*, und Sie werden etwas über die Person herausfinden, die auf dem Instrument spielt.

Die Stimme offenbart, wer wir sind und daß wir mehr sind als die von uns gewählten Worte. Natürlich können wir diese Wahrheit bekräftigen. Beginnen Sie mit dem Satz: »Ich bin der glücklichste Mensch auf der Welt.« Man kann diese Worte von dieser Seite ablesen wie ein Computer Wörter liest – flach, langsam, mit Lücken zwischen jedem Wort, wobei jedes Wort wie das vorherige Wort klingt. Probieren Sie's mal. Lesen Sie die Wörter auf diese Weise. Sie überzeugen nicht. Wenn solche Wörter Freude ausdrücken sollen, dann kann ich gut auf sie verzichten.

Sprechen Sie dieselben Wörter – lesen Sie sie nicht ab –, als ob gerade Ihr schönster Traum in Erfüllung gegangen wäre. Hören Sie zu.

Sprechen Sie nun dieselben Wörter, als wären sie in der Gewalt von Terroristen. Sie sind an einen Stuhl gefesselt, und Ihre Peiniger stecken Ihnen Bambusspitzen unter die Fingernägel, während sie Sie auffordern, den Satz in den Kasettenrekorder zu sprechen. Wie klingen die Wörter nun? Stimmen Sie mir zu? Worte tragen weniger Bedeutung als der Ton.

Ich erstarre immer in ehrfürchtiger Scheu vor meinen Kollegen und Kolleginnen, die einfach, indem sie den Mund aufmachen, den Gerichtssaal in eine Grabkammer verwandeln. Ihre Argumente sind tot. Sie selbst sind so unlebendig, daß sie den grauenvollen kratzenden Laut, den ihr Instrument macht, gar nicht hören. Manchmal würde ich ihnen am liebsten eine kalte Flasche Formaldehyd anbieten, damit sie etwas munterer werden. Stachelschweine, die auf dem Gipfel des sexuellen Höhepunktes ein paar müde, unartikulierte Grunzlaute von sich geben, klingen lebendiger als viele Anwälte auf der Höhe ihrer Argumentation.

Ein mir bekannter Richter schließt die Augen, als würde er schlafen, während er zuhört, auch wenn es sich um eine ausdrucksvoll vorgetragene Argumentation handelt. Ich bin davon überzeugt, daß er die Anwälte verwirren will. Da er gelegentlich zustimmend brummt oder sich räuspert, während er die Augen geschlossen hält, nehmen sie an, daß er die ganze Zeit wach ist. Und das erlaubt ihm, während des peinigenden Gedröhns, das er über sich ergehen lassen muß, zu schlummern, während die Wörter, so herrlich frisch und aufregend wie eingeweichtes Toilettenpapier, ihn verschlingen, ihn verzehren, ihn ersticken. Seine Ausfälle gegen die Anwälte sind die einzigen Hinweise auf Leben in dieser Katakombe voller Gespenster. Kein Wunder, daß er von Zeit zu Zeit unzusammenhängendes Zeug von sich gibt. Früher war er ein freundlicher Mann. Erinnern Sie sich? Aber das lag lange vor der Zeit, ehe er zum Richter befördert, auf den Richterstuhl gehoben und so ewiger Pein unterworfen wurde.

Denken Sie einmal daran, wie sterbenslangweilig die meisten Firmentreffen sind. Wer hört denn schon zu, wenn der Geschäftsbericht verlesen wird? Stellen Sie sich das enervierende Gedröhn einer Sonntagspredigt vor. Kein Wunder, daß Kinder lieber Prügel beziehen, als den Gottesdienst zu besuchen. Stellen Sie sich das leblose, nicht enden wollende Palaver der Sachverständigen bei Gericht vor. Kein Wunder, daß die Geschworenen bitten, ins Gefängnis gesperrt zu werden, statt einen ganzen Tag im Gerichtssaal zu sitzen und sich so etwas anzuhören. Denken Sie an die endlosen, quälend langweiligen Ausschußsitzungen, Schulkonferenzen und Konferenzen über Konferenzen. Ich sage Ihnen: Eine langweilige Quasselstrippe zu erwürgen, statt ihr eine weitere Sekunde zuzuhören, läßt sich erfolgreich als gerechtfertigter Mord verteidigen.

Wir haben die Pflicht, niemals Trübsinn anzugreifen. Vielmehr müssen wir uns der Laute, die wir mit unserem Instrument produzieren, sehr deutlich bewußt sein. Ich wage die Behauptung, daß die meisten Eheleute das Ehejoch nicht deshalb abstreifen wollen, weil der Partner ungeschickt im Bett ist, nicht, weil der Partner im Leben wenig Erfolg hat, sondern weil er sich am Ende als schlechterdings unverbesserlicher Langeweiler entpuppt. Wenn wir den *anderen* aber langweilen, ist es wahrscheinlich, daß auch wir uns langweilen. Das ist die Hölle auf Erden, denn es gibt keinen größeren Schmerz als ewig an einen trübsinnigen Menschen gekettet zu sein, den man mit »du« anredet. Und die erste und wichtigste Verteidigung gegen Langeweile besteht darin, etwas Lebendigkeit in die Stimme zu legen.

Gräßliche sprachliche Manierismen: Es gibt gar nicht so wenige Menschen, die sich einer Redeweise befleißigen, bei der die Stimme am Ende jedes Satzes ansteigt, als stellte der Sprecher eine Frage, obgleich er lediglich eine Aussage trifft. »Ich bin gestern zum Lebensmittelladen gegangen (bei »gegangen« hebt sich die Stimme, als wollte er die Frage stellen: »Bin ich gestern zum Lebensmittelgeschäft gegangen?«) und habe nur ein paar Kleinigkeiten gekauft (bei Kleinigkeiten hebt sich die Stimme, als ob er nicht sicher sei, was er gekauft hat, und Ihre Bestätigung braucht), und das hat über hundert *Dollar* gekostet (bei Dollar geht die Stimme in die Höhe, als fragte er uns nach der richtigen Summe).« Woher sollen wir das wissen? Natürlich besteht die Funktion dieser Redeweise darin, den Zuhörer zu manipulieren, eine Frage zu stellen, die er mit »Ja« beantworten muß, und ihn dadurch – Satz für Satz – zu kontrollieren. Ähnlich sind der Gebrauch eines »wissen Sie«, das eingefügt wird, wo ein Komma hingehört, und die Einfügung »nicht wahr?« am Ende jedes Satzes Sprechgewohnheiten, die keinem sinnvollen Zweck dienen. Wer einem anderen zuhört, will weder zu zustimmenden Äußerungen gezwungen noch in eine nickende Marionette verwandelt werden.

Der magische Stoff, genannt »Charisma«: Wir alle kennen charismatische Prediger und charismatische Redner. Wir haben das Gefühl, von ihnen gefangengenommen, überrumpelt, »aufgesogen« zu werden. Ein großer Schauspieler rührt uns zu Tränen. Ein großer Komiker packt uns, daß wir uns kugeln vor Lachen. Aber woran liegt das? Wie kann ein Redner ein Publikum in einen wütenden Pöbel verwandeln oder zu Tränen rühren, während ein anderer Redner, der die gleiche Botschaft übermittelt, es unverzüglich in Schlaf versetzt? Was ist das eigentlich, Charisma? Woher kommt es? Und wie können wir es entwickeln?

Charisma ist Energie, Energie aus der *Herzzone*. Wenn der Sprecher keine Gefühle hat, hat er nichts »rüberzubringen« und kann deshalb auch kein Charisma entwickeln. Statt dessen müssen wir lediglich seine toten Klänge beziehungsweise den Klang der ausgebildeten Fernsehstimme ertragen, die kaum besser ist als tot. *Charisma entsteht, wenn die Gefühle des Sprechers in ihrer reinsten Form übermittelt werden.* Charisma ist nicht verwässertes Gefühl. Es ist nicht verkleidet. Es ist pures Gefühl. Charisma ist die Übermittlung reiner Energie, reinster Leidenschaftlichkeit, an den *anderen*.

Stellen Sie sich die Sache so vor: Angenommen, Sie besäßen ein Gefühlsreservoir, das vor innerer Aufregung geradezu überläuft. Können Sie die Erregung vor sich sehen – wie sie blubbert, dampft, gegen die Wände schäumt, dampft, spritzt? Angenommen, Sie wollen die Erregung einem anderen vermitteln. Wie gehen Sie dabei vor? Wenn Erregung Wasser wäre, könnten Sie einen Schlauch in das Reservoir tauchen und die Erregung aus Ihrem Erregungsreservoir zum leeren Reservoir Ihrer Zuhörer weiterleiten. Das ist die Methode des charismatischen Redners. Sein Gefühlsreservoir ist randvoll mit reinen Gefühlen, und er ist imstande, diese Gefühle durch den »Absaugschlauch«, seine Stimme, seine Präsenz, an das Publikum weiterzuleiten. Und wie? Etwas vereinfacht ausgedrückt, verläuft der Prozeß so:

- Vor seinem inneren Auge führt der Redner die Kommunikationsröhre in sein Reservoir ein.
- Er öffnet das Rohr. Ungehindert strömt die Energie, das Gefühl, nach oben, nach draußen.
- Die Energie fließt über den Kehlkopf und setzt die Stimmbänder in Bewegung.

- Die Energie wird in Klang und Rhythmus umgewandelt, die auf natürliche Weise die Klänge und Rhythmen seiner Gefühle widerspiegeln.
- Gleichzeitig aktiviert die Energie auf natürliche Weise den Körper.
- Die Muskeln des Gesichts, der Arme, der Hände, der Beine – der ganze Körper – reagieren auf natürliche Weise im Einklang damit.
- Die ausströmende Energie von Stimme und Körper dringt in die unsichtbare Röhre der Ohren und Augen des Zuhörers und gelangt in die auffangbereiten Reservoire aller Zuhörer.
- Wir sind gerührt, erregt, motiviert, ja, verändert, auf einmal spüren wir das Charisma des Redners. Wir werden wie er.

Einige Zuhörer sind für die Energie des Redners empfänglicher als andere. Manche sind tief bewegt. Wieder andere verschließen sich der Energie und berauben sich damit eines großen Teil dieses Erlebnisses. Aber die Energie beeinflußt uns alle. Vielleicht sind wir anderer Meinung als der Sprecher. Möglicherweise stößt er uns sogar ab, doch wir *fühlen* den Abscheu. Wir können der Macht des charismatischen Redners nicht entfliehen.

Da Charisma der Prozeß ist, durch den sich die Gefühlsenergie des Redners vom Redner zum Publikum überträgt, dürfte es nicht schwerer sein, charismatisch zu sein, als den metaphorischen »Schlauch« zu bedienen. Wenn Sie noch nie etwas abgesogen haben, können Sie sich das Erlebnis, einem charismatischen Redner zuzuhören, vielleicht besser vorstellen, wenn Sie tatsächlich einmal Wasser aus einem Behältnis umfüllen. Suchen Sie sich einen kurzen Schlauch. Füllen Sie das Waschbecken bis oben mit Wasser. Saugen Sie dann an dem Schlauch, bis das Wasser in Ihrem Mund ist, und senken Sie das Schlauchende, während Sie den Druck aufrechterhalten, in den bereitstehenden Wassereimer. Sie werden das Becken entleeren und dabei an das Wasser denken, das von einem Behältnis zum anderen überläuft, so wie der Redner es spürt, wenn die Emotionen aus seinem Gefühlsreservoir zu seinen Zuhörern »überfließt«.

Das Schleusentor öffnen: Nun sind wir, im Geiste, bereit, unsere Gefühle auf den *anderen* zu übertragen. Konzentrieren Sie sich auf Ihr Gefühl. Vergessen Sie nicht: Um der Leidenschaftlichkeit Ihrer

Argumentation willen müssen Sie Ihre Gefühle unmittelbar spüren. Vergessen Sie nicht: »Gibt man nichts hinein, kommt nichts heraus.« Empfinden Sie die Leidenschaft, die aufsteigt, wenn Sie nach Gerechtigkeit streben – Gerechtigkeit im Namen einer Gehaltserhöhung, einer Beförderung, im Namen von etwas, das Ihnen oder einem nahestehenden Menschen angetan wurde. Empfinden Sie Ihre Leidenschaftlichkeit, die aufsteigt und eine Berichtigung verlangt. Spüren Sie die Liebe, spüren Sie die Freude! Spüren Sie diese Gefühle!

Wo befinden sich diese Gefühle? Dort, wo Sie sie berühren, am Ort, wo Sie den Absaugschlauch eintauchen – in das Reservoir der Gefühle. Und jetzt, da Sie den Schlauch hineingetaucht haben, öffnen Sie den Schlauch und geben den Gefühlen *freien Lauf.*

DAS SCHLOSS: **Ich bin mir nicht sicher, ob ich all diese Gefühle, von denen Sie sprechen, habe. Und wenn ja, dann weiß ich nicht, wie ich sie in mir befreien soll.**

DER SCHLÜSSEL: **Eine Möglichkeit, die Gefühle aus sich herauszulassen, ist das Singen. Lesen Sie weiter.**

Viele Menschen behaupten, ihre Gefühle seien hinter undurchdringlichen Mauern gefangen. Ihre Gefühle schrien förmlich danach, zu entfliehen, aber sie können sie nicht herauslassen.

Eine Möglichkeit ist das Singen. Befreien Sie den Vogel in sich. Die Texte von einfachen Liedern, zum Beispiel von Countrymusik, und die Musik der Bluessänger, das sind nichts weiter als Töne, die der Sänger mit seinen Gefühlen verbindet, genauso wie Vögel von ihrer Freude und ihrem Leid singen. Wir können diesen Sänger, ob Vogel oder Mensch, verstehen, ohne seine Sprache zu verstehen. Fast jeder Blues enthält im Grunde dieselben Wörter, die zu weitgehend identischen Melodien vorgetragen werden – mit Variationen, die sich überwiegend durch Tonfall und Rhythmus des Sängers unterscheiden.

Heute erlangen viele Menschen das Erwachsenenalter, ohne daß sie das Singen erlernt haben. Statt dessen haben sie nur gelernt, anderen Sängern zuzuhören, denen sie im Fernsehen oder im Radio ergriffen lauschen. Sie werden – als Teil des Publikums – Teil der großen Zuhörermassen, die von den Fernsehgesellschaften und Radiosendern eingesammelt und zu Hunderttausenden an die Werbeindustrie verkauft werden. Doch die solcherart gefangengenommenen Menschen singen nur selten. Wie traurig mich das stimmt. Stellen Sie sich vor, wie es wäre, wenn alle Feldlerchen und Singdrosseln und Teichrohrsänger in riesigen Netzen gefangengehalten würden und man ihnen nie erlaubte, ein Lied zu schmettern. Wie können wir in dieser Welt ohne Gesang existieren – insbesondere ohne den Gesang von Kindern? Und dennoch kenne ich Kinder aus den angeblich besten Familien in Amerika, denen noch kein einziges *lebendiges* Wesen – Vater, Mutter, Lehrer – etwas vorgesungen hat – niemand. Wir sind dabei, das Singen zu verlernen, und damit verkümmert der singende Teil unserer Seele. Wir wundern uns, woher die Gewalt in unserem Land stammt. Ich vermute, daß eine singende Nation weniger gewaltsam wäre. Aber das ist ein anderes Thema.

Wenn ich die Klänge höre, die schmerzlich, unmelodisch den Mündern von Anwälten entströmen, stelle ich manchmal eine einfache Frage: »Können Sie singen?« Meistens lautet die Antwort: »Nein.« »Können Sie eine Melodie halten?« frage ich. Viele bezweifeln es. Viele haben es nie versucht. Aber die meisten können es. Ich gebe einen Ton vor; »Hmmmm«, ich summe. »Versuchen Sie, denselben Ton zu treffen«, sage ich.

»Hmmmmm«, ahmen sie mir nach. Wir fangen an zu singen. Es ist, als wenn man jemandem das Gitarrespielen beibringt, der ein, zweimal in seinem ganzen Leben ein wenig darauf geklimpert hat, aber nie gelernt hat, eine Melodie zu spielen. Wir müssen wieder lernen zu singen. Wir müssen die Töne der Trauer, der Freude erlernen. Wir müssen die aufregenden Rhythmen, die weichen, liebenswerten Klänge der Liebe, die schweren, machtvollen Laute des Zorns erlernen.

DAS SCHLOSS: **Ob ich nun singe oder nicht, ich bin immer noch verschlossen.**

DER SCHLÜSSEL: **Kehren wir wieder zu unseren Anfängen zurück.**

Den trällernden Vogel, den heulenden Kojoten freilassen: Belauschen Sie die Kinder. Hören Sie auf den Klang ihres Lachens, ihres Weinens, die Laute der Entdeckung, der Angst. Hören Sie die Wut der Kinder, ihr Vergnügen, ihre Überraschung und ihren Schmerz. Kinder wurden mit dem Wissen geboren, wie man fühlt und wie man seine Gefühle in Tönen und Worten ausdrückt – in natürlichen Klängen, einfachen Wörtern. Kinder besitzen bereits, was man uns gestohlen hat und was wir uns zurückholen müssen.

Müßten wir also eine Übung probieren, die zum Ziel hat, uns wieder der Gefühlswelt von Kindern anzunähern? Sind wir so kultiviert, daß wir nicht noch einmal versuchen können, wieder wie die Kinder zu sein? Mit einem kultivierten Verstand kann man das Singen nicht lernen. Man kann weder Gefühle erlernen, indem man *denkt*, wie man fühlen soll, noch *denken*, wie man den Gefühlen Ausdruck verleihen soll. Fühlen ist keine intellektuelle Aufgabe. Wir müssen *fühlen*, nicht über das Fühlen nachdenken. Deshalb wollen wir etwas tun, was wir alle als kindisch ansehen. Gehen wir das Risiko ein, wieder zum Kind zu werden.

Gehen Sie in den Wald, dorthin, wo Sie ganz allein sind. Steigen Sie auf einen baumlosen Hügel, wo kein Pflug den Boden gepflügt hat. Gehen Sie an den Strand, wo Sie allein sind und wo keine Spuren im Sand verlaufen. Begeben Sie sich an irgendeinen Ort der Natur, wo Sie allein sein können – auch wenn es nur ein kleiner Platz in einem öffentlichen Park ist. Gehen Sie dorthin, wo Sie in alle Richtungen blicken können und keine Menschenseele sehen. Nehmen Sie dieses Buch mit. Öffnen Sie das Buch auf dieser Seite. Markieren Sie diese Seite. Machen Sie ein Eselsohr hinein. Es ist Ihr Buch – oder auch wenn Sie es der Bücherei entliehen haben –, begehen Sie diese eine kleine Missetat. Vielleicht haben Sie Spaß daran. Suchen Sie sich nun einen Baumstamm oder einen Felsen. Oder setzen Sie sich auf den Boden.

Lauschen Sie zunächst auf die Stille: Die Stille erschafft eine kleine Angst, oder? Die Stille gleicht der reinen, weißen Leinwand vor dem ersten Pinselstrich. Trauen Sie sich, die Leinwand zu entweihen? Wagen Sie es, das Schweigen zu durchbrechen? Wie, wenn jemand lauscht und Sie hört? Haben Sie Angst, in die Stille hinein zu sprechen, das große Schweigen ringsum zu durchbrechen? Wieder wie ein Kind zu sein ist eine Mutprobe.

Dann flüstern Sie: Als Kind taten Sie so, als wären Sie erwachsen. Jetzt sind Sie erwachsen und tun so, als wären Sie ein Kind. Sie sind ein Kind, allein. Sie sind glücklich, vielleicht aufgeregt. Aber Sie haben Angst, ein Kinderlied zu singen. Begehen Sie, trotz dieser Angst, diesen kleinen Akt des Mutes. Summen Sie ein Lied, das Sie kennen. Summen Sie irgendein Lied, das Ihren Gefühlen Ausdruck verleiht, während Sie dasitzen. Singen Sie dann leise den Text. Singen Sie die wenigen Worte eines Liedes. Irgendeines Liedes. Singen Sie den Text jetzt laut, noch ein bißchen lauter. Haben Sie Angst, ganz laut zu singen, so wie ein Kind, aus voller Brust? Wie eine Lerche am ersten Frühlingstag?

Sie dürfen sich nicht entmutigen lassen. Es hat mehrere Jahre gedauert, bis wir unsere Spontaneität verloren haben, die Freiheit, unsere Gefühle auszudrücken. Diese Freiheit ist Macht. Kinder sind sehr mächtig. Vielleicht können Sie die Kraft und Energie eines Kindes nicht auf einmal zurückgewinnen. Der Verstand kommt Ihnen in die Quere. Er sagt: »Ich bin ein erwachsener, intelligenter Mensch. Was mache ich hier? Wieso bin ich hier draußen, ganz allein, und singe dieses Lied? Schluß jetzt mit dieser Torheit. Was sollen die Leute denken?«

Wenn Sie das Buch hier zuklappen, habe ich Verständnis dafür. Es ist schwierig, auf Kommando wieder Kind zu sein. Wir haben wenig Übung darin. Natürlich können Sie das Buch schließen. Es steht Ihnen frei. Aber nachdem Sie das getan haben, sollten Sie das Buch vielleicht doch wieder öffnen. Denn so könnten Sie von neuem die Kraft des Kindes spüren, ein neues Gefühl zu erleben, etwas ganz Einfaches, etwas, das sich »Mut *zum Sein*« nennt, wie der große Theologe Paul Tillich schreibt.

Doch ehe Sie gehen, lassen Sie uns noch etwas ausprobieren: Ziehen Sie die Schuhe und die Socken aus. Wackeln Sie mit den Zehen.

Stellen Sie sich mit nackten Füßen auf den Boden: Spüren Sie etwas Neues? Merken Sie, wie lange Sie von Mutter Erde getrennt worden waren? Denken Sie an all die Schichten, die Sie all die Jahre von ihr getrennt haben. Denken Sie an die Strumpf-Schicht und die Schuh-Schicht aus mehreren Lagen. Dann gibt es normalerweise Schichten von Fußböden, vielleicht mehrere, manchmal von zig Stockwerken. Und auf der Erde liegt das Pflaster und darunter die Straßenbettung. Wie fühlt es sich an, Mutter Erde wieder zu berühren? Fühlen Sie sie jetzt?

Als Kinder waren wir mit ihr verbunden. Wir waren uns unserer

Mutter bewußt, so wie Tiere ihrer bewußt sind und mit ihr leben. In der Kindheit liebten wir es, uns auf dem Boden zu wälzen, in der Sonne zu liegen und den feuchten Tau auf den Füßen zu spüren. Wir rochen den Frühling. Wir konnten den Herbst riechen. Wir konnten die Luft berühren und mit dem Mond und den Sternen sprechen, wir waren voller Staunen. Aber dieser Zauber ist uns verlorengegangen. Wir haben vergessen, daß unsere Kraft zu fühlen aus der Erde kam, aus den energiereichen Eiweißen, die sich in Leben verwandeln, aus den Kaulquappen und Meeresgeschöpfen, aus den Reptilien und huschenden kleinen Tieren in den Bäumen, aus den in den Himmel aufsteigenden Vögeln, aus drei Millionen Jahren Menschheitsgeschichte und menschenähnlichen Zweibeinern, die alle in unseren Erbanlagen Unsterblichkeit erlangt haben. Und sie alle vermochten zu fühlen. Sie alle berührten die Erde. Und sie alle sind unter uns.

Lassen Sie uns deshalb eine mutige Tat vollbringen, die wir der Erinnerung an unsere Kindheit widmen. Wir wollen uns von neuem mit Mutter Erde bekanntmachen. Erfordert es Mut, zur Erde, zu unserer Mutter zu sprechen? Das Kind kann das ohne zu zögern. Wollen wir es einmal versuchen?

Warum sagen wir nicht: »Hallo, Mutter.« Vielleicht bewirkt dieses einfache Erlebnis, daß Sie sich kindisch vorkommen. Doch wenn Sie sich kindisch vorkommen – spüren Sie dann nicht das Kind in sich? Vielleicht spüren Sie nur den peinlich berührten Erwachsenen. Es spielt keine Rolle, wie Sie sich fühlen, *falls* Sie etwas fühlen. Aber warum sollte man sich genieren, die eigene Mutter anzusprechen? Ist die Erde nicht unsere Mutter? Wurden wir nicht aus dem Leib des Meeres geboren, und wurden wir nicht von den Brüsten des Erdbodens genährt? Wenn wir uns von neuem mit unserer Mutter bekanntmachen, ist das nicht so, als wenn wir uns von neuem mit uns selbst bekanntmachten?

Vielleicht schämen wir uns der Art, wie wir unsere Mutter in all den Jahren mißhandelt, ignoriert, vergiftet, beschmutzt haben. Vielleicht möchten Sie sagen: »Es tut mir leid, Mutter.« Vielleicht fühlen Sie etwas anderes. Vielleicht kommt Ihnen das alles albern vor, und mein Vorschlag, Sie sollen mit der Erde sprechen, ärgert Sie. Spüren Sie es. Sprechen Sie es aus. Sagen Sie es laut. Sagen Sie, was Sie empfinden, so wie Sie es empfinden.

Was für ein Gefühl ist es, diese Worte auszusprechen, Ihre Worte, welche Wörter Sie auch immer gewählt haben? Sagen Sie laut, was

Sie fühlen – in diesem Wald, auf diesem Strand, auf dieser Wiese, in diesem Park. Sagen Sie: »Ich bin traurig«, oder: »Ich bin glücklich, wieder zu Hause zu sein«, oder: »Es ist mir peinlich, hier mit nackten Füßen dazustehen und so zu reden. Ich hoffe, niemand hört oder sieht mich.« Sagen Sie laut, wie Sie fühlen.

Tut Ihnen das weh? Aber suchen wir denn nicht, was wir verloren haben? Und ist nicht jede Wiedergeburt, wie die eigentliche Geburt, schmerzhaft? Unser Verstand wehrt sich dagegen. Wir haben Angst vor Gefühlen. Schon so oft hat man uns wehgetan. Wir wollen das Kind in uns nicht wiederentdecken. Es hat so oft wehgetan, ein Kind zu sein. Dennoch wünschen wir uns, zu *sein*. Erkennen wir nicht, daß wir mit dem Verlust des Kindes in uns auch eine Art von Mut verloren haben? Vielleicht ist es der Mut der Unschuld.

Vielleicht ist diese Übung in kindlichem Verhalten nichts weiter als der Versuch, den verlorenen Mut zurückzugewinnen, den Mut zu fühlen, den Mut, unserem Gefühl Ausdruck zu geben, »den Mut, zu *sein*«. Wenn es Ihnen also wehtut, zur Erde zu sprechen – denn es tut weh, wenn man sich schämt, oder? –, folgt daraus nicht, daß wir zur Überwindung des Schmerzes einen gewissen Mut aufbringen müssen? Und wenn wir dies erkannt haben, müssen wir uns denn nicht, so schmerzlich es auch sein mag, diesen Mut zulegen? Müssen wir also nicht gerade das tun, wovor wir Angst haben, was uns peinlich ist, was wehtut? Müssen wir nicht zu Mutter Erde sprechen, um den verlorenen Mut zurückzugewinnen? Können wir ohne diesen Mut leben?

Müssen wir also nicht singen, laut singen? Müssen wir also nicht diese kindischen Dinge tun, die uns sonst abstoßen würden? Müssen wir nicht, wie es Jesus immer wieder gelehrt hat, »wie Kindlein werden«?

Wenn Sie wollen, wenn Sie den Mut aufbringen, wenn Sie den spöttischen Verstand aufgeben und dem Intellekt den Rücken zukehren können, der mit dem erhobenen Zeigefinger auf Sie zeigt und Sie als albern verurteilt, dann können Sie sich auch den wichtigsten Teil des Selbst zurückholen – jenen Teil, den man Ihnen vor so langer Zeit gestohlen hat, daß Sie ihn längst vergessen haben.

Sagen Sie, was Sie empfinden.
Hören Sie, wie Sie es sagen.
Hören Sie zu.

Der Mut, sich das Selbst zurückzuholen, sickert in Sie ein.
Sind Sie nicht im Begriff, etwas Zauberhauftes zu entdecken?
Ist es nicht Zeit für eine Wiedergeburt?
Wie fühlen Sie sich?
Sagen Sie laut, was Sie empfinden – ohne Worte.
Machen Sie Ihren Gefühlen Luft – mit welchen Tönen auch immer.

Der Besuch ist zu Ende: Aber sagen Sie Ihrer Mutter, daß Sie wiederkommen. Sie wird immer auf Sie warten. So sind Mütter nun einmal. Wenn Sie wollen und den Mut dazu aufbringen, singen Sie ihr ein kleines Abschiedslied, sie wird Sie verstehen. Mütter lieben die Lieder ihrer Kinder.

Der nächste Tag: Ehe Sie erneut Ihren geheimen Ort aufsuchen, sollten wir uns noch ein bißchen über die Sache mit dem Gefühl unterhalten. Menschen sind natürlich nicht die einzigen Wesen, die Gefühle haben. Haben Sie einmal einen stolzen Hahn beobachtet, der in der Morgensonne kräht? Haben Sie gesehen, wie er stolziert? Haben Sie gehört, wie eine Henne schrecklich laut gackert, wenn sie ein Ei legt und dadurch der Welt verkündet, daß sie gerade den König des Hühnerhofs geboren hat? Haben Sie gesehen, wie Hühner angstvoll davonrennen, wenn der Hund des Nachbarn sie jagt, und kreischen wie nur Hühner kreischen? Haben Sie den Zorn zweier Hähne gehört, die sich bis auf den Tod bekämpfen? Selbst das kleine Huhn, das wir in einem Chicken-Burger essen, hat alle unsere Primärgefühle – Stolz, Furcht, Zorn, ja, Liebe, die sich beispielsweise ausdrückt, wenn eine Henne gluckend ihre Küken lockt.

Auch Schweine und Hunde und Eichhörnchen kennen alle Gefühle, die auch wir haben. Hunde empfinden Liebe und Wut. Hunde kennen die Treue. Hunde können lachen und spielen. Wie auch die Schweine, die wir zu Koteletts zerhacken. Wie auch die Bisamratte und der Biber und der Fuchs, deren Felle wir kaufen, als wären sie nicht vom Fleisch einst lebender, fühlender Wesen abgezogen. Tiere sind voller Humor und Freude. Jedes Tier auf der Erde hat Gefühle. Blumen, die man liebt, gedeihen am besten. Es heißt, Blumen zuckten vor Angst zurück, wenn man sich herunterbeugt, um sie zu pflücken. Ich bemühe mich sehr, nicht auf Blumen zu treten, wenn ich durch einen Wald streife. Ich höre ihre stummen Schreie.

Jedes Lebewesen hat Gefühle, weil diese eine Dimension des Universums sind. Ja, ich behaupte, Felsen fühlen so wie Felsen eben fühlen. Ich behaupte, die Sterne haben Sternen-Gefühle. Wenn wir Sterne, ihre Schönheit, ihre Majestät spüren können, wie können wir dann so arrogant sein und darauf bestehen, daß ein Stern, einer, der seit Milliarden von Jahren im Universum existiert, einer, der zur Zeit des »Großen Knalls« existierte, nichts empfindet? Jeder Astrophysiker sagt, daß Sterne ein Eigenleben haben. Wie können wir, die wir ein so unbedeutendes Wissen, ein so geringes Verständnis, eine so flüchtige Existenz haben, wie können wir, die wir zwar leben, aber das Leben der einfachsten Zelle nicht völlig erklären können, wie können wir behaupten, daß das Universum bar aller Gefühle ist, außer unseren eigenen? Können wir denn nicht Raum lassen für die Möglichkeit, daß sich auch das Universum aus endlosem Fühlen zusammensetzt?

Wie auch immer: Wenn wir mit unserem Sprechen etwas bewirken wollen, wenn wir uns über das monotone Summen unserer Computer hinausentwickeln wollen, wenn wir gehört werden wollen, wenn wir schließlich unsere Meinungsstreits gewinnen wollen, müssen wir uns mit *der Wissenschaft des Gefühls* befassen. Sie ist – wie das Leben – keine Denkaufgabe – sondern eine Erfahrung.

Zeit, zum geheimen Ort zurückzukehren: Wenn Sie dort eingetroffen sind, machen Sie als erstes die Übung vom Vortag. Lassen Sie nichts aus. Vielleicht fällt sie Ihnen heute leichter als gestern. Vielleicht bringen wir nun den Mut auf, ein neues Gefühl zu erleben und ihm Ausdruck zu verleihen.

Wie klingt der Zorn? Lassen Sie sich nicht entmutigen. Selbst die größten Schauspieler versagen in dieser Hinsicht. Nur wenige können das Gefühl ungezügelten Zorns glaubwürdig zum Ausdruck bringen. Statt dessen kommt dabei oft ein hohes Kreischen heraus, ein eher mitleiderweckender als bewegender Klang. Der wahre Zorn entspringt den Tiefen des Seins der Person, dem Grunde ihres Herzens. Er wird aus dem vollen Lungenvolumen herausgepreßt, das explosionsartig gegen das Zwerchfell drückt. Zorn ist nicht der erbarmungswürdige Klang einer krächzenden Ente, der das Quaken in der Kehle steckengeblieben ist.

Wie klingt der Zorn? Hören Sie das Knarren der Bäume im Wald. Hören Sie das Donnern der Wellen am Strand. Hören Sie den Donner. Hören Sie das Knurren eines Wolfes.

Warum nicht knurren? Der Wolf steckt in uns allen. Der Jäger. Der Krieger. Knurren Sie wie ein Wolf. Das klingt nicht wie flaches Vibrieren im Hals. Holen Sie Luft und holen Sie den Ton tief aus Ihrer Brust. Spüren Sie, wie er unter den Lungenflügeln vibriert? Können Sie das Knurren hören, das universelle Knurren? Es ist das Knurren der Alpha-Wölfe, die sich im Mondlicht gegenüberstehen. Es ist das Knurren des archaischen Menschen, der sich dem Feind gegenübersieht. Es ist das Knurren einer Million von Vorfahren, die in unseren Genen wohnen. Es ist das Knurren aus der Grube unseres Seins, ein Knurren, das seinen Ursprung unter dem Herzen hat. Es ist ein mächtiger Laut.

Können Sie die Kraft fühlen? Wenn man diesen Laut produziert, zieht sich der Magen zusammen. Er zieht sich zusammen als Vorbereitung auf die Schlacht. Der Magen, das Zwerchfell drücken ihn nach oben und nach außen. Wie fühlt sich diese Kraft an? Wie fühlt sich der Zorn an? Können Sie das Gefühl ohne Worte ausdrücken?

Zorn ist kein Ding. Dennoch ist er wirklich, so wirklich wie die Erde. Wagen Sie zu glauben, daß es, ehe sich die erste Amöbe teilte, keinen Zorn gab? Es gab ihn, Zorn und Freude und Kummer und Liebe erfüllen das Universum seit seiner Entstehung, denn so wie wir dem Universum entstammen, so entstammen aus ihm auch unser Zorn und unsere Liebe und unsere Freude und alle unsere Gefühle.

Sehen Sie sich um. Suchen Sie sich einen Baum. Einen Felsen. Vielleicht haben Sie weniger Angst als zuvor. Vielleicht interessiert es Sie nicht so sehr, was die Leute denken, wenn sie Sie zufällig träfen, diesen Fremden, der gerade zu diesem Felsen oder jenem Baum spricht. Es kann gut sein, daß sie zurückweichen. Wahrscheinlich reagieren sie erschrocken, als wären sie auf einen Irren gestoßen. Aber Sie sind ja nicht hier, um den anderen einen Gefallen zu tun. Außerdem sind die meisten von ihnen unterprivilegiert, weil die meisten kaum Erfahrung gesammelt haben, wie es ist, mit Bäumen und Felsen zu sprechen. Doch Bäume und Felsen sind oft verständnisvoller, geduldiger als unsere Nachbarn und machen weniger Scherereien, wenn wir üben, ihnen gegenüber unseren Zorn zu artikulieren.

Warum waren Sie böse? Erinnern Sie sich? Versuchen Sie sich zu erinnern, wann Sie zum letztenmal richtig zornig waren. Haben Sie von Ihrem Schmerz gesprochen und keiner hat Ihnen zugehört? Waren Sie einsam? Haben Sie sich verlassen, enttäuscht, gekränkt gefühlt? Hatten Sie Angst? Hat man Sie verraten, herabgesetzt? Die Gründe sind unerheblich. Rufen Sie sich den Zorn ins Gedächtnis. Spüren Sie ihn jetzt?

Vielleicht können Sie jetzt den Zorn ausdrücken, mit dem Laut, nicht den Wörtern – dem Knurren, wenn Sie so wollen. Sie können, wenn Sie wollen, jeden Ton oder Laut benutzen. Wenden Sie sich einem Fels oder einem Baum zu.

»Uhhhggg. Hay-tee! Hay-Hay-tee!« Wie klingt das?

Lassen Sie die Töne aus sich heraus. Sagen Sie sie mit Hingabe. Sagen Sie sie aus dem Brustkorb. Wenden Sie sich mit den neuen Wörtern des Zorns an einen Baum, einen Felsen. Sie werden zuhören. Geduldig. Sie werden Sie auf eine Art verstehen, wie Sie noch nie verstanden worden sind.

Spüren Sie Ihre Macht. Die Energie. Hören Sie die Töne.

»I-ee! I-ee!«

Wenn Sie wollen, trommeln Sie sich auf die Brust. Wenn Sie wollen, lassen Sie die Arme durch die Luft wirbeln. Trampeln Sie mit den Füßen, schlagen Sie mit den Fäusten um sich. Lassen Sie die Töne Ihres Zorns in sich aufsteigen. Fühlen Sie, wie sie gegen die Eingeweide drücken. Fühlen Sie, wie sie durch den Kehlkopf in die Luft entweichen, über den Fels, über den Baum hinaus ins Universum, hinaus in die Ewigkeit.

Halten Sie inne, bevor Sie gehen: Setzen Sie sich neben den Felsen oder den Baum, mit dem Sie gesprochen haben. Fragen Sie sich:

Habe ich irgend etwas gelernt?

Wer hat es mir beigebracht?

Natürlich haben Sie nichts von mir gelernt. Wenn Sie etwas gelernt haben, dann auf Grund *Ihrer* Erfahrung, weil Sie sich selbst entdeckt haben. Sie haben gelernt, daß Sie Gefühle artikulieren können – Ihre Gefühle.

Sie haben gelernt, daß Gefühle Töne haben.

Sie haben gelernt, daß Wörter nichts weiter als Laute sind, die Gefühle tragen, so wie Telefondrähte Laute übermitteln. Wörter sind die Leitungen, die vereinbarten Töne der sozialen Ordnung, die das Gefühl des Sprechenden tragen oder nicht. Diese Töne nennen wir Sprache. Die Wörter allein bringen jedoch nicht die Wahrheit zum Ausdruck. *Die Gefühle, die durch den Ton der Wörter übermittelt werden, sind die einzige Wahrheit.*

Wenn Sie sagen: »Ich bin wütend«, aber die Worte klingen wie der Wind, der durch die Scheune bläst – eine Art tiefes Stöhnen –, übermitteln die Wörter nicht, was Sie empfinden. Ich habe Menschen gehört, die wütend waren, und es klang, als läsen sie eine Seite aus dem Bilanzbericht eines Bankenkonsortiums. Die Wörter vermitteln nicht das Gefühl. »Ey-ee – yah!«, das aus den Eingeweiden kommt, bringt es zum Ausdruck. Sie können das Telefonbuch lesen, und es kann sich anhören, wie Sie wollen. Die Töne. Die Töne!

Es kann schmerzlich sein, sich zu befreien: Sich befreien ist so, als wenn man seinen Arm monatelang im Gipsverband hatte und der Verband nun entfernt ist. Es tut weh, den Arm zu bewegen. Der Arm ist schwach. Er ist verkümmert. Dasselbe gilt für Ihre steife, verborgene Psyche, den Ort, wo Ihre Gefühle leben. Entfernen Sie den Gips. Riskieren Sie etwas. Seien Sie tapfer.

Arbeiten wir also weiter daran, uns zu befreien.

Wir schreiben den dritten Tag: Vielleicht sollten Sie Ihr Telefonbuch mitbringen. Wir werden später darauf zurückkommen. Wenn Sie zu Ihrem geheimen Ort zurückkehren, bringen Sie auch dieses Buch mit. Beginnen Sie, indem Sie jede Übung wiederholen, die Sie in den voraufgegangenen beiden Tagen durchgefüht haben.

Stellen Sie sich nun etwas vor, das Ihnen große Freude gemacht hat. Empfinden Sie die Freude. Sprechen Sie das Wort aus, das für diese Freude steht. Vielleicht ist es »Ah!«, vielleicht »Oh!«, vielleicht irgendein anderes Wort. Sprechen Sie einfach das Wort aus, das das Gefühl zum Ausdruck bringt. Sprechen Sie das Wort aus. Denken Sie: Ich übermittele dieses Gefühl der Freude durch ein Wort, ein einziges Wort. Ich befreie meine Gefühle und lege sie alle in dieses eine Wort. Ich spüre, wie es in mir aufsteigt. Ich spüre, wie meine Gefühle es sättigen.

Lesen Sie das Telefonbuch: Wir lesen das Telefonbuch, weil die Wörter keine Rolle spielen. Die Macht liegt nicht in der Bedeutung der Wörter, sondern in deren Klang. Lesen Sie es und lassen Sie dabei

Ihren Zorn frei. Lesen Sie es und lassen Sie dabei Ihre Freude frei. Lesen Sie es, um Ihren Kummer auszudrücken. Lesen Sie es, um Demut auszudrücken. Lesen Sie es, um Gerechtigkeit zu verlangen! Lesen Sie es, um Ihrer Mutter, Ihrer Mutter Erde, zu sagen, daß Sie sie lieben. Sie wird es wissen. Sie wird es verstehen.

Vielleicht wollen Sie nun zwei Wörter aussprechen: Nur zwei Wörter, die Zorn oder Liebe oder Traurigkeit ausdrücken, zwei einfache Wörter: »Ich bin.« Sie können diese Wörter aussprechen, um Ihren Zorn auszudrücken.

»Ich bin!« Hören Sie in dem Klang der Wörter, wie sich Ihre Vorfahren auf die Brust schlagen?

Hören Sie, wie der Hahn am Morgen verkündet: »Ich bin!«?

Sie können mit diesen beiden simplen Wörtern Traurigkeit, Glück, die existentielle Frage: »Bin ich?« ausdrücken.

Nur wenn Sie diese beiden Wörter aussprechen und jedes Gefühl ausdrücken können, können Sie wirklich behaupten: »Ich bin.« Wie der Maler ohne eine vollständige Farbpalette, können auch wir kein erfülltes Leben ohne ein komplettes Gefühlsspektrum führen. Möglicherweise benutzt der Maler nicht jede Farbe für jedes Gemälde. Aber die Farben müssen ihm zur Verfügung stehen.

Kehren Sie an Ihren geheimen Ort zurück: Vollführen Sie die Liturgie, die wir am ersten Tag und an den folgenden Tagen festgelegt haben. Es ist einfacher, am Geheimort zu üben. Ich bin sehr oft an meine Lieblingsorte zurückgekehrt. Ich habe zum Himmel, zum Wind, zu den Bächen und zu den Bäumen gesprochen. Ich habe sie berührt beim Sprechen, leicht und ehrfürchtig. Ich habe mit meiner Mutter gesprochen, sie angefleht, von ihr gelernt, sie geliebt, denn wie eine wahre Mutter wird sie mich weder verurteilen noch beschämen noch verlegen machen.

Nachdem Sie an Ihrem geheimen Ort geübt haben, könnten Sie anfangen, an irgendeinem anderen Ort zu üben, wo Sie Mutter Erde nicht berühren. Etwa während Sie morgens zur Arbeit fahren oder abends auf dem Nachhauseweg. Hier die Schritte, die Sie dabei befolgen können:

Wählen Sie ein Gefühl aus: Vielleicht handelt es sich um ein unerfreuliches Gefühl, das Sie an diesem Morgen auf der Fahrt zur Arbeit in sich tragen. Vielleicht sind Sie auf dem Weg zu einer Besprechung, auf der Sie eine Präsentation druchführen müssen. Wird es ein Fehlschlag? Wird man mich kritisieren? Lokalisieren Sie, wo das Gefühl ist. Liegt es weit oben bei den Rippen? Tiefer? Wo in Ihrem Körper hat es sich angesiedelt? Produzieren Sie nun einen Laut, mit dessen Hilfe das Gefühl befreit wird.

»Ah-hhh.« Was für ein Wort Sie auch wählen – es ist *Ihr* Wort.

Produzieren Sie den Laut, während Sie fahren. Schreien Sie ihn heraus! Ziehen Sie den Rückspiegel herunter und beobachten Sie dabei Ihr Gesicht. Lassen Sie das Gefühl frei. Der Laut und das gewählte Laut-Wort müssen voneinander durchdrungen sein. Wählen Sie nun ein gewöhnliches Wort, das das Gefühl zum Ausdruck bringt, und sprechen Sie das Wort aus. Vielleicht lautet das Wort »Bitte«, vielleicht »Verdammt!«. Das Wort darf Ihnen nur über die Lippen kommen, wenn es von dem Gefühl durchdrungen ist. Es muß immer mit dem Gefühl gesättigt sein. Inzwischen wissen Sie natürlich, worum es geht.

Sagen Sie: »Verdammt!« Drücken Sie aus, was immer Sie fühlen – ohne Worte.

Als junger Anwalt fuhr ich vierundzwanzig Meilen aus Riverton, Wyoming, wo ich wohnte, nach Lander, der Hauptstadt des Countys, wo ich meine ersten Prozesse führte. Die Straßen waren häufig glatt und die Prärien weiß, bedeckt von verwehtem Schnee. Ich fuhr sehr langsam und stellte den Rückspiegel tiefer, so daß ich mein Gesicht sah, und dann übte ich Laute und Satzrhythmen. Die Wörter waren unwichtig. Mehr noch: Sie fielen mir weder schnell genug ein noch in der richtigen Reihenfolge, um sie benutzen zu können. Ich konnte aber mit dem Taktschlag meiner Stimme musizieren:

Ta-ta, ta-ta.
Und ta-ta, ta-ta, ta-ta.
Nirgends hat es soviel ta-ta gegeben.
Nirgends haben wir solches ta-ta gesehen.
Nirgends haben wir die Tiefe der ta-ta gespürt.
Nirgends.
Überhaupt nirgends.
Ich sage, hier nicht. Dort nicht. Nirgendwo.

Und deshalb, ta-ta, ta-ta, ta-ta.
Und mehr habe ich, Ladies and Gentlemen, nicht zu sagen.

Meine Stimme stieg zu einem donnernden Crescendo an und senkte sich zu einem ganz leisen Flüstern. Das Tempo der Laute erhöhte sich, und dann wurde die Kakophonie durch eine schreiende Stille durchbrochen. Vor meinem geistigen Auge sah ich die gebannten Mitglieder der Jury. Atemlos warteten sie auf die nächsten Worte. Dann platzten die Laute aus mir heraus wie ein Wasserfall aus der Hölle, während ich weiter durch das Unwetter fuhr.

Sie müssen aus Ihrer vollen Gefühlspalette heraus sprechen, die nur Ihnen gehört. Singen Sie die Laute unter der Dusche. Äußern Sie sie im Auto auf dem Nachhauseweg. Singen Sie Ihren Kindern neue Lieder vor. Ziehen Sie Ihre Frau zu sich aufs Sofa und singen Sie ihr etwas vor. Singen Sie vor Ihrem Ehemann. Seien Sie schamlos. Man wird Sie nur lieben, wenn Sie keine Scham kennen, wenn Sie sich öffnen, offen sind wie der krähende Hahn, offen wie die gurrende Taube, offen wie ein fröhlicher, verspielter Welpe. Offen wie ein Kind. Offen wie das Universum. Rufen Sie! Weinen Sie! Seien Sie! Öffnen Sie sich!

Wollen Sie wirklich mutig sein? Wollen Sie sich einer Mutprobe stellen? Vielleicht sich weiterentwickeln? Gehen Sie mit Freunden essen. Sagen Sie ihnen, sie sollen keine Angst bekommen, Sie wollen gleich ein kleines Experiment durchführen. Sie könnten folgendermaßen anfangen: Schlagen Sie mit Ihrem Löffel gegen Ihr Glas, damit man auf Sie aufmerksam wird. Die Leute unterbrechen ihre Gespräche, wenn sie dieses klingelnde Geräusch hören. Dann stellen Sie sich auf den Stuhl und richten das Wort an die anderen Gäste. Sie könnten sagen: »Meine Damen und Herren, ich versuche, mein Lampenfieber zu überwinden und gleichzeitig zu lernen, meine Gefühle zu befreien.« Natürlich wird man Sie für verrückt erklären, aber keine Sorge. Sie werden zu Ende sein, ehe der Manager Sie hinauswerfen kann oder die Polizei ruft. Berichten Sie den Anwesenden von dem Kinofilm, den Sie am Vortag gesehen haben, und was Sie dabei empfunden haben. Erzählen Sie etwas, was Ihr Kind gesagt oder getan hat und was Sie dabei empfanden. Vergessen Sie nicht, die Wörter mit Gefühl zu tränken, wie Sie es so oft an Ihrem Geheimort getan haben. Ganz gleich, was Sie den Leuten erzählen, es wird kaum mehr als eine Minute in Anspruch nehmen. Danken Sie ihnen anschließend, daß sie zugehört haben, und setzen Sie sich. (Vielleicht spenden einige Gäste Ihnen sogar Beifall.)

Bald dürften Sie den Wunsch verspüren, Ihre neue Entdeckung, ja, Ihre neue Macht, am Arbeitsplatz, zu Hause, im Beisein von Freunden auszuprobieren. Die normalen Gespräche, die Sie führen, nehmen eine neue Qualität an, da Sie Ihre Gefühle ausdrücken. Wo Sie bislang etwas sagten, ohne sich dem Klang Ihrer Stimme bewußt zu sein, stellen Sie sich nun deutlich auf deren Klang ein, nicht nur auf die Laute des Gefühls, sondern auch auf den Ton, den Rhythmus, die Kraft des Crescendo und des Flüsterns und die Kraft der Stille – der Macht der Musik. Sie haben bereits etwas über das Gefühlsreservoir erfahren, das Sie besitzen, und wie Sie die Menschen in Ihrer Umgebung auf sich aufmerksam machen und in Erregung versetzen können, weil Sie hinter das Geheimnis des Charisma gekommen sind, das darin besteht, die Gefühle freizugeben.

Wir haben gelernt, die Wahrheit zu sagen – aus dem Herzen heraus, aus dem Gefühl heraus, mit Wörtern, die von Gefühlen durchdrungen sind. Alle anderen Wörter sind wie leere Flaschen, die im Meer schwimmen. Sie verschmutzen den Strand. Sie ärgern uns. Sie übersäen den Strand und nichts wächst. Nichts.

Durch Malen lernen: Wenn ich jungen Prozeßanwälten beibringe, wie sie vor einer Jury argumentieren sollen, mache ich sie zunächst mit der Malerei bekannt. Ich gebe ihnen ein großes weißes Blatt Papier, einen Pinsel und eine Palette mit den Primärfarben. Ich stelle den Anwälten eine einfache Aufgabe: Malen Sie, was Sie empfinden.

Als junger Anwalt habe ich durch die Malerei viel über juristische Auseinandersetzungen gelernt. Auf der Rückseite meines Hauses baute ich ein Studio aus Holz mit einem großen Fenster nach Norden hinaus. Und dort malte ich, den Pinsel in der Hand und allein, während ich die Laute eines Redners produzierte. Ich füllte die Leinwand mit Pinselstrichen und komponierte die Argumente, die ich im nächsten Prozeß vortragen wollte. Dort in meinem Studio, den Pinsel in der Hand, lernte ich viel über die musikalische Komposition von Argumentationen. Ich griff die Leinwand mit dem Pinsel an und trug die Farbe auf, wo immer es mir richtig schien. Der Pinsel berührte im Rhythmus und zum Taktschlag des Klangs meiner Argumente die Leinwand. Ich lernte, daß kein Gemälde zum Gemälde wird ohne

Schattierungen und Farbe und ohne kleine, zarte Pinselstriche, die sorgfältig aufgetragen werden. Wenn ich sie ausführte, verwandelte sich der Klang meiner Stimme in ein Flüstern. Manchmal sprach ich in einem sehr hohen, stakkatoartigen Tonfall, denn wieder mit langsamerer, tieferer Stimme, wobei die Töne mit den Pinselstrichen variierten.

Ich lernte, daß eine Argumentation, so wie ein Gemälde, am besten mit einer Vielfalt von Farben vorgetragen wird. Dennoch durfte kein Durcheinander von Farben entstehen, die in jedem Laden für Malartikel im Ausverkauf zu haben sind. Einfach Wörter reichten aus. Benutzte man zu viele Farben, verlor das Gemälde sein Kraft. Die Farben wurden, wie es auch beim Sprechen geschehen kann, schlammig, der Entwurf verschwommen, die Bedeutung ging verloren.

Überdies waren die negativen Räume in dem Gemälde, wie bei einer Rede, ebenso wichtig wie die positiven. Statt die Figuren bzw. Objekte zu malen, malte ich alles, bis auf den Entwurf selbst – und das wurde dann der Entwurf. Ich wurde mir des negativen Raumes ebenso bewußt wie des positiven. Sich die Räume zwischen den Ästen und Blättern und Wolken anzusehen wurde genauso interessant, genauso wichtig, wie die Objekte in dem Gemälde. Auf die gleiche Weise lernte ich, daß die Zwischenräume zwischen den Wörtern genauso wichtig waren wie die Wörter selbst. Man konnte ein Wort betonen und einen Gedanken durch Stille, durch Raum unterstreichen. In einem Gemälde kann das Auge nur eine begrenzte Anzahl von Einzelheiten wahrnehmen, ehe diese verschwimmen, sich verbinden, so daß sie zu etwas ganz anderem werden. Dasselbe gilt für Argumentationen. Das rasche, enge, ungebrochene Reden bewirkt, daß die Ideen, die Bilder verschwimmen und in gewöhnlichem Rauschen untergehen.

Durch die Malerei, ebenso wie durch das Argumentieren, habe ich gelernt, daß man den Mut haben muß anzufangen. Anzufangen ist so, wie wenn Sie das Schweigen an Ihrem Geheimort durchbrechen. Es erfordert Mut. Vor Ihnen steht eine weiße, jungfräuliche Leinwand auf der Staffelei und wartet auf den ersten Pinselstrich. Die Leinwand wird nichts dagegen tun können. Das gleiche gilt, wenn man eine Argumentation beginnt. Der erste Pinselstrich, das erste gesprochene Wort zur Stützung der Argumente verschmutzt die Leinwand. Es macht einem Angst, vor etwas so vollkommenem wie einer unberührten Leinwand zu stehen. Was für ein unvergleichlicher Akt der Arroganz, diese völlige Leere zu beschmutzen! Den ersten Klang einer Argumentationskette freizugeben – wagen wir es? Es erfordert Mut, einen Pinselstrich auszuführen, mit Klängen die Stille an dem geheimen Ort, im Gerichtssaal oder irgendwo sonst zu durchbrechen. Und trotzdem kann das Schweigen nicht ohne uns existieren. Wenn es keinen Gesang der Vögel, kein Zirpen der Grille, kein Rollen des Donners, kein Hervorbrechen aus unserer Seele gäbe, dann könnte es keine Stille geben.

Wissen, wann man anfangen und wann man aufhören muß: Die wichtigsten Phasen in jedem Malprozeß sind der Beginn und, ja, das Ende. Ein Pinselstrich zuviel kann ein Gemälde zerstören. Wieviele Bilder habe ich ruiniert, weil ich es nicht ertragen konnte aufzuhören! Ein Wort nach Beendigung eines Plädoyers kann die ganze Argumentation zerstören. *Wir müssen wissen, wann wir aufhören müssen.* Wie oft habe ich an einem Bild weitergemalt, weil ich einen schlechten Anfang gewählt und immer weiter daran gearbeitet hatte, weil ich hoffte, es irgendwie mit immer mehr Farbe retten zu können. Ebenso muß uns klarwerden, daß eine schlechte Argumentation durch den Gebrauch noch so vieler Wörter nicht verbessert werden kann. Haben Sie schon einmal eine Argumentation vernommen, die durch ein Mehr an Wörtern schlechter wurde? Haben Sie gesehen, wie jemand, der nicht wußte, wann er aufhören mußte, eine gute, ja, eine bedeutende Argumentation schwächte oder sie verlor?

Man kann etwas lernen, wenn man sich ansieht, welche Arten und Stile von Gemälden den Kunstmarkt überschwemmen. Ich lebe im Gebiet der Teton-Indianer. Ich werde nie müde, sie mir anzuschauen. Täglich kommen sie in verschiedenen Kostümen auf meine Bühne getanzt. Aber ich habe die Gemälde über diese Indianer so satt. Ich habe die Gemälde mit Cowboys und Indianern und Berglandschaften so satt. Ich habe die Bilder von kleinen Indianerkindern mit einer schimmernden Träne, die wie Morgentau aus einem unschuldigen Auge quillt, so satt. Ich will frische Gemälde sehen, gemalt mit der frischen Seele origineller, leidenschaftlicher Maler. Wenn die Argumentation frisch sein soll, darf sie keine Neuauflage der alten, banalen, ausrechenbaren Argumentationen anderer sein. Die Argumente müssen neu sein, aus dem kreativen Kessel kommen, wo unere Seelen-Hexe den Zaubertrank rührt.

Und deshalb, malen Sie: Und während Sie malen, machen Sie Musik, sowohl mit dem Pinsel als auch mit der Stimme. Lassen Sie die stillen Zwischenräume stehen. Übertragen Sie durch Pinsel und Zwischenraum die Kadenz des Klanges der Stimme auf die Leinwand. Malen Sie Gemälde. Singen Sie Ihre Gefühle. Dort ist Magie. Wieder fällt mir van Gogh ein. Ach, hätten wir uns nur zusammen mit den Krähen im Kornfeld im gelben Spätsommer zu ihm setzen können! Hätten wir doch nur die Gefühle empfunden, nicht die seines Pinsels, sondern die der Laute in seinem geistigen Ohr, dann hätten wir die pochenden Klänge des Universums gehört.

Aber nicht alle, die ein van Gogh-Gemälde sehen, fühlen sich von den darin erschaffenen Gefühlen angesprochen. Van Gogh selbst wurde von seinen Gefühlen überwältigt. Am Ende waren sie so roh, so furchterregend unbegrenzt, daß er sie zurückzuweisen begann und dadurch sich selbst zurückwies. Er schnitt sich das Ohr ab. Dann, in jenem berüchtigten Augenblick, als er seine Gefühle nicht mehr ertragen konnte und als Mutter Erde weinte, schnitt er sich vom Leben ab.

Ich wage zu behaupten, daß dieser ungeheure Verlust nicht entstand, weil van Gogh nichts empfand, nicht weil seine Gefühle so nackt, so peinigend waren, sondern weil er seine Gefühle nicht akzeptieren, lieben und schätzen konnte, weil er sie ablehnte. Zu fühlen heißt Schmerz und Freude zu empfinden. Zu fühlen ist die erlesenste Affirmation des Lebens. Eine Leiche fühlt nichts. Doch auf seiner Suche nach Frieden gedachte van Gogh, seine Gefühle auf die Leinwand zu entladen, und als die Leinwände voll waren, als sie den Schmerz und die Kraft nicht mehr aufnehmen konnten, hob er die verzweifelte Hand an die feige Pistole und drückte ab.

Das Ziel vieler Pädagogen ist, wenn auch uneingestanden, unseren Kindern, die völlig lebendig sind und vollkommene Gefühle haben, abzurichten, sie von ihren Gefühlen zu trennen, sie zu unterdrücken, sie abzutöten. Das Bestreben allzu vieler Eltern und allzu vieler Lehrer besteht darin, diesen vollkommenen kleinen Lebewesen die Einstellung von Toten zu lehren und ihnen die Tugend des Todes einzuflößen, die natürlich darin besteht, völlig ruhig zu sein, ruhig wie ein Friedhof, vollkommen still, wie ein Grab, denn die Toten zeigen ja das vorbildlichste Verhalten. Die Toten geben nie Widerworte und machen nie Schwierigkeiten. Ich wage zu behaupten, daß zu viele Lehrer und zu viele Eltern die Toten mehr lieben als die Lebenden. Aber der Tod kommt früh genug. Der Tod sollte unseren jungen Menschen nicht verfrüht aufgezwungen werden.

Ich unterhielt mich einmal mit einem jungen Anwalt namens Jim, einem glänzenden Studenten, der auf der Harvard-Universität eine feinsinnige Art des Sprechens erworben hatte, über Gefühle. Professoren mit abgestorbenen Eingeweiden und lobotomisierter rechter Gehirnhälfte hatten ihm beigebracht, die *Herzzone* zu verleugnen. Man hatte ihn gelehrt, die Professoren nachzuahmen. Ich hatte mit ihm über das diskutiert, wovon ich eben gesprochen habe, über das Fühlen und das Überströmen unserer Gefühle auf andere.

»Für Fernsehprediger und Winkeladvokaten mag das ja zutreffen«, sagte Jim. Er ahmte den Vater aller toten Anwälte, den verstorbenen Christopher Columbus Langdell, nach, der scheinheilig verkündete, Jura sei ein hochfliegendes, erdentrücktes Fach, der ausschließliche Besitz von Intellektuellen und Akademikern: »Aber Jura ist eine Wissenschaft. Jura ist ein ehrwürdiger Beruf, kein Vorwand für Gefühlsausbrüche.« Dann räumte er, unbewußt, seinen Selbstverlust ein, indem er sagte: »Außerdem könnte ich nie so reden. Ich bin nicht der Typ dafür.«

Wie seltsam, dachte ich, daß wir immer gute Gründe gegen uns finden, aber kaum einmal etwas *für* uns vorbringen können. An jenem Abend hatte er mich zum Abendessen zu sich nach Hause eingeladen. Seine Freundin Dianne war mit am Tisch. Die beiden saßen sehr nahe nebeneinander und warfen sich verstohlene Blicke zu wie ängstliche Kinder.

Ohne Vorwarnung sagte ich: »Erzählen Sie mir, welche Gefühle Sie für Dianne hegen.«

Er starrte mich ungläubig an und wollte etwas sagen, behielt es aber für sich.

»Weiter«, sagte ich. Dianne lächelte Jim an, als wollte sie ihm eine Erlaubnis erteilen.

»Na ja, ich habe das Gefühl, daß wir viele Gemeinsamkeiten haben.«

»Das ist kein Gefühl«, sagte ich. »Das ist ein *Gedanke*.«

»Wir können uns auf geistiger Ebene gut verständigen.«

»Das ist ebenfalls kein Gefühl, sondern eine tote Kopfgeburt.«

»Na ja, es gibt zwischen uns eine reziproke Wertschätzung für die gesonderte Identität des andern.«

»Das hört sich an, als ob Sie bei einer Autopsie eine abgetrennte Niere beschreiben«, sagte ich. »Was *empfinden* Sie für Dianne?«

Er schwieg sehr lange. Langsam wurde das Schweigen unbehaglich. Schließlich platzte es aus ihm heraus: »Ich habe das Gefühl, als ob... als ob ich sie liebe.« Es war ihm peinlich, er wandte sich ab. Plötzlich packte ihn Dianne am Arm, gab ihm einen Kuß, und beide fingen an zu lachen.

Kürzlich unterhielt ich mich mit meinem Freund Dick Cavett, dem witzigsten Kopf unter den amerikanischen Talkmastern. Ich las ihm einige der Passagen vor, die ich gerade geschrieben hatte, die sich damit befaßten, wie wir unsere Gefühle befreien, wenn wir mit Mutter Erde in Verbindung kommen.

Er sagte: »Das erinnert mich an den Tanzstil von Fred Astaire. Er war oft von einer Gruppe von Tänzern umgeben, von denen alle exakt die gleichen Schritte ausführten. Dennoch gab es da einen Unterschied, den magischen Unterschied, den man auf Anhieb erkennt.« Damit wollte er vermutlich sagen, daß sich Fred Astaires Tanzstil von dem der ihn umgebenden Tanzgruppe insofern unterschied, als sein Tanzen aus der Seele kam, seinem innersten Gefühl, während sich die Mitglieder der Tanzgruppe aus einem ganz anderen, mechanischeren Ort, einem Kopf-Ort heraus bewegten.

Ich erinnere mich, daß ich vor vielen Jahren in einem Berufungsgerichtsverfahren vor drei Richtern stand, alten, kadaverähnlichen Drohnen, die aussahen, als hätten sie seit fünfzig Jahren kein Tageslicht mehr gesehen. Sie saßen da oben in ihren schwarzen Roben, schwarz wie der Tod, und starrten schweigend, böse auf uns, die ängstlichen Anwälte, herab. Sie blickten aus leeren Augen über schlaffen Kinnpartien. Ich hatte Angst, und deshalb stürzte ich mich in meine Ausführungen, was damals meine beste Verteidigung gegen Angst darstellte.

Doch schon bald hatte ich Verbindung zu meinen Gefühlen aufgenommen. Ich kannte sie. Ich vertraute ihnen, und meine Leidenschaftlichkeit schwappte über den roten Teppich im Gerichtssaal und die spießigen, mit Walnußholz verkleideten Wände hinauf, und einiges davon muß auch die alten Richter bespritzt haben. Plötzlich kam Leben in den vorsitzenden Richter. Was er sagte, klang wie die Verkündigung des Oberhaupts einer Grabräuberbande.

»Ich erinnere Sie daran, Mr. Spence, wir sind *Richter*, keine Geschworenen.« Seine Stimme war voll tödlichem Sarkasmus. Er sagte mir, daß meine Argumentation seines Erachtens zu emotionsgeladen sei und daß er sich unangenehm berührt fühle. Richter sollen nicht fühlen. Richter haben nicht gerne Gefühle. Wie kann man kleine Kinder ihren Müttern wegnehmen, wenn man etwas empfindet? Wie kann man Menschen zum Tode verurteilen, wenn man etwas empfindet? Wie kann man Menschen ihres guten Rufs, ihres schwerverdienten Geldes, ihrer Rechte, ihrer Hoffnung berauben, wenn man etwas empfindet? Richter folgen einer kalten, unpersönlichen Logik, die allzu oft die Verbindung zu den Menschen verliert, deren Leben vom Rechtssystem, in dem die Richter sich verschanzen, unwiderruflich verändert wird.

»Sie sind die einzige Jury, die meinem Mandanten noch bleibt«, antwortete ich dem vorsitzenden Richter. »Sie *sind* sein Geschworenengericht. Und ich hoffe, daß ich mich über die Frage der Gerechtigkeit äußern darf, denn hat man uns nicht beigebracht, daß das Recht die Magd der Gerechtigkeit sei?« Dann begann ich von neuem. Ich sprach mit den Richtern wie mit Männern, nicht Richtern; wie mit Menschen, nicht Automaten des Rechts.

»Es muß schwierig sein, die eigene Entscheidung auf Gerechtigkeit zu gründen«, sagte ich zu diesen alten, hängenden Gesichtern. »Die Gerechtigkeit läßt sich nicht immer leicht aufdecken. Manchmal versteckt sie sich im Schatten der Logik. Manchmal schmerzt ihr Anblick. Es ist leichter und viel weniger riskant, sich mit Fragen der Logik zu befassen. Niemand kann uns kritisieren, wenn wir logisch perfekt argumentieren. Aber wie, wenn wir, im Streben nach Logik, die Gerechtigkeit preisgeben?« Ich äußerte, es müsse schwierig sein, die Verantwortung für andere Menschen zu übernehmen, die man verletzt hat und die leiden und sterben. Es müsse schwierig sein, die Rechtsprechung so zu handhaben, daß am Ende ein gerechtes Urteil dabei herauskommt. Dann sagte ich: »Die Logik, Euer Ehren, kennt keine Gerechtigkeit, sie ist wie ein Mensch mit großem Verstand und winzigem Herzen.«

Nachdem das Gericht sein Urteil gesprochen hatte, wurde die Ausdrucksweise der Richter weicher und direkter. Obwohl Richter sehr oft so hoch sitzen, daß die Gerechtigkeit ihrem Blick entschwindet, hörte ich doch ihren fernen Ruf durch die steifen Wörter und die gestelzten Sätze ihres günstigen Urteils. Ich habe nicht oft soviel Glück.

In die Haut des *anderen* schlüpfen: Manchmal bittet man uns, nicht aus *unserem* Gefühl heraus zu sprechen, sondern die Gefühle anderer zu verstehen und zu formulieren. Wenn ich einen Mann verteidige, der zu Unrecht eines Verbrechens – beispielsweise des Mordes – beschuldigt wird, frage ich mich: Wie fühlt sich mein Mandant? Es ist eines zu sagen, mein Mandant stehe zu Unrecht unter Mordanklage. Es ist etwas ganz anderes zu sagen, daß er nachts schlaflos im Bett liegt, hilflos, weil er die furchtbare Decke der Angst nicht abwerfen kann, die ihn erdrückt, die sein Leben zur Hölle auf Erden verwandelt. Der Angeklagte fühlt sich gefangen, wehrlos, gepeinigt. Er kann seinen Qualen nicht entfliehen. Er kann nicht davonlaufen. Er kann sich nicht verstecken. Er kann keinen Trost, keine Erleichterung finden. Er möchte seine Unschuld hinausschreien, aber die Öffentlichkeit verhöhnt ihn und behauptet, seine Beteuerungen seien nichts als die Worte eines Mörders, der versucht, seinem wohlverdienten Untergang zu entrinnen. Seine Familie hat ihn verlassen. Und sein Anwalt, wie beurteilt der ihn? Sein Anwalt sieht ihn als »einen Mandanten«, mehr als Objekt, als Problem denn als Mensch mit Gefühlen.

Wie drücken wir aus tiefstem Herzen die Gefühle aus, die ein anderer erleidet? Es gibt ein kaltes, intellektuelles Wort dafür. Es heißt *Empathie*. Ich nenne es *in die Haut des anderen schlüpfen*. Es ist der magische Prozeß, durch den wir der *andere* werden. Können Sie sich in ein Kind verwandeln, das als spastischer Tetraplegiker geboren wurde, kein Wort sprechen kann, das ständig sabbert, das seinen Stuhlgang nicht kontrollieren kann, aber dessen kleiner Geist so aufgeweckt ist wie der Ihre, dessen kleine Seele laufen und spielen und von anderen Kindern geliebt werden möchte? Können Sie in die Haut Ihres Gegners schlüpfen? Können Sie seine oder ihre Angst, seine Sehnsucht nachempfinden? Manchmal habe ich sogar die Gefühle desjenigen, der zu den schlimmsten aller Menschen zählt – eines verachtenswerten Verräters, eines Menschen, der einen anderen »verpfiffen« hat; schlimmer, der falsche Aussagen über meinen Mandanten gemacht hat, damit ihm die Staatsanwaltschaft zum Ausgleich kleine Gefälligkeiten erweist. Ich habe einmal einen solchen Verräter ins Kreuzverhör genommen, der im Zeugenstand unter Eid aussagte, daß mein Mandant, sein Zellengenosse, das Verbrechen, dessen er angeklagt war, ihm gestanden habe. Ich stellte ihm folgende Fragen:

»Das Leben als Häftling in einem Staatsgefängnis muß sehr

schwer sein.« (»Es muß ... sein« sind, wie wir uns erinnern, die magischen Worte, mit deren Hilfe wir in die Haut eines anderen schlüpfen.)

»Ja«, antwortete er.

»Wie lang ist Ihre Haftstrafe?«

«Dreißig Jahre.«

»Wenn Sie rauskommen, werden Sie ein alter Mann sein.«

»Ja.«

»Das muß Ihnen sehr weh tun. Bestimmt fühlen Sie sich ganz und gar hilflos.«

Er schwieg. Senkte den Blick.

»Weinen Sie nachts manchmal?«

»Man gewöhnt sich dran.«

»An den Schmerz?«

Er gab keine Antwort.

»Was haben Sie vor Ihrer Inhaftierung gern getan?«

»Ich bin gern angeln gegangen.«

»Wann hatten Sie zum letzten Mal eine Angel in der Hand?«

»Das ist lange her.«

»Haben Sie Kinder?«

»Ja.«

»Eine Frau?«

»Ja.«

»Wie alt waren Ihre Kinder, als Sie ins Gefängnis kamen?«

»Sarah war fünf, Becky sieben.«

»Haben Sie eine von beiden seitdem in den Armen gehalten?«

»Einmal.«

»Und Ihre Frau? Wartet sie auf Sie?«

»Ich weiß nicht.« Wieder senkte er den Blick.

»Sie müssen sehr einsam sein.«

Er gab keine Antwort.

»Es muß die Hölle für Sie da drinnen sein. Sie müssen das Gefühl haben, als stürben Sie.«

Keine Antwort.

»Und Sie würden alles tun, um herauszukommen, ja?«

Er antwortete immer noch nicht.

»Wenn Sie die Unwahrheit über meinen Mandanten sagen würden, um aus diesem scheußlichen Loch herauszukommen – nun, würden Sie es tun?« Seine Antwort wird natürlich »Nein« lauten.

»Keine weiteren Fragen«, sagte ich in freundlichem Tonfall. Es bestand kein Grund, das Verhör fortzusetzen.

Die Macht der Liebe, des Verständnisses, die Fähigkeit, die Gefühle des *anderen* nachzuempfinden, stattet uns mit viel mehr Macht aus, als die verbreitetere Fähigkeit, anzugreifen.

Liebe ist Macht.

Verständnis ist Macht.

Gefühl ist Macht.

Aber man kann nur nachempfinden, wie der andere sich fühlt, wenn man sich über die eigenen Gefühle deutlich im klaren ist. Alles fängt bei uns selbst an. Mit unserem Gefühl.

»*Es muß schwer sein,* der Vorarbeiter zu sein, irgend einem Vizepräsidenten untergeben zu sein, der sich nie die Hände schmutzig machen muß«, könnte man die Argumentation gegenüber seinem Vorgesetzten beginnen.

»*Es muß schwer sein,* das Kind von Eltern zu sein, die es zu sehr lieben und zu sehr beschützen, wenngleich es sich entwickeln und seine eigenen Erfahrungen machen muß«, könnte man die Argumentation gegenüber dem eigenen Kind beginnen.

»*Es muß frustrierend sein,* mit einem Menschen zusammenzuleben, der einen nicht immer versteht, es aber möchte«, könnte man die Argumentation mit dem Partner beginnen.

Und deshalb: Der Trick beim erfolgreichen Argumentieren, der – wie immer – ein Nichttrick ist, besteht darin, *zu fühlen.*

Wir besitzen seit jeher die Fähigkeit zu fühlen. Wir wurden damit geboren.

Wir müssen als *fühlende* Wesen *wiedergeboren* werden.

Fühlen! Wenn wir etwas empfinden, dann wissen wir, daß diese Gefühle die Erde durchdringen und das Universum durchströmen. Wenn wir etwas fühlen, wissen wir, daß auch der *andere* etwas fühlt. Nur wenn wir nicht fühlen, sind wir allein und leer und tot. Und wenn wir nicht fühlen, sind unsere Argumente so leblos und hohl wie leere Dosen. Wenn wir nicht fühlen, tragen die Worte keine Bedeutung und kommunizieren nichts. Aber wenn wir fühlen, können wir die große Argumentation vortragen, die eindrucksvolle Rede, den charismatischen Gedankenaustausch, das siegreiche Argument zu Hause. Alles beginnt mit dem Gefühl – unserem Gefühl.

Um zu fühlen, müssen wir etwas riskieren, das Wagnis des

Schmerzes eingehen – unseres Schmerzes. Wir müssen ein Wagnis eingehen – das Risiko, kritisiert, ja, zurückgewiesen zu werden. Die Belohnung ist Lebendigkeit. Der Lohn ist, daß wir gewinnend argumentieren, denn vergessen Sie nicht: Die Toten oder diejenigen, die die Toten imitieren, haben noch nie eine Auseinandersetzung gewonnen.

11. Das magische Argument

Aus der *Zone des Herzens* heraus argumentieren

DAS SCHLOSS: **Ich glaube nicht an Zauberei. Was halten Sie von logischem Denken?**

DER SCHLÜSSEL: **Bedeutende Argumentationen sind keine Kopfgeburten, auch wenn der Kopf dabei so beschäftigt ist wie das Ruder eines Segelbootes. Vielmehr entspringen sie einem magischen Ort. Wir werden erfahren, wo er liegt, und lernen, wie man argumentiert.**

Die meisten Rhetoriklehrer lehren, was Rhetoriklehrer eben können. Es sind die intellektuellen Ergüsse derjenigen, die noch nie eine erinnerungswerte Rede gehalten haben. Ich versuche Ihnen hier den Weg dorthin zu zeigen, wo die großen Reden, die Ansprachen, die mitten aus der Seele kommen, ihren Ursprung haben. Es geht hier um eine Kunst. Es geht hier um einen Bewußtseinszustand. Es geht hier um ein Wagnis, das von Angst getränkt ist. Es ist etwa so, als erreichte man das Nirwana. Doch jeder faszinierende Redner, jeder unvergeßliche Sänger, jeder große Mittelfeldspieler und jeder große Torjäger, jeder wahre Jazzmusiker kennt diesen Zustand. Die Darbietung ist Magie – aber keine Leistung des Bewußtseins, wenngleich der Verstand aktiviert und hellwach ist. Sie ist keine Leistung der Logik, denn Kunst transzendiert Logik. Sie ist weder kalkuliert noch bloß ausgedacht. Dennoch ist sie äußerst genau geplant. Sie ist Magie. Und wir wollen diese Kunst erlernen.

Wie fühlt sich das *Magische Argument* an? Wollte man das magische Argument beschreiben, so wäre es, als schilderte man jemandem einen Orgasmus, der noch nie einen erlebt hat. Das heißt aber nicht, daß wir ihn nie erleben können, sondern bestätigt nur unsere Unfähigkeit, dieses Erlebnis auf irgendeine logische Art in Worte zu fassen. Das Wörterbuch definiert einen Orgasmus als »den Höhepunkt der sexuellen Erregung, die sich normalerweise am Ende des Geschlechtsverkehrs steigert«. Solche Worte liefern uns wenig Informationen, wenn wir noch nie einen Orgasmus gehabt haben. Ich könnte versuchen, unser Verständnis zu verbessern, indem ich ihn als »allumfassende Explosion im Inneren bezeichne, die den Körper in Wellen des Schmerzes und der Freude und in Zuckungen der Ekstase erfaßt.« Das hilft aber auch nicht viel weiter. Ich könnte es auch mit einer poetischeren Aussage versuchen: »Er ist ganz lila und rosa und wälzt sich in taumelnden Gänseblümchen.« Trotzdem habe ich den Orgasmus dadurch noch nicht beschrieben. Wie also beschreibe ich Ihnen das *Magische Argument*?

Lassen Sie mich zu Beginn eine Geschichte erzählen: Es war am Anfang meiner Karriere. Ich stand vor einer Jury und hielt mein Schlußplädoyer. Steif vor Angst hielt ich mich am Rednerpult fest. Ich hatte das Plädoyer so vorbereitet, wie ich es Ihnen ans Herz gelegt habe: Ich hatte den Text geschrieben und skizziert – ich hatte versucht, ihn auswendig zu lernen, und nun konnte ich ihn nur noch vorlesen. Ich fürchtete, den Kopf zu heben, aus Angst, ich könnte die Orientierung verlieren. Ich hatte Angst, die Geschworenen anzusehen – aus Angst, ihre gelangweilten Mienen würden mich so aus der Fassung bringen, daß ich nach Worten ringen, stottern und einen »Blackout« bekommen würde. Plötzlich fiel mein Manuskript vom Rednerpult, und die Blätter segelten auf den Boden des Gerichtssaals. Rot vor Verlegenheit und schwitzend sammelte ich sie auf. Einige Zuschauer kicherten schon. Ich erhaschte einen Blick meines Mandanten, der mit schreckensstarrer Miene dasaß. Als ich meine Papiere schließlich wieder zusammen hatte, waren sie in heilloser Unordnung. Ich wußte weder, wo ich aufgehört hatte, noch, wo ich anfangen sollte. Ich dachte, ich stürbe. Ich betete, ich würde sterben.

Aber Gott tat mir nicht den Gefallen. Mir blieb keine andere Wahl. Entsetzt sah ich die Geschworenen an, sie erwiderten meinen Blick. »Verzeihen Sie«, murmelte ich. Dann aber platzte es aus mir heraus: »Ich wünschte, ich könnte Ihnen sagen, was in mir vorgeht und was ich wirklich über diesen Fall denke. Wenn Sie nur wüßten. Also... der Sachverhalt ist eindeutig. Jimmy hier, mein Mandant, ist unschuldig. Und wissen Sie, warum ich das weiß?« Und plötzlich hatte die *Magische Argumentation* begonnen.

Eine Stunde später wurde mir klar, daß ich mein Plädoyer ohne Notizen beendet hatte! Und es war wirklich eine *Argumentation*, kein gestelztes Ablesen von etwas, was ich geschrieben hatte. Irgendeine geheimnisvolle Kraft, irgendeine mich führende, unbewußte Intelligenz hatte die Leitung übernommen, die Worte gewählt und die Gedanken gebildet. Die gleiche mysteriöse Kraft führte den Wortschwall zu seinem Höhepunkt, wußte, wann ich innehalten mußte, ja sogar, wie man ein perfektes Ende konstruiert. Diese Kraft wählte den Ton, den Klang der Sprache und den Rhythmus. Sie steuerte die Handbewegungen – die Körpersprache, wie wir heute sagen. Kurz, sie komponierte die Musik und choreographierte das Lied und den Tanz der gesamten Argumentation. Als ich zu Ende war, setzte ich mich, schwitzend und erschöpft und von Freude überwältigt. Die Zuhörer umringten mich und gratulierten mir. Es war ein großartiges Plädoyer gewesen, sagten sie. Ich sei ein großartiger Anwalt. Die Geschworenen brauchten weniger als eine halbe Stunde, dann sprachen sie meinen Mandanten frei. Ich war überwältigt, berauscht, ekstatisch.

Später, als ich das Protokoll las, war ich noch verblüffter. Das waren doch wohl nicht die Worte, die die Geschworenen beeinflußt hatten: diese abgebrochenen Sätze, diese falschen Anfänge, diese unlogische Syntax. Der Gerichtsschreiber, der mein Plädoyer Wort für Wort mitstenographiert hatte, hatte bestimmt nicht alles richtig verstanden. Ich schämte mich der Sprache, der Komposition. Da begriff ich: Geschriebene und gesprochene Sprache sind so unterschiedlich wie Suaheli und Bach. Langsam wurde mir klar, daß es nicht allein die Worte waren, nicht einmal in erster Linie die Worte, die den Sinn tragen, sondern, wie bereits erwähnt, der Ton, der Rhythmus, der Körper, die Gesten, die Augen – ja, die ganze Person.

Langsam wurde mir bewußt, daß das Ablesen einer geschriebenen Rede und das Vortragen der Magischen Argumentation unterschiedliche Künste sind. Bei der einen handelt es sich um die Kunst des Schreibens, bei der anderen um die des Sprechens. Die eine ist so, als wenn man gewissenhaft wie ein Kind malt, Strich für Strich sorgfältig zeichnet, während die andere einer Geburt ähnelt. Der geschriebenen Rede fehlt immer *Glaubwürdigkeit*, nicht nur weil man sie zum Zweck des stummen Vortrags komponiert, sondern weil man sie penibel und im voraus ausdenkt. Die Magische Argumentation dagegen ist lebendig, sie bricht hervor, sie trägt den Schmerz und das Blut ihrer Mutter. Ihre Mutter umsorgt sie, hüllt sie ein und entläßt sie schließlich in die Welt, wo sie weiterlebt, wächst und wirkt. Ganz gleich, wie gut das geschriebene Plädoyer vorgetragen wird, es kann den Zuhörer niemals innerlich anrühren, es kann nie eine Jury umstimmen, es kann niemals auf dieselbe Weise Erfolg haben, wie etwas, das spontan der Seele entspringt.

Die zahlreichen Mängel, die ich in der Abschrift meiner Magischen Argumentation erkannte, waren exakt die Kennzeichen der Echtheit, die die Geschworenen mit dem Ohr ihrer Herzen hörten. Menschen, die die Wahrheit sagen, wählen nicht die besten Worte und geben nicht die saubersten, literarischsten Sätze von sich. Menschen, die die Wahrheit sagen, sind kaum daran interessiert, hübsche Redewendungen zu erfinden, sondern wollen ihre Seele freilassen. Konzentriert auf ihre Gefühle, sprechen Menschen, die die Wahrheit sagen, aus dem Herzen; das Herz ist nicht in der Lage, die präzisen, linearen Gedanken eines mühsam arbeitenden Gehirns zusammenzufügen. Wenn der Zuhörer etwas hört, das von Herzen kommt, hat er auch die Verpflichtung, selbst mit dem Herzen zuzuhören. Daß der Redner seine Ausführungen in mangelhaft konstruierten Sätzen vorbringt und es ihm nicht gelingt, die treffendsten Worte zu wählen, ist kein Maßstab für die Kraft der Argumentation. Ich muß es wiederholen: Ihre Kraft kommt aus der *Herzzone*.

Ein junger Schriftsteller, der ein Buch für Prozeßanwälte über Plädoyers vor Geschworenengerichten zusammenstellte, erhielt ein Exemplar meines Schlußplädoyers im Fall Karen Silkwood. In seinem Brief bat er mich, meine Argumentation zu kommentieren. In meinem Antwortschreiben teilte ich ihm mit, mich habe mein Schlußplädoyer bei der Lektüre selbst erstaunt. Ich sehe keinen vernünftigen Grund, warum es jemand veröffentlichen wolle. Ich schrieb: »Das Schlußplädoyer verdeutlicht nur eines, nämlich: Wenn man damit ein Urteil erwirkt, das einem Menschen 10,5 Millionen Dollar Schadensersatz zuerkennt, dann kann das auch das mundfaulste Schulkind.« Das ist keine Übertreibung angesichts der Tatsache, daß Kinder normalerweise die Wahrheit sagen und daß ihre Sprache so außerordentlich vielseitig ist, und zwar nicht, weil sie ausgesuchte, intellektuelle Worte wählen, sondern weil sie ganz einfache und ehrliche Ausdrücke verwenden.

Ich machte mir Sorgen, daß mein Plädoyer, das sich bei der persönlichen Ansprache, vor den Augen und Ohren der Geschworenen, als hinlänglich erwiesen hatte, in schriftlicher Form töricht und amateurhaft wirken könnte. Ich versuchte mich zu verteidigen: »Nach drei Monaten war ich mit meinen Kräften fast am Ende, und vielleicht hatten die Geschworenen das begriffen.« Ich bat darum, die falschen Anfänge zu streichen, und argumentierte: »Wenn man einen falschen Anfang hört, bereinigt ihn das Gehör. Wenn ich plädiere, versuche ich nie, so zu sprechen, als ob das, was ich sage, verschriftlicht wird. Wenn man die linearen Gedanken einer schriftlichen Argumentation entwickelt, die von links nach rechts voranschreitet, Wort für Wort, auf dem Papier, dann verbannt man den Zauber, und die reine Kraft, die vom Boden der Seele alle Elixiere der Rede emporzieht, trocknet aus. Ich bitte Sie daher, das zu tun, was das Gehör der Geschworenen geleistet hat – das heißt, die Argumentation ein wenig lesbarer zu machen...

Ich glaube jedoch, daß Sie stark benachteiligt sind, weil Sie das Plädoyer nicht im Kontext gehört haben, in dem ich es gehalten habe – das heißt, einen Menschen, der mit offenem Gesichtsausdruck, schwitzend, besorgt, erschöpft vor den Geschworenen steht. Wenn Sie dabeigewesen wären, hätte das Gesehene und Gehörte den Tenor Ihrer Kommentare geändert. In dem Fall wären sie prinzipiell in dem Ton verfaßt, in dem ich meine Ausführungen gehalten habe, also in dem Ton, in dem ich argumentiert habe. Es ist der Klang der Aufrichtigkeit eines Mannes, der ehrlich zu sein versucht; das gelingt ihm zwar nicht immer, aber er versucht es *zu sein*!«

Im weiteren wies ich darauf hin, daß ich »mich nicht bemühe zu definieren, was gescheit und geschickt ist und was nicht. Geschworene sind nicht so dumm, daß sie sich an der Nase herumführen lassen. Deshalb versuche ich herauszufinden, wie ich meine Geschichte am wirkungsvollsten erzählen kann. Ein Schlußplädoyer soll Geschichten enthalten, keine Strategien. Ihre Kommentare«, schrieb ich, »befassen sich mit Strategien. Ich glaube aber: Wenn man schon von Strategien spricht, dann sollte die Taktik darin bestehen, so klar und deutlich wie möglich die Wahrheit zu sagen. Das weiß jeder Mensch zu schätzen.«

Trotz meiner Einwände wurde mein Plädoyer weitgehend so veröffentlicht, wie ich es vorgetragen hatte. Wenn man ein Plädoyer auf die schriftliche Form reduziert, ist das so, als wenn man einen Grizzlybär ausstopft und in einen Schaukasten stellt, damit ihn alle anschauen können. Zwar hat man ihn auf die Hinterbeine gestellt, als griffe er an, doch seine Bewegungen existieren nur vor unserem inneren Auge. Zwar steht sein Maul offen, als stieße er ein markerschütterndes Gebrüll aus, doch wird dies nur vom inneren Ohr vernommen. Der Bär im Ausstellungskasten ist nicht der gleiche, der durch den Wald streifte und der sich, als der Jäger ihn stellte, auf die Hinterbeine stellte und dabei ein wildes Brüllen ausstieß. Eine schriftliche Rede ist etwas Ähnliches. Das gesprochene Wort, das so voller Bewegung, Rhythmus, Klang und Leben ist, verändert auf der gedruckten Seite seinen Charakter.

Insofern ähnelt ein Plädoyer, das man geschrieben und danach vorgetragen hat, einem ausgestopften Bären – aber mit mechanischen Beinen und einer künstlichen Stimme. Zwar bewegt er sich jetzt, und man hört ihn brüllen, doch er ist und bleibt ein toter, ausgestopfter Bär. Zwar weichen wir vielleicht vor seinem Angriff zurück und lachen, aber nur weil wir wissen, er ist nicht echt. Wenn es sich um einen lebenden Bären handelt, wenn wir sehen, wie er sich auf die Hinterbeine aufrichtet, um kurz darauf anzugreifen, wenn wir hören, wie er in seiner Raserei brüllt, und spüren, wie der Boden unter unseren Füßen vibriert, wenn wir den tödlichen Zorn in seinen Augen blitzen sehen, erleben wir etwas, das wir, wenn wir überleben, nie wieder vergessen. Auf die gleiche Weise hinterläßt das Originalplädoyer, das aus dem lebendigen Herzen und der lebendigen Seele kommt, seinen Abdruck auf der Seele des *anderen*.

Die Bestandteile des Magischen Arguments: Aber man fragt sich: Wie öffnen wir das Tor, so daß unsere Argumentationen ausformuliert, richtig ausbalanciert, ausgestattet mit der Kraft und dem Charisma eines großen Redners, der die Massen bewegt, aus unserer Seele hervorbrechen? Seit jenem schrecklichen Tag, als ich zufällig mein erstes magisches Plädoyer hielt, habe ich viele Magische Argumente vorgetragen, aber die Form ist bis heute die gleiche geblieben: Es müssen zwei einfache Bestandteile vorhanden sein: das erste Element heißt *Vorbereitung*; wir haben es bereits in Kapitel 8 untersucht; das zweite lautet, *den Mut aufbringen*, damit wir uns die magische Kraft des Selbst schenken können.

Den Frosch befreien: Wie rufen wir jetzt, da wir vorbereitet sind, das magische Argument auf und befreien es? Die Aufgabe, der ich mich gleich stellen möchte, ähnelt der Aufforderung, man solle endlich versuchen einzuschlafen, wobei man immer wacher wird, je mehr man sich anstrengt. Ich beabsichtige nicht, dem Mystizismus das Wort zu reden. Dennoch fließen stets mystische Ideen ein, wenn wir versuchen, dasjenige, was wir nicht verstehen, auf abstrakte Denkvorgänge zu reduzieren. Das Wunder des Lebens ist ebenso wirklich wie eine Rübe, bis wir anfangen, Leitfragen zu stellen. Beispielsweise: »Was ist das Leben?« und »Woher kommt es?« und »Wohin geht es?« und »Worin liegt sein Sinn?« Aber nur dann, wenn der Verstand keine Antwort findet, behält der Zauber die Oberhand. Das gleiche gilt für das Magische Argument.

Sobald wir uns darauf vorbereitet haben, wirkt das Magische Argument in uns allen, und wenn es befreit ist, bricht es aus uns hervor, so leicht und so natürlich wie ein Frosch hüpft. Auch wenn wir den Frosch einfangen, ihn von Bein zu Bein aufschlitzen und alle seine Körperteile untersuchen – nie werden wir die Lebenskraft entdecken, die den Frosch überhaupt zum Springen gebracht hat. Die Frage lautet also nicht: »Warum springt der Frosch?«, sondern: »Wie können wir ihn zum Springen bringen?«

Natürlich muß man dem Frosch Nahrung geben. Diese Frage habe ich bereits angesprochen, als ich die Notwendigkeit der Vorbereitung untersuchte. Aber der Frosch muß auch befreit werden. Wenn wir vor einer Menschenmenge stehen oder im Büro des Chefs sitzen, *werden wir der Frosch*, und wir haben, wie bereits erwähnt, Angst, oh, solche Angst, daß wir überhaupt nicht springen, sondern nur ein leises, jämmerliches Quaken von uns geben.

Den Frosch freilassen ist eine Metapher für das Leben. Den meisten von uns jagt es Angst ein. Ich erinnere mich an eine Zeit in meinem Leben, als ich mich an schädliche Orte der Vergangenheit klammerte. Ich konnte nicht loslassen. Die Angst, in einen unbekannten Abgrund zu stürzen, war zu überwältigend, und deshalb klammerte ich mich an die Vergangenheit, obwohl mir klar war, wie zerstörerisch das war. Eines Nachts in dieser furchtbaren Zeit träumte ich, daß ich am Rand einer Klippe baumelte und mich an einem Ast festhielt. Voll Entsetzen blickte ich auf den Grund des Canyon, der tausend Fuß unter mir lag. Und während ich so dahing, wurde mir klar, daß keine Rettung bestand. Meine Hände wurden schlaffer, sie glitten ab von dem Ast. Schließlich mußte ich loslassen. Doch im Fallen fühlte ich mich plötzlich frei. Ich konnte mich entweder entspannen und den Sturz genießen oder den ganzen Absturz hindurch schreien. Ich empfand ein unbeschreibliches Hochgefühl, ich war vollkommen frei. Auf die Gefahr hin, abermals die metaphorische Ebene zu wechseln – warum denn nicht? –, möchte ich vorschlagen, daß wir, der Frosch, über die Klippe springen, uns diesem Erlebnis hingeben und den Sturz genießen. Lassen Sie es geschehen. Lassen Sie los.

Springen Sie!

Loslassen: Jetzt stehen wir also vor unserem Publikum. Schaffen wir es, etwas zu sagen? Wie können wir loslassen? Das ist so, wie wenn man im Schwimmbad zum erstenmal vom Fünfmeterturm springen will. Während Sie da oben stehen und hinabblicken, verkrampft sich Ihr Magen, und Ihre Knie werden weich. Am liebsten möchten Sie sich nonchalant umdrehen und wieder hinuntersteigen, wobei Sie natürlich so tun, als hätten Sie etwas ganz Wichtiges vergessen. Statt dessen drängt Sie eine winzige innere Stimme, zu springen. Loszulassen um des Magischen Arguments willen, das Selbst freizulassen, ohne an die Notizen gefesselt zu sein, nackt dazustehen, aus dem Herzen und nicht dem Kopf zu sprechen, zu sprechen, nicht zu lesen, ist ganz ähnlich. *Das Magische Argument ist ein Sprung in das eigene Innere.*

Jungen Anwälten habe ich empfohlen, sie sollten den Sprung in das Magische Argument dadurch erleben, daß sie ins Schwimmbad gehen und vom Fünfmeterturm springen. Einer der Studenten, der nicht schwimmen konnte, nahm daraufhin nicht nur Schwimmunterricht, um den Hechtsprung, sondern auch noch das Schwimmen zu erlernen. Eine juristische Argumentation ist ähnlich. Als er vor eine Jury trat, stellte er sich vor, er stünde auf dem Fünfmeterbrett und wollte gerade losspringen. Er empfand eine schreckliche Angst. Wie ich ihm geraten hatte, schilderte er den Geschworenen seine Angst. Er erklärte, warum ihm der Prozeß wichtig war, warum er gewinnen wollte, warum er fürchtete zu verlieren. Er ängstigte sich um seines Mandanten willen. Er fürchtete aber auch um sein eigenes Wohl. Und zwar, weil er sich Sorgen machte. Er hatte Angst vor dem Schmerz, den er erleiden würde, wenn er scheiterte. Er war gesprungen. Danach brach, wie er mir erzählt, das Magische Argument aus ihm hervor.

Ein anderer Student hatte während seines Studiums an Turmsprungwettkämpfen teilgenommen, so daß ihm dieser Sport sehr vertraut war. »Dann tun Sie doch etwas anderes, wovor Sie körperliche Angst haben«, riet ich. Als ich ihn wiedersah, schwärmte er von seinem Erlebnis. Er war aus einem Flugzeug gesprungen. Er hatte den Fallschirm erst in einer Höhe von tausend Fuß geöffnet, und der Sturz, sagte er, sei phantastisch gewesen. Er habe das gleiche in seinem folgenden Plädoyer vor einer Jury erlebt. Er berichtete den Geschworenen von seinen Gefühlen, von seiner Angst, von seiner Liebe zur Gerechtigkeit. Zwar könne er sich nicht mehr an den genauen Wortlaut erinnern, weil er die Worte anscheinend gar nicht gewählt habe. Er habe sie nur in sich entstehen lassen, als würden Sie im freien Fall auf ihn zukommen. Es war, rief er aus, wie Magie. Ob man von einem Fünfmeterturm oder aus einem Flugzeug springt oder vor einem Publikum seine Seele freiläßt – die Erfahrung ist stets dieselbe: Man stellt sich der Angst, sieht ihr ins Auge und bezwingt sie.

Jedem Triumph geht Angst voraus. Angst ist immer der Beginn einer Befreiung. Und warum? Was ist der biologische Vorteil einer gefangenen Psyche? Auszubrechen, frei durch einen Wald zu spazieren, alte Pfade zu verlassen, um auf neuen zu wandeln, bringt immer ein gewisses Maß an Risiko mit sich. Könnte es nicht sein, daß uns ein lauernder Feind von Angesicht zu Angesicht gegenübertritt? Könnte es nicht sein, daß wir den Ansprüchen nicht genügen? Könnte es nicht passieren, daß wir verletzt oder getötet werden? Aber sowohl der Wald als auch der Feind sind in uns. Zum Leben gehört das Wagnis. Wäre es anders, könnte man das Leben nicht ertragen, denn die Risiken der Langeweile, des Gefangenseins im eigenen Ich – das Hühnchen, das im Ei stirbt –, zu sterben, ohne gelebt zu haben, sind weitaus größer als irgendwelche Gefahren, die im Wald lauern.

Daß wir mit Hilfe der Überwindung einer physischen Bedrohung unsere Angst vor einem nichtkörperlichen Akt überwinden können, oder umgekehrt, ist keine neue Erkenntnis. Um die Angst vor dem tatsächlichen Absturz eines Flugzeugs zu meistern, begeben sich Piloten in Flugsimulatoren, in denen sie, in einer nichtbedrohlichen Umgebung, lernen, im Notfall präzise und sicher zu reagieren. Cowboys reiten in Saloons auf Attrappen bockender Stiere.

In San Francisco sah ich einmal eine junge Frau mit einem verkürzten Bein, die im meistfrequentierten Teil des Flughafengebäudes tanzte. Die Leute strömten herbei, um ihr zuzuschauen. Fast wäre sie gestürzt, aber es lag eine Anmut, eine Würde an ihrer Darbietung, die das Publikum fesselte. Wir hatten denselben Flug gebucht, und als wir die Rampe hinaufgingen, fragte ich die Frau, was es mit dem Tanzen auf sich habe.

»Ich nutze jede Gelegenheit, in der Öffentlichkeit zu tanzen«, sagte sie. »Manchmal tanze ich auch auf der Straße. Ich muß tanzen. Es tut mir gut.« Mehr wolle sie nicht sagen.

Wie man springt: Wieder einmal stehen wir vor einem Publikum. Die *anderen* warten, daß wir das Wort ergreifen. Immer noch Stille; wie schaffen wir es, zu springen und uns zu befreien? Werden wir ein Wort herausbekommen? Ich rate Ihnen, wenden Sie sich nach innen. Spüren Sie die Angst. Berühren Sie sie wieder, dort, wo sie sitzt – ja, knapp oberhalb des Solar plexus, der glühenden Stelle, die sich in schmerzlichen Spasmen zusammenzieht. Spüren Sie sie, denn dort stoßen wir auf etwas, das mit Sicherheit *wirklich* ist. Werden wir nun springen können?

Zum Beginn einer Rede blicke ich manchmal jedem einzelnen Zuhörer in die Augen. In einer großen Gruppe dauert das mitunter eine halbe Minute oder länger. Langsam breitet sich unbehagliches Schweigen aus. Die Leute erwidern meinen Blick. Ich höre nervöses Hüsteln. Aber etwas hat sich zwischen uns ereignet. Ohne Worte. Ich habe den Leuten meine Gefühle mitgeteilt. Ich habe Angst empfunden, und sie wiederum haben das Unbehagen verspürt, das sich in der Stille des Saals ausgebreitet hat.

Schließlich beginne ich: »Es ist nicht schlimm, daß wir uns am Anfang unserer Beziehung nicht wohl in unserer Haut fühlen. Wir kennen uns ja nicht. Wir haben keine gemeinsamen Erfahrungen, aufgrund derer wir einander vertrauen können. Warum sollten wir uns also sicher fühlen? Als ich Sie anschaute, habe ich mich gefragt, was Sie von mir erwarten. Was halten Sie von mir? Und während ich Sie anschaute, müssen auch Sie sich gefragt haben, was ich von Ihnen halte.« Ich bin gesprungen. »Wir werden eine wertvolle Zeit miteinander verbringen.« Ich habe mich befreit.

Einmal hielt ich in Philadelphia eine Rede vor einer großen Gruppe von Anwälten. Der Vorsitzende der Konferenz sprach die einführenden Worte, hatte sich aber offensichtlich überhaupt nicht vorbereitet. Er stand auf und sagte: »Ich muß Ihnen Mr. Spence ja nicht vorstellen. Also erteile ich ihm das Wort.« Eine Einführung ist die Brücke, auf der sich der Redner dem Publikum nähert. Sonst wäre es so, als träfen sich zwei Fremde in der U-Bahn. Es fällt ihnen schwer, ins Gespräch zu kommen. Daß der Konferenzleiter mich den Zuhörern nicht vorgestellt hatte, enthielt noch eine andere Mitteilung: Im Grunde war der Redner nicht wichtig genug, als daß man ihn mit einer Einführung vorstellte. Das kränkte mich, und zwar auch deshalb, weil die Zuhörer einen schlechten Eindruck von mir bekamen. Es war, als hätte er gesagt: »Dieser Kerl verdient es nicht, vorgestellt zu werden.« Aber wenn der Konferenzleiter den Redner nicht begeistert begrüßt hatte, wie konnte er dann erwarten, daß die Zuhörer ihm zuhören würden? An diesem Punkt fühlte ich mich leer und erschöpft. Das Magische Argument wird sich nie einstellen, dachte ich. Aber ich war auch wütend und hatte meine Angst verloren, denn Wut, die sekundäre Emotion, ersetzt immer die primären Emotionen, beispielsweise Angst. Ich gab mich meinem Gefühl hin. Ich überließ mich meiner Verärgerung. Ich betrat das Podium und zapfte meine Gefühle an.

»Ihr Vorsitzender hat Ihnen mitgeteilt, daß man mich nicht vorzustellen braucht. Ich bin da anderer Meinung. Ich brauche eine Einführung. Und zwar, damit ich das Gefühl habe, willkommen zu sein. Ich brauche die einführenden Worte, damit ich in Schwung komme, und Sie brauchen sie, damit Sie sich für das, was ich sagen werde, interessieren. Angesichts der Tatsache, daß wir beide eine gute Einleitung brauchen und daß man mich überhaupt nicht vorgestellt hat, gibt es unter Ihnen jemanden, der zu mir kommen und mich in angemessener Form vorstellen möchte?

Betretenes Schweigen. Ich wartete. Ich betrachtete die verlegenen Zuhörer. Niemand rührte sich. Kein Laut. Plötzlich stand ein großer, muskulöser Mann auf und kam schweigend und mit langen, schnellen Schritten zum Podium. Mir war nicht klar, ob er mich vielleicht gleich erwürgen wollte, weil ich so unverblümt gesprochen hatte. Er trat vor mich und stellte sich hinters Rednerpult.

»Meine Damen und Herren«, begann er. »Ich möchte Ihnen einen Mann vorstellen, den ich mein ganzes Berufsleben hindurch bewundert habe. Ich habe ihn schon seit vielen Jahren einmal treffen und näher kennenlernen wollen. Heute ist er bei uns. Dieser Mann...« Er erwähnte einige meiner bekannteren Fälle und meine Bücher, die er gelesen hatte, und wie sie ihn beeinflußt hätten. Nach der Vorstellung bedankte sich das Publikum mit stehenden Ovationen. Meine Rede, die dann folgte, war unglaublich lebendig, voll Energie und Verve, eine der besten, die ich je gehalten habe. Der Mann, der mich vorgestellt hatte, wurde später einer meiner besten Freunde und schließlich Partner in meiner Kanzlei. Das alles konnte aber nur geschehen, weil wir beide gesprungen und das Risiko eingegangen waren, unsere Seele zu befreien.

Springen! Loslassen! Sich befreien! Vielleicht sollten Sie sich erlauben, das erste zu sagen, was Ihnen in den Sinn kommt. Ich habe Sätze geäußert wie: »Ich wünschte, ich wüßte, was Sie von mir erwarten. Ich wünschte, Sie könnten sehen, was ich von hier oben aus sehe – wie sie alle zu mir heraufblicken, von mir erwarten, daß ich etwas Unterhaltsames, etwas Aufschlußreiches und Glänzendes sage. Ich denke mir: ›Es wird mir nicht gelingen, etwas Glänzendes zu sagen – ich bringe es nicht einmal fertig, etwas Originelles zu sagen.‹«

Zu Hause springen: Sich zu Hause zu befreien heißt, seinen Gefühlen Ausdruck zu verleihen. Dies darf aber nie eine Schuldzuweisung gegenüber dem *anderen* beinhalten. Es heißt: »Ich bin böse«, nicht »Du machst mich wütend«. Es heißt: »Ich fühle mich irgendwie betrogen«, nicht: »Du hast mich betrogen«. Wenn ich völlig frustriert bin und mich im Gerichtssaal hilflos fühle, vielleicht weil ein zorniger Richter mich angreift oder fortwährend den Einsprüchen der gegnerischen Partei stattgibt, gehe ich zur Richterbank und beginne ein ruhiges Gespräch mit »Euer Ehren«. Ich sage nicht: »Sie sind unfair« oder »Sie sind unhöflich zu mir«. Ich spreche von meinen Gefühlen. Ich sage: »Euer Ehren, *ich* komme mir hilflos vor, ich weiß nicht, wie ich weitermachen soll. Ich wünschte, ich würde mich nicht so eingeschüchtert fühlen. Ich wünschte, ich würde mich nicht so sehr schämen.« Nachdem ich mich meinen Gefühlen gestellt habe, fühle ich mich wunderbarerweise weder verängstigt noch beschämt. Zunächst mag die Antwort des Richters noch ätzender ausfallen, aber es geht nicht darum, was der Richter sagt, sondern darum, was ich empfinde, denn *ich*, nicht der Richter, muß sich befreien.

Daheim kann ich womöglich eine Auseinandersetzung gewinnen, wenn ich meinen Zorn überwinde. Ich sage »meinen Zorn überwinden«; denn Zorn ist, wie erwähnt, meist eine Ersatzemotion, die aus Angst, Frustration, Enttäuschung oder einem Gefühl des Verlustes, der Schuld oder sogar der Einsamkeit erwächst. Wenn ich wütend bin, muß ich nach den Gründen fragen, nicht meiner Verärgerung Ausdruck verleihen. Möglicherweise bin ich böse, weil ich mich ungeliebt oder ignoriert fühle. Zu Hause sollte man sagen: »Ich fühle mich einsam in unserer Beziehung. Ich wünschte, wir wären uns näher. Ich brauche dich. Oh, wie sehr ich dich brauche!« Mehr davon in Kapitel 13.

Springen und Mut: Der *größte Mut* ist der Mut, den man braucht, um sich selbst zu bejahen, das heißt, sich seine Existenzangst und seine Angst vor dem Nichtsein einzugestehen. Sobald wir das getan haben, sobald wir uns auf diese Reise begeben haben und gesprungen sind, kann das Magische Argument beginnen.

Das Überselbst: Ich habe mit Vergleichen und Bildern gerungen, weil das Magische Argument keine Frage des Intellekts ist. Doch das einzige Hilfsmittel, es festzuhalten, sind die schwarzen Lettern, die in linearer Folge von einer Maschine auf ein leeres weißes Papier gedruckt werden. Es ist nicht leicht, diese multidimensionale Magie auf einem zweidimensionalen Blatt Papier zu erklären. Trotzdem: Das Magische Argument wendet sich nicht an den Verstand. Es bleibt ein bewußtes *Überselbst* bestehen, das als Steuerungszentrum fungiert und hört, wie die Sätze hervorbrechen, sie redigiert und in Grenzen hält. Das Überselbst legt die Ränder fest und wird zum Wächter der *Herzzone.* Vor vielen Jahren, als ich meine erste Magische Argumentation zu Papier brachte, war ich mir sehr deutlich bewußt, was ich sagte, obwohl ich die Argumente nicht bewußt zusammenstellte. Von Zeit zu Zeit traf ich bewußte Entscheidungen – wie nahe ich vor den Geschworenen stehen sollte, mit welchem Geschworenen ich sprechen wollte. Das Überselbst hatte ein vages Bewußtsein davon, daß die Zeit verstrich; deshalb schritt es ein, damit ich die Argumentation zu Ende brachte. Aber genährt und geprägt wurde sie von einer inneren Quelle und orchestriert und vorgetragen von einem magischen Mechanismus, dem ich bis dahin noch nie begegnet war und den ich bis heute nicht richtig verstehe.

Kampf in der Herzzone: Der Zauber der Magischen Argumentation entspringt demselben Ort in uns, an dem die Argumente der anderen *gehört* werden, demselben Ort, an dem die Entscheidung des *anderen,* ob sie nun für oder gegen uns ausfällt, immer getroffen wird. Wenn unsere Zuhörer ausschließlich Englisch sprechen und verstehen, wären wir töricht, auf lateinisch gewinnend argumentieren zu wollen. Warum soll man sich dann an den *anderen* in einer anderen Sprache wenden als in der Sprache, die dieser bei seinem Entscheidungsprozeß verwendet? Warum wollen wir mit dem *anderen* in einer Kopfsprache sprechen, wenn er sein Urteil immer aus der Herzzone heraus fällt?

Richter treffen ihre Entscheidungen angeblich in Übereinstimmung mit der juristischen Logik. Ich dagegen behaupte, daß ein guter Richter – wie wir übrigen auch – zunächst seine Entscheidung aus der Herzzone heraus trifft und sie erst danach mit logischen Argumenten stützt. Auf die gleiche Weise werden Ihr Chef, Ihr Nachbar, Ihr Kunde ihre Entscheidungen aus dem Gefühl heraus treffen, obwohl sie sie möglicherweise mit logischen, rationalen Argumenten untermauern.

Wenn man gegenüber seinem Ehepartner (und gegenüber sich selbst) erklärt, warum man ein neues Auto kaufen möchte, führt man normalerweise rationale Erwägungen an: »Der alte Wagen hat mich um meine letzten Ersparnisse gebracht. Außerdem war die Sicherheit meiner Familie nicht mehr gewährleistet.« In Wirklichkeit wird der Entschluß des Kunden, ein neues Auto zu kaufen, von dem angenehmen *Gefühl* ausgelöst, das er hat, wenn er stolz mit dem neuen Wagen nach Hause kommt. Wir treffen Entscheidungen gegenüber unserem Partner aus einem Gefühl der Liebe heraus oder auf Grund des guten Gefühls, das entsteht, wenn man das Richtige tut. Wir fühlen uns gut, wenn wir etwas Rechtes tun oder ein gerechtes Urteil fällen. Der Entschluß, unsere alte Tante zu besuchen, mag auf dem schlechten Gewissen beruhen, das uns schmerzt, wenn wir erkennen, daß wir sie arg vernachlässigt haben. Angstgefühle bewirken, daß wir gefährliche oder verletzende Handlungen vermeiden. Alle Entscheidungen basieren auf Gefühlen. Obwohl logisches Denken vielleicht eine Rolle dabei spielt, wie zum Beispiel dann, wenn man eine Aktie günstig einkauft und teuer verkauft, beruht die Entscheidung, zu einem hohen Preis zu verkaufen, nachdem man zu einem niedrigen Kurs gekauft hat, auf dem guten Gefühl, einen Gewinn verbucht zu haben oder dem Gefühl, einen noch höheren Profit zu erzielen, wenn man sich gegen den Verkauf entschlossen hat. Entscheidungen werden immer aus der Herzzone heraus getroffen. Wie Pascal einmal – unter Einsatz seines Denkvermögens – schrieb: »Das Herz hat seine Gründe, von denen der Verstand nichts weiß.«

Hierin liegt die große Kraft des Magischen Arguments, denn es entspringt der *Herzzone*, verwendet deren Sprache und wendet sich an die *Herzzone des anderen*. Obwohl es manchmal mit Logik argumentiert, obwohl es manchmal Fairneß oder Gerechtigkeit fordert, wendet es sich immer an die Gefühle der anderen. Und weil es der *Herzzone* entspringt, übermittelt es stets eine Energie, einen Rhythmus, einen Klang, eine unbändige Kraft, die von der *Herzzone des anderen* vernommen werden.

Und deshalb: Ich habe versucht zu erklären, was ich das »Magische Argument« nenne. In ihm liegt kein größerer Zauber als im Brotbakken. Die Ingredenzien sind alle wohlbekannt – das Mehl, die Milch, das Öl, der Zucker und das Salz und die Hefe. Doch wenn diese üblichen Zutaten vermischt werden, das Brot aufgeht, danach der Teig noch einmal geknetet und dann gebacken wird, holen wir ein ganz anderes Produkt aus dem Ofen. Dasselbe gilt, wenn wir unsere Argumentation vorbereitet haben, wenn wir die wesentlichen Zutaten: Fakten, Folgerichtigkeit und Engagement vermischt haben, wenn wir sie skizziert und wieder reduziert haben, bis sie schließlich in der Hitze der Zweifel und der Angst entsteht. Was dabei herauskommt, wird ganz wunderbar, ja, ganz zauberhaft sein.

Wenn Sie noch nie einen Tanzschritt gewagt haben, wäre es mir unmöglich, Ihnen das Tanzen zu erklären. Ich kann Sie lediglich auffordern – machen Sie den ersten Schritt. Erleben Sie den Mut, zu sein! Ich kann Ihnen nur immer wieder versichern, daß es nichts macht, Angst zu haben, daß es Sie befreien wird, wenn Sie sich ihr stellen, daß sie Ihnen gestatten wird zu springen und Sie freisetzen wird. Ich kann Sie nur bitten, dem Gedanken des Magischen Arguments zu vertrauen. Am Ende kann ich Ihnen nur raten, sich selbst zu vertrauen.

Tun Sie's!
Springen Sie!
Springen Sie!

12. Das unschlagbare Argument der Macht

Den K.-o.-Schlag ausführen

DAS SCHLOSS: **Dasselbe alte Schloß – obwohl ich die vorausgehenden Kapitel gelesen habe, habe ich immer noch Zweifel, ob ich das alles »auf die Reihe bekomme«.**

DER SCHLÜSSEL: **Derselbe Schlüssel – dieselbe Person – in derselben Hand – Ihrer Hand. Setzen wir zu Beginn voraus, daß Sie über Macht verfügen. Hören Sie genau hin.**

Mehr über die Macht. Sich darauf vorbereiten, daß man über Macht verfügt: Das *Argument der Macht* ist seiner Struktur nach so erfolgversprechend, so zwingend, daß kein Einwand es widerlegt. Dazu müssen wir eine *Haltung* einnehmen, die uns selber Macht verleiht. Wer konsequent argumentiert, drischt keine Phrasen. Er muß keinen Höllenlärm veranstalten. Er muß den Gegner nicht vernichten. Er kann leise daherkommen, sanft. Er kann die Liebe, statt den Zorn, das Verständnis, statt den Haß vorbehaltlos annehmen. Er darf Ausdrücke aus der alltäglichen Sprache verwenden. Der Argumentierende muß nicht Martin Luther King oder Winston Churchill oder Roosevelt nachahmen. Es gibt einen zwingenden, entscheidenden Grund, immer das Argument der Macht vorzutragen: Es schmerzt, zu verlieren.

Ist Verlieren ein notwendiger Teil unseres Lebens? Ich kenne das Gefühl, zu scheitern, ganz genau. Während meiner ersten Zeit als Rechtsanwalt, vor meiner Tätigkeit als Staatsanwalt und ehe ich überhaupt Strafprozesse führte, verlor ich eine Zivilklage nach der anderen. Wenn ich doch einmal einen Fall gewann, war es oft Zufall, ein Mysterium. Zu gewinnen war das Vorrecht jener, die ganz oben auf dem juristischen Totempfahl saßen, dort, wo man mir keinen

Dauerplatz reserviert hatte. Und wenn ich scheiterte, hatten meine Mandanten verloren. Ich wohnte ihrer Enttäuschung, ihrem Schmerz, ihren unausgesprochenen Anschuldigungen bei – ich hatte mich für ihre gute und gerechte Sache eingesetzt und verloren. Es war meine Schuld. Ich kam mir wie ein Betrüger vor. Ich fühlte mich benommen und leer und war verzweifelt. Es war ein Gefühl, als habe man mir ein kaltes, stumpfes Instrument ins Herz gestoßen. Mir war, als würde ich langsam verbluten und niemand könnte es verhindern. Der Schmerz der fortwährenden Niederlagen war so groß, daß ich den Anwaltsberuf beinahe aufgegeben hätte. Das war zu der Zeit, bevor ich die Kunst der Magischen Argumentation beherrschte. In den folgenden Jahren lernte ich zudem die wesentlichen Elemente des Arguments der Macht kennen. So wie wir jetzt.

Doch ehe ich die zehn wesentlichen Elemente des Arguments der Macht herausgefunden und verstanden hatte, stellte ich mir immer wieder die Frage, ob es vielleicht mir völlig verborgene Gründe gab, die meine wiederholten Niederlagen erklärten. Offensichtlich fühlten die Leute sich nicht unwiderstehlich von mir angezogen. Wahrscheinlich war ich nicht so scharfsinnig und intelligent wie andere Rechtsanwälte. Vielleicht fehlte mir etwas, das ich im Spiegel nicht erkennen konnte. Eines Tages, als ich weder ein noch aus wußte, erwog ich eine ganz einfache Frage: *Ist das Verlieren ein notwendiger Bestandteil meines Lebens?* Gibt es einen unsichtbaren Anschreiber, der über meine Verluste Buch führt, so daß ich für eine bestimmte Anzahl von Niederlagen gelegentlich einen Sieg zugesprochen bekomme? Immer wieder wälzte ich die Frage: *Ist das Verlieren ein notwendiger Bestandteil meines Lebens?*

Die Rolle des Opfers annehmen – die Erlaubnis erteilen, geschlagen zu werden: Wenn das Verlieren kein notwendiger Bestandteil meines Lebens ist, warum verliere ich dann? Wer gibt meinen Gegnern die *Erlaubnis*, mich zu besiegen? *Erlaubnis!* Ich erinnere mich, daß ich als Kind vom übelsten Schläger im Viertel Prügel bezog, bis ich das nicht mehr hinnehmen wollte. Sobald ich ihm die *Erlaubnis* entzogen hatte, mich zu verprügeln, konnte er mich nicht mehr schlagen. In der Verschiebung des *Paradigmas*, weg von einer Person, die sich schlagen läßt, hin zu jemandem, der diese Erlaubnis verweigert, bestand die Magie. Die Macht entstand nicht dadurch, daß ich mich mit vorgespieltem Mut stärkte. Ich hatte immer noch

Angst. Ich leugnete nicht meine gravierenden Mißerfolge als junger Anwalt. Mir fehlten die beruflichen Fertigkeiten, ja, die meisten Fähigkeiten eines kompetenten Prozeßanwalts, wie mir klarwurde. Die Kraft kam aus einem Wort: Erlaubnis.

Um Opfer zu sein, muß das Opfer einwilligen, die Rolle des Opfers zu spielen. Sobald ich erkannt hatte, daß es in meiner Macht lag, diese Erlaubnis zu erteilen oder zu verweigern, erlaubte ich meinem Kontrahenten nie wieder, mich zu schlagen, und mir selbst gestattete ich nie wieder, die Rolle des Besiegten zu spielen. So einfach war das.

Als ich die Erlaubnis, mich zu schlagen, verweigerte, geschah etwas Magisches. Wie soll ich diesen Wandel beschreiben? Man sieht weder den eigenen Gesichtsausdruck noch die Art und Weise, wie man ein Zimmer durchquert. Man kann nicht erkennen, wie unsere Energie auf andere wirkt. Dieses Phänomen läßt sich nur mittels des Feedbacks durch andere beschreiben. Die Leute nahmen mich anders wahr. Ich sah anders aus. Ich ging anders. Der Klang meiner Stimme änderte sich. Ich dachte anders. In allem zeigte sich meine neugewonnene Einstellung, die Haltung eines Siegers. Ich erinnere mich, wie ich einem Mandanten versicherte: »Wir werden gewinnen! Und wissen Sie, warum? Weil die mich umbringen müßten, ehe sie Sie kriegen, aber es wird ihnen nicht gelingen. Die können mich nicht umbringen, weil ich es niemals zulassen werde.« Dieser Wandel durchdrang mein Sein. Es vollzog sich eine erstaunliche Metamorphose. Ich wurde zum Siegertyp.

Die Figuren im Drama des Lebens besetzen – das Gesetz des *»Ich-Kerns«*: Es überrascht mich noch immer, wenn man mir sagt, man spüre, wenn ich ein Zimmer betrete. Das ist die Wahrnehmung der anderen. Aber auch in meinen Augen gehört der Raum, das Territorium mir, und ich stehe in dessen Zentrum. Alles im Universum beginnt mit mir – für mich. Nennen wir dies das Gesetz des »Ich-Kerns«. Es gilt auch für Sie.

Ist das aber nicht eine kindliche Betrachtungsweise? Ist das nicht das Gebrabbel einer kindischen Persönlichkeit? Denn nur ein Kind sieht die Welt doch auf diese egozentrische Weise. Aber ich liebe meine kindliche Sicht. Ich bekämpfe das Erwachsensein, das so viele Therapeuten fordern. Reife und Tod sind verschwistert. Ich widersetze mich der kalten, urteilenden Sichtweise der Seelenforscher, die uns abstempeln, aber nicht verstehen, die uns sezieren, aber nicht lieben, die schwarz auf weiß einen kalten Bericht über uns verfassen können, aber keine einzige einfühlsame Zeile über unsere Freude, unsere Liebe, unseren Kummer, geschweige denn über den eigenen.

Ich gelobe, niemals erwachsen zu werden, niemals meine kindlichen Ansichten zu verlieren, niemals das Kind in mir aufzugeben, das Freude empfindet, niemals die sublime Spontaneität eines Kindes, seine magische Kreativität, seine Unschuld preiszugeben. Wenn ich sterbe (falls das überhaupt geschieht), werde ich mich bis zum letzten Atemzug an das Ich in mir klammern, denn nur mit der kindlichen Ehrfurcht und Unschuld kann man den Tod erfahren.

Sehen Sie zu den Sternen empor. Betrachten Sie sie aus einem Radius von dreihundertsechzig Grad. Sind Sie denn nicht das Zentrum des Universums? Betrachten Sie die Leute im Zimmer. Wenn Sie sich drehen, drehen sie sich denn nicht, aus Ihrer Perspektive betrachtet, mit, wobei Sie die Achse bilden? Geben Sie's zu. Befinden Sie sich denn nicht im Zentrum Ihres Universums?

Wenn ich mich nicht als Souverän ansehe, der den Kern seines Universums bildet, dann nimmt irgendeine andere Person oder Macht diese Position ein. Dieser *andere* besetzt mein Zentrum aber nur deshalb, weil ich ihm die Erlaubnis dazu erteilt habe. Aber wie wir bereits gelernt haben, es lag in meiner *Macht*, die Person bzw. Macht dort zu plazieren. Wenn man befugt ist, sich zu krönen oder ins Zentrum des eigenen Universums zu stellen, sollten wir dieser Person mit einer solchen Machtfülle nicht unseren Respekt zollen?

Denken wir etwas länger darüber nach.

Weiteres über Erlaubnis: Niemand sonst, keine andere Macht, kann meine Stellung im Zentrum meiner Welt ohne meine *Erlaubnis* usurpieren. Erlaubnis wird also zum Begriff für Macht. Ich selbst bin es – genau wie auch Sie –, der wem auch immer die Erlaubnis erteilt, meinen Kern zu besetzen. Ich gestatte mir, die Mitte meiner Welt zu besetzen. Ich gestatte Ihnen, meinem Mentor oder Gott, die Mitte meiner Welt zu besetzen. Aber die Genehmigung kommt von mir.

Ich habe die Macht, mich von einem anderen besiegen zu lassen. Außerdem besitze ich die Macht, mir zu erlauben zu gewinnen. Wie also können wir besiegt werden, wenn die Erlaubnis dazu einzig und allein von uns erteilt wird? Ist es da nicht naheliegend, daß *der andere* uns nur dann besiegen kann, wenn wir es ihm erlauben?

Wahrheit und Wahl: *Wahrheit* in Gestalt der Offenbarung ist das, was wir bereits wissen, war wir aber noch nie in Worte gefaßt haben. Wahrheit in der Gestalt der Entdeckung ist das, was wir bereits wissen, dem wir aber noch nie begegnet sind. Wahrheit als Urteil ist das Produkt unserer Erfahrung. Für ein Kind mit einem gewalttätigen Vater lautet die Wahrheit, daß Männer Monster sind, denen man nie vertrauen kann. Für ein Kind mit einem liebevollen Vater sind Männer das Gegenteil.

Vom Standpunkt unseres Glaubenssystems ist Wahrheit das, was wir aus unserer Lebensgeschichte akzeptieren. Wahrheit ist das, was wir für wahr halten. Für manche ist Gott Wahrheit. Für andere ist Christus oder Mohammed oder Buddha Wahrheit. Für wieder andere ist die Quantenphysik Wahrheit, während sie für andere nur eine Übung darstellt, die überhaupt nichts mit der Welt zu tun hat. Für manche ist die DNS der omnipotente Gott, der unser Leben diktiert, während für andere die Struktur der DNS von einer allgemeinen Intelligenz transzendiert wird. Aber was heute wissenschaftliche Wahrheit ist, können Forscher schon morgen wieder zurückweisen. *Wir wählen die Wahrheit.* Wenn ich also sage, daß für mich die Wahrheit darin besteht, daß ich im Zentrum meines Universums stehe, habe ich Ihnen nur gesagt, daß ich eine *Wahl* getroffen habe. Ich kann jede Dynamik, jede Tatsache, jeden Zustand als die Wahrheit wählen – als *meine* Wahrheit. Ich verleihe meinen Eltern oder einem Priester oder einem Minister oder einem Guru oder der Bibel nicht die Macht, zu entscheiden, was für mich wahr ist. Für mich offenbart sich die Wahrheit erst im Verhältnis zu meiner Fähigkeit, alles das zu verwerfen, was mir bis dahin als wahr vorgelegt wurde. Ich bin die Wahrheit, genauso wie es auch Sie sind. Deshalb stehen auch Sie im Zentrum Ihres Universums. Lassen Sie es mich nochmals sagen: Ich habe lieber einen Verstand, der vom Staunen aufgeschlossen wird, als einen, der vom Glauben verschlossen wird.

Unsere Rolle wählen: Betrachten Sie es einmal aus dieser Perspektive: Zwei Menschen sitzen in einem Raum und wollen ein Theaterstück inszenieren. Einer wird die Rolle des Helden übernehmen, der gegen alle Widerstände den Wettstreit gewinnen wird. Der andere übernimmt die Rolle des Opfers, der, nach demselben Kampf, eine ungerechte Niederlage erleidet. Sie sind einer der Schauspieler. Welche Rolle wollen Sie übernehmen? *Sie haben die Wahl.*

Nicht alle von uns wurden mit einem attraktiven Körper und einer magnetischen Persönlichkeit geboren. Wir sind, wer wir sind. Aber ich erinnere mich an einen kleinen Hund in der Nachbarschaft, eine Promenadenmischung mit krummen Vorderläufen. Außerdem war er bei weitem nicht so groß oder kräftig wie viele der anderen Hunde. Trotzdem war er *der* Hund in der Straße. Er dominierte. Der Straßenblock gehörte diesem krummbeinigen Straßenköter. Die anderen Hunde dominierten das Territorium nur solange er es duldete. Auch wir können die Rolle des Siegers besetzen, des Verlieres, des Helden, des Opfers, des Verständnisvollen, des Versagers. Es geht hier nicht um Täuschungsmanöver. Es geht um unsere freie Entscheidung.

Die Arroganz der Macht: Man muß vorsichtig sein, wenn man sich eine solche Macht anmaßt, wie ich es hier vorschlage. Es handelt sich in der Tat um sehr große Macht. Begreifen wir nicht, daß wir, da wir sie haben, leicht die schmale Trennlinie zur Arroganz überschreiten können? Nicht gewöhnt an das schwindelerregende Erlebnis unserer Machtfülle, kann es geschehen, daß wir unsere Demut preisgeben. Wer das Zentrum des eigenen Universums besetzt, kann aber dennoch demütig sein. Das darf man nie vergessen. Man besetzt das Zentrum des eigenen Universums nur, weil man die Wahl getroffen hat, nicht aus Überheblichkeit, sondern auf Grund der Wahrheit. Die Wahrheit ist aber nie überheblich.

Versuchen und Gewinnen: Ich warne Sie – die Einstellung eines Siegers erlangt man niemals durch *versuchen*. Manche sagen: »Ich will versuchen, mein Bestes zu geben.« Probieren ist etwas für Verlierer. Es schließt die Möglichkeit des Verlierens ein. Ich will *versuchen* zu gewinnen. Ich will *versuchen*, nicht zu verlieren. Wenn man es versucht hat und verloren, na ja, dann hat man es doch wenigstens *versucht*, oder? *Versager versuchen es immer.* Sieger nie. Die haben ganz einfach Erfolg.

Ich erinnere mich an einen jungen Rodeoreiter, der gerade von seinem Pferd abgeworfen worden war; er schlug den Staub von der Hose und humpelte beschämt zu dem alten Cowboy, der seine Erniedrigung beobachtet hatte.

»Warum bist du nicht oben geblieben?« fragte der alte Cowboy.

»Ich hab's versucht«, sagte der junge Mann.

»Du hast's versucht? Siehst du den Ochsen da drüben?« Wie die meisten wissen, sind Ochsen kastrierte Stiere. Ihr Schicksal ist es, fett zu werden und geschlachtet zu werden.

»Also, wenn man den in eine Herde mit jungen Kühen führt – was macht er dann wohl? Er wird's versuchen. Mehr nicht. Ochsen versuchen's. Du bist kein Ochse, mein Junge. Und nun steig auf das Pferd und reite.« Was er dann auch tat.

Argumente und Krieg: Ein Gerichtsverfahren ist Krieg. Wer die Verletzten sind, liegt auf der Hand. Menschen werden ins Gefängnis gesteckt oder als Folge des Krieges befreit. Menschen sterben von der Hand eines Henkers. Andere werden als Folge des Krieges gerettet. Kinder werden ihren Eltern entrissen. Vermögen gehen verloren. Die Krieger, die Rechtsanwälte, werden bei einer Niederlage bemitleidet, bei einem Sieg geachtet.

Argumente vor einem Stadtrat oder einer Geschäftsführung oder irgendeinem Ausschuß mit Machtbefugnissen vorzubringen ist Krieg. Infolge des Krieges wird sich die Nutzung eines Grundstückes ändern. Ein Flugplatz wird die Felder bedecken und die Hecken, in denen Feldlerchen nisten, vernichten. Ein Wohnviertel wird sich infolge des Krieges verändern. Das Eckhaus, wo der alte Mr. Hardestry für die Kinder an warmen Sommerabenden Banjo spielte, wird als Parkplatz dienen.

Wenn Gremien mit Entscheidungsbefugnissen zusammenkommen, um sich unsere Argumente anzuhören, müssen wir verstehen, daß die Dynamik die eines Krieges ist. Dem Sieger winkt die Beute. In einem solchen Kampf gibt es normalerweise einen Kontrahenten, der die Macht vertritt, am häufigsten ist es die Regierung, die Industrie, das Geld. Normalerweise stehen unsere Chancen schlecht.

Wenn ich einen Mandanten gegen die Vereinigten Staaten verteidige, der beschuldigt ist, ein Bundesgesetz verletzt zu haben, hat die Regierung grenzenlose Möglichkeiten, mit denen sie mich in die Knie zwingen kann. Dem Staatsanwalt geht es nicht um Gerechtigkeit. Er ist an einer Verurteilung interessiert. Wenn wir gegen die Stadtverwaltung klagen, angeblich das Vertreterorgan des Volkes, sind wir zumeist mit der Firmenoligarchie der Stadt konfrontiert. Wir sind mit Finanzinteressen konfrontiert. Die Stadt interessiert sich nicht für unsere Lebensumstände. Ihr Interesse gilt der reibungslosen Verwaltung. Wenn wir vor dem Schulausschuß stehen, sind wir meist nicht mit denjenigen konfrontiert, die Interesse an der

Erziehung unserer Kinder haben, sondern jenen, die an der Macht bleiben wollen. Diese Auseinandersetzungen sind Krieg. Jedes andere Paradigma ist eine Illusion. Es handelt sich nicht bloß um einen Wettkampf, wie bei Skiläufern, die sich einen Berg hinabstürzen, um die schnellste Zeit zu erzielen. Es handelt sich nicht um einen Tanz, in dem der anmutigste Tänzer eine Medaille erhält. *Es ist Krieg.* Sobald wir begriffen haben, daß es ein Krieg ist, können wir ihn führen und gewinnen.

Der Schlüssel, wie man jeden Krieg gewinnen kann, ist, ihn zu *kontrollieren*. Das heißt nicht, daß ich meinen Gegner zu kontrollieren versuche. Ich bin nicht Herr seiner Entscheidungsprozesse. Obwohl meine Strategien in der Tat die Entscheidungen meines Kontrahenten beeinflussen können, diktiere ich weder, wo oder wann er angreift, noch seine Methode, noch die Zeit des Angriffs. Ich diktiere nicht seine Verteidigung. Aber um zu gewinnen, muß man immer die Kontrolle behalten, und zwar über die eigenen Streitkräfte, das eigene Selbst und somit die eigene Kriegführung. Wir kontrollieren den Krieg, wenn wir über absolute Selbstbeherrschung verfügen. Ich spreche hier nicht als jemand, der prahlt oder sich auf die Brust schlägt oder droht. Prahlen ist ein verbreitetes Symptom der Unsicherheit, und Drohen ist eine universell gültige Zurschaustellung von Schwäche. Die Starken drohen nicht. Das haben sie nicht nötig.

Auch hier geht es mir darum, die Bedeutung unserer Geistesverfassung herauszustreichen. Die geistige Grundeinstellung schafft keinen Raum für eine Niederlage. Vielmehr gibt sie uns Erlaubnis – aber nur zu gewinnen. Es ist eine wachsame, kreative, aggressive Einstellung. Sie ist bereit, Risiken einzugehen, sträubt sich aber gegen törichte Handlungen. Sie ist bereit, Angst als notwendigen Schritt bei der Vorbereitung auf die Schlacht zu akzeptieren. Hat man die Wahl, bei der alle möglichen Folgen gleichrangig sind, wird man angreifen, denn auf diese Weise wird man Herr der Lage. Es ist doch *unser* Angriff, oder? Aber auch wenn wir keine klare Strategie haben, werden wir den Angriff wählen, denn dieser erfordert, daß der Gegner seine Position in Relation zu der Attacke, die uns die Herrschaft bringt, ändert. Der Angriff schafft die Voraussetzung für eine entschiedenere und konzentriertere Strategie. Wenn der Gegner angegriffen hat, können wir uns zurückziehen, geben aber die Initiative nicht aus der Hand. Wir ziehen uns nur zurück, damit wir für den Gegenangriff eine bessere Position einnehmen können.

Viele Anwälte haben Angst, verräterische Fragen zu stellen, im Gerichtssaal eine definitive Aussage zu treffen, anzugreifen – und zwar aus Angst, der Gegner könnte reagieren: »Und wenn er nun einen Einspruch formuliert?« fragt mich der Anwalt. »Was dann?« Er hat natürlich Angst, daß der Richter den Einsprüchen seines Kontrahenten stattgibt, daß er vielleicht sogar vom Richter ermahnt und vor den Geschworenen bloßgestellt wird – daß er bei ihnen in Ungnade fällt.

Aber immer wenn mein Kontrahent Einspruch erhebt, setzt er eine Dynamik in Gang, die nur zu meinem Sieg führen kann. Ich werde auf seine Einwendungen antworten oder sie übergehen, ganz wie ich will. Ich werde enthüllen, daß er unfair ist. Ich werde zeigen, daß er versucht, Tatbestände vor den Geschworenen zu verbergen. Wenn er Einspruch erhebt, geht er das Risiko ein, daß ich ihn erneut angreife. Wenn er Einspruch erhebt, ist seine Position schwer kalkulierbar, denn er hatte keine Zeit, seine Einlassungen sorgfältig zu bedenken. Seinen Einwänden wird eventuell nicht stattgegeben. Möglicherweise werfen sie ein Licht auf seine schwache Position. Wird seinen Einsprüchen stattgegeben, wird den Geschworenen womöglich die Voreingenommenheit des Richters klar, die dann erkennen, daß dieser unfair ist. Immer wenn jemand auf meinen Angriff mit Einwänden reagiert, das heißt, wenn der andere bereit ist, mich in eine Auseinandersetzung hineinzuziehen, geht er das Risiko ein, ernsthafte strategische Fehler zu begehen und seine verletzlichen Stellen zu zeigen.

Wenn wir es ablehnen, die Initiative zu ergreifen, weil wir Angst haben, daß unser Gegner darauf reagieren könne, das heißt, wenn wir fürchten, der Gegner könnte uns in eine Auseinandersetzung verwickeln, operieren wir demnach in einer Sicherheitszone. Aber aus ihr heraus können wir dem Gegner keinen Schaden zufügen. Wenn man weit hinter der Front operiert und dem Gegner eine Sicherheitszone zugesteht, führt das oft zu einer Niederlage. Am Ende verlieren wir den Krieg, weil wir nicht zum Sieg bereit waren.

Wann greift man an? Sun Tzu erklärt in *Die Kunst des Krieges*: »Unbesiegbarkeit liegt in der Verteidigung; die Möglichkeit des Sieges im Angriff. Einer verteidigt sich, wenn die Stärke des Gegners nicht ausreicht; er greift an, wenn sie im Übermaß vorhanden ist. Der in der Verteidigung Kundige verbirgt sich wie unter der neunfältigen Erde; der im Angriff Geübte rückt vor, als käme er aus dem neunfältigen Himmel. So können sie sich sowohl schützen als auch den endgültigen Sieg erringen.«

Wenn Sie im Zweifel sind, übernehmen Sie die Initiative, greifen Sie an, gehen Sie in die Offensive. Das ist die beste Strategie. Wir müssen schonungslos angreifen. Der unnachgiebige Angriff schafft Unbesiegbarkeit. Wenn ein kleiner Junge und ein großer »Schlägertyp« aufeinandertreffen, ist es besser für den Kleinen, als erster loszuschlagen. Er wird aufstehen und wieder angreifen. Wenn er erneut niedergeschlagen wird, wird er wieder aufstehen, immer und immer wieder, bis er schließlich gewinnt. Es gibt nichts Furchterregenderes als einen blutenden, übel zugerichteten Gegner, der nie kapituliert.

Wenn Angreifen die falsche Strategie darstellt: Ich habe die Strategie der Kontrolle, die Strategie des Angriffs dargelegt. Es geht hier um Strategien im Krieg. Obwohl es manchmal so scheinen mag – aber mit nahestehenden Menschen oder unseren Kindern befinden wir uns nicht im Krieg. Wir können gegen unsere Freunde keinen Krieg führen. Deshalb habe ich der Kunst des Streitens zu Hause ein gesondertes Kapitel gewidmet.

Es gibt weitere Umstände, unter denen wir auf den Angriff verzichten müssen. Wie wir sehen werden, können wir nicht die Person angreifen, die den »weißen Hut trägt«. Wir müssen warten, bis sich unser Widersacher mit dem weißen Hut als der Schurke erweist, der sich den weißen Hut zu Unrecht aufgesetzt hat. Bevor wir zum Angriff übergehen, müssen die Entscheidungsträger – zumeist die Jury, die Stadtverwaltung, der Schulausschuß – erkennen, daß unser Gegner den schwarzen Hut trägt. Würden wir zum Angriff blasen, bevor sich unser Widersacher als der wahre Träger des schwarzen Hutes erweist, würden wir den Entscheidungsträger attackieren, denn dieser ist immer mit dem Träger des weißen Hutes verbündet. Und den Entscheidungsträger greift man natürlich in keinem Fall an.

Die Folge ist, daß wir natürlich keine trauernde Mutter angreifen. Aber wenn sich die trauernde Mutter unter dem sanften Druck eines guten Kreuzverhörs in ein zorniges, rachsüchtiges Weib verwandelt, dann dürfen wir angreifen, wenn auch nur sanft. Wir greifen einen sichtlich freundlichen Menschen erst an – wieder durch ein mildes Kreuzverhör –, wenn das, was er erzählt, immer undurchsichtiger wird. Wir greifen nicht einen schwächeren Gegner an, ein Kind, irgendeinen Menschen, der offensichtlich Angst hat, irgendeine Person, die sich aus ganz unterschiedlichen Gründen nicht verteidigen kann.

Daß wir angreifen, heißt nicht unbedingt, daß wir die *Personen* angreifen, die die Gegenseite repräsentieren. Möglicherweise greifen wir ihre Beweise an. Wir können ihre Sicht der Gerechtigkeit angreifen. Wir können die Wahrhaftigkeit ihrer Zeugen angreifen. Wir können Motive angreifen. Aber wir greifen sie erst an, wenn es den Anschein hat, häufig auf Grund unseres Kreuzverhörs, daß sie im Zeugenstand unaufrichtig waren. Dann ist es häufig besser, daß unsere Attacke unsere Traurigkeit statt unseren Zorn darüber zum Ausdruck bringt, daß sie nicht die Wahrheit sagen können. Und der Angriff muß immer fair sein. *Fairneß* ist die kleine Stimme, die hinter jedem Streit hörbar wird.

Streiten, wenn unsere Seite den schwarzen Hut trägt: Es ist schwierig, sich um jemanden zu sorgen, der ein abscheuliches Verbrechen begangen hat. Aber wir müssen erreichen, daß sich der Entscheidungsträger für das Wohlergehen unseres Mandanten interessiert, für unseren Sohn, der auf Abwege geraten ist, für unsere Tochter, die auf irgendeine unglückselige Weise einen Fehltritt begangen hat. Das Verbrechen, das Vergehen, was immer es ist, wird zum *bloßen Tatbestand*. Wir und alle anderen beurteilen jene, die eines Vergehens beschuldigt werden, zumeist nach den bloßen Tatsachen. Wir beurteilen den Mann, der wegen Mordes angeklagt ist, lediglich auf Grund des Umstands, daß er gemordet hat. Wir fragen nicht nach den Gründen. Wir beurteilen jemanden, der wegen Vergewaltigung, Kindesmißbrauch oder irgendeiner anderen verbrecherischen Handlung beschuldigt wird, auf Grund des bloßen Tatbestands. Wir fragen nicht, ob die Anklage der Wahrheit entspricht.

So etwas wie die »bloßen Tatsachen«, die die ganze Geschichte erzählen, gibt es aber nicht. Es existieren *immer* zwei Welten: die eine Welt, die offen zutageliegt, ist sichtbar – die bloßen Tatsachen; die andere ist die Welt, die wir nicht sehen, eine Welt, die persönlich ist, manchmal geheim, die Welt, in der der Beklagte lebt und handelt. Bei der Verteidigung der Handlungsweise eines Menschen, der den schwarzen Hut trägt, müssen wir diese Welt entdecken, verstehen und aufdecken.

Ich habe einmal einen Lateinamerikaner aus Rawlins, Wyoming, verteidigt, Joe Esquibel, der angeklagt war, seine weißhäutige Frau ermordet zu haben. Auf Grund der »bloßen Tatsachen« gab es keine Möglichkeit der Verteidigung. Er erschoß seine Frau in Gegenwart zweier seiner Kinder, mehrerer Sozialarbeiter sowie eines Deputy-Sheriffs, der seine Waffe gezogen hatte. Der »bloße Tatbestand« wies auf einen offenkundigen, eindeutigen Fall von vorsätzlichem Mord. Der Staatsanwalt plädierte für die Todesstrafe.

Wenn es uns nur um den »bloßen Tatbestand« ginge, gäbe es in den meisten Prozessen nichts zu verteidigen. Hinter den baren Fakten liegen aber oft die mildernden Umstände verborgen. Dort liegen sie und warten darauf, aufgedeckt und präsentiert zu werden. Darum auch schätzt man in den USA die Unschuldsvermutung so sehr. Ein Bürger kann nicht auf Grund der »bloßen Tatsachen« verurteilt werden. Es kommt erst zur Verurteilung, nachdem die Jury die ganze Geschichte gehört hat.

Ich möchte Ihnen zeigen, was ich damit meine. Der folgende Abschnitt beschreibt einen Tag in der Vergangenheit meines Mandanten Joe Esquibel. Darin zeigen sich die geheimen Fakten hinter den »bloßen Tatsachen« – wie ich es in meinem Buch *Murder and Madness* dargestellt habe, ein Buch, das sowohl die Vorgeschichte des Mordfalls als auch meine Verteidigung schildert.

> Ein fernes Hoflicht beschien das Gesicht des Jungen, der in der Ecke des Güterwagens saß. Es war ein kleiner Junge mit einem runden Gesicht, die braunen, angstgeweiteten Augen glänzten in der Dunkelheit, das schwarze Haar stand von seinem Kopf ab wie das Fell eines Tierjungen, das glattgeleckt werden müßte. Der Junge sah verrückt aus. Aber im wesentlichen war er schmutzig und fürchtete die Dunkelheit. Gelegentlich traf das Licht, das in den Güterwagen fiel, auf den nackten weißen Hintern eines Mannes, und da waren Geräusche – als ob Tiere kämpften, keuchende und hechelnde Geräusche wie von Tieren, die sich plagten. Der Mann gab der Frau einen Dollar. Das reichte für eine Hure, die hier ihrem Gewerbe nachging.

Die Frau war natürlich Joes Mutter. Die Szene stellt seine früheste Erinnerung dar. Im Laufe des Verfahrens lernten die Mitglieder der Jury jede Facette in Joes Leben kennen, die erniedrigenden Lebensumstände, die Demütigungen, den entsetzlichen seelischen Schmerz, der ihm zum großen Teil von der ungerechten, gefühlskalten sozialen Ordnung in jener kleinen Eisenbahnstadt zugefügt worden war. Während die Geschworenen ihr Urteil über Joe fällten, hatten sie keine Wahl, sie mußten *in seine Haut schlüpfen*. Denn sein Schicksal hatte sie zu interessieren begonnen, und am Ende sprachen sie ihn des Mordes frei. Die Verteidigung hatte auf Unzurechnungsfähigkeit plädiert.

Wenn unsere Seite in dem Prozeß den schwarzen Hut trägt, müssen wir immer *in die Haut* des Angeklagten *schlüpfen*. Immer gibt es großes Leid in dessen Leben. Immer stoßen wir auf elenden, bedauernswerten Schmerz, auf Verwirrung und Kummer. Immer stoßen wir auf die Narben der Ungerechtigkeit, die tiefen, klaffenden Wunden der Mißhandlung der Seele, die üble Zurichtung des Geistes des einst Unschuldigen. Angesichts der »bloßen Tatsachen« kann man leicht mit dem Finger auf den anderen zeigen, anklagen und hassen. So befreien wir uns von der Verantwortung, ihn zu verstehen. Wir würden ein Kind nicht bestrafen, weil es schreit, ja, sich gegen die Gewalt des Vaters zur Wehr setzt, der es brutal geschlagen hat. Aber wir weigern uns, das Kind zu hören, das nun ein Mann ist, der immer noch aufschreit, wenn er sich gegen eine andere Gewalt wehrt, eine Macht, vor der er sich ebenso hilflos fühlt – eine Macht, die vielleicht ebenso gewalttätig ist.

Immer wieder höre ich die Selbstgerechten, die Überheblichen, die Mächtigen, die Hagestolzen, die Privilegierten, die Glücklichen, die die geringste unserer Gaben – die Gabe, den anderen zu verstehen – herabsetzen. Ich höre ihre haßerfüllten Tiraden gegen ihre Mitmenschen, ihre gefühllosen Urteile. »Die haben etwas verbrochen. Bestraft sie!«

Bestrafen! Oh ja, bestraft sie! Manche Menschen werden mit weniger günstigen Erbanlagen geboren und dadurch bestraft. Geboren in Armut, und dadurch bestraft. Geboren in eine Umwelt aus Schmutz und Krankheit, und dadurch bestraft. Geboren in Vierteln des Verbrechens und des Hasses, und dadurch bestraft. Geboren von einem zwölfjährigen rauschgiftabhängigen Mädchen, und dadurch bestraft. Verurteilt und als wertlos aus der Gesellschaft ausgeschlossen, an deren Früchten sie nicht teilhaben dürfen, und dadurch bestraft. Ohne Bildungschancen, und dadurch bestraft. Ohne berufliche Möglichkeiten, und dadurch bestraft. Ohne einfache menschliche Achtung, und dadurch bestraft. Die meisten haben nichts

Unrechtes getan, aber sie werden bestraft. Und diejenigen, die sie aus luftiger Höhe verurteilen, blicken nun mit Haß, mit Hohn, mit Angst auf sie herab. Diejenigen, die sie verurteilen, schütteln ihren stolzen Kopf, geschmückt von der Krone des Glücks im Leben, und fordern mit Abscheu und Verachtung, daß man sie weiter bestraft. Bestraft sie!

Wir können nicht zulassen, daß diejenigen, die den schwarzen Hut tragen müssen, auf Grund der »bloßen Tatsachen« verurteilt werden, niemals. Es gilt, in ihre Haut zu schlüpfen und aus diesem dunklen und furchterregenden Ort allen Menschen zuzurufen, was wir sehen.

Den Lügner entlarven: Wenn unser Gegner das vorlegt, was wir für eine Unwahrheit halten, bezeichnen wir ihn dann als Lügner? Einen anderen Menschen Lügner zu nennen, halten die meisten für ein Zeichen schlechter Manieren. Die Leute hören es nicht gern, wenn jemand der Lüge geziehen wird. Wenn man auf jemand mit dem Finger zeigt und ihn Lügner nennt, offenbart man einen Teil von sich selbst, der ebenso unehrenhaft ist. Manchmal muß man aber die Dinge beim Namen nennen, wie eine Redewendung heißt. In dem Fall Karen Silkwood behandelte ich dieses Problem folgendermaßen:

> Seit der Zeit, als ich als kleiner Junge zur Sonntagsschule ging, hat man mir beigebracht, man dürfe niemanden als »Lügner« bezeichnen, selbst wenn er einer ist. Es mißfällt mir, wenn Menschen Lügner genannt werden. Wir verwenden alle möglichen Ausdrücke, um dieses Wort nicht auszusprechen. Ich habe schon hochtrabende Umschreibungen dafür benutzt, etwa »das ist die schlimmste *Lügenhaftigkeit*, die ich je gehört habe«.
>
> *Falschaussage* ist ebenfalls ein Begriff, den Anwälte statt des Wortes *Lüge* verwenden. Aber wenn ich in diesem Fall fordere, daß wir die Wahrheit sagen, die schlichte Wahrheit in ganz normalem Englisch, wenn wir fordern, daß die Atomindustrie die Wahrheit sagt – und ich bitte Sie, sie dazu aufzufordern –, dann sollte ich jetzt ebenfalls ganz normales Englisch sprechen – wie Dr. Gofman auch. Er nannte dies »die große Lüge«. Er sagte, dies sei eine »Lizenz zum Morden«. Und deshalb befolge ich seinen Rat und werde es in schlichtem alten Englisch als das bezeichnen, was es ist: »Die große Lüge.« ...

Aber bedenken Sie: Mein Angriff zielte auf die Streitfrage, auf die Argumentation der Nuklearindustrie. Es ging nicht darum, den Anwalt anzugreifen, der den Angeklagten in dem Prozeß verteidigte.

DAS SCHLOSS: **Ich brauche etwas Konkreteres. Geben Sie mir Regeln. Geben Sie mir eine Formel. So bin ich nun einmal – ich brauche Rezepte.**

DER SCHLÜSSEL: **Also gut – hier sind die zehn Elemente, aus denen sich das *große Argument der Macht* zusammensetzt.**

1. *Bereiten Sie sich vor. Bereiten Sie sich vor, bis Sie die Argumente in- und auswendig kennen.*

Bereiten Sie sich vor, bis Sie jede einzelne Schuppe des Fisches kennen.

Nachdem Sie sich vorbereitet haben, müssen Sie erkennen, daß eine gute Vorbereitung dem Schreiben eines Drehbuchs ähnelt. Jede gute Vorbereitung erfordert, daß man eine Geschichte erzählt, die den einzelnen Parteien Rollen zuweist. Besetzen Sie Ihre Seite mit den »Guten«, sie bilden die Partei, die zu Unrecht angeklagt, fälschlicherweise verachtet, zutiefst mißverstanden wurde. Übernehmen Sie die Rolle des Unterlegenen. Wenn diejenigen, in deren Namen Sie sprechen, nicht den weißen Hut tragen können, *versetzen Sie sich* bei der Verteidigung an *ihre Stelle*.

2. *Machen Sie den anderen empfänglich, damit er Ihre Argumente annimmt.* Wie man's macht, haben Sie bereits gelernt: Ermächtigen Sie den anderen, Ihre Argumente anzunehmen oder zurückzuweisen.

3. *Tragen Sie die Argumentation in Form einer Geschichte vor.* Seine Erbanlagen machen den Menschen, wie erwähnt, zum Geschichtenerzähler und Zuhörer. Bedenken Sie: Fabeln, Allegorien und Parabeln sind die althergebrachten Instrumente der erfolgreichen Argumentation. Jeder Film, jede Seifenoper, jede Situationskomödie, die meisten Texte von Schlagern, alle Opern und

Theaterstücke, die meisten Fernsehwerbungen wählen die Form einer Geschichte. Vergessen Sie also nicht, was Sie bereits gelernt haben: Die Geschworenen, der Chef, die Familie, der *andere* sind so beschaffen, daß sie Geschichten hören wollen.

4. *Sagen Sie die Wahrheit.* Ich habe Ihnen von der unglaublichen Macht der Glaubwürdigkeit erzählt. Der zu sein, der man ist, ist kraftvoll. Zu sagen, wie man sich fühlt, ist kraftvoll. Offen und echt zu sein und angstvoll, wenn man Angst hat, ist kraftvoll. Das Argument der Macht beginnt und endet damit, daß man die Wahrheit sagt. Wahrheit ist Macht.

5. *Sagen Sie* dem anderen, *was Sie wollen.* Wenn Sie von einer Jury Geld haben wollen, fordern Sie Geld. Wenn Sie den *anderen* im unklaren darüber lassen, was Sie wollen, irrt er sich vielleicht, und wenn Sie andere raten lassen, nimmt Ihre Glaubwürdigkeit Schaden.

Rufen Sie sich die Macht der Gerechtigkeit in Erinnerung. Die Geschworenen werden das Gesetz umgehen, damit dem Angeklagten Gerechtigkeit widerfährt. Menschen werden das Gesetz brechen, um Gerechtigkeit zu erfahren. Menschen sterben in Kriegen, um zu gewinnen. Menschen können ohne Essen oder Unterkunft oder Liebe leben. Wir sind eine Spezies, die jede Art und Form von Leid ertragen kann – bis auf eines: den Schmerz der Ungerechtigkeit. Entdecken Sie die natürliche Gerechtigkeit Ihrer Argumentation und bitten Sie darum – fordern Sie sie.

6. *Vermeiden Sie Sarkasmus, Hohn und Spott. Verwenden Sie Humor vorsichtig.* Halten Sie sich mit beleidigenden Bemerkungen zurück. Niemand bewundert den Zyniker, den Spötter, den Kleingeistigen und Kleinlichen. Schenkt man dem Gegner Achtung, so erhöht auch uns das. Diejenigen, die beleidigen und kränken, tun das aus niederen Beweggründen.

Bedenken Sie: Achtung beruht auf Gegenseitigkeit.

Humor kann die schärfste aller Waffen in einer Argumentation sein. Humor ist allmächtig, wenn er die Wahrheit enthüllt. Aber seien Sie auf der Hut: Der Versuch, witzig zu sein – und dabei vielleicht zu scheitern –, zählt zu den gefährlichsten Strategien überhaupt.

7. *Logik ist Macht.* Wenn die Logik auf Ihrer Seite ist, nutzen Sie sie in jeder Hinsicht. Wenn die Logik nicht auf Ihrer Seite ist, wenn sie zu einem ungerechten Ergebnis führt, dann wird sie keine Macht haben. Samuel Butler hat einmal gesagt: »Logik ist wie ein Schwert – wer sich ihr nähert, wird daran zugrundegehen.«

Logik führt nicht immer zur Wahrheit – und auch nicht zur Gerechtigkeit. Logik ist der Feind der Spontaneität. Oft ist Logik langweilig und besser bei den Toten aufgehoben, denn nicht selten ist sie ohne Seele.

Verzichten Sie nicht auf Kreativität zugunsten der Logik. Doch der schöpferische Geist wird bald erkennen, daß Logik der Kreativität dienlich ist.

8. *Handeln und Gewinnen sind Brüder.* Der luftigste Frontalangriff ist häufig besser als die geschickteste Verteidigung. Erlauben Sie niemals dem Gegner, die Kontrolle zu übernehmen. Verteidigen Sie nicht, wenn Sie angreifen können. Konterattacken sind wichtig für Boxer, aber Konterboxer verlieren zumeist. Die großen Champions sind Herren im Ring. Die großen Generäle greifen als erste an und greifen noch einmal an. Übernehmen Sie die Initiative. Tun Sie *irgend etwas.* Aber bei jenen, die wir lieben, ist der beste Angriff oft, mit Liebe anzugreifen, und der Sieg wird, wie wir sehen werden, oft durch die Kunst des Verlierens herbeigeführt.

9. *Räumen Sie gleich zu Beginn der Auseinandersetzung die schwachen Punkte ein.* Sie können Ihre Schwächen einräumen, damit Sie in einem besseren Licht erscheinen als Ihr Gegner, der Sie in den düstersten Farben malen wird. Ein ehrliches Eingeständnis Ihrerseits verleiht Ihnen nicht nur Glaubwürdigkeit,

sondern führt auch dazu, daß Ihr Gegner nichts vorbringen kann als das, was Sie bereits zugegeben haben.

10. *Begreifen Sie Ihre Macht. Geben Sie sich die Erlaubnis – aber nur zu gewinnen.* Doch bedenken Sie: Überheblichkeit, Unverschämtheit und Dummheit liegen nahe beieinander.

Nehmen Sie die Haltung des Siegers ein. Entfalten Sie das Magische Argument. Öffnen Sie sich und lassen Sie die Magie frei. Haben Sie Vertrauen. Riskieren Sie etwas. Springen Sie.

Und wie bringen wir das alles zusammen? Betrachten Sie es einmal von dieser Seite: Angenommen, Sie haben noch nie ein Auto gesehen. Eines Tages zeigt man Ihnen eines. Man sagt Ihnen, es handele sich um ein Gerät, das über zwei Tonnen wiegt. Es hat die Fähigkeit, mit über 100 km/h eine Straße hinabzurasen, wobei es zehntausende Kilopond an Energie erzeugt. Angenommen, man sagt Ihnen, daß Sie mit dieser Maschine, mit 100 km/h, eine schmale Straße entlangfahren sollen und daß entgegenkommende ähnliche Maschinen Ihnen mit ähnlicher Geschwindigkeit entgegenrasen. Man sagt Ihnen: Wenn Sie das Steuerrad nur zwei, drei Zentimeter nach links drehen und es eine, höchstens zwei Sekunden in dieser Stellung belassen, wird Ihr Fahrzeug den Mittelstreifen überqueren und frontal mit den entgegenkommenden Fahrzeugen zusammenprallen. Ein derartiger Frontalzusammenstoß wird wahrscheinlich zum Tod aller Fahrzeuginsassen führen. Man teilt Ihnen mit, daß manche, die diese Autos in dem Augenblick fahren, in dem auch Sie fahren, sturzbetrunken sein werden, manche fast blind, manche blind und betrunken, manche unerfahren, manche alt, nicht wenige verrückt, zahllose mit dem geistigen Vermögen einer schwachsinnigen Kriechschnecke, manche werden schlafen, manche werden wach sein, aber trotzdem schlafen, manche krank sein, und die meisten werden sich, in jedem Augenblick, eines derart fahrlässigen Verhaltens schuldig machen, daß ein Panzer gefährdet wäre. Würden Sie unter diesen Umständen nicht den Schluß ziehen, daß es ungefähr von der Intelligenz eines multizellularen Wasserorganismus zeugt, in ein Auto zu steigen und eine Autobahn zu befahren?

Was mich hier interessiert, ist die *geistige Grundhaltung*, die es uns erlaubt, diese scheinbar unüberwindlichen Widrigkeiten zu überwinden, jeden Morgen sicher mit dem Auto zur Arbeit zu fahren, und jeden Abend nach Hause. Wir ziehen die scheinbar überwältigende Wahrscheinlichkeit nicht in Betracht, daß wir und alle anderen, auf der Autobahn verunglücken werden. Wenn wir morgens beschließen, zur Arbeit zu fahren, kommt es uns nicht in den Sinn, daß wir nicht sicher dorthin gelangen könnten. Die Möglichkeit, daß wir uns verletzen oder sterben, ziehen wir einfach nicht ins Kalkül. Wir werden zur Arbeit kommen. Wir werden das Ziel erreichen und gewinnen. Wir kauern uns nicht hin vor Angst, wenn wir ins Auto steigen. Wir verkrampfen uns nicht und umklammern das Steuerrad, als ob wir in unser Verhängnis führen. Wir ziehen keine andere Möglichkeit in Betracht, als daß wir leicht und problemlos ans Ziel gelangen.

Die andere Alternative schließen wir aus, weil wir über genügend Erfahrung und die nötigen Fähigkeiten verfügen. Wir fahren schon lange, wodurch sich das Risiko so verringert, daß wir es als minimal ansehen. Dennoch wissen wir, daß ein echtes Risiko besteht. Wir wissen, daß die Fakten, die ich oben skizziert habe, zutreffen. Trotzdem könnte keiner von uns Auto fahren, wenn wir auf die potentiellen Gefahren des Autofahrens reagierten und als Folge davon am Steuer erstarrten. Zwar sind wir uns der unterschwelligen Gefahren bewußt, doch unsere geistige Grundhaltung geht von keinem anderen Ergebnis als einer sicheren Fahrt aus.

Die geistige Grundhaltung einnehmen, daß wir Macht haben: Wie erreichen wir diesen Geisteszustand, der uns gewinnen läßt? Wir haben bereits geübt und uns vorbereitet, um dieses Kunststück zu vollbringen. Zunächst einmal haben wir Fahrunterricht genommen. Wir sind Tausende Meilen gefahren. Ein, zweimal wäre es fast zu einem Unfall gekommen, vielleicht hatten wir einen Blechschaden. Wir haben aus diesen Erfahrungen gelernt. Irgendwann kommt jedoch die Zeit, da wir das Gefühl haben, wir haben alles im Griff. In diesem Augenblick ist das Autofahren nicht mehr ein Akt blanken Wahnsinns.

Das gleiche gilt für die kraftvolle Argumentation. Wir haben uns vorbereitet. Wir kennen unsere Beweise, unsere Argumente. Wir kennen sie so gut, daß uns ihre Präsentation ebenso im Blut liegt wie das Autofahren. Wir haben die Elemente der Argumentation auf dieselbe Weise erlernt und begriffen, wie wir gelernt haben, ein Auto zu steuern, den Gang zu wechseln oder zu bremsen. Wir kennen die Regeln der Argumentation, und wir werden sie auf dieselbe Weise anwenden, wie wir die Straßenverkehrsregeln befolgen. Wir haben gelernt, den Verkehr vor uns zu analysieren und eine Strategie zu verfolgen, die uns sicher ans Ziel bringen wird. Deshalb wollen wir nun die Argumente analysieren, ehe wir sie vorbringen.

Auf der Straße, wie bei jeder Auseinandersetzung, gibt es eine Reihe von Mitspielern. Wir sind die Helden im Drama der Autobahn – die »Guten«. Wenn Sie mir nicht glauben –, überlegen Sie, wie wir reagieren, wenn jemand vor uns abrupt die Fahrspur wechselt und uns »schneidet«. In unserem Universum sind die einzigen Autos, die für uns von Bedeutung sind, jene, denen *wir* begegnen. Wir stehen im Zentrum unserer Welt. Wir geben niemandem die Erlaubnis, uns anzufahren. Wir geben uns die Erlaubnis – aber nur zum Sieg, indem wir heil ans Ziel kommen. Es gibt keine andere Alternative. Und wir gewinnen, und das jeden Tag aufs neue. Daß wir ohne Schaden viele zighunderttausend Kilometer fahren, ist fast ein Wunder. Trotzdem ist das Wunder nichts als das Ergebnis unserer geistigen Grundeinstellung. Dasselbe gilt auch für die kraftvolle Argumentation.

Die Entstehung eines kraftvollen Arguments: Sehen wir einmal, ob wir gemeinsam eine kraftvolle Argumentation zusammenstellen können. Angenommen, wir verwenden uns vor den Vertretern der Schule für die Wiederaufnahme unseres Sohnes Jimmy, nachdem er wegen ungebührlichen Betragens von der Schule verwiesen wurde.

Wenn wir den schwarzen Hut tragen: Folgender Tatbestand: Jimmy saß hinten im Klassenzimmer und störte den Unterricht, er schwatzte mit Sally und lachte, während der Lehrer, Mr. Lamb, an der Tafel stand und etwas erklärte. Er hielt inne und bat Jimmy, nach vorn zu kommen. Er gehorchte. Dort blieb er verlegen stehen und wartete darauf, daß Mr. Lamb etwas sagte. Der aber schwieg. Jimmy stand immer noch da. Mr. Lamb schwieg immer noch. Schließlich sagte er: »Also, du hast ja offenbar eine Menge zu erzählen, dann verrate uns doch bitte mal, über was du dich mit Sally unterhalten hast.«

Jimmy, Hände in den Hosentaschen und ein verlegenes Lächeln im

Gesicht, gab keine Antwort. Er wußte nicht, was er sagen sollte. Er hatte sich mit Sally verabredet.

»Erzähl doch mal«, insistierte Mr. Lamb. »Worüber habt ihr euch unterhalten?«

»Über nichts.«

»Dann muß es ja sehr viel wichtiger gewesen sein als die heutige Lektion, sonst hättest du nicht den Unterricht gestört. Erzähl doch mal, über was für wichtige Dinge ihr gesprochen habt.«

»Über nichts«, wiederholte Jimmy.

»Das können wir nicht als Antwort akzeptieren. Du hast uns in diese Lage gebracht, und nun mußt du uns sagen, worüber du dich mit Sally unterhalten hast.«

Jimmy schwieg weiter.

»Nun? Sprich – wir warten.« Die ersten Schüler kicherten.

Keine Antwort.

»Was hast du Sally gesagt?« fragte Mr. Lamb.

Schließlich platzte es aus Jimmy heraus, sotto voce. »Das geht Sie nichts an.«

Mr. Lamb hob die Stimme. »Wenn du die ganze Klasse störst, dann geht uns das alle etwas an. Wir haben das Recht zu erfahren, ob das, was du gesagt hast, wichtiger ist als die heutige Lektion.«

»Für mich war es wichtiger«, sagte Jimmy, der immer trotziger wurde.

»Also gut, dann laß mal hören.«

»Nein.« Jimmy wurde puterrot. »Das geht nur Sally und mich etwas an.«

»Dann müssen wir vielleicht auch noch Sally nach vorn holen. Soll ich das?« Sally war auf ihrem Stuhl so tief wie möglich gerutscht.

»Lassen Sie sie in Frieden. Es ist nicht ihre Schuld.«

»Komm mal nach vorn, Sally«, sagte Mr. Lamb. »Wenn Jimmy uns nicht verraten will, was er gesagt hat, dann möchtest du's ja vielleicht.«

»Lassen Sie sie in Ruhe«, sagte Jimmy.

»Komm mal nach vorne, Sally.«

»Lassen Sie sie in Frieden, hab ich gesagt.«

»Sally, komm jetzt sofort hierher!« befahl Mr. Lamb. Sally stand auf.

An diesem Punkt sagte Jimmy: »Scheren Sie sich zum Teufel«, und verließ das Klassenzimmer.

Jimmy blieb eine Woche lang der Schule fern und weigerte sich, sich bei seinem Lehrer zu entschuldigen. Der Direktor hatte keine andere Wahl und wies ihn von der Schule. Gemäß den Schulvorschriften konnte er nur wieder aufgenommen werden, wenn der Schulrat, mit guten Gründen, seine Zustimmung gab. Nachdem sich die Gemüter beruhigt hatten, wollte sich Jimmy entschuldigen und in den Unterricht zurückkehren. Er wollte einfach, daß sein Leben ganz normal weiterging.

Die Besetzung der Darsteller in diesem Drama muß genau erwogen werden. Wir können dem loyalen Lehrer nicht die Rolle des Schurken zuteilen, da der Schulrat, der letztlich die Entscheidungen trifft, in diesem Fall seinen Schutzmantel um ihn werfen und das Gesuch des Schülers zurückweisen wird. Zwar wollen wir den weißen Hut tragen, doch müssen wir anerkennen, daß der Schulrat und die Lehrer diese Rolle bereits besetzt halten.

Jimmy hatte in der Tat keine Wahl. Aber sein Verhalten ließ auch dem Lehrer keine andere Wahl. Als er zum Lehrer sagte: »Scheren Sie sich zum Teufel« und das Klassenzimmer verließ, stand die Machtposition des Lehrers in der Klasse auf dem Spiel. Eine Entschuldigung oder der Schulverweis war der einzige Kurs, den man einschlagen konnte. Und als Jimmy die Entschuldigung verweigerte, entzog er der Schule jede Wahl; sie mußte ihn vom Unterricht ausschließen.

Wem soll nun die Rolle des Schurken in dem Stück zuerkannt werden? Der Schurke sind doch die *Umstände*, oder? Diese würden in jedem Fall, in dem ein ähnlich befähigter und auf Autorität bedachter Lehrer mit einem ähnlich stolzen und sensiblen Schüler in Konflikt käme, dasselbe Ergebnis diktieren. Lehrer wie Schüler sind Opfer der *Umstände*. Da wir nicht die Rolle des Helden einnehmen können, weil der weiße Hut bereits vom Lehrer übernommen worden war, übernehmen wir *zusammen mit dem Lehrer* die Rolle des Opfers der *Umstände* – in der Hoffnung, unter der breiten Krempe des weißen Hutes des Lehrers Platz zu finden.

Alle erfolgreichen Argumentationen sollten von einer Position der Macht ausgehen. Unter Macht, wie ich den Begriff hier benutze, verstehe ich, daß die Argumentation von einer Position ausgehen muß, die Anerkennung oder Zustimmung hervorruft. Wir müssen Recht haben, oder die Gerechtigkeit muß auf unserer Seite sein, oder wir müssen der kämpfende Unterlegene sein, der Wiedergutmachung verlangt, oder wir müssen das Opfer sein, das trotz aller Schwierigkeiten nicht den Kopf hängen läßt. Wir müssen Bewunderung erwecken, zumindest Respekt, zumindest Verständnis, zumindest Mitgefühl – wobei das letztere die schwächste der Machtpositionen darstellt. (Ich sage oft vor den Geschworenen: »Schenken Sie meinem Mandanten kein Mitgefühl. Er will kein Mitgefühl. Er bittet um Ihr *Verständnis*. Er bittet um *Gerechtigkeit* – nicht um Mitgefühl.«)

Deshalb können wir die Argumentation zugunsten Jimmys Wiederaufnahme auf die Schule wie folgt beginnen.

»Sehr geehrte Mitglieder des Schulrats,

(nun im Gesprächston) wenn Sie heute abend nach Hause gehen, wird Ihnen niemand sagen, daß Sie das Richtige getan haben. Niemand wird Ihnen öffentlich Anerkennung spenden, weil Sie einen Jungen gerettet haben. Niemand wird Sie für Ihre Fürsorge und Ihre Weisheit belohnen. Aber ich danke Ihnen schon jetzt. Dies ist ein vorbildlicher Schulrat, und Sie haben kluge, gut ausgebildete und fürsorgliche Lehrer. Mr. Lamb zählt zu den besten.«

(Mit einigen einleitenden Worten haben wir die Mitglieder des Schulrats für unsere Argumente empfänglich gemacht. Obgleich die Worte offenkundig als Kompliment gemeint sind, vielleicht sogar etwas bevormundend klingen, bringen sie doch eine freundliche Note in die Auseinandersetzung. Sodann haben wir uns mit der Macht verbunden – der Macht der Mitglieder des Schulrats. An diesem Punkt bringen stille Seufzer wahrscheinlich ihre Erleichterung darüber zum Ausdruck, daß es zu keinem ernsthaften Streit kommt. Die Argumentation ist bereits auf der Siegerstraße. Wir haben gewonnen, ehe wir uns auf einen Streit eingelassen haben, indem wir analysiert haben, welche Darsteller mitspielen und warum. Überlegen Sie, wieweit wir gekommen wären, wenn wir die Argumentation auf diese Weise eingeleitet hätten:

»Also, Sie alle wissen, warum ich heute abend hier bin. Jimmy ist von einem Ihrer besserwisserischen, machthungrigen Lehrer von der Schule geworfen worden, weil Jimmy nicht vor die Klasse treten und sein Innerstes nach außen kehren wollte.«)

Wir setzen unsere Argumentation fort.

»Ich bin Jimmys Vater. Ich bin heute abend hergekommen, um Sie zu bitten, Jimmy eine zweite Chance zu geben. Ich hoffe inständig, daß Jimmy wieder zu Ihren Schülern gehören wird, wenn wir uns heute voneinander verabschieden. *(Wir müssen offen und direkt sa-*

gen, was wir wollen.) Jimmy ist ein guter Junge. Ich glaube, Mr. Lamb würde Ihnen dasselbe sagen. Die Frage ist also, wie kam es zu diesem schrecklichen Fehler? Wie konnte es geschehen, daß zwei gute Menschen wie Jimmy und Mr. Lamb in einen derart unguten Streit gerieten? *(Wir versuchen nun, Mr. Lambs weißen Hut zu tragen.)* Die Antwort lautet: Weder Mr. Lamb noch Jimmy sind hier die Schurken. Es sind die Umstände.

Natürlich kennen Sie die Fakten. Wir müssen sie nur kurz Revue passieren lassen, um erkennen zu können, daß der wirkliche Schurke die Umstände sind. Jimmy war im Unrecht. Aber vielleicht können wir ja Verständnis für ihn aufbringen. Er wollte sich mit Sally fürs Kino verabreden. Das hätte er nicht im Klassenzimmer, während des Unterrichts tun sollen. Aber die beiden sind Teenager. Haben wir das vergessen?« *(Die Frage erweckt noch mehr Verständnis und ruft vielleicht ein leises Kichern hervor.)*

Aber Mr. Lamb hat das Recht, daß ihm die Schüler ungeteilte Aufmerksamkeit schenken. Und welche größere Ablenkung kann es geben als einen schwatzenden, lachenden Teenager hinten im Klassenzimmer, während man zu unterrichten versucht? Ich finde es richtig, daß Mr. Lamb Jimmy vor die Klasse zitiert hat, und wenn aus keinem anderen Grund, als um ihn zur Strafe ein bißchen verlegen zu machen, und auch, um vor den übrigen Schülern ein Exempel zu statuieren. In einer lärmenden Klasse können Kinder nichts lernen.« *(Die Argumentation ist bis zu diesem Punkt offen, ehrlich, vernünftig und aufrichtig. Sie hat Glaubwürdigkeit. Überdies übernimmt sie die Position von Mr. Lamb und entzieht so dem Schulrat diese Position. Die Mitglieder des Schulrats werden weiterhin zustimmend zuhören, nun, da wir zum wesentlichen Punkt kommen.)*

»Aber die Umstände sind dazwischengekommen. Jimmy konnte wegen des Umstands, daß er ein Tête-à-tête mit Sally hatte, Mr. Lamb nicht sagen, ohne gedemütigt zu werden, worüber sie sich unterhalten hatten, und er konnte auch nicht die vertrauliche Beziehung preisgeben, die zwischen ihm und Sally existierte. Andererseits hatte Mr. Lamb das Recht, daß man ihn respektierte und ihm gehorchte. Unter diesen Umständen hatte er keine andere Wahl, als darauf zu bestehen, seiner Anordnung Folge zu leisten. Jimmy konnte ihm nicht gehorchen. Die Umstände waren der Schurke. Ich glaube, man hätte unter diesen Umständen hundert gute Lehrer – statt Mr. Lamb – vor hundert stolze, aber sich ungebührlich aufführrende Jungen stellen können, und das Ergebnis hätte in allen hundert Fällen gleich ausgesehen. Kein Lehrer könnte in solch einem Fall kleinbeigeben. Kein Junge, der etwas auf sich hält, würde seine Freundin verraten.«

(Inzwischen ist die Hauptstoßrichtung der Argumentation klar: »Schuld waren die Umstände.« Es gibt weder Sieger noch Verlierer. Es handelt sich lediglich um einen jener unglückseligen Vorfälle, die manchmal passieren. Wieviel besser ist diese Argumentation als ein anderes mögliches Szenario:

»Aber hat Jimmy denn nicht geschwatzt? Hat er denn nicht gestört?« fragt ein Mitglied des Schulrats.

»Ja, das hat er. Aber soviel Unruhe hat er nun auch wieder nicht in den Unterricht gebracht. Nur ein machthungriger Diktator wie Lamb würde einen Jungen aus der Schule werfen lassen, nur weil dieser mit seiner Freundin geflüstert hat.«

Unter diesen Umständen beginnt die Kontroverse zwischen den Mitgliedern des Schulrates und Jimmys Vater erst richtig; sie wird hitziger werden, wenn das Mitglied antwortet: »Sie würden einen Schüler auch hinauswerfen, wenn er zum Lehrer sagt: ›Scheren Sie sich zum Teufel‹ und das Klassenzimmer verläßt. Das garantiere ich Ihnen!« Doch wenn wir einen Fehler zu Beginn offen und ehrlich eingestehen, ist der Streit zu Ende.

Der Kreis der Argumentation schließt sich:

»Ich möchte, daß Jimmy die Gelegenheit erhält, sich bei Mr. Lamb zu entschuldigen. Er ist der Schule eine Woche ferngeblieben, weil er sich wegen seines schlechten Betragens so sehr schämte, daß er Mr. Lamb, den er sehr achtet, nicht gegenübertreten konnte. Jimmy war im Unrecht, und das weiß er. Er hat seine Lektion gelernt. Er wird ein vorbildlicher Schüler sein, einer, auf den Sie sehr stolz sein können. Und deshalb sage ich, in Jimmys Namen, erlauben Sie, daß er dem Mann wieder gegenübertritt, dem er so große Achtung entgegenbringt. Lassen Sie zu, daß Jimmy die Sache wieder in Ordnung bringt. Lassen Sie ihn aus dieser Sache lernen, damit er sich weiterentwickelt. Geben Sie Jimmy noch eine Chance: Sie werden es nicht bereuen.«

Dieser Schluß ermächtigt den Schulrat ganz offen. Er bittet die Macht. Er ist nicht arrogant. Er erlaubt dem Schulrat, das zu tun, worum der Redner ihn gebeten hat, und dadurch kann der Schulrat mit einem guten Gefühl seine Handlungsweise legitimieren. Wir alle wollen ein gutes Gefühl bei dem haben, was wir tun. Die Argumentation spricht die Gefühle im Schulrat auf eine einfache, aber direkte Weise an. Die Argumentation ist erfolgreich.

Vergleichen Sie diesen Schluß mit einem anderen möglichen Schluß.

»Die ganze Sache ist Jimmy gegenüber unfair gewesen. Wenn Sie an seiner Stelle gewesen wären, hätten auch Sie Mr. Lamb zum Teufel gewünscht. Und warum sollte er wieder in die Schule zurückkehren? Um weiter vor der Klasse bloßgestellt zu werden? Meines Erachtens schuldet Mr. Lamb Jimmy eine Entschuldigung. Der Rektor schuldet Jimmy eine Entschuldigung, und dieser Schulrat wird Jimmy, wenn er ihn nicht wieder aufnimmt, für den Rest seines Lebens seine Ausbildung schulden. Merken Sie sich meine Worte!«

Wenn der Lehrer den schwarzen Hut trägt: Aber angenommen, die Fakten lägen in diesem Fall etwas anders. Angenommen, Jimmy hätte gesagt: »Zum Teufel mit Ihnen«, und Mr. Lamb hätte einen Wutanfall bekommen, Jimmy angegriffen und ihm ins Gesicht geschlagen, so daß ihm Blut aus der Nase gelaufen wäre. In diesem Fall wäre der Streit vermutlich um die weitere Anstellung des Lehrers, nicht um Jimmys Wiederaufnahme in die Schule gegangen.

Angenommen, wir sprächen uns unter diesen ungünstigen Voraussetzungen *für den Lehrer* aus. Lassen Sie uns zunächst wieder die Rollen der Figuren in diesem Drama besetzen. Wo liegt die Macht? Mit dieser Reihe von Fakten hat sich die Machtposition verschoben. Der Lehrer trägt den schwarzen Hut, und Jimmy, obgleich er sich selbst etwas hat zu schulden kommen lassen, kann den weißen Hut tragen. Die Entscheidungsbefugnis liegt natürlich immer noch beim Schulrat, doch die emotionale Macht, die Macht der Empathie, ist auf Jimmys Seite. Er wurde angegriffen und verletzt. Mr. Lamb hat eine Kardinalregel verletzt, die die Mißhandlung von Kindern und den Gebrauch von Gewalt unter Strafe stellt.

Die Person, die eine fest etablierte soziale Regel verletzt, verliert ihre Macht – es sei denn, wir können diejenigen, die Entscheidungsbefugnisse haben, dazu bringen, Mitgefühl für sie aufzubringen und sich ihretwegen Sorgen zu machen. Aber zunächst müssen wir uns um Mr. Lamb kümmern. Wenn er uns gleichgültig ist, werden wir auch sonst niemanden dazu veranlassen können, daß er sich um ihn sorgt.

Schlüpfen wir in die Haut von Mr. Lamb. Stellen wir uns folgende Fragen: Wie ist es, den Lehrerberuf auszuüben und täglich vor Schülern zu stehen, die sich uns entgegenstellen? Wie ist es, von einer ganzen Klasse herausgefordert zu werden? Wenn die Herausforderung nicht umgehend und entschieden zurückgewiesen wird, kann der Lehrer doch die Kontrolle über die Klasse verlieren, oder? Wie ist es, wenn man Zeuge geworden ist, wie Schüler einen Lehrer körperlich angegriffen und verletzt haben? Auch dort lauert Gefahr.

Wenn wir Nachforschungen anstellen, wenn wir von Mr. Lambs Position aus Fragen stellen, werden wir feststellen, daß, wie in vielen Schulen, ein Krieg stattgefunden hat – Schüler gegen die Schule. Es war ein unglückseliger Krieg, der – wie alle Kriege – Verletzte gefordert hat.

Unsere Frage wird erkennen lassen, daß Mr. Lambs Reaktion angesichts der Umstände zwar zu heftig ausfiel, sie aber verständlich war. Man hatte ihn herausgefordert. Er sah sich offener Feindseligkeit gegenüber. Man demonstrierte ihm gegenüber eine nicht zu überbietende Mißachtung. Der Lehrer war im Unrecht, aber er ist auch nur ein Mensch.

Weitere Fragen würden vielleicht enthüllen, daß Mr. Lambs Bruder oder ein Freund von einer Bande zusammengeschlagen worden war und daß diese Schülerbanden die Disziplin und die Sicherheit in der Schule täglich bedrohten. Mr. Lamb war möglicherweise auf Grund schwieriger privater Verhältnisse erschöpft. Vielleicht war er in ernsten finanziellen Nöten. Vielleicht hatte seine Frau gedroht, ihn zu verlassen. Vielleicht war sein Kind krank, die Arztrechnungen türmten sich und die Gläubiger schrien, weil sie ihr Geld wollten. Niemand schreit lauter und ist gleichzeitig tauber als ein Gläubiger. Bei genauerem Hinsehen können wir fast immer irgendeinen mildernden Umstand im Leben eines Menschen finden, der ihre Verhaltensweise erklärt.

Mr. Lamb war in dem Schuldistrikt ein angesehener Lehrer, weil er streng war. Er war bekannt für seine Fairneß, aber er wich vor einem Schüler, der ihm gegenüber feindselig oder gewalttätig reagierte, nicht zurück. Es hatte sich herausgestellt, daß ein solches Vorgehen am meisten Aussicht auf Erfolg hatte, um den Frieden zu bewahren. Mr. Lamb, der im Klassenzimmer immer streng, aber gerecht gewesen war, war anderen Lehrern ein Vorbild gewesen. Sein Vorgehen war vom Schulrat unterstützt worden.

Nun, da wir über die *bloßen Tatsachen* hinausgegangen sind, nun, da wir den Fall aus der Sicht von Mr. Lamb betrachtet haben, können wir ihn auch besser verteidigen. Vielleicht können wir ihn zu einer Art Held machen, ohne Jimmy zum Schurken zu stempeln. Vielleicht können wir Mr. Lamb der Seite der Macht – dem Schulrat – zuordnen und wieder die »Umstände« zum Schurken machen. Vergessen Sie nicht: Die »Umstände« können keine Gegenrede halten. Die »Umstände« haben vor dem Schulrat keinen Verteidiger.

Angenommen, wir begännen Mr. Lambs Verteidigung dadurch, daß wir uns auf den Teil des Falles konzentrieren, der am aussichtsreichsten scheint – Mr. Lambs Vorgehen gegen die Gewalt in der Schule, das nicht nur der Schulrat gelobt hatte, sondern dem alle in der Schule nacheiferten. Etliche Lehrer hatten in der Vergangenheit Schülern einen »Klaps« gegeben. Einer hatte einen Schüler vor der Klasse geschüttelt, und einmal hatte ein Lehrer einen Schüler, der ihn »Arschloch« gerufen hatte, vor die Brust geboxt. Diese Vorfälle sind sowohl dem Schulrat als auch den Lehrern bekannt, und man hat sie stillschweigend geduldet. Ausgestattet mit diesen zusätzlichen Informationen können wir uns Geschichten ausdenken, die unsere Argumentation veranschaulichen sollen. Es gibt viele. Hier ist eine.

»Wenn ich an Mr. Lamb denke, kommt mir die Geschichte eines Mannes in den Sinn, der in den Krieg zog. Man hatte ihn zum Lieutenant ernannt. Nach vielen Monaten des Kampfes und unter schwerem feindlichem Feuer schlug er einen der Soldaten, der ihm unterstand und der ihn nach einem seiner Befehle verflucht hatte. Später wurde der Lieutenant vor ein Kriegsgericht gestellt. Seine Verteidigung lautete: ›Es war Krieg. Der Soldat hatte mir gegenüber geflucht. Ich mußte die Disziplin in den eigenen Reihen bewahren, sonst wären wir bei den heftigen Angriffen alle ums Leben gekommen.‹ Im Krieg wie im Frieden müssen die Soldaten uns respektieren, und wenn wir keinen Respekt erlangen, außer wenn wir sie schlagen, sollten wir vielleicht keine leitende Stellung innehaben. *(Diese Seitenbemerkung entwaffnet den Gegner, der genau die gleiche Beobachtung anstellen würde, aber da wir sie zuerst gemacht haben, kann der Gegner kaum noch etwas hinzufügen.)*

Er war ein fähiger Lieutenant, ein tapferer Soldat, der überreagiert hat. *(Wiederum entwaffnet das Eingeständnis den anderen.)* Aber er hat ausgleichende Eigenschaften. Er war loyal, gehorsam, fürsorglich und wurde von guten Soldaten geliebt. *(Anmerkung: Daß er »von guten Soldaten geliebt wurde« beinhaltet etwas, was wir nicht direkt ansprechen können; nämlich, daß diejenigen, die unseren Lehrer nicht mögen, keine »guten Soldaten« sind. Es ist nicht leicht, diesem subtilen Argument etwas entgegenzusetzen, weil wir es nicht direkt vorgetragen haben.)* Der Lieutenant war für die übrigen Angehörigen seiner Division ein Vorbild, denn obwohl er streng war, war er gerecht, und wenn man ihn wegen seines Verhaltens unter den Belastungen der Kriegssituation schwer bestrafte, würde es den Rest der Division stark demoralisieren.

Ein weiser und fürsorglicher Kriegsrichter verstand, daß der Lieutenant nicht vollkommen war. Dieser hatte unter extremem Streß gestanden. Er hatte das Recht, verstanden zu werden. Im selben Maße, wie die Armee von ihm erwartete, daß er die Angehörigen seiner Truppe wie Menschen behandelte, behandelte auch das Kriegsgericht den Lieutenant menschlich. Es anerkannte, daß er Unrecht getan hatte. Aber es erkannte seinen Wert für die Armee. Man begriff, daß eben jene Eigenschaft, die ihn zum guten Führer machte, zugleich der Charakterzug war, der ihn in Schwierigkeiten gebracht hatte. Das Gericht wägte seine guten Eigenschaften gegen den einen Vorfall ab, als er unter Streß überreagierte, und schlug das Verfahren mit einer angemessenen Ermahnung an den Lieutenant nieder.

Natürlich sind wir keine Armee, und wir befinden uns auch nicht im Krieg. *(Wiederum entwaffnet diese Bemerkung den anderen. »Wir befinden uns nicht im Krieg« erlaubt dem Schulrat, anderer Meinung zu sein. Es ist besser für seine Mitglieder, wenn sie argumentieren, auch in eigenem Interesse, daß sie sich im Krieg befinden, als wenn ich den Krieg als Ausrede anführe.)* Aber vor uns steht ein sehr menschlicher Lehrer, das Vorbild für viele unserer besseren Lehrer in diesem Distrikt, einer, dem dieser Schulrat bei mehreren erinnerungswürdigen Gelegenheiten seine Hochachtung ausgesprochen hat und der viele ausgleichende Eigenschaften besitzt. Er ist Ihnen gegenüber loyal. Und wie man es von ihm erwarten kann, stimmen ihn der Ärger, den er ausgelöst, die Schmerzen, die er Jimmy bereitet hat, und der Kummer, den Sie deswegen haben, traurig. Er wird daraus lernen und ein besserer Lehrer werden.« *(Dieses Eingeständnis, daß man sich Jimmys wegen sorgt, sowie die Loyalität gegenüber dem Schulrat, beseitigt tendenziell den Streit zwischen Mr. Lamb und Jimmy bezüglich der Frage, wer im Recht war, und zieht Mr. Lamb auf die Seite des Schulrats.)*

Nun kann die Argumentation rasch zum Abschluß gebracht werden, wobei man den Schulrat auffordert, seinen fähigen und loyalen Lehrer vorbehaltlos in die Arme zu schließen und die Umstände verantwortlich zu machen, damit beide Parteien etwas daraus lernen, und am Ende Mr. Lamb lediglich ein angemessener Verweis erteilt wird. Wenn man dem Jungen einen Verweis erteilen will, dann sollte diese Idee vom Schulrat ausgehen, ohne daß Mr. Lambs Verteidigung in dieser Sache irgendwelche Vorschläge macht.

Beide Argumentationen, Jimmys im ersten Beispiel, und hier Mr. Lambs, entstanden dadurch, daß wir in ihre Haut geschlüpft sind; denn sobald wir *in die Haut* des Beschuldigten *schlüpfen*, beginnen wir uns zu sorgen, und wenn wir dies tun, erlangen wir die Macht, auch andere dazu zu veranlassen. Die Macht der Empathie ist fast unschlagbar.

Und deshalb: Wir haben die zehn Elemente des großen Arguments der Macht kennengelernt. Wir haben gelernt, die Einstellung einzunehmen, daß wir Macht besitzen. Wir haben gelernt, daß wir angreifen müssen, wenn wir in Zweifel sind. Doch dadurch, daß wir dies gelernt haben, wissen wir auch, wann der Angriff ausbleiben muß. Wir haben gelernt, nicht nur in die Haut unseres Beschuldigten zu schlüpfen, sondern auch des *anderen*. Wir haben gelernt, daß Liebe Macht ist. Und daß Fürsorge ansteckend ist.

Ausgerüstet mit diesem Wissen, das heißt, dem Wissen wie man sich vorbereitet, wie man argumentiert, wie man Mitgefühl zeigt, wie man lebendig ist, sind wir bereit, das Argument der Macht vorzubringen, mit dem wir – jedesmal – gewinnen werden.

Teil III
Argumentationen in der Liebe und im Krieg

13. Argumentieren in der Liebesbeziehung

Liebe und Krieg

DAS SCHLOSS: **Wenn man nicht für seine Rechte eintritt und für das, was man will, wenn man nicht auf den Tisch haut, und zwar heftig, dann wird man überrollt wie ein Kaninchen von einem Laster. Man muß kämpfen, um zu überleben.**

DER SCHLÜSSEL: **Die magische Ironie des Argumentierens in der Liebesbeziehung besteht darin, daß man lernen muß, zu verlieren, wenn man gewinnen will.**

Darüber zu schreiben, wie man zu Hause einen Streit gewinnt, gliche – jedenfalls wird das von manchen behauptet – dem Schreiben von Romanen. Im Privaten zu streiten ist eine vollendete Fertigkeit – mehr noch: eine erlesene Kunstform. Wenn Sie diese Kunst beherrschen, dann übertrifft das die Leistung derjenigen, die große Reichtümer erworben oder ewigen Ruhm geerntet haben. Ich kenne einen Wirtschaftsmagnaten, der in der Kunst des häuslichen Argumentierens jämmerlich versagt hat. Ich kenne so manchen Star, der selbst den einfachsten häuslichen Streit nicht gewinnen kann. Es ist, als wenn die Schwellen ihrer Häuser irgendeine mysteriöse negative Kraft aussenden, die starke Persönlichkeiten in hölzerne Statisten oder brabbelnde Irre verwandeln.

Ich kenne wortgewaltige Rechtsanwälte, die, sobald sie ihr Haus betreten, auf geheimnisvolle Weise mürrisch und stumm werden. Ich kenne Frauen, die den ganzen Tag am Arbeitsplatz ruhig, intelligent und ausgeglichen auf alle möglichen Schwierigkeiten reagieren, aber wenn sie nach Hause kommen, in eine Art schizoiden Stupor verfallen oder einen psychotischen Wutausbruch bekommen. Es hat den Anschein, als ob das Zuhause kein Ort der Zuflucht, sondern ein Kriegsgebiet ist. Es ist, als ob die Bewohner unter einer unheilbaren

Kriegsneurose litten, als ob sie gleichsam Opfer der posttraumatischen Streßerkrankung wären. Wenn man daheim in der schwierigen Kunst des Streitens scheitert, wird die Liebesbeziehung verdorren wie vergifteter Mohn im Garten.

Niemand lehrt uns die Techniken, die für eine erfolgreiche Beziehung erforderlich sind. Keine Universität bietet Seminare darüber an, wie man lebendig ist, wie man lebt, wie man liebt, wie man eine erfolgreiche Beziehung führt. Es gibt keine Proseminare mit dem Titel: »So beginnt man eine Ehe.« Dennoch vollzieht sich in der Liebesbeziehung auf ihrem Höhepunkt die magische Verschmelzung der Energien zweier Menschen, und darin erfüllt sich das göttliche Versprechen der menschlichen Möglichkeiten. An ihrem Tiefpunkt ist sie Sklaverei, Gefangenschaft, die Hölle. Aber das Beste wie das Schlimmste in jeder Liebesbeziehung nimmt seinen Anfang im *Selbst*.

Die Liebesbeziehung schaffen, indem *man das Selbst zurückhält.* Wie können wir eine erfolgreiche Liebesbeziehung schaffen? Man sagt uns, wir müßten *uns* dem anderen schenken. Ich dagegen behaupte: Geben Sie das Selbst niemals preis. Das Selbst, ah, dieses einzigartige, unerreichte, unvergleichliche, unsterbliche, höchste Selbst! Das *Selbst*, Ihres, meines, das Selbst, das sich von allen anderen Individualitäten in der Geschichte des Universums unterscheidet – das ist die über alle Maßen kostbarste Einheit, die wir in die Beziehung einbringen. Aber geben Sie das Selbst nicht weg.

Versuchen Sie, sich dieses superlativische Selbst vorzustellen. Können Sie es sehen? Stellen Sie es sich als etwas vor, das Sie in der Hand halten können – als eine Tasse, vielleicht, und daß in dieser »Tasse« Ihre Seele enthalten ist, der wunderbare staunenswerte Stoff Ihrer Persönlichkeit – Ihre Art der Liebe, Ihre Form der Kreativität, Ihre einzigartigen Erfahrungen, Ihre besondere Klugheit, ja, Ihre Art sich zurückzuziehen, zornig zu sein, Ihre Unsicherheiten, Ihre Ängste, all das ist enthalten in dieser Tasse. Können Sie die Tasse vor sich sehen?

Angenommen nun, Sie beginnen eine Liebesbeziehung. Sie bringen die Tasse des *Selbst* mit in die Beziehung. Aber das macht auch der *andere*. Sein oder Ihr Selbst ist ebenso einmalig und unvergleichlich wie das Ihre. Gewiß, der *andere* hat möglicherweise den Raum bis zur Decke voller Geld, aber hätte der *andere* nicht auch sein *Selbst* hineingebracht, wäre der Raum leer. Der *andere* hätte nichts mit in die Beziehung gebracht, überhaupt nichts.

Aber muß das Selbst, die ganze Tasse und ihr gesamter Inhalt zum Preis dafür werden, daß man in die Beziehung hineingelassen wird? Begreifen wir denn nicht, daß es keine echte Verbindung geben kann, wenn der *andere* sein Selbst weggeben muß? Verstehen wir denn nicht, daß wir mit einer leeren Person, einer Person ohne Selbst, einer Person, die ihr Selbst verschenkt hat, verbunden sind, wenn der *andere* sein Selbst weggegeben hat?

Wann immer ich mir Gehör verschaffen kann, erkläre ich, daß ich dem *anderen* das Selbst als Eintrittsgeld in irgendeine Beziehung nicht entrichten kann. Ich kann das Selbst nicht, als Preis der Anerkennung, an meine Kollegen verschenken, meinen Arbeitgeber, meine Freunde oder meine Mandanten. Ich werde mit Freude an meiner Tasse teilhaben lassen und meine Liebe, meine Loyalität, meine Energie, meine Kreativität, meine Hingabe geben. Aber die Tasse kann ich nicht verschenken, denn ohne das Selbst können wir nicht mehr unseren freien Willen aufrufen; und wir können das Mysterium, die ewige Kostbarkeit des Selbst nicht mehr genießen, wenn wir das Selbst verschenkt haben. Es ist fort.

Die Verwirrung entsteht dann, wenn wir nicht mehr zwischen dem Weggeben des Selbst und dem Verschenken unserer Liebe, unserer Loyalität, unserer Kreativität, unserer Arbeit unterscheiden. Der Arbeitssklave, der sein Selbst weggegeben hat, hat nichts zu geben, das nicht durch eine Maschine ersetzt werden kann. Der Liebessklave, der sein Selbst weggegeben hat, hat nichts zu geben, das nicht auch durch einen anderen Liebessklaven ersetzt werden kann. Nichts bleibt übrig. Der Becher ist verschwunden. Der *andere* hält den Becher in der Hand, und schon bald wird der Becher leer sein. Allmählich verstehen wir: Die Gabe des eigenen Selbst an den *anderen* ist ein Geschenk, das endlich und nicht wieder auffüllbar ist.

Die Liebesbeziehung ähnelt ein wenig einer einfachen Geschäftspartnerschaft. Die Partner besitzen, da sie ja Partner sind, einander nicht. Sie respektieren einander. Sie leisten ihren Beitrag in Form ihrer Arbeit, ihrer Fürsorge, ihrer Loyalität, ihrer Kreativität, zum Nutzen der Partnerschaft. Aber sie werden nicht eins. Wenn der Wille des einen den anderen verzehrt, ist die Partnerschaft zerstört, so daß nur noch die dominante Person und ihr Handlanger übrigbleibt, ein Herr und ein Sklave. Der *andere* ist zum Ding geworden, das man genommen hat, und dabei ist die Partnerschaft vernichtet worden, denn *per definitionem* muß es in einer Partnerschaft zumindest zwei unabhängige, arbeitsfähige Teilhaber geben.

Wie man verliert, indem man gewinnt: Wenn wir das Wesen der Liebesbeziehung verstehen, dann erkennen wir auch, daß alle Versuche, Macht über den *anderen* auszuüben, Angriffe auf die Beziehung darstellen, die die Beziehung gefährden. Denn wenn das Selbst herabgesetzt wird, dann verringert sich auch die Intensität der Beziehung. In dem Maße, wie man diese Schlacht gewinnt, in dem Maße, wie sich der *andere* unterwirft, in dem Maße hat man paradoxerweise verloren.

Die Dynamik der polemischen Auseinandersetzung, bei der man verliert, ließe sich folgendermaßen darstellen:

»Ich will meinen Willen haben. Du mußt nachgeben. Mein Wille ist der Wille der Beziehung. Mein Wunsch ist der Wunsch der Partnerschaft.«

»Na schön. Ich werde nachgeben. Ich habe keinen Willen mehr. Dein Wille ist auch mein Wille.«

»Schön, daß du es so siehst wie ich.«

»Ja, mein Gebieter. Befehle mir.«

»Wenn das so ist – dann befehle ich, daß du zu mir sprichst.«

»Was soll ich dir sagen, mein Gebieter?«

»Sag doch was!«

»Was immer du willst, mein Gebieter.«

»Sprich!«

»Ja, mein Gebieter.«

»Warum läßt du mich auf diese Weise im Stich?«

»Was immer du willst, mein Gebieter.«

»Mein Gott, sag doch etwas, tu doch etwas! Hör auf mit diesen unerträglichen Schmeicheleien. Sei jemand! Du bringst mich dazu, daß ich mich einsam fühle. Weißt du nicht, wie allein ich bin?«

»Du hast mich, mein Gebieter.«

»Ich spüre dich nicht.«

»Ich bin du, mein Gebieter.«

Die Kunst des Verlierens meistern: Argumentieren in der Liebesbeziehung, das heißt, das zu bekommen, was wir von unserer Beziehung *wollen*, erfordert Strategien. Und diese erfordern die Einsetzung von Prioritäten. Was ist das *Wichtigste,* wonach wir uns in unserer Beziehung sehnen?

Das Wichtigste ist: Wir wollen lieben und geliebt werden, oder? Wir wollen glücklich sein; wir wollen uns geborgen fühlen. Wir wollen uns entwickeln, einander entdecken. Die Liebesbeziehung ist der Garten, in dem wir die wichtigsten Früchte, uns selbst, pflanzen, kultivieren und ernten und in dem der *andere* denselben fruchtbaren Boden bekommt, auf dem er wachsen und gedeihen kann. Wenn wir dies wollen, dann würde nur ein Narr die vielfältigen Möglichkeiten dadurch verringern, daß er die Beziehung zu beherrschen versuchte, denn Kontrolle und Liebe, ja Kontrolle und eine erfolgreiche Beziehung sind unvereinbare Gegensätze.

Also, sie möchte ins Konzert gehen und eine Symphonie von Bartok hören, und er haßt Symphonien, und vor allem Bartok. Doch jeder, der auch nur den Verstand eines schwachsinnigen Mungo hat, begreift, daß man seine Klagen während zwei Stunden Bartók in den Winterschlaf versetzen kann und daß man dem *anderen* damit eine Freude macht, und *das* ist doch ein ziemlich geringer Preis, oder? Wo bekommen Sie Freude billiger? Trotz der obigen Bemerkungen – ist es nicht besser, ins Konzert zu gehen, als deswegen einen heftigen Streit anzuzetteln, der Groll und Gereiztheit in die Ehe bringt und nach dem man sich das häusliche Glück mit Bitten um Verzeihung zurückkaufen muß?

Wenn die Kunst des Streitens in der Liebesbeziehung darin besteht, von der Beziehung das zu bekommen, was man *haben will,* dann tritt ein ehernes psychisches Gesetz in Kraft, ein Gesetz, das so elementar und umunstößlich ist wie »auf Regen folgt Sonnenschein«. Einfacher ausgedrückt: Man kann nicht bekommen, was man von einer Liebesbeziehung will, wenn nicht auch der *andere* bekommt, was er haben will. Wenn diese gegensätzlichen Bedürfnisse aufeinanderprallen, muß die wahre Kunst des Argumentierens in Erscheinung treten, wie Batman, der in seinem magischen Cape herabstößt, damit das häusliche Glück bewahrt bleibt und gestärkt wird.

Bis auf neun Tage habe ich mein Erwachsenenleben im Stand der Ehe verbracht, insgesamt über vierzig Jahre, und deshalb kann ich Ihnen versichern, daß das Obengenannte wahr ist; und dementsprechend habe ich mich mächtig angestrengt, zum Experten in der Kunst des Verlierens zu werden, wobei ich noch hinzufügen könnte, daß meine befriedigendsten Niederlagen diejenigen waren, die ich mit Freuden ausgeheckt habe. Meines Erachtens läßt sich die Sache ganz einfach in folgende Worte fassen: *Um in der Kunst des häuslichen Argumentierens Großes zu leisten, muß man die Kunst des Verlierens beherrschen.*

Kontrolle, der lauernde Alligator: Wir haben bereits gelernt, daß es in der Schlacht, im Krieg, entscheidend ist, die Oberhand zu gewinnen. Doch Herrschaft in der Liebesbeziehung ist ein wildes Tier. Sie erinnert mich an einen ausgewachsenen Alligator, der knapp unter der Wasseroberfläche liegt und von dem nur die Knopfaugen zu sehen sind. Die Augen spähen und spähen; sie suchen nach Beute, und plötzlich beißt er, um zu töten und zu verschlingen. Schließlich wird der allgegenwärtige Zwang, alles zu beherrschen, einfach alles – natürlich mit Ausnahme des Zwanges – selbst die banalsten Fragen durchdringen. Der Alligator wartet. Und wenn eine Streitfrage in den Teich geworfen wird, schlägt er zu.

Warum streben wir immer nach Kontrolle? Wir wurden in diese Welt geworfen mit nichts als unseren nackten Körpern und unseren rohen kleinen Gefühlen. Fast sofort hat man uns beigebracht, beides zu verstecken. »Beherrsch dich!« »Werd ja nicht wütend! »Wage ja nicht zu weinen.« »Sei still!« »Sprich, wenn du gefragt wirst.« »Nur Feiglinge haben Angst.« Wie wir bereits gesehen haben, hat man uns von Kindesbeinen an gelehrt, unsere Gefühle zu unterdrücken. Haben Sie schon einmal eine Pflanze gesehen, die unter einem sorglos fallengelassenen Brett heranwuchs und die nie einen Sonnenstrahl sah? Ihr Leben und ihr Wachstum wurden in der Tat unterdrückt. Der jämmerliche kleine Sprößling wurde durchsichtig und krumm wie ein Spaghetti. Wenn man das Brett anhebt, wagt man kaum, das kleine krumme Etwas der Luft auszusetzen, denn es besitzt nicht mehr die Kraft, die Sonne zu ertragen.

Auf ähnliche Weise lastet die Unterdrückung auch auf der Seele. Darunter sind die Gefühle verzerrt und verborgen und sehnen sich verzweifelt nach Befreiung. Wir haben Angst. Unsere Kreativität ist zerstört. Wir hungern nach Sonnenlicht, nach Ausdrucksmöglichkeiten. Unsere Persönlichkeit schwindet. Und doch steht uns das ewiggleiche törichte Lächeln im Gesicht. Wir setzen fiktive Masken auf, um die verborgenen, pulsierenden Stellen zu verstecken. Wir tun so, als ob. Wir müssen es. Wir trauen uns nicht, der zu sein, der wir sind. Wir dürfen die zarte Pflanze, das krumme zarte kleine Etwas nicht entblößen. Unter dem Brett sind wir verloren, denn wir haben uns nie selbst gesehen. Wir wissen nicht, wer wir sind. Wir sind verzweifelt. Unser Bedürfnis nach Herrschaft wird krankhaft! Kontrolle! Ah, dieses neurotische, panische, klammernde Bedürfnis! Aggressionen und das symbiotische Bedürfnis nach Kontrolle sind der neurotische Kampf des Menschen gegen den Tod. Es ist der angstvolle Mensch, der gegen den Tod kämpft und dabei sein Leben preisgibt.

Kontrolle als Waffe: In der Liebesbeziehung ist die Ausübung von Kontrolle keine angemessene Waffe. In der Liebesbeziehung ist die Liebe die angemessene Waffe – die einzige. Ich bitte Sie inständig, die Kontrollwaffen, die für beide Parteien griffbereit sind, so wie der Revolver mit dem Perlmuttgriff des Westernhelden, an der Tür abzugeben. Geben Sie die Waffen ab. Begeben Sie sich unbewaffnet in die Beziehung. Sie sind immer noch frei, der zu sein, der Sie sind. Nur müssen Sie die Kontrollwaffe draußen lassen, diese schreckliche Waffe des Krieges, deren einziger Zweck es ist, den *anderen* zu vernichten, damit auch der *andere* frei ist und ohne Angst in einer liebevollen Beziehung leben kann.

Können Sie sich ein anderes Bild von den Parteien machen? Können Sie sich vorstellen, wie sie allabendlich zu Bett gehen, jede mit ihrer sechsschüssigen Kanone am Gürtel?

»Gute Nacht, Liebling. Ich liebe dich«, sagt er und berührt leicht seine Waffe, um zu sehen, daß sie locker im Halfter sitzt.

»Gute Nacht«, sagt sie, »träum schön.« Und während sie sich zur Seite dreht, legt sie den Daumen an den Abzug.

Kontrollieren, indem man die Kontrolle aufgibt: Menschen haben das Recht, anderer Meinung zu sein, mitunter sogar die Pflicht. Menschen haben das Recht auf ihre eigenen Ideen. Die Unterschiede charakterisieren sie, verherrlichen sie. Die Streitfragen in den meisten Ehen – wohin fahren wir in Urlaub, wie geben wir unser Geld aus und all die anderen Themen – sind überhaupt gar nicht die Streitfragen. Normalerweise gibt es nur ein allgegenwärtiges, heimtückisches Problem: Wer übernimmt die Kontrolle? Betrachtet man es aus der Nähe, dann bildet es den Kern fast jeder Auseinandersetzung in einer Liebesbeziehung.

Als junger Mann war mein Kontrollbedürfnis drängender als heute. Es entsprang meiner Angst. Wenn ich dem *anderen* nicht vertraue, wenn ich befürchte, daß er mir Schaden zufügen will, wenn ich Angst habe, loszulassen, wenn ich im Grunde selbst unsicher bin, wird das Kontrollbedürfnis übermächtig. Als ich immer mehr in meinem Beruf aufging, stellte ich fest, daß ich weder die Zeit noch die Energie noch – leider! – die Fähigkeit hatte, alles und jeden zu kontrollieren.

Ich könnte Sie mit vielen herzzerreißenden Geschichten über meine Anstrengungen unterhalten, die einfache Wahrheit zu beherzigen, die ich Ihnen predige – daß Kontrolle und eine erfolgreiche Ehe einander ausschließen. *Aber der Tag, als mir schließlich klar wurde, daß ich Imaging nicht zu kontrollieren brauchte, ja, daß ich sie nicht kontrollieren durfte, ja, daß ich sie nicht kontrollieren konnte und daß ich, wenn es mir gelänge, unsere Ehe zerstören würde, war der Tag, als unsere Ehe begann.*

Wenn man den *anderen* kontrolliert, dann unterhält man nur zu dem eigenen Selbst eine Beziehung; es ist eine Art masturbatorischer Zustand, der an die Stelle der Ehe tritt. Der *andere* wird zu unserer Marionette, und Marionettenspieler unterhalten nur eine Beziehung zu sich selbst. Was für eine seltsame Dynamik! Wenn man eine Ehe im Griff hat, dann ist es – leider! – keine Ehe mehr.

Ich habe diesbezüglich keine plötzliche Erleuchtung erlebt. Mein Verständnis kam langsam, es sickerte durch die beinahe undurchdringliche Barriere namens Verstand und wurde viele Male verloren und vergessen und ganz von neuem wieder gelernt. Meine Entdekkung war durchdrungen von Zorn und erstickt in Tränen, bis ich es eines Tages endlich begriffen hatte, fast begriffen hatte. Aber gelegentlich versage ich noch heute. Die Fehlschläge sind umso schmerzlicher. Manchmal stelle ich zerknirscht fest, daß ich mich nach all den Jahren, nach all den schmerzlichen Lernprozessen, nach all den heiligen Entschlüssen, nach all den unbedingten Wünschen, das Kontrollbedürfnis für immer zu besiegen, gelegentlich immer noch dem wilden Tier der Ehe unterwerfe, dem Kontrolltier, das nie, nein, nie ganz stirbt.

Nörgeln als Kontrolle: Früher habe ich mich gewundert – und wundere mich immer noch –, daß Imaging niemals nörgelt. »Wieso nörgelst du eigentlich nie an mir herum?«, habe ich sie einmal gefragt. Es gab Gelegenheiten in Hülle und Fülle, Anlässe, daß sie sich hätte beschweren können: die ganze, sich immer erneuernde Liste der Sorglosigkeiten – die achtlos dahingeworfenen Kleidungsstücke, der Toilettensitz, der Verschluß der Zahnpastatube, das Schnarchen, das unentwegte Schnarchen, das ausreichen würde, das Dach eines Hühnerstalls wegzupusten. Sie antwortete mir, als ob sie überrascht wäre. »Wie kann man einem erwachsenen Mann sagen, was er zu tun hat?« Welches Recht, frage sie sich, habe sie, das Leben eines anderen Menschen zu *kontrollieren*? Sie habe schon früh gelernt, daß Nörgeln ein neurotischer Versuch ist, den anderen zu kontrollieren, und zwar in seiner unangenehmsten Form. Nörgeln sei ein Recht, das ausschließlich neurotischen Müttern und unsicheren Vätern gegenüber hilflosen Kindern vorbehalten ist.

Die Unfähigkeit, Herrschaft auszuüben, wird fälschlich als Unfähigkeit oder Schwäche gedeutet. Die Kontrolle aufzugeben wird oft mit Aufgeben verwechselt. Wenn man nicht beherrschen will, wird das oft als Versagen gedeutet. Aber Kontrolle in der Ehe hat nichts mit Fähigkeit oder Erfolg, nicht einmal mit Männlichkeit zu tun. Seltsamerweise ist es genau umgekehrt. Alles in der Liebesbeziehung beruht auf geheimnisvolle Weise auf Gegenseitigkeit.

27740 Abendessen: Stellen wir uns eine Beziehung vor, in der beide Seiten einen schwarzen Gürtel im verbalen Nahkampf erworben haben und beide ernsthafte Verfechter der Politik der Kontrolle sind. Sie sagt, sie sei erschöpft und wolle bei Jorge's zu Abend essen. Er sagt, er sei auch müde und wolle zu Hause bleiben. Offensichtlich muß eine der Parteien verlieren, und diese Wahrheit führt uns zu einer grundlegenden These: Das heutige Abendessen wird eines von ungefähr 27740 Abendessen sein, die der Durchschnittsbürger in seinem Leben zu sich nimmt. Wenn es sich um ihr letztes Abendessen handeln würde, so prophezeie ich, daß es keinen Streit gäbe, keinen Konflikt, kein Kontrollproblem. Alles würde glatt wie Sahne laufen. Alles würde eitel Sonnenschein sein und Liebe und Tränen und Zärtlichkeit.

Es ist nicht das Schlechteste, jeden möglichen Streit zu betrachten, als handelte es sich um den letzten – die letzte Fahrt nach Hause, die letzte Möglichkeit, der geliebten Frau ein Kleid zu kaufen, das letzte Mal, wo Sie sie zu einem dieser kreuzlangweiligen Konzerte begleiten, umgeben von lebenden Leichen in äffischen Anzügen und den kreischenden zusammenhanglosen Klängen Bartoks, während uns in den Hosen zu warm wird und unsere Beine kribbeln.

Wenn man dann bedenkt, daß es in unserem Leben noch rund 27740 Abendessen geben wird, würde nur ein Narr die Ehe gefährden, indem er die Kontrolle darüber ausüben wollte, wo man zu Abend ißt. Aber angenommen, der Streit zwischen den beiden Trägern des schwarzen Gürtels sinkt, wie ein Felsbrocken, den man in die Jauchegrube wirft, bis zur tiefsten Stufe des Mißbehagens:

ER: Immer willst du ausgehen. Meinst du, wir hätten Geld wie Heu? Ich meine, von dem Geld, das wir bei Jorge's lassen, kann ich die Einkäufe für eine ganze Woche bestreiten.

SIE: [Müde, abgekämpft, wütend]. Du denkst immer bloß ans Geld. Nie denkst du an mich. Du liebst nur deine gottverdammten Dollars. Du hast aber keinen Dollarschein geheiratet. Du hast eine Frau geheiratet.

ER: Ja, wenn für ein Essen bei Jorge's ein Dollarschein ausreichen würde.

SIE: Ich arbeite auch den ganzen Tag, genau wie du. Ich verdiene genausoviel wie du. Ich bin nicht deine Geldmaschine. Ich arbeite nicht den ganzen Tag, um in den Genuß des Privilegs zu kommen, dir zu Hause ein Abendessen zu kochen.

ER: Wenn ich mit allem einverstanden wäre, wofür du Geld ausgibst, wären wir schon lange pleite. Du müßtest drei Jobs haben, um die Sachen bezahlen zu können, die du dir kaufen willst. Wieso kannst du nicht einfach ein bißchen zurückstecken? Um mehr bitte ich gar nicht. Steck bloß ein bißchen zurück. Vielleicht können wir dann weiterkommen.

SIE: Behaupte ja nicht, daß ich unser ganzes Geld ausgebe, du Arschloch. [*Mit Beschimpfungen sinkt der Streit auf eine noch tiefere Stufe.*] Habe etwa ich die neuen Golfschläger gekauft? Bin etwa ich mit meinen Freunden zum Baja-Angeln gefahren? Habe etwa ich...

ER: Moment mal. Nun kommen wir der Sache schon näher. Du hast es noch nie ausstehen können, wenn ich irgend etwas für mich allein unternehmen wollte. Du kannst es nicht ertragen, wenn ich Golf spiele und hin und wieder ein bißchen Spaß habe. Du hast es nie verwunden, daß ich zum Fischen am Golf von Mexiko war, statt mit dir auf diese Kreuzfahrt zu diesen idiotischen Virgin Islands zu gehen. Und nun willst du's mir heimzahlen, ja? Du willst jeden Penny, den wir beide verdienen, zurückhaben, bis wir quitt sind. Das ist doch verrückt! Du spinnst ja! [*Er gesellt sich ihr auf dem niedersten Niveau bei.*]

SIE: Du unerträglicher, ordinärer Kerl. Was heißt hier, ich spinne! Du hast wohl den Kopf bis zu deinen Schultern im Hintern. Du meinst, *ich* wäre verrückt? Und wie war das, als du meine Mutter als alte Hexe beschimpft hast, obwohl sie nur wollte, daß du uns zu Jorge's zum Abendessen einlädst? Wenn das nicht verrückt war. Du bist der knauserigste, geldgeilste Hosenscheißer, der je einen Furz über Georgia gelassen hat. [*Nun kommt der Todesstoß.*] Hoffentlich verblutest du noch mal an deinen Hämorrhoiden!

ER: Du mieses großmäuliges Miststück. Das war die letzte Beleidigung, die ich mir von dir angehört habe. [*Er stürmt aus dem Zimmer. Er ist geschlagen.*]

SIE: Komm mir ja nicht wieder zurück! [*Auch sie ist geschlagen. Sie kreischt und folgt ihm nach draußen. Er schlägt ihr die Tür vor der Nase zu. Sie reißt sie auf und schreit.*] Ich hab's mir anders überlegt. Du kannst doch zurückkommen – um deine Klamotten abzuholen. Die Heilsarmee würde sie nicht nehmen.

[*Er wirft ein Stück Feuerholz nach ihr, das der Hund auf den Rasen gezerrt hatte. Und verfehlt sie.*]

SIE: Ich rufe die Polizei.

ER: Das würde ich nicht tun! Die würden dich einlochen, weil du das übelste Miststück auf Gottes Erden bist. [*Er steigt in den Wagen, im Glauben, das letzte Wort gehabt zu haben, und fährt mit quietschenden Reifen in die Nacht.*]

[*Inzwischen blicken die Nachbarn aus den Fenstern. Der Hund fängt an zu heulen. Der Rasen hat sich unter dem Inferno braun verfärbt. Der Himmel leuchtet flammend rot.*]

Auf Schlachtfeldern fließt Blut und werden Kriege geführt, auf ihnen gibt es Verwundete und Sterbende, Bahren und Leichensäcke. Unser Zuhause ist nicht als Schlachtfeld gedacht. Man gewinnt zu Hause nicht, wenn man dem anderen die längste und niederträchtigste Kette von Beleidigungen seit Menschengedenken ins Gesicht schleudert. Leider werden mehr Familien durch falsch geführte Auseinandersetzungen als durch Bomben zerstört, und mehr Menschen sind in ihrem Zuhause obdachlos als auf den Straßen unserer Städte.

Der Sieger im Ehestreit ist nie der Sieger. Wie kann ein Mann, der seine erschöpfte Frau liebt, nach Hause kommen und fordern, daß sie ihm ein Essen kocht. Einmal hörte ich jemanden witzeln: »Das Zuhause ist ein fifty-fifty-Geschäft: der Ehemann sagt seiner Frau, was sie zu tun hat, und die Frau sagt ihm, wohin er sich scheren soll.« Der siegreiche Streit in der Liebesbeziehung ist am häufigsten derjenige, den man nicht führt.

Wenn die Liebesbeziehung tatsächlich auf Liebe beruht, ist es dann nicht klar, daß Kontrolle keine Liebe ist?

Liebe, das siegreiche Argument: Der Ehemann in dem obigen Beispiel glaubte, seine Frau gäbe gedankenlos zuviel Geld aus und würde sie dadurch finanziell ruinieren. Er glaubte, sie wolle ihn bestrafen, weil er für sich Geld ausgegeben hatte. Da er sie fürchtete und ihr mißtraute, mußte er sie beherrschen. Es ging nicht darum, wo man essen wollte, sondern um seine Angst und um sein Mißtrauen. Die Frau wiederum glaubte, ihr Mann sei ein unsensibler, eigensüchtiger Heuchler, der ihr keinen Respekt zollte. Wie konnte er nur Geld für sich ausgeben, aber sich weigern, sie zum Abendessen auszuführen, nachdem sie einen besonders harten Tag im Büro gehabt hatte? Da sie sich ungeliebt, nicht geschätzt und benutzt fühlte, mußte sie ihn beherrschen. Weder seine noch ihre Argumente beruhten darauf, was der eine *für* den *anderen* wollte. Beide Argumentationen waren in die Lake des vergangenen Mißtrauens und Grolls getaucht und machten so die Kontrolle erforderlich.

In dem Wortgefecht ging es nicht darum, wo die beiden essen sollten, sondern darum, wie der eine dem anderen das Herz ausreißen konnte. Das Ziel beider war, die Gefühle des anderen mit Füßen zu treten, ein furchtbares verbales »Blutbad« anzurichten. Wenn es um Liebe gegangen wäre, dann wäre das Paar bereit gewesen, ein Picknick auf der Garageneinfahrt abzuhalten.

Finden Sie heraus, worum es bei dem Streit, den Sie im nächsten Augenblick beginnen wollen, wirklich geht. Geht es darum, ein neues Auto zu kaufen oder darum, den anderen für frühere finanzielle Extravaganzen zu bestrafen? Geht es darum, ein neues Geschäft zu eröffnen, oder um Eifersucht und Unsicherheit? In einer Liebesbeziehung muß immer die *Liebe* das zugrundeliegende Thema sein. Die meisten Schlachten in der Liebesbeziehung werden nicht um das erklärte Thema der Auseinandersetzung geschlagen. Das erklärte Thema ist meist der Vorwand für Krieg. Ohne Vorwände würden keine Kriege geführt werden.

Ist nicht der Wunsch, die Bedürfnisse des *anderen* zu befriedigen, eine natürliche Folge der Liebe für den *anderen*? Wenn wir dem *anderen* seine oder ihre Bedürfnisse erfüllen, befriedigen wir dann nicht auch unsere, und haben wir dadurch nicht *per definitionem* gewonnen? Wenn man den Impuls zu beherrschen zügelt, hat man den wichtigsten Schritt in der feinen Kunst des Verlierens gemeistert, die paradoxerweise zur erlesenen Kunst des Gewinnens wird. Lassen Sie es mich noch einmal sagen: Um die Kunst des Streitens in der Ehe zu meistern, müssen Sie die Kunst des Verlierens beherrschen. Wenn Sie gewinnen wollen, müssen Sie lernen zu verlieren.

Weinen als Waffe: Im Zentrum des Taifuns ist das Auge – das Weinen. Es gibt nur zwei Arten des Weinens: Weinen, das vernommen werden will, und Weinen, das nicht gehört werden will. Weinen, das nicht gehört werden will, ist eine legitime Befreiung von Angst oder Schmerz. Weinen, das gehört werden will, kann zur weiteren Waffe in einer Auseinandersetzung werden. Ein solches Weinen bedeutet: »Nun hast du mich zum Weinen gebracht. Nun werde ich dir Schuldgefühle machen und dich für das leiden lassen, was du mir angetan hast. Sieh nur, was du mir angetan hast! Ich weine. Wenn du nicht tust, was ich will, höre ich vielleicht nie wieder auf. Vielleicht heule ich, bis die Welt aus ihrer Laufbahn ins Leere geschleudert wird, oder zumindest bis morgen früh.« Den meisten tut es weh, zuzusehen, wie jemand weint. Vielleicht empfinden wir eine Art Ur-Angst, die das Kind in uns weckt, die Erinnerung an das erste angsterregende Schluchzen unserer Mutter.

Das aussichtslose Argument, das gewinnt: In dem obigen Beispiel begannen zwei Menschen den Abend mit demselben Wunsch. Sie wollten gut zu abend essen und, offensichtlich, zusammen sein. Aber der einzige Weg, wie eine der Parteien den Streit hätte gewinnen können, bestand darin, daß die eine die schwer faßbare, aber göttliche *Kunst des Verlierens* beherrschte.

Die Argumentation hätte leicht in dieser Form ablaufen können:

»Schatz, ich bin unheimlich kaputt. Könnten wir heute abend zu Jorge's gehen?«

Der Ehemann hätte seine Frau ansehen und, als er die offensichtlichen Zeichen der Erschöpfung sah, sagen können: »Natürlich, Schatz. Du mußt einen schweren Tag gehabt haben.« An diesem Punkt hat er bereits verloren – *und gewonnen.*

Er könnte jedoch weiter argumentieren:

»Aber ich mach mir ein bißchen Sorgen.«

»Warum?« Sie sieht ihn an und hört zu.

»Wir sind diese Woche ein bißchen knapp bei Kasse.« Wenn die Frau über die gleichen Fertigkeiten verfügt wie ihr Mann und sich der Beziehung genauso stark verpflichtet fühlt, wird sie ihm glauben, daß sie ihm wirklich viel bedeutet. »Ich überlege mir«, fährt er fort, »ob ich dich heute ins Taco Bell ausführen könnte *(unschuldiges Lachen)* und nächste Woche zu Jorge's?« Wenn er merkt, daß sie den Kompromiß eingeht, fügt er hinzu: »Und wenn wir nach unserem schönen Essen bei Jorge's nach Hause kommen ...« und schenkt ihr diesen vielsagend vielversprechenden Blick.

»Gut«, sagt sie und sieht ihn an – mit einem Blick, den sie von Gott weiß woher ausgegraben hat. Also gehen sie ins Taco Bell, und es ist zweifelhaft, ob sie bis zur nächsten Woche warten, um ihr Versprechen einzulösen.

Viele Psychologen von heute beschwören das Paradigma einer Lösung, bei der beide Seiten gewinnen, denn unter dem Aspekt der Liebe ist das Verlieren ein Geschenk, ein Geschenk, das immer vergolten wird.

Auf der Welle des Augenblicks leben: Wir führen unser Leben auf der Welle des Augenblicks. Normalerweise haben wir keine Gelegenheit, über eine Entscheidung nachzugrübeln, ehe wir sie treffen. Als die Ehefrau sagte, sie wolle zum Abendessen zu Jorge's gehen, konnte der Mann nicht antworten: »Ich werd's mir überlegen und dir nächste Woche Bescheid sagen.« In diesem Augenblick geht es um Ja oder Nein. Jede Minute treffen wir Entscheidungen. Wir leben gleichsam auf dem Höhepunkt jeder Welle, die im nächsten Augenblick an den Strand donnert. Normalerweise haben wir nicht die Zeit, all die unvorhersehbaren Kräfte zu analysieren, aus denen sich das Ergebnis zusammensetzt. Die Folge ist, daß unsere unmittelbaren Entscheidungen, häufig aus einem Impuls heraus getroffen, häufig aus unbewußten Tiefen, lang anhaltende Auswirkungen haben.

Annahmen im guten Glauben: Da wir keine Zeit haben, alle psychologischen Daten zu erwägen, die sonst noch in unsere Entscheidungen einfließen könnten, so daß wir diese tatsächlich auf der Stelle treffen, müssen wir von bestimmten Annahmen ausgehen, Annahmen, die auf gutem Glauben beruhen und die normalerweise in jeder intaken Beziehung zutreffen. Danach gilt:

- der *andere* ist vertrauenswürdig.
- der *andere* sagt uns die Wahrheit – wie er sie sieht.
- der *andere* hat keine verborgenen Absichten.
- der *andere* versucht nicht, uns zu betrügen.

Ausgehend von diesen Annahmen können wir Entscheidungen treffen, die der Ehe auf dem Höhepunkt der Welle dienen. Wenn diese Annahmen in Ihrer Liebesbeziehung nicht gelten, ist mein Diskurs nicht anwendbar. Dann kann ich Ihnen wenig oder gar keine Einsichten vermitteln – nur, daß Sie Ihre Ehe überdenken, in sich selbst schauen sollten, vielleicht mit Hilfe eines Psychologen, und nachdem Sie das getan haben, Entscheidungen fällen, die denjenigen, mit denen wir hier zu tun haben, vorausgehen.

»Miteinander auskommen«: Auch ich bin der Meinung, daß es in Ehen nicht nur »gewährend« zugeht und daß ein Buch, das nützliche Informationen über das Argumentieren geben will, mehr darüber zu sagen haben sollte, als erneut die abgedroschenen Ideen des Gebens, Nachgebens oder Aufgebens nachzubeten. Aber wie wir gesehen haben, muß jede Argumentationsstrategie berücksichtigen, wer daran teilnimmt und worin das Ziel der Argumentation besteht. Wir argumentieren mit einem Richter oder einer Jury nicht auf dieselbe Weise, in der wir mit unserem Partner streiten. Der Unterschied definiert sich teilweise durch die unterschiedlichen Entscheidungen, die gefällt werden. Lassen Sie es mich erklären:

Im Fall eines Richters oder einer Jury wird die Entscheidung ein *Urteil über die Schuld oder Unschuld* der Partei beinhalten, für die man streitet. Doch in Liebesbeziehungen sollten wir den anderen niemals ermächtigen, solche Urteile zu treffen. Wir ermächtigen den *anderen* nicht, uns als »mieses großmäuliges Miststück« oder als »unerträglichen ordinären Kerl« zu bezeichnen. Wir ermächtigen den *anderen* nicht, uns schuldig zu sprechen. Statt dessen sind Argumentationen in der Liebesbeziehung das Vehikel, durch das die Teilnehmer *miteinander auskommen,* statt Urteile *über einander* zu fällen.

Eines Tages, als Imaging und ich frisch verheiratet waren, machten wir uns an die Aufgabe, die Tapete für das Wohnzimmer auszusuchen. Wir konnten uns nicht einigen. Wir hatten einen grundsätzlich unterschiedlichen Geschmack – wie wenn der eine Apfelcidre und der andere Essig vorzieht. Das war nur natürlich (laut Imaging), da mein Geschmack noch in den Kinderschuhen steckte – was ich gar nicht bestreite. Wie auch immer – wir hatten gestritten, unsere Abneigungen vehement und lautstark und unsere Vorlieben leidenschaftlich und mit unumstößlicher Endgültigkeit zum Ausdruck gebracht.

»Mir gefällt diese Tapete hier«, sagte ich.

»Die sieht aus wie der gefrorene Teil einer kranken Leber.«

»Was fällt dir ein? Das ist ein klassisches Muster, das auf die Venezianer zurückgeht.«

»Die Venezianer frönten der Inzucht. Außerdem waren sie blind. Mir gefällt die hier.«

»Damit würde ich nicht die Hölle tapezieren, wenn ich der Teufel wäre.«

Und so ging der Streit weiter, er wurde hitziger. Plötzlich knallte Imaging das Musterbuch zu. »Allein in diesem Buch sind zweihundert Muster«, erklärte sie, »und es gibt noch Hunderte weiterer solcher Tapetenbücher, und deshalb finde ich, wir sollten unsere Kraft und Energie darauf verwenden, die Tapete herauszusuchen, die uns beiden gefällt, statt uns über die in die Haare zu kriegen, die uns nicht gefallen.«

Und so haben wir das Problem beigelegt. Schließlich fanden wir eine Tapete, die uns beiden gefiel. Schließlich wurde das Musterbuch zum Symbol, wie wir die zahllosen Streitfragen schlichteten, die von Zeit zu Zeit in unserer Ehe auftauchten. »Also«, sagte Imaging immer dann, wenn wir uns bei der Wahl eines Möbelstücks oder eines Urlaubsziels nicht einigen konnten, »es gibt jede Menge Muster in dem Tapetenbuch.« Es waren immer viele und werden immer viele sein.

Aber wie steht's mit: »Schatz, ich möchte mit meinen Freunden nach Montana und dort angeln?« Es gibt nicht viele Muster in diesem Tapetenbuch, oder? Entweder man stimmt zu, daß der Partner zum Angeln fährt, oder nicht. Man kann die üblichen Machtstrategien förmlich hören, mit denen derartige Streitereien beginnen, Strategien, die natürlich nicht funktionieren:

»Ich verdiene das gottverfluchte Geld und gebe es aus, wie es mir paßt.« Oder: »Wieso bist du eigentlich ein solcher Klotz am Bein? Jims Frau ist glücklich, daß er fährt. Sie sagt, er hat's verdient.«

Probieren Sie einmal, mit dem anderen auszukommen. Versuchen Sie, den *anderen* zu *ermächtigen*.

»Schatz, ich möchte mit meinen Freunden einen Angelurlaub machen. Was hältst du davon? Wir würden am Donnerstag losfahren und eine Woche wegbleiben. Der Madison wimmelt von Fischen.«

»Ich dachte, wir wollten zusammen Urlaub machen.«

»Das könnten wir doch in den Herbstferien. Ich wollte schon immer mal nach Neu-England im Herbst, wenn sich das Laub verfärbt.«

»Gute Idee. Ich besuche meine Mutter, während du weg bist.«

»Träumen Sie nur weiter, wird mancher Leser denken. So etwas passiert nie, außer in Romanen – und zwar in schlechten. Aber wie gesagt: Ein solcher Dialog, so idealistisch er auch klingen mag, entspringt einer Ehe, deren Partner reife Menschen sind.

Andererseits: Was ist, wenn die Ehefrau, nachdem er seinen Vorschlag gemacht hat, im Herbst zusammen nach Neu-England zu fahren, sagt: »Du machst immer Versprechungen, die du nie hältst. Im Herbst fällt dir bestimmt wieder eine Ausrede ein. Das ist bislang noch immer so gewesen.«

Das Bedürfnis des *anderen* zu herrschen steht normalerweise im proportionalen Verhältnis zu unserer verminderten Glaubwürdigkeit. Und dennoch sage ich, geben Sie die Kontrolle auf. Ermächtigen Sie den *anderen*. Zu einem Kampf gehören immer zwei, und wenn sich der eine zurückzieht, muß der Streit enden.

Vielleicht sagt der Ehemann dementsprechend: »Du hast recht. Manchmal halte ich meine Versprechungen nicht.«

Vielleicht sagt sie: »Ja, und deshalb brauchst du mir dieses Versprechen auch gar nicht erst zu geben.« Was nun?

Auch hier sage ich: Geben Sie die Kontrolle auf. »Okay, Schatz.« Freundlich.

»Okay was?« Nicht ganz so freundlich.

»Okay, ich sollte keine Versprechen geben, die ich nicht halte. Das muß für dich ziemlich frustrierend sein.« Wir erinnern uns: »Das muß ziemlich frustrierend sein« drückt aus: »Ich verstehe dich«

oder: »Ich weiß, was du empfindest.« Man hat die Frau wieder auf seiner Seite.

Erlaubt man dem *anderen* zu gewinnen, beseitigt man die Frage nach der Herrschaft. Sobald er aufsteht und sagt: »Du bist mit Scheiße vollgestopft wie eine Weihnachtsgans, ich halte immer meine Versprechen«, hat er den Streit verloren, und die Ehe ist auf dem Weg zu einem Ort irgendwo südlich der Vorhölle. Sobald er aufsteht, den Kopf schüttelt wie ein störrisches Shetland-Pony und die Frage aller Trottel stellt, die beginnt: »Wann habe ich denn...?« wird eine komplette Bibliographie nicht eingehaltener Versprechen, vermutlich in alphabetischer Ordnung sowie mit einem Register der genauen Zeiten und Orte über ihn hereinbrechen wie eine Lawine aus der Hölle.

Aber wenn sie, nachdem er ihre Frustration wegen seiner gebrochenen Versprechungen wahrgenommen hat, nichts mehr sagt? Das sind die gefährlichen Wegscheiden. Die Stille. Das grauenhafte, gefürchtete, undurchdringliche Schweigen. Sie hat gewonnen. Er hat zugegeben, daß er seine Versprechungen nicht eingehalten hat, und sie ist bereit, es dabei bewenden zu belassen. Was nun?

Auch hier gilt: Kommen Sie miteinander aus und geben Sie die Kontrolle auf. Am nächsten Tag, wenn die Stimmung besser zu sein scheint, kommen Sie noch einmal auf das Thema zurück. »Schatz, was hältst du von meinem Angelurlaub mit meinen Freunden? Wir haben das gestern nicht geklärt.« Wenn sie sagt: »Ich möchte auch jetzt nicht darüber sprechen«, könnte er erwidern: »Gut. Aber könntest du mich wissen lassen, wann du darüber sprechen möchtest? Ich muß den Jungs spätestens morgen früh Bescheid sagen, ob ich mitkomme.« Angenommen, sie kommt nie wieder auf das Thema zurück, dann übt sie Kontrolle aus, eine Art passiv-aggressiver Kontrolle, wenn wir das Verhalten denn mit einer Bezeichnung versehen wollen.

Wie, wenn die Zeit der Entscheidung naht, und sie weigert sich, mit einem einzigen Wort auf das Thema einzugehen? Das Gespräch könnte wie folgt ablaufen: »Ich möchte mit dir über den Urlaub sprechen. Was meinst du?«

Sie sagt: »Ich finde, du schuldest vorher *mir* einen Urlaub.« Nun muß er sich entscheiden. Hat sie recht? Das könnte ja der Fall sein. Vielleicht schuldet er ihr wirklich einen Urlaub. Vielleicht ist er mit seinen Freunden ein dutzendmal zusammen gewesen, und für sie war sein arglistiges Versprechen der Tropfen, der das Faß zum Überlaufen brachte. Wenn er an diesem Scheideweg angekommen ist, ist es Zeit, daß er *zuhört*. Vielleicht hat er ihr Anlaß gegeben, ihm zu mißtrauen, wenn er mit seinen Freunden zusammen war. Vielleicht hat sie, aufgrund eigener Lebenserfahrungen, Angst, allein zu sein. Vielleicht ist sie einfach so unsicher, daß sie nicht loslassen kann.

Wenn er sagt: »Also, ich fahre, ob es dir nun gefällt oder nicht – ich werde nicht zulassen, daß du mein Leben kontrollierst«, wird die Lage nur noch brenzliger, egal, woher ihr verzweifeltes Kontrollbedürfnis stammt. Was immer die Ursache sein mag, er muß wissen, worum es geht, und damit umgehen.

Im obigen Streit spiegelt sich eine Ehe zwischen zwei Menschen, die nicht sehr reif sind und wenig gegenseitiges Vertrauen haben. Beide Parteien sind selbstunsicher, und die Ehe ist kein besonders glücklicher Ort. Vielleicht fühlen sich die beiden in der Falle. Niemand mag Fallen. Vergessen Sie nicht: Alle Geschöpfe, einschließlich Menschen, versuchen, sich aus Fallen zu befreien. Ich höre wieder Imaging, die mir sagt: »Welches Recht habe ich, einem erwachsenen Mann zu erlauben zu angeln oder nicht? Ich bin doch nicht seine Mutter.« Wenn es keine Fallen gibt, keine Erlaubnis eingeholt werden muß, keine Spielchen gespielt werden, keine Manipulationen vorkommen, bleibt nur noch Freiheit übrig – die Freiheit in der Liebesbeziehung.

Freiheit und Verantwortung sind aber siamesische Zwillinge: Freiheit erfordert auch, daß wir unsere Entscheidungen verantwortlich treffen, denn sie betreffen in der Ehe stets auch die Rechte und das Glück des *anderen*. Ich verrate Ihnen damit nichts Neues. Ehen funktionieren wie der alte Jack und Jim, die Maulesel meines Großvaters, die aneinander geschirrt, deutlich das Zerren und Ziehen des anderen spürten, wenn sie nicht in dieselbe Richtung zogen. Ich habe erlebt, wie der alte Jack auf die Knie fiel, wenn er in die eine Richtung zog und Jim einen kräftigen Ruck in die andere vollführte.

Wie, wenn wir dadurch, daß wir die Kontrolle aufgeben, unsere Freiheit preisgeben, unsere Autonomie verlieren, wir manipuliert, herabgesetzt, benutzt, verzehrt werden? Wie, wenn der *andere* nicht verantwortlich handelt?

Ich vertrete nicht die Auffassung, daß wir die Kontrolle über *uns selbst* aufgeben sollen. Es geht mir darum, daß wir die Herrschaft über den *anderen* aufgeben müssen. Ich behaupte nicht, daß wir gewohnheitsmäßig kapitulieren, lächeln und beschwichtigen sollen, sondern nur, daß wir den *anderen* weder kontrollieren sollen noch dürfen.

Wenn ich den *anderen* ermächtige, gebe ich damit nicht die Kontrolle über mich preis. *Ich* habe die Entscheidung gefällt, den anderen zu ermächtigen, oder? Ich war es, der sich entschieden hat.

Aber was tun wir, wenn wir feststellen, daß unsere Bedürfnisse mit denen des *anderen* in unversöhnlichem Widerstreit stehen? Manchmal genügt es nicht zu sagen: »Es gibt viele Muster in dem Tapetenbuch.« Manchmal sind die Streitfragen so kontrovers, daß die Parteien unfähig sind, ihre Meinungsverschiedenheiten zu lösen. Aber hier sind Liebesbeziehungen im Vorteil. Denn in ihnen kann man aus Liebe heraus sprechen; man kann aus Verständnis und Verstehenwollen heraus sprechen; man kann in dem Wissen sprechen, daß es nicht um die Kontrolle des anderen geht; man kann in dem Wissen sprechen, daß man vom *anderen* gehört wird – gehört und geliebt. Und in einer Liebesbeziehung kann man den *anderen* verstehen. Man kann wissen, daß für ihn die Streitfrage real und bedeutungsvoll ist. Und weil man den *anderen* liebt, wird man danach streben, ihn zu verstehen und eine Lösung zu finden, ohne zu versuchen, ihn zu beherrschen. In keiner anderen Beziehung haben die beiden Parteien in einer Auseinandersetzung so kraftvolle Argumente, so vielfältige Möglichkeiten.

Und wenn in jeder Argumentation, die wir von heute an führen, der *andere*, der Richter, der Geschworene, der Chef, der Stadtrat, der Verkehrspolizist uns alle liebten und uns zuhörten, uns umsorgten und verstünden und wünschten, daß wir das bekommen, was wir vom Leben haben wollen? Wir verstehen den Unterschied. Die Liebesbeziehung bietet das geschützte Beet, in dem der Samen der Schlichtung reifen kann, so wie es in keiner anderen Beziehung möglich ist.

DAS SCHLOSS: **Und wie steht's mit der Wut? Wenn man die Wut der anderen nicht kontrolliert, dann verspeisen sie uns mit Haut und Haar.**

DER SCHLÜSSEL: **Verstehen Sie die Wut – sehen Sie darin nicht die Wut, sondern den Schmerz. *Gehen Sie dem Schmerz auf den Grund.***

Wie gehen wir in einer Liebesbeziehung mit Wut um? Eine Ehe ohne Wutanfälle ist eine Ehe zwischen Leichen. Man sieht es sofort – zwei Kadaver, die sich verneigen, zustimmend nicken, gestikulieren, ein ewiges, leichenstarres Lächeln auf ihren Schädeln. Obwohl sonst kaum etwas für die Beziehung spricht – jedenfalls sind die Partner nie wütend aufeinander. Ich kenne solche Ehen. Aber in allen *lebendigen* Beziehungen zwischen reifen Erwachsenen ist Wut eine ebenso reale Emotion wie Liebe. Eine Person, die nie böse wird, ist eine Person ohne Gefühle.

Aber wenn uns wutentbrannt etwas entgegengeschleudert wird, dann tut uns das weh. Und wenn es mich schmerzt, warum sollte ich nicht versuchen, den *anderen* daran zu hindern, so mit mir umzugehen? Wenn es sich bei der Wut um etwas Ähnliches wie die weiter oben erwähnte symbolische Pistole handelt, würde ich darauf bestehen, daß die Wut, so wie die Kontrolle, an der Tür abgegeben wird.

Haben Sie behalten, was wir über die Wut bereits gelernt haben? Wut entsteht, wie wir uns erinnern, aus der Kränkung, aus dem Schmerz der Angst, aus dem Schmerz der Enttäuschung, aus dem Schmerz der Schuld oder der Eifersucht oder der Zurückweisung oder Enttäuschung oder des Verrats oder der Einsamkeit oder aus der Verletzung durch eine Attacke. Die Wut ist eine Reaktion auf Schmerz. Aus diesem Wissen heraus müssen wir, wenn der *andere* wütend reagiert, die Auseinandersetzung beenden. *Der Streit muß beendet werden, weil der andere Schmerz empfindet.* So einfach ist das.

Aber wie beenden wir den Streit? Probieren Sie es einmal so: Lassen Sie einen Raum zwischen sich und dem anderen entstehen. Lassen Sie ein kleines bißchen Schweigen zu. Lassen Sie den Sturm sich etwas legen. Dann nehmen Sie dieses Buch zur Hand und, wenn Sie den Mut haben (es wird den Anschein haben, als ob sie sehr viel Mut aufbringen müssen, aber es ist nur ein bißchen erforderlich), lesen Sie dem anderen, den sie für wütend halten, das Folgende laut vor:

»Man hat mir gesagt, daß Wut für Schmerz steht, daß der Partner gekränkt worden ist, wenn er zornig ist. Ich möchte erfahren, was dich schmerzt. Ich möchte es wissen, ehe unsere Beziehung noch größeren Schaden nimmt.«

(Vielleicht ernten Sie einen ungläubigen Blick, vielleicht auch eine sarkastische Bemerkung wie etwa: »Um Himmels willen, ist es schon so weit mit uns gekommen? Was für'n Mist liest du mir denn da vor?« Also ist *tatsächlich* eine Menge Schmerz vorhanden, nicht wahr? Machen Sie weiter.)

»Man hat mir gesagt, daß Wut aus Einsamkeit stammt oder Angst oder Frustration oder Schuld oder Eifersucht oder aus irgendeinem anderen Schmerz – daß unsere Wut den Schmerz überdeckt. Ich möchte dich nicht kränken. Ich möchte nicht, daß du unter unserer Beziehung leidest. Ich muß wissen, *warum* es dir schlecht geht. Ich möchte, daß du es mir sagst, damit ich etwas dagegen tun kann. Ich möchte etwas dagegen unternehmen, weil ich dich liebe. Bitte sag es mir.«

Vielleicht sagt es Ihnen der *andere* – im Zorn. Vielleicht kann der *andere* nur mit noch mehr Wut sprechen. Aber vergessen Sie nicht: Er unterdrückt sie nicht – soviel müssen wir ihm zugute halten. Die Wut wird nicht irgendwann später zehnmal so stark explodieren.

Ich sage, die Wut des *anderen* ist ein Geschenk. Ein anderer, der uns weniger bedeutet, würde sie zurückhalten. Vermutlich geben wir unsere Wut einem Nachbarn oder einer flüchtigen Bekannten weniger offen zu, als gegenüber jemandem, der uns nahesteht. Daß eine nahestehende Person uns gegenüber ihrer Wut Ausdruck verleiht, ist eine Bestätigung der Nähe. Lassen Sie es mich wiederholen: *Wut ist ein Geschenk.* Andernfalls könnten wir niemals den Schmerz entdecken. Wir könnten niemals Nähe aufrechterhalten.

Die Wut des anderen ist unser Lehrer. Sie lehrt uns, zuzuhören, zu verstehen. Sie lehrt uns, Mitgefühl zu zeigen. Wenn wir den Schmerz der Angst entdecken, den Schmerz darüber, daß man uns angegriffen hat, den Schmerz des Verrats, den Schmerz der Schuld, werden wir auch in der Lage sein, den Grund des Schmerzes anzusprechen, und wenn wir das getan haben, wird sich die Wut auf magische Weise allmählich wieder legen.

Lauschen Sie auf die Laute der Wut, auf die Worte, und wenn Sie sie hören, lassen Sie sich davon nicht abschrecken. Verstehen Sie sie als Zeichen für eine Kränkung. Suchen Sie nach ihr. *Gehen Sie dem Schmerz auf den Grund.* Das ist der Schlüssel.

Korrigieren und gewinnen: Im Laufe unseres Lebens begehen wir unwiderrufliche Taten, Handlungen, die irreparable Verletzungen zufügen, Handlungen, die unser Rubikon oder der eines anderen werden. Seelische Verletzungen sind nicht anders als körperliche. Wir können jemandem einen Klaps auf den Rücken geben, und der leichte Schmerz ist in Sekunden verschwunden. Oder wir können einem geliebten Menschen ins Gesicht schlagen, und es wird ein langer, schmerzlicher Prozeß werden, bis die Verletzung abheilt, und es wird für immer eine Narbe zurückbleiben. Wenn wir einander belügen, ist die Verletzung irreparabel. Wenn wir einander verbal verstümmeln, sind die Verletzung und die Zerstörung des Vertrauens unwiderruflich. Die Tat wird womöglich verziehen, und die Verletzung heilt vielleicht, aber niemals kann man die Verletzung flicken noch ihre Narben auslöschen.

Nehmen wir zum Beispiel die Ehefrau, die wir bereits kennengelernt haben. Wie Sie sich erinnern, machte sie ihrem Ehemann Vorwürfe und griff ihn mit den ätzenden Worten an: »du unerträglicher, ordinärer Kerl«. Das mag ja nicht ganz falsch sein, aber daß sie ihn mit solchen Schimpfwörtern bedenkt, ist ein Frontalangriff. Auch der Ehemann war kein Waisenknabe, was Verbalinjurien betraf. Wir erinnern uns, daß er seine Frau als »mieses Miststück« bezeichnete. Es handelte sich einfach um eine verbale Prügelei.

Es sei denn, diese Ehe sei in der Hölle geschlossen, können wir davon ausgehen, daß keine der beiden Seiten an solche Angriffe gewöhnt ist, denn keine Ehe kann einen derartigen Hagel von Beleidigungen schadlos überstehen. Hinterher wird keiner dem anderen mehr voll und ganz vertrauen. Zwar entzieht es sich nicht der menschlichen Großmut, zu verzeihen, doch dieses Erlebnis wird nicht vergessen werden. Zwanzig Jahre später werden die Beleidigungen immer noch weh tun, wenn man sie sich in Erinnerung ruft. Zu sagen, es handle sich doch »nur um Worte«, ist einfach ein Irrtum, da Worte uns sehr wohl tief verletzen können.

Ralph Waldo Emerson hat uns daran erinnert, daß »der Ahn jeder Handlung ein Gedanke ist«. Daß Gedanken einer Handlung vorausgehen, bietet uns die Gelegenheit, unsere Ausdrucksweise, unsere Handlungsweise zu korrigieren, sogar in der Hitze der Leidenschaft. Ständig korrigieren wir Handlungen. Wir korrigieren Handlungen, wenn wir, im Zorn, den anderen nicht töten oder verstümmeln, sondern uns zurückziehen. Wir korrigieren Handlungen, wenn wir in der Kirche sitzenbleiben, statt dem Pfarrer zuzurufen: »Sie sind ein doppelzüngiger Pedant.« Wir korrigieren Handlungen, wenn wir einem Freund verschweigen, daß wir seine Frisur albern finden. Ständig korrigieren wir sowohl sprachliche als auch körperliche Handlungen.

Übertreibungen werden womöglich verziehen, entschuldigen kann man sie indes nicht. Lassen Sie mich das erklären: Ich habe im Gerichtssaal vor den übelsten Richtern Plädoyers gehalten, die jemals eine Robe trugen, Richtern, die an einer stinkenden Fäulnis des Herzens litten. Dennoch habe ich in vierzig Jahren noch kein einziges Mal einen Richter beleidigt. Man hat mich noch nie wegen Mißachtung des Gerichts gerügt. Ich habe nie die Beherrschung verloren. Warum? Weil ich über eine so außergewöhnliche Selbstbeherrschung verfüge? Ich glaube nicht. Ich habe mich deshalb nie völlig »vergessen«, weil ich es besser weiß. Ich weiß, wenn ich mich hinreißen lasse, werde ich den Preis zahlen, und der Preis wird es nicht wert sein. Ich habe nie den Drang verspürt, mich im Bezirksgefängnis einzuquartieren.

Ebenso bin ich noch nie auf einen Mann zugegangen, der 20 Prozent größer und vierzig Jahre jünger ist, um ihm gegenüber zu äußern, er sei ein Produkt der Inzucht. Ich weiß es besser. Nicht, daß ich auf der Bahn der Evolution weiter vorangeschritten wäre als der Durchschnittsbürger. Ich habe meine Gefühle nicht besser im Zaum als der Durchschnittsbürger. Ich korrigiere eben nur meine Ausdrucksweise, die mir unwiderrufliche Scherereien einbringen wird – selbst wenn ich außer mir vor Wut bin, selbst wenn ich mich in der Zone namens »Hitze der Leidenschaft« bewege.

Warum also soll ich meine Ausdrucksweise nicht in derselben Weise gegenüber dem Menschen, den ich liebe korrigieren? Ich behaupte, daß ich es kann. Ich behaupte, wir tun es nicht, weil wir wissen, daß uns der *andere* als Reaktion normalerweise nicht wegen Mißachtung seiner Person ins Gefängnis schickt oder ins Krankenhaus, wo man unser eingeschlagenes Gesicht verarzten muß.

Mir widerstrebt es zu erzählen, wie oft ich Streitigkeiten in meiner Ehe verloren habe, weil Imaging den gesunden Menschenverstand besaß, sich zurückzuziehen und zuzuhören. Sie beobachtete mich und sah die Wut, ohne sich hineinziehen zu lassen. Ich habe mir anhören müssen, wie sie mich als »vierzehn Monate alte Drillinge« bezeichnete, die *alles* wollen, und zwar *jetzt*, die im einen Augenblick schreien und Wutanfälle kriegen und im nächsten vor Freude glucksen. Ich habe erlebt, wie sie sich mit verblüffender Kaltblütigkeit zurückgenommen und mich beobachtet hat – so wie man aus einem geschützten Versteck einen vorbeiziehenden Taifun beobachtet. Heute empfinde ich nur noch Mitleid für Gefühlsstürme. Wenn der Sturm vorübergezogen ist, bleiben nur Trümmer übrig, die verstreut in der Landschaft herumliegen, und der Kummer. Niemand liebt den Taifun. Niemand behält ihn in Erinnerung, so wie wir uns an einen linden Abendwind erinnern. Wenn sich der Wirbelsturm gelegt hat, blickt man reuevoll und mit einem Gefühl der Niederlage zurück.

Daß wir den zornerfüllten Angriff korrigieren müssen, den Schläger unterdrücken müssen (da wir selbst drangsaliert worden sind, haben die meisten von uns eine Neigung zum Schikanieren anderer), unsere Versuche, den *anderen* zu beherrschen, aufgeben müssen, einschließlich unserer Versuche, die Wut des *anderen* zu beherrschen, heißt nicht, daß wir unsere Identität preisgeben müssen. Vielmehr sind wir Personen mit einem reichen, zärtlichen Gefühlsleben, die verletzt werden können und die Schmerz *und* Zorn empfinden.

Wie gehen wir mit unserer Wut um? Sollen wir sie denn unterdrücken? Sollen wir darauf »sitzen«, so wie eine alte Henne auf den Eiern sitzt, die schlüpfen und aus denen schließlich ein Dutzend weiterer Hühner heranwachsen? Ich sage, es macht nichts, zornig zu sein. Es zeigt unsere Fähigkeit zu fühlen und beweist, daß wir lebendig sind. Wenn wir die Wut im *anderen* verstehen, sollten wir auch die Wut in uns verstehen. Der Schlüssel besteht darin, den Schmerz in uns zu finden und ihm nachzugehen. *Gehen Sie der Kränkung auf den Grund.*

Vielleicht gibt es ja eine einfache Möglichkeit, geschickt mit unserer Wut umzugehen. Probieren wir es einmal hiermit:

– *Markieren* Sie zunächst *diese Seite* und halten Sie das Buch griffbereit.

– Sie spüren eine Wut – Ihre? Nehmen Sie dieses Buch zur Hand, schlagen Sie diese Seite auf – Sie haben sie angestrichen, wissen Sie noch? Beginnen Sie nun, von neuem zu lesen.

  • BEGINNEN SIE HIER ZU LESEN:
  Sie sind noch nicht bereit, mit Ihrer Wut umzugehen. Tun Sie noch nichts.
  Sagen Sie nichts.

Bis zu diesem Zeitpunkt haben Sie Ihre Wut noch nicht untersucht. Wenn Sie das noch nicht getan haben, dann können Sie mit der nicht diagnostizierten Wut ebensowenig umgehen, wie man eine nicht diagnostizierte Krankheit behandeln kann.

Um die Wut untersuchen zu können, *müssen Sie sich von ihr distanzieren.* Damit will ich sagen: Wenn Sie auf den *anderen* böse sind, müssen Sie sich die Wut als Seil vorstellen, das zwischen ihnen beiden gespannt ist. *Kappen Sie es.* Nun ist das Seil, die Wut, nur noch an Ihnen befestigt und baumelt vor Ihnen herunter.

Folgen Sie der Kränkung zurück zur Quelle. Wenn Sie wütend sind, hat man Sie gekränkt. Folgen Sie dem Seil zum Ursprung der Kränkung. *Folgen Sie der Kränkung. Folgen Sie immer der Kränkung.* Das ist die Regel. Hat man Sie durch eine Verunglimpfung, einen Verrat, eine Bemerkung verletzt, die weh tat und einen Mangel an Respekt zeigte? Hat man Sie angegriffen? Was hat Sie gekränkt? *Folgen Sie der Kränkung.*

– *Identifizieren Sie die Kränkung im stillen Selbstgespräch.* Sagen Sie sich: »Es hat mich gekränkt, daß ich mir aufgrund dessen, was er gesagt hat, dumm vorkam.« Oder: »Es hat mir weh getan, daß sie mich nicht verstanden und mich wegen etwas beschuldigt hat, was ich nicht getan habe.«

Sprechen Sie von Ihrer *Kränkung, nicht Ihrer Wut.* Wut gebiert Wut. Noch mehr Wut auf dem *anderen* abzuladen, ist in der Tat ein schlechter Weg, die Wut zu behandeln. Aber wenn Sie von Ihrer Kränkung sprechen, ohne Zorn, wird normalerweise eine milde Reaktion darauf folgen.

Sagen Sie nun dem *anderen,* ruhig, *ohne Wut:* »Ich weiß, du wolltest mich nicht kränken, aber als du gesagt hast (was immer es war), hat es mich gekränkt.« Oder sagen Sie: »Als du das (was immer es war) getan hast, hat es mich gekränkt.«

Üben Sie das. Es ist nicht leicht. Aber wenn Sie es sich, immer wenn Sie merken, Sie geraten in Zorn, angewöhnen *innezuhalten,* und wenn Sie die obige Übung nachvollziehen, werden Sie schließlich mit Ihrer Wut geschickt und auf eine konstruktive, liebevolle Weise umgehen, die die Beziehung bereichern wird, statt sie zu schädigen oder zu zerstören.

Die siegreiche Reaktion auf eine Kränkung besteht darin, sie anzuerkennen und es dem anderen mitzuteilen: Es ist deshalb die siegreiche Reaktion, weil sie ehrlich ist und zumeist weiteren gegenseitigen Verletzungen Einhalt gebietet. Die »ungeschützten Flanken« zu entblößen, sich dem *anderen* verletzlich zu zeigen, ist merkwürdigerweise das beste Argument, der wirksamste Weg, von einer Beziehung das zu bekommen, was man haben will. Erinnern Sie sich daran, was Sie wollen. Wir sehnen uns nach Liebe, oder? Wir sehnen uns nach Verständnis und Anerkennung und Respekt und Nähe. Diese Dinge zu bekommen, darin besteht doch das Gewinnen, oder?

Zum Kind werden: Während ich dieses Kapitel schrieb, suchte mich eine Freundin in meiner Bibliothek auf. Ich hörte auf zu schreiben und unterhielt mich mit ihr. Während unseres Gesprächs kam ein vierjähriges Sherpa-Mädchen aus Nepal, das zusammen mit seiner Mutter unser Hausgast war, mit einem Korb voller Spielsachen ins Zimmer. Das Mädchen war meiner Gesprächspartnerin noch nie begegnet und konnte kein Wort Englisch. Sie war im Hochland des Himalaja, fernab der Zivilisation, aufgewachsen, wo es keine Autos, keine Autobahnen, keine Elektrizität, kein Fernsehen, keine Supermärkte gibt. Sie ging zu der Frau hin, als wären sie ein Leben lang befreundet gewesen. Wortlos holte sie eine kleine Puppe aus dem Korb und reichte sie der Frau. Dann setzte sie sich vor der Frau auf den Boden und spielte mit ihren Puppen, wobei sie sie manchmal meiner Freundin zeigte, während wir uns weiter unterhielten.

Ich sagte: »Das ist die Unschuld und das Vertrauen, das ich mir in einer Liebesbeziehung wünsche. Wann haben wir diese Unschuld verloren? Wann haben wir dieses Vertrauen verloren? Wie kommt es, daß Kinder so klug sind und wir, ihre Eltern, so unklug?«

Und deshalb: Sie möchten die häuslichen Streitereien gewinnen? Lernen Sie, sie zu verlieren.

Und deshalb: Sie wollen in Ihrer Liebesbeziehung Freude empfinden, Sie möchten sich geliebt und geachtet fühlen? Sie möchten, daß auch der *andere* sich weiterentwickelt und daß die Ehe zum Garten für wechselseitiges Wachstum wird? Geben Sie die Kontrolle auf.

Und deshalb: Sie wollen die Wut besiegen, sowohl in sich selbst als auch im *anderen*? Entdecken Sie die Kränkung. *Gehen Sie der Kränkung auf den Grund.*

14. Argumentieren mit Kindern
Ebenfalls Liebe und Krieg

DAS SCHLOSS: **Ich möchte, daß meine Kinder zu guten Bürgern heranwachsen. Ich möchte, daß sie erfolgreiche Menschen werden. Dies erreicht man durch gebührende elterliche Kontrolle, Disziplin und harte Arbeit sowohl von seiten der Eltern als auch des Kindes. Trotzdem: Wenn ich mein Kind ermahne, hört es mir nicht zu. Wenn ich argumentiere, tut es häufig das Gegenteil von dem, was ich will.**

DER SCHLÜSSEL: **Das »Zauberspiegel«-Phänomen der Eltern-Kind-Beziehung verlangt, daß Sie Liebe geben müssen, wenn Sie ein liebendes Kind haben wollen. Wenn Sie ein Kind haben wollen, das Ihnen Achtung entgegenbringt, dann respektieren Sie es. Wenn Sie ein Kind haben wollen, das sich mit Gewalt die Freiheit erkämpft, kontrollieren Sie es. Wenn Sie ein Kind haben wollen, das haßt, unterwerfen Sie es Ihrer Gewalt. Was Sie geben, bekommen Sie zurück – wie wir sehen werden.**

Warum sollen wir mit dem Kind streiten? Warum soll man überhaupt mit einem Kind streiten? Denn in den meisten Fällen haben Kinder recht. Ich habe gelernt, mich sowohl auf ihre Weisheit als auch ihr gutes Beispiel zu verlassen. In der Regel wissen sie besser als wir, ihre Eltern, was sie brauchen und was gut für sie ist. Sie wissen, was sie essen wollen, was sie anziehen wollen und wann sie sich ausruhen müssen. Sie wissen, wann man sie ungerechterweise unterdrückt. Sie können Richtig und Falsch voneinander unterscheiden und haben einen nahezu untrüglichen Sinn für Gerechtigkeit. Wenn ich mit dem Wissen leben könnte, das ich als Erwachsener erworben habe, und es mit der Unschuld eines Kindes umsetzen könnte, wäre ich ein erfolgreicherer Mensch.

Die Erfahrung lehrt mich, daß Eltern wenig Menschenkenntnis haben, auch wenn sie diese lauthals und unaufhörlich für sich in Anspruch nehmen. Daß Eltern im Grunde unwissend sind und sich oft irren, ist vielleicht der Grund, warum die meisten von ihnen so verzweifelt mit ihren Kindern streiten wollen. Diese Eltern, die von einer Position der Macht aus operieren und sich dennoch einem Kind gegenübersehen, das zwar keine Macht hat, aber im Recht ist, haben es mit einem wirklich mächtigen Gegner zu tun.

In der Tat zählen Eltern manchmal zu den dümmsten Geschöpfen auf Erden. Wäre es anders, würden wir Eltern die Welt überhaupt nicht mit so vielen Kindern bevölkern und jede Generation mit so haßerfüllten Nachkommen versorgen. Wenn Eltern sehr viel Selbsterkenntnis besäßen, dann würden sie Kinder nicht mißhandeln, nicht ihre normalen Instinkte unterdrücken und durch das Einflößen von Angst und Vorurteilen zu seelischen Krüppeln machen.

Ich frage: Warum sollen wir eigentlich mit Kindern streiten? Ich habe mehr von ihnen gelernt als von irgendeinem Guru. Ich bedaure nur, ihnen nicht öfter zugehört und zu viel mit ihnen gestritten zu haben. Hätte ich öfter zugehört, hätte ich viel über Liebe, über Kreativität, über Erstaunen lernen können. Ich hätte den Glanz der Unschuld erkennen können, die Schönheit der Bescheidenheit und die ungeheure Macht der Ehrlichkeit. Wäre ich sensibler auf meine Kinder eingegangen, hätte ich mehr über Gefühle und weniger über die irreführenden Methoden der Vernunft und der Logik erfahren. Wäre ich klüger gewesen – wie ich es Ihnen wünsche –, hätte ich meine Kinder als Lehrer betrachtet statt als Schüler, denen ich allzuoft meine äußerst mangelhaften Weisheiten unterschob.

Meine Analyse: Ich habe sechs Kinder gezeugt und erzogen. Das müßte mich zum Experten machen, und als Rechtsanwalt sollte man wissen, wie man mit ihnen argumentiert. Doch leider – je älter ich wurde, desto weniger wußte ich Bescheid. Meine erste Frau bekam unser erstes Kind, unseren Sohn Kip, als wir beide zwanzig waren. Ich war perplex. »Wieso«, fragte ich mich, »werde ich, der ich selber noch ein Junge bin, plötzlich Vater?« Diese Frage stellte ich meiner Frau, die eigentlich auch noch ein Kind war. Ihre Antwort schien eine magische Wandlung in Gang zu setzen, die just im Augenblick der Geburt des Kindes dazu führen sollte, daß auch ich, der Vater, die Kindheit abstreifen würde. So einfach war das.

Irgendwo hatte ich gelesen, daß die größte Angst von Eltern darin bestünde, ein verzogenes Kind heranzuziehen. Wenn man sein Kind verzöge, dann zöge man aller Wahrscheinlichkeit nach den künftigen Insassen irgendeines Zuchthauses groß, vielleicht auch einen Kandidaten für die Gaskammer. Eines Abends, als Kip ungefähr sechs Wochen alt war, wollte er nicht zu weinen aufhören. Ich versuchte, mich auf das Schlußexamen vorzubereiten, und war total erschöpft. Kip war selig gewesen, als er die Flasche bekommen hatte (in jener Zeit war es unmodern, daß Mütter ihren Kindern die Brust gaben, auch wenn sie viel Milch hatten), aber nun, da es Zeit war, daß er sich schlafen legen sollte, weigerte er sich. Ich ging auf und ab mit ihm in unserem kleinen Wohnzimmer. Ich tätschelte ihm den Rücken wie ein guter Vater. Ich wiegte ihn, bis ihm der kleine Kopf fast vom Hals gefallen wäre. Ich liebkoste ihn, ich schmeichelte ihm, ich flehte ihn an. Nichts half.

Es kam mir gar nicht in den Sinn, daß er möglicherweise Blähungen hatte. Niemand hatte mir gesagt, daß Babies manchmal einfach weinen, nur um zu weinen. Niemand hat wirklich Ahnung, was in ihrem kleinen Kopf vorgeht, was für Bilder sie sehen, was für Gefühle sie haben. Kip trug eine doppelte Windel, wie immer vor dem Zubettgehen. Ich löste die eine Seite, zog sie herunter und fühlte. Er war trocken und warm. Plötzlich wurde mir klar: Das Kind hatte gar nichts. Es war nur verzogen. Ich erschrak bei dem Gedanken. Ich werde nicht Vater eines verzogenen Kindes. Ich nicht! Ich gab dem Baby einen Klaps auf den Po und legte es ins Bett, schloß die Tür und überzeugte seine Mutter, daß man es alleinlassen müsse, bis es sich ausgeweint hätte. Oh, wie Kip uns bestrafte, über eine Stunde lang, ehe er selber erschöpft war und schließlich einschlief.

Ich würde einen gesunden rechten Arm dafür geben, wenn ich das alles zurücknehmen könnte, neben weiteren ebenso von Unkenntnis bestimmten erzieherischen Handlungen, die ich von Zeit zu Zeit in großzügigem Maße begangen habe. Im Rückblick wundere ich mich, daß aus meinen Kindern etwas geworden ist. Ich halte es für eine Huldigung an ihre Mutter und für eine Folge ihrer angeborenen Widerstandskraft; sie haben sich einfach nicht unterkriegen lassen.

Wenn ich heute, viele Jahre später, an diese Zeit zurückdenke, stelle ich fest, daß meine Eltern sehr viel mehr über Kinder wußten als ich. Ich war vier Jahre alt, als meine dreijährige Schwester »Little Peggy«, wie wir sie nannten, eines Morgens plötzlich krank war; bei

Einbruch der Dunkelheit war sie tot, das Opfer einer Gehirnhautentzündung. Durch Little Peggys Tod war ich zehn Jahre Einzelkind. Ich erinnere mich an die Angst meiner Eltern – die zwar nie ausgesprochen wurde, von der ich aber offenbar etwas ahnte –, es könnte mir etwas zustoßen. Ich wurde umsorgt, geliebt und verehrt. Ich war das Zentrum der Welt meiner Eltern. Ein lebendiges Kind war eine unvorstellbare Kostbarkeit. Ich wurde nicht in Watte gepackt, eigentlich nicht. Aber ich wurde nur selten bestraft, selten ausgeschimpft und oft gelobt. Man brachte mir bei, ein »kleiner Mann« zu werden, aber man erlaubte mir auch, Kind zu sein. Ich bekam Klavierstunden, Gesangsstunden, Zeichenunterricht. Ich schrieb Gedichte. Ich lernte von meinen Eltern viel über die Natur, die Vögel und die Sterne. Endlose Stunden verbrachte ich mit meinem Vater in der freien Natur, jagte und angelte mit ihm. Das Zentrum meines Lebens war die Familie, und deren Zentrum die Methodistische Kirche. Wir lebten in einer Kleinstadt in Wyoming, in der es kein Verbrechen gab, einem isolierten kleinen Hafen bar jeder Auseinandersetzungen zwischen den Rassen. Alle Bewohner jenes im Norden des Staates Wyoming gelegenen Städtchens Sheridan waren weiß, und die meisten Leute waren in jener Zeit der Wirtschaftskrise sehr arm. Es war ein freundlicher Ort, wo das bedeutendste gesellschaftliche Ereignis das monatliche Abendessen im Keller der Kirche war, und das Aufregendste im Leben eines Jungen, eine Woche lang nicht zur Schule zu müssen, weil die Familie mit dem Vater auf Elchjagd ging und in den Bergen in ihrem alten Zelt unter freiem Himmel campierte. Wie sollte man als Kind mit solchen Eltern nicht wachsen und gedeihen? Wenn ich heute zurückblicke, so fällt mir auf, daß ich – ein viel zu junger Vater – mit meinen Kindern konkurrierte. Wir bildeten eine Familie, die aus lauter Kindern bestand.

Imaging zusehen: Erst viele Jahre später ging mir auf, daß ich in mancher Hinsicht als Vater ein elender Versager war, bis ich allmählich lernte, ein besserer zu werden. Ich sah meiner Frau Imaging zu. Ihre Ansichten über ihre beiden Jungen unterschieden sich von meiner Methode der Kindererziehung. Ich sah ihre Kinder als Individuen, die das uneingeschränkte Recht hatten, daß man sie achtete – sogar als sie noch klein waren. Sie hörte ihnen zu. Sie vertraute ihnen. Sie gewährte ihnen Freiheiten. Nie nörgelte sie mit ihnen – kein einziges Mal habe ich gehört, daß sie ihnen sagte, sie sollten ihr Zimmer aufräumen, ihre Hausaufgaben machen oder den Rasen mähen. Ja, sie gestattete ihnen nicht einmal, den Rasen zu mähen, was dazu führte, daß sie darauf bestanden. Als die wichtigen Fragen ihres Lebens aufkamen, ließ sie ihnen Freiräume, damit sie ihre eigenen Entscheidungen treffen konnten. Ich fand diese Dynamik faszinierend. Je mehr Imaging ihren Kindern vertraute, desto vertrauenswürdiger wurden sie.

Das Entscheidende in jeder Eltern-Kind-Beziehung ist gegenseitige Achtung. Es reicht nicht, ein Kind nur zu lieben. Wir begehen die verabscheuungswürdigsten Verbrechen im Namen der Liebe. Am häufigsten verbirgt sich Kindesmißbrauch unter dem Deckmantel der Liebe: »Ich bestrafe dich auf diese teuflische Weise nur, weil ich dich liebe.« »Das tut mir mehr weh als dir.« Ich habe miterlebt, daß Imaging ihre Kinder als Freunde behandelte. Ich erinnere mich, wie ein Nachbar scherzhaft die Meinung vertrat: »Ich sag Ihnen mal, wie man Kinder erzieht. Die steckt man in eine Kiste aus rostfreiem Stahl mit ein paar Löchern darin. Hin und wieder steckt man einen Schlauch hinein und wäscht die Kiste aus. Wenn die Kinder vierzehn Jahre alt sind, verstopft man die Löcher.« Er lachte. Und doch zeugte dieser Witz davon, wie er in jener Zeit Kinder sah – als furchterregende Untermenschen, gegenüber denen man sich irgendwie durchsetzen und die man ständig und völlig in der Gewalt haben mußte, wenn man als Elternteil nicht versagen wollte. Kinder waren diese lästigen kleinen Lebensgeister, atmender Lehm, den man zu guten Bürgern knetete. Disziplin und Erziehung waren die Schlüssel des Erfolges als Eltern. Die Unterscheidung zwischen der Abrichtung eines Hundes und der Erziehung eines Kindes blieb dabei auf der Strecke.

Der Eltern-Kind-Spiegel: Als junger Vater hatte ich noch nicht gelernt, daß jede zwischenmenschliche Beziehung immer einem Spiegel gleicht; das heißt, daß Kinder uns nicht achten können, wenn wir sie nicht respektieren, und daß sie wiederum Gewalt anwenden, manchmal in pervertierter Form, wenn wir Gewalt gegen sie anwenden. Ich hatte noch nicht gelernt, daß unsere Kinder uns wie Freunde behandeln, wenn wir ihnen wie ein Freund gegenübertreten. Freunden gegenüber wenden wir keine Gewalt an. Weder manipulieren noch bestrafen wir sie. Wir schenken ihnen Vertrauen, lieben sie und helfen ihnen. Wir akzeptieren sie so, wie sie sind. Wir versuchen nicht, sie zu ändern. Wir versuchen nicht, sie nach unserem Bilde zu formen. Wir bestrafen sie nicht, weil sie dieselben Instinkte und Intuitionen, dieselben rohen Begierden, dieselben Schwächen besitzen. Ich wollte, wir würden unsere Kinder wie Freunde behandeln. Statt dessen verlangen wir, daß sie sich, als Kinder, nach Maßstäben richten, die wir, als Erwachsene, nie zu erfüllen vermocht haben.

Eine traurige Geschichte über einen Jungen, der nicht schlecht war: Ich erinnere mich an eine Geschichte über einen Jungen namens Wilbur. Erzählt hat sie mir ein Freund, der, sagen wir, Jake Johnson heißt. Und dies hat mir Jake über Wilbur erzählt:

Eines Samstags, als Wilbur ungefähr acht Jahre alt war, entdeckte seine Mutter, daß er unten am Fluß mit einem Mädchen, nennen wir sie Bessy Lou, spielte. Sie spielten hinter einem Fettholz, einer groben strauchähnlichen Pflanze, die hüfthoch wächst und besonders gut in den alkalischen Sümpfen Wyomings gedeiht. Als Wilburs Mutter Wilbur und Bessy Lou fand, hatten beide ihre Hosen heruntergezogen, und als sie, nicht besonders freundlich, fragte, was sie denn dort machten, sei Bessy Lou damit herausgeplatzt, sie würden Doktor spielen, woraufhin Wilburs Mutter über Wilbur herfiel: Sie schüttelte den armen Jungen wie ein Bär Äpfel aus einem Baum schüttelt, wobei sie ihn die ganze Zeit ermahnte, bei Strafe des Todes und ewiger Verdammnis, niemals wieder etwas so Furchtbares zu tun.

Nachdem Bessy Lou allen ihren Freundinnen von dem Geschehen berichtet hatte, fingen die Kinder an, den armen Wilbur erbarmungslos aufzuziehen. Er begann, sich von den anderen Kindern zurückzuziehen. Natürlich wollte kein Mädchen noch irgend etwas mit ihm zu tun haben. Schlimmer noch: Alle fingen an, ihn »Doktor« zu rufen, und später einfach »Doc«. Die Jungen zogen den »Doc« entweder auf oder gingen ihm ganz und gar aus dem Wege; der grausamste von allen war der schikanöse Rüpel der Schule, Harold Hutsinger.

»He, Doc«, rief er Wilbur hinterher, »wir haben zu Hause ein paar kranke Hunde. Kannst du heute abend mal vorbeischauen und sie mit dem Ding, mit dem du Bessy Lou verarztet hast, behandeln?« Worauf Harold in schallendes Gelächter ausbrach und alle Angst hatten, nicht darin einzustimmen. Selbst Bessy Lou lachte, und der bedauernswerte »Doc« lief zum Fluß hinunter, damit er allein sein konnte.

Jake erzählte mir, es habe niemanden überrascht, daß der »Doc«

Jahre später Bestattungsunternehmer wurde, aber sie waren entsetzt, als ihn – nachdem er mehrere Jahre in dem Beruf gearbeitet hatte – die örtlichen Behörden beschuldigten, eine Liaison mit einer Frauenleiche angefangen zu haben. Der Fall wurde zum Stadtgespräch. Die Leute, insbesondere diejenigen, die Wilbur als schüchternen, lieben kleinen Jungen in Erinnerung hatten, konnten nicht begreifen, wie er sich in ein derart verabscheuungswürdiges Ungeheuer verwandelt hatte. Auch Jake, der mit Wilbur befreundet war, wollte das nicht in den Kopf. Er habe »Doc« als freundlichen, sanften Mann gekannt, und daß er sein Freund gewesen war, vergrößerte nur seine Verwirrung und die Schwierigkeiten, die er mit der ganzen Angelegenheit hatte.

Laut Jake hatte man Doc keinen fairen Prozeß gemacht. Wilburs Anwalt hatte einen Psychologen hinzugezogen, der dessen abweichendes Verhalten auf seine Angst vor Frauen zurückführte. Der Psychologe sagte aus, daß Wilbur seinen Trieben hilflos ausgeliefert sei, daß er nicht Recht von Unrecht unterscheiden könne und daß er deshalb unzurechnungsfähig sei. Um zu beweisen, wie verrückt Wilbur wirklich war, rief ihn sein Anwalt in den Zeugenstand, damit er sich selbst verteidigen konnte. Inzwischen war Wilbur ein gutaussehender junger Mann, und sein Anwalt hatte ihm geraten, seinen dreiteiligen Anzug zu tragen, seine Berufskleidung. Das Haar war kurzgeschnitten und glattgestrichen, so daß er wie ein IBM-Verkaufsrepräsentant ausgesehen haben muß.

»Warum haben Sie so etwas Schreckliches getan, Wilbur?« fragte der Anwalt seinen Mandanten ohne Umschweife. Wilbur gab keine Antwort. Er habe nur auf seine Hände hinabgeschaut und nach einer Weile zu schluchzen angefangen, sagte Jake.

»Erzählen Sie es der Jury, Wilbur.«

Schließlich habe er durch die Schluchzer hindurch etwas gemurmelt.

»Sprechen Sie lauter, Wilbur!«

Einige Zuschauer waren der Meinung, sie hätten gehört, wie Wilbur etwas von Einsamkeit gemurmelt habe, andere wiederum behaupteten, sie hätten ihn etwas über Liebe sagen hören. Niemand, auch Jake nicht, konnte mit Bestimmtheit sagen, was er ausgesagt hatte. Mehr bekam der Anwalt nicht aus Wilbur heraus. Jake sagte, der Anwalt habe bereits nach knapp einer Minute vor der Jury sein Plädoyer gehalten. Dabei habe er argumentiert, jeder, der das tat, was

Wilbur getan hatte, müsse verrückt sein, und es dabei belassen. In ihrem tiefsten Inneren waren die Leute aus der Stadt derselben Meinung. Die Jury wollte Wilbur jedoch nicht durch das Schlupfloch der Unzurechnungsfähigkeit entwischen lassen und fällte binnen Minuten ihr Urteil: schuldig. Der Richter, der ebenso schockiert und angewidert war wie die übrigen Bürger, verurteilte den armen Wilbur am selben Tag zu fünfzehn Jahren Haft – ein Strafmaß, das er auch bekommen hätte, wenn er die Frau ermordet hätte.

Vor der Überführung ins Staatsgefängnis besuchte Jake Wilbur im Gefängnis. Er wirkte krank und hilflos in seiner grünen Baumwollgefängnisbekleidung und seinen Gefängnisschuhen aus Pappe. Jake wußte nicht, was er sagen sollte. Sie standen nur da und sahen einander durch die Gitterstäbe an; es schien wie eine kleine Ewigkeit. Schließlich sagte Wilbur: »Du hättest nicht herkommen sollen, Jake. Du solltest mit meinesgleichen nichts zu tun haben.«

»Du bist mein Freund, Wilbur«, sagte Jake. »Jeder macht mal einen Fehler.« Und obwohl Jake eigentlich nicht wußte, warum, sagte er noch: »Wir alle haben mal was verbrochen.«

»Du auch, Jake?« fragte Wilbur ungläubig – wie ein kleiner Junge.

»Aber klar«, sagte Jake.

Jake sagte, Wilbur habe mehrere Minuten geschwiegen und dann gefragt: »Hast so etwas verbrochen wie ich?«

»Nein, Wilbur«, sagte Jake hastig.

»Ist die Sache so schlimm wie meine?«

»Alle Sachen sind gleich schlimm«, sagte Jake. Er wollte nicht besserwisserisch sein.

»Nein, das stimmt nicht. Es gibt solche und solche Sachen. Und meine ist die schlimmste, die es gibt.«

»Nein, Wilbur«, sagte Jake. Dann habe er die Hand ausgestreckt, um Wilburs Arm zu berühren, habe es sich aber anders überlegt, weil solche Berührungen im Gefängnis ja untersagt sind.

»Es ist furchtbar hier drin«, sagte Wilbur. »Hoffentlich bringen die mich um. Ich denke nur an zu Hause.« Dann schossen ihm die Tränen in die Augen, aber er faßte sich wieder, weil ein richtiger Mann ja nicht weint, insbesondere nicht im Gefängnis.

»Du wirst Freunde gewinnen«, versuchte Jake ihn zu beruhigen.

»Nein. Die wollen nichts mit einem zu tun haben, der so etwas getan hat wie ich.«

Dann sagte Jake: »Aber Wilbur, hier drin gibt es Mörder und Vergewaltiger und Leute, die alte Frauen totschlagen und schreckliche Dinge mit kleinen Kindern angestellt haben. Du hast doch niemandem weh getan.«

Plötzlich fragte Wilbur: »Und was hast du verbrochen?«

»Na ja, Wilbur«, sagte Jake, »ein Mann darf nicht über seine eigenen Sachen sprechen.« Jake sagte mir, er hätte das nicht sagen sollen, weil auf einmal alle Hoffnung aus Wilburs Gesicht gewichen sei und seine Augen aussahen, als wären sie mit matter, blauer Farbe übermalt.

Dann sei ein Wärter, so groß wie ein Brauereipferd, hereingekommen und habe ihn angeschrien: »He, sind Sie 'n Freund von diesem Leichenficker?« Er habe das bejaht. »Also, die Besuchszeit ist zu Ende.« Und seitdem habe er den armen Wilbur nicht mehr wiedergesehen.

Nachdem mir Jake das erzählt hatte, überlegte ich, wie man Wilbur anders hätte verteidigen können.

»Ladies and Gentlemen: Wilbur hier ist ein sehr netter Mann«, hätte ich vielleicht begonnen. »Er hat noch nie eine Frau vergewaltigt und hat noch nie einen Raub begangen. Er hat keinem Lebewesen etwas zuleide getan – ja, er hat noch nicht einmal einem streunenden Hund einen Fußtritt gegeben. Wir würden in einer besseren Welt leben, wenn mehr Menschen so wären wie Wilbur. Denken Sie darüber nach! Es gäbe keine armen alten Frauen, die zusammengeschlagen und ermordet werden, keine kleinen Kinder mit eingeschlagenen Köpfen. Das FBI wäre arbeitslos, und die Politiker müßten nicht miteinander konkurrieren, um herauszufinden, wer am schärfsten gegen das Verbrechen vorgeht, weil es nämlich keins gäbe. Das ist die Art Welt, die wir haben würden, wenn alle so wären wie mein Mandant Wilbur.«

Ich hätte fortfahren können: »Wilbur ist schon bestraft genug. Seit der Zeit, als er noch ein Knirps war, hat er keinen einzigen Tag ohne Demütigung erlebt. Wilbur ist kein Krimineller. Er ist es nie gewesen. Kriminelle verletzen die Lebenden. Wilbur ist nur ein armer einsamer Mann, der Angst hat, mit lebendigen Wesen zusammenzusein. Ich wünschte, Sie könnten ihm vergeben. Ich wünschte, Sie könnten verstehen, wie verletzt er ist, wie einsam, wie krank.« Aber mir war bewußt, daß ihn die Geschworenen wahrscheinlich nicht verstehen und ihm nicht vergeben würden, obwohl er, als er dieses unaussprechlich abstoßende Verbrechen beging, nur den Ermahnungen Folge leistete, die seine Mutter vor so vielen Jahren ausgesprochen hatte.

Warum habe ich diese Geschichte erzählt? Es war ein so unbedeutender, ein so geringfügiger, vielleicht sogar natürlicher Akt, diese Neugierde zwischen Wilbur und Bessy Lou. Wir können nie die Verletzungen sehen, die man den kleinen Seelen junger Menschen zugefügt hat. Wir sehen lediglich die Narben viele Jahre später, wenn wir den Täter hassen, den Menschen mit deviantem Verhalten verachten und scharf gegen den Straffälligen vorgehen. Wir können nicht das verletzte Kind im Inneren sehen. Ich habe diese Geschichte erzählt, weil sie mich verletzt.

Unsere geringe Befähigung zur Elternschaft: Ich finde es absurd, daß man uns gestattet, die wichtigste aller menschlichen Aufgaben, nämlich die Elternschaft, ohne jegliche Ausbildung zu übernehmen, vor allem, da die Folgen unserer unwissenden Handlungen unsere Kinder so stark deformieren. Eltern haben fast unbegrenzte Möglichkeiten, eine menschliche Seele zu zerstören und zu verstümmeln. Niemandem würde es einfallen, sich von einem Arzt operieren zu lassen, ohne daß dieser eine lange, intensive Ausbildung durchlaufen hätte. Wir müssen beweisen, daß wir befähigt sind, ein Automobil zu steuern, ehe wir uns hinters Steuer setzen dürfen und unschuldige Menschen zum Opfer unserer mangelnden Fertigkeiten machen. In unserer sogenannten zivilisierten Gesellschaft errichten wir jeden nur erdenklichen Schutz um ihre Mitglieder, aber jeden eingebildeten Fatzke, der kopulieren kann, lassen wir ein Kind erziehen. Die einzige Qualifikation, die man in dieser Gesellschaft den Eltern abverlangt, besteht allein darin, daß wir das fleischliche Leistungsniveau eines Zuchtebers demonstrieren – dies und nur dies befähigt zur Elternschaft in Amerika. An den Mann, den wir anrufen, damit er den Rasenmäher repariert, stellen wir höhere Anforderungen.

Die Kirche lehrt uns nichts: Wenn ich's mir überlege, sollte ich eigentlich nicht derart scharf mit mir ins Gericht gehen. Woher soll ein junger Mann im Alter von zwanzig Jahren die Fähigkeiten erworben haben, die für das Elternsein vonnöten sind? Wo kann man diese denn überhaupt erlernen? Wenn ich beklage, daß uns niemand lehrt, wie wir erfolgreich unsere Erziehungsaufgaben erledigen können – was, wie wir sehen werden, die Fähigkeit zur Auseinandersetzung mit unseren Kindern einschließt –, versichert man mir, die Kirche lehre uns diese Fähigkeit. Aber der Kirche gelingt es seltsamerweise, den kleinen Verstand junger Menschen zu verschließen und deren natürliche Wißbegierde zu unterdrücken. Die Kirche ist, so wie der schlimmste aller Väter, gnadenlos in ihrem Versuch, das Kind in Besitz zu nehmen und zu kontrollieren.

Die Kirche hat mir nie viel darüber beigebracht, wie ich meine väterlichen Aufgaben gut erledige. Gutes Elternsein macht den Geist weit und aufnahmebereit. Es ermutigt die Kinder, Fragen zu stellen, und bietet dem Kind eine schuldfreie Umgebung, in der es wachsen und gedeihen kann. Ich wuchs in dem Glauben auf, daß Gott der Große Voyeur hoch oben im Himmel sei, daß er uns unentwegt beobachtet, daß Er (nicht Sie) meine bösen kleinen Gedanken lesen konnte, woraus logisch folgte, daß Er mich bestimmt mißbilligte. Was sollte Er denn auch anderes tun, angesichts der bösen Gedanken, die meinem lüsternen und heimtückischen Gehirn entsprangen? Und da Gott mich sicherlich mißbilligte, wie sollte mich dann irgendein Mensch annehmen können – oder wenigstens ich mich selbst?

Bis heute stelle ich fest, daß ich, was meinen Wert betrifft, schwerwiegende Zweifel hege. Manchmal kämpfe ich mich immer noch durch den Nebel des Selbstzweifels, der oft um mich aufzieht. Immer betrachte ich meine Erfolge mit Argwohn. Ich gebe eilfertig zu, daß ich nicht intelligent genug bin, nicht tapfer genug, nicht aufrichtig genug. Ich entspreche nicht den Anforderungen, und zwar deshalb, weil Gott mich erkannt hat und die Wahrheit über mich kennt.

Predigen: Ich bestreite nicht, daß man Kindern moralische Werte vermitteln muß, aber Predigten haben mir nie etwas beigebracht. Predigen ist eine Form der Macht. Es ist der offene Versuch des Pfarrers, andere zu kontrollieren. Ich könnte die Library of Congress mit den nutzlosen Predigten füllen, die ich gehört und selber gehalten habe. Was die Pfarrer – und ich auch – predigten, diente weitgehend der eigenen Erbauung. Wir haben unseren Kindern Predigten über *unsere* Schwächen gehalten, über *unsere* Ängste. Wir haben ihnen Predigten über *unsere* Dämonen und *unsere* Schuld gehalten, über *unser* verzweifeltes Bedürfnis nach *unserer* Erlösung. Wir haben gepredigt und gepredigt und gepredigt. Und alles, was ich oder meine Kinder daraus gelernt haben, war, daß es jede Möglichkeit einer sinnvollen bedeutungsvollen, vertrauensvollen, liebevollen Beziehung zerstört, denn vor einem unfreiwilligen Publikum zu predigen ist ein Angriff.

Zu Hause sind diese Predigten noch schlimmer. Es wird daraus eine einzige Nörgelei und Krittelei. Man hört sie als Wut und Maßregelungen. Sie schaffen einen gespiegelten Haß auf den, der predigt, denn man kann seinen Kindern nicht Predigten halten, ohne Gefahr zu laufen, daß sie mit Groll und rebellischem Verhalten reagieren.

Andererseits gebe ich zu, daß Predigten uns sehr viel über Heuchelei und Hinterlist lehren. Der salbadernde Vater, der seinen Kindern Predigten über das Übel des Trinkens hält, selber aber süchtig nach der Pferderennbahn ist, lehrt sein Kind etwas über Heuchelei. Der salbadernde Vater, der Predigten über die Ehrlichkeit hält, selber aber seine Steuern nicht ehrlich bezahlt oder seine Frau betrügt, graviert dem Geist seines Kindes unauslöschlich ganz andere Werte ein. Ich behaupte, wir könnten Lügner und Betrüger, Diebe und Lüstlinge akzeptieren, wenn sie uns keine Moralpredigten hielten. Wir lernen falsche Werte, wenn der Sonntagsschullehrer den kleinen Köpfen einhämmert, Jesus habe gesagt, »bringt die Kindlein zu mir«, und die Kinder auf der Straße vor der Schule sind hungrig und schlecht gekleidet.

Mit gutem Beispiel vorangehen: Moralische Werte werden vermittelt, indem man mit gutem Beispiel vorangeht. Sie werden gelehrt durch eine Mutter wie meine, die während der Depression in den dreißiger Jahren immer das wenige, was wir hatten, mit den weniger glücklichen Nachbarn teilte. Moralische Werte werden gelehrt durch einen Vater wie meinen, der sich für die Arbeiter in den bolivianischen Zinnminen einsetzte, der alles für sie aufgab, einschließlich seinen Job und seine persönliche Sicherheit, weil er helfen wollte, daß die Ärmsten der Armen in Würde leben konnten. Moralische Werte werden von Eltern gelehrt, die es besser finden, gut zu sein, als gut auszusehen, denen es wichtiger ist, sich nützlich zu machen, als den richtigen Clubs anzugehören. Alles Predigen der Welt kann Kindern nicht die richtigen Werte einbleuen. Wenn die Eltern einen kläglichen Vorrat an persönlichen Wertvorstellungen besitzen, haben sie nur wenig an ihre Kinder weiterzugeben. Der alte scheinheilige Satz: »Tue, was ich sage, und nicht das, was ich tue«, ist, wie vorauszusehen, zum herrschenden Maßstab in den meisten erfolglosen Elternhäusern geworden.

Wie man das Verbrechen stoppt: Wollen Sie wissen, wie man das Verbrechen stoppt? Hören Sie auf mit dem Predigen und versorgen Sie jedes Kind mit einem guten Elternteil, das durch sein Leben die Werte verkörpert, die er oder sie seinem Kind übermitteln möchte. Statt dessen aber leben wir heute in einer Gesellschaft, die zu viele unserer Kinder mit arbeitslosen, ungebildeten, verzweifelten und süchtigen Eltern bestraft. Wir sind zu einer repressiven, abwehrenden, haßerfüllten Gesellschaft geworden, die die Armen verachtet, die Geld als den höchsten moralischen Wert feiert und fast zwangsläufig auch noch die blutigste Form der Gewalt als Unterhaltung gutheißt.

Soziologen haben nachgewiesen, daß das Leben in Volksstämmen, die mehr als zweihundert Mitglieder haben, schlecht funktioniert und daß sie sich in ihrer natürlichen Umgebung, etwa in Urwäldern, nachdem die Zahl ihrer Mitglieder auf etwa zweihundert angewachsen ist, in zwei Gruppen spalten. Dieses Phänomen ähnelt ein wenig dem der Bienen in ihrem Stock. Leben allzu viele Bienen in einem Baum, sammeln sie sich um eine neue Königin und fliegen davon, zu einem anderen Loch in einem anderen Baum. Was hat das mit Verbrechen zu tun? Und was hat das damit zu tun, wie wir zu Hause mit unseren Kindern argumentieren?

Unsere Gesellschaft ähnelt in keiner Weise den Stammesgesellschaften, zu denen wir jedoch genetisch so gut passen wie ein Präriehund in seine Stadt und eine Ameise in ihren Hügel. Die Hauptkennzeichen dieser Gesellschaften bestanden, im Vergleich mit der modernen Gesellschaft, darin, daß sie spürbar lebendig waren. Ihre Mitglieder schufen eine festgefügte, lebendige, integrierte Struktur. Das Verhalten jedes Mitglieds wirkte sich auf das des anderen aus, und jeder Angehörige war ein integraler, wesentlicher Teil des inneren Gefüges des Stammes.

Auf der anderen Seite stand die Identität eines jeden Mitglieds als menschliches Wesen in Beziehung zu seinem Stamm. Die schlimmste Bestrafung, die der Stamm gegen ein auf Abwege geratenes Mitglied verhängen konnte, war der Ausschluß aus der Gemeinschaft. Der Stamm hatte keine Gefängnisse. Er hatte keine Gaskammern. Er sprach keine Todesstrafen aus. Er schickte den Missetäter lediglich in die Verbannung, eine Bestrafung, die schlimmer als der Tod war, weil die Identität des Individuums als Person unausrottbar mit dem Stamm verbunden war. Der Stamm bot dem einzelnen Schutz, Komfort, Trost, Achtung, Fürsorge und Sicherheit, und der einzelne leistete dem Stamm seinen Beitrag in Übereinstimmung mit seiner oder ihrer Fähigkeit. Verbrechen waren in der Stammesgesellschaft nicht notwendig.

In unserer Gesellschaft hingegen ist der Stamm – als unsere Familie – verlorengegangen. Den Stamm als kleine, kohärente Gemeinschaft gibt es nicht mehr. Große Teile unserer Bevölkerung sind von der Teilnahme an der Gesellschaft im ganzen ausgeschlossen. Man hat sie zu Unrecht ausgeschlossen. Sie haben keine Straftaten gegen das System begangen. Sie werden ausgeschlossen, weil sie arm sind, oder weil sie keine Ausbildung haben, oder weil sie am falschen Ort zur Welt kamen oder weil sie eine schwarze, braune oder gelbe Hautfarbe haben. Man bestrafe ein Kind, das sich keiner Schuld bewußt ist, und man erzeugt die Neurose, aus der fast alle Straftaten hervorgehen. Man bestrafe große Teile der Gesellschaft durch Ausschluß, und man bringt dieselbe soziale Neurose hervor.

Unsere Gesellschaft hat den lebendigen Stamm zerstört und ihn durch einen Leviathan ersetzt, ein Konglomerat nicht von zweihundert, sondern von zweihundertfünfzig Millionen Seelen. Er herrscht durch regelversessene, leblose, seelenlose Bürokratien. Diese kennen die Menschen nicht. Sie wissen überhaupt nichts. Weder denken noch fühlen, noch sorgen sie sich, noch lieben sie. Sie kennen keinen Schmerz. Sie haben kein Mitgefühl. Sie sind so unmenschlich und tot wie jede eiserne Maschine. Aber anders als eine Maschine lassen sie sich nicht steuern. Nur selten kann man sie kontrollieren. Sie bewegen sich durch eine verborgene Kraft fort wie Gletscher, so langsam wie Gletscher. Sie zerstören alles, was sich ihnen in den Weg stellt. Sie beschädigen die Landschaft und die Menschen gleichermaßen. Wenn wir das absolute Böse ersinnen müßten, würden wir ohne Zweifel die Bürokratie auswählen. Der Teufel aus der Bibel muß wenigstens das Gute kennen, um sich zum Bösen bekennen zu können. Zudem dient er einem guten, sinnvollen Zweck, indem er den Gegensatz bildet, vor dem man das Gute verstehen kann. Aber die Bürokratie übersteigt alles Böse, da es weder das Gute noch das Böse versteht, noch – und das ist das Ärgste überhaupt – schert sie sich um die Fragen von Gut oder Böse, da sie unfähig ist, sich Menschen anzunehmen.

Dieses Gefüge, diese Bürokratie beherrscht, sowohl in Gestalt der Großunternehmen als auch der Regierungsbehörden, die USA. Die

Bürokratie ist der neue tote »Über-Stamm«. Und aus diesem toten Über-Stamm entsteht die endgültige Entfremdung und Zurückweisung von uns allen, den Stammesmitgliedern, die Unterdrückung großer Teile unseres Volkes, die die mangelnde Fürsorge des toten Über-Stammes spüren und sie als Haß deuten (auch wenn die Bürokratie weder lieben noch hassen kann). Menschen aller Schichten werden ihres Stammes-Zuhauses beraubt. Wir sind den sinnlosen Verfügungen des toten Über-Stammes wehrlos ausgeliefert. Wir können die Oligarchie der Verwaltung und der Konzerne nicht bekämpfen, die uns im Namen des Geldes ausbeutet, unsere Ressourcen plündert und unsere Kreativität aussaugt, die im Namen toten Geldes unsere Wälder vernichtet und unsere Prärien der Verwesung anheimgibt und unsere Flüsse verdreckt. Wir können uns kein Gehör verschaffen, denn die Ohren des toten Über-Stammes hören nur das Klimpern des Geldes. Wir leben im Mythos der Freiheit, aber wir sind nicht frei von der Gewalt, die man uns antut. Wir leben im Mythos der Liebe, aber wir fühlen uns nicht geliebt. Wir leben im Mythos des Friedens, aber ringsum verbraucht der tote Über-Stamm unsere Ressourcen und führt Krieg gegen unsere Brüder und Schwestern hier und anderswo.

In dieser Gesellschaft des toten Über-Stammes sind nicht nur diejenigen heimatlos, die als Obdachlose des Nachts mit leerem Blick und in zerlumpten Kleidern auf den Straßen umherziehen. *Wir alle sind obdachlos.* Es gibt keinen Stamm mehr, dem wir uns anschließen können. Der Fernsehprediger beutet die Einsamen und Verzweifelten aus, indem er ihnen versichern, daß sie in seinem Stamm aufgenommen und daß sie dort geliebt werden, wenn sie ihm Geld geben. Wir werden ausgebeutet von Talkshow-Moderatoren, die einigen wenigen erlauben, sich für kurze Zeit Gehör zu verschaffen, und so die Illusion erzeugen, daß wir teilhaben und daß wir zählen. Dazwischen dreht man uns Ramsch und nutzloses Zeug an. Wir versuchen uns mit einem Stamm zu identifizieren, indem wir uns diesem oder jenem Sportverein anschließen, aber letztlich sind auch sie keine Stämme. Es sind Großunternehmen, und während wir unsere Mannschaft lieben, unseren Pseudo-Stamm, verkauft man uns weitere Kinkerlitzchen und noch mehr Ramsch.

Und diese Unschuldigen, die am meisten bestraft werden, indem man sie am stärksten ausschließt, sind immer die Schwächsten, die Bedürftigsten. Es sind ihre Kinder, die ausgepowert und vergessen werden. Wir lesen, daß neunzehn Kinder in zwei kleinen schmutzigen Zimmern hausen und aus Hundenäpfen essen, und da wundern wir uns, warum sie Straftaten begehen, und unser Gegenargument besteht nicht darin, diese Verbannung aus der Gesellschaft zu beenden, nicht darin, unseren eigenen Vergehen ein Ende zu setzen, sondern weitere größere Gefängnisse zu bauen, um diese Kinder unterzubringen, wenn sie erwachsen sind. Kein Wunder, daß sie entsprechend reagieren. Kein Wunder, daß sie kämpfen, nicht nur gegen das System, sondern auch gegeneinander, denn letztlich spiegelt eine verrückte Gesellschaft in dem unausweichlichen Zauberspiegel die Verrücktheit wider, die sie ihren Mitgliedern aufgezwungen hat.

Und was hat das alles damit zu tun, daß wir uns mit unseren Kindern auseinandersetzen sollen? Ob unsere Kinder nun zu den am stärksten entfremdeten oder niedersten Schichten der Gesellschaft zählen – sie sind alle obdachlos, denn der lebende Stamm ist in fast jeder Gemeinschaft ausgelöscht worden. Schulen sind keine Stammesorganisationen für Kinder mehr, sondern Vorstufen zu den Gefängnissen, in denen Kinder nicht mit Liebe und Achtung behandelt werden, sondern wie Kriminelle. In gewissem Maß versuchen die Kirchen die Rolle des Stammes zu füllen, doch die meisten sind mehr daran interessiert, daß ihre Mitglieder das tote Zeug namens Geld abliefern. Es gibt kleine ländliche Gemeinden, die im wesentlichen immer noch als Stammesgebilde funktionieren und an deren Beispiel sich viel lernen läßt.

Die Auseinandersetzung mit Kindern, die in diesen toten Über-Stamm hineingeboren werden und die von einem fürsorglichen, lebendigen Stamm entfremdet sind, erfordert, daß man versteht, *wer* diese Kinder eigentlich sind und *wo* sie in der Falle sitzen. Um mit ihnen argumentieren zu können, muß man diesen Opfern des toten Über-Stammes, insbesondere, nachdem sie das »Alter der Vernunft« erlangt haben (wie es Richter gern nennen) – irgendwann zur Zeit der Pubertät, die in Wahrheit das *Alter der Unvernunft* ist –, bestimmte Argumentationshilfen zur Verfügung stellen, die heutzutage kaum noch gegeben werden. Das wichtigste Hilfsmittel ist natürlich die Liebe. Wenn ich Eltern eine Sache über die Kunst des Argumentierens mit Kindern beibringen könnte, dann wäre es die Aufforderung, sie mehr zu lieben.

Ich glaube, daß viele der heutigen Straftaten auch auf einen Mangel an Raum zurückzuführen sind. Man kann nicht ein Dutzend junger Ratten in einen Schuhkarton aus Beton stecken, ohne daß sie übereinander herfallen und sich gegenseitig umbringen. Man kann nicht Millionen Jugendliche in Betonkisten, unsere Städte, stecken, ohne damit rechnen zu müssen, daß sie auf Grund ihres Schmerzes, ihres Zorns und ihrer Gewaltbereitschaft wild um sich schlagen. Wenn man mich bäte, das heutige Verbrechensproblem zu lösen und mir die erforderlichen Mittel zur Verfügung stellte, würde ich unsere Kinder aus diesen Betonkisten holen. Ich würde ihnen Raum geben. Ich würde ihnen offene Felder zeigen, wo sie nach Belieben umherstreifen könnten. Ich würde sie mit Bergen und Flüssen und Wildblumen und weiten Ebenen bekanntmachen. Das Geschenk des offenen Raumes würde, stärker als jede andere Medizin, mehr zur Verbrechensbekämpfung beitragen als irgendein anderes mir bekanntes Heilmittel. Statt unsere Kinder aus ihren Betonkisten zu befreien, werfen wir sie in noch kleinere Betonkisten namens Gefängnisse – und nach ihrer Entlassung sollen sie gelernt haben, wie man nicht verrückt wird?

Liebe verlangt, daß wir unsere Kinder freigeben: Liebe erfordert, daß wir unsere Kinder freigeben und ihnen vertrauen. Eines Tages, als meine Kinder noch sehr klein waren, fing ich ein Paar junger Raben. Die Raben waren noch nicht alt genug, sehr weit fliegen zu können. Ich brachte sie nach Hause zu meinen Kindern, die auch noch nicht flügge waren. Sie verliebten sich auf Anhieb in die Raben. Aber sie waren klug genug zu wissen, daß sie ihre Gefangenen erst wirklich liebten, wenn sie sie frei ließen, und nach ein paar Tagen verlangten sie, daß ich die Raben zurück in das Nest brachte, wo ihre krächzenden Eltern das freudige Wunder der Wiedervereinigung erlebten.

Auf dieselbe Weise können wir unsere Kinder nicht zugleich lieben und sie gefangenhalten. Wir müssen ihnen die Freiheit schenken. Wir müssen uns der Angst stellen – unserer Angst –, sie in die Freiheit zu entlassen. Die Vogelmutter weiß, daß sie es riskieren muß, daß die freigelassenen Jungen scheitern. Vielleicht lernt ihr Junges das Fliegen nicht. Vielleicht wird es von einer umherstreunenden Katze verschlungen. Vielleicht wird es von einem Adler geschlagen. Möglicherweise verhungert es. Dieses Risiko muß sie eingehen. Aber das Junge hat, wenn es soweit ist, das Nest zu verlassen, keine Angst.

Wie oft habe ich an mir erlebt, wie ich wegen meiner Kinder Höllenqualen ausgestanden habe. Wie oft habe ich die Hilflosigkeit der Raben-Eltern empfunden, nachdem die Kinder aus dem Nest geflüchtet waren. Wie oft habe ich versucht, sie festzuhalten, sie bei mir zu behalten, wobei mir entging, daß meine Weigerung, sie gehen zu lassen, eine Reaktion auf *mein* Bedürfnis, nicht das meiner Kinder, eine Reaktion auf *meine* Angst, nicht ihre, war. Aber die Liebe schützt nicht nur, sie läßt auch los. Sie gibt nicht nur Schutz, sie gibt auch Freiheit.

Mutter Natur ist ungeheuer stark. Sie versteht das Bedürfnis ihrer Kinder, flügge zu werden, sich darauf vorzubereiten zu fliegen, ehe sie das Nest verlassen. Wir sind es, nicht Mutter Natur, die stören. Wir erlauben dem Kind nicht zu sein. Wir schenken ihm keinen Respekt, damit es stark werden kann und selbstbewußt und fähig, in dieser schreckenerregenden Welt zu überleben. Statt dessen bestrafen und unterdrücken wir es und predigen und füllen es bis zum Rand mit Angst. Wann immer das Kind versucht, auf eine Weise zu gedeihen, die sich von unseren Wünschen unterscheidet, schreiten wir ein, manchmal töricht, manchmal sogar gewalttätig.

Wir verlangen Konformität, und das heißt, die Kreativität zu ersticken, was letztlich dazu führt, daß sich das Kind den Toten zugesellt. Die Forderung, unsere Kinder sollten sich im Namen der Liebe der eigenen Zerstörung unterwerfen, ist eine monströse Tollheit.

Was wollen wir von unseren Kindern? Ich habe nicht die Tatsache aus den Augen verloren, daß dieses Kapitel Ihnen verspricht, zu zeigen, wie man mit Kindern *argumentiert*. Um dieses Versprechen zu erfüllen, kehre ich zur Definition der Argumentation zurück. Argumentieren ist der Prozeß, durch den wir bekommen, was wir durch unseren Einsatz *haben wollen*. Was erwarten wir von den Auseinandersetzungen, die wir mit unseren Kindern führen? Wollen wir nur gewinnen, das heißt, das Kind zum Nachgeben zwingen? Wollen wir, daß sie sich um uns sorgen, sich unserer Macht beugen, das tun, was wir von ihnen verlangen? Wollen wir, daß unsere Argumente so wunderschön und unangreifbar sind, daß sich das Kind wie vernichtet fühlt? Wollen wir, daß das Kind unsere Ideen imitiert, unsere Überzeugungen, unseren Geschmack, unsere Ziele? Wollen wir, daß das Kind eine Miniaturausgabe von uns wird, ein schlechter Abklatsch? Wollen wir, daß das Kind wie ein Diener, ein Sklave reagiert, so daß unser Wunsch sein Befehl ist? Wollen wir, daß das Kind uns nicht an unseren Taten, sondern an unseren Worten mißt? Was wollen wir tatsächlich von unseren Kindern? Ehe wir bestimmen können, auf welche Weise wir argumentieren wollen, müssen wir festlegen, *was wir wollen.*

Ich denke mir, daß wir als liebevolle, fürsorgliche Eltern darin übereinstimmen, was wir wollen – nämlich, daß unsere Kinder Erfolg im Leben haben. *Aber was ist Erfolg?* Sollen sie Ruhm oder Reichtum oder Status erlangen? Sehen wir es als Erfolg an, wenn unser Kind die Träume erfüllt, die wir uns selbst nicht erfüllt haben? Ist unser Kind nur dann erfolgreich, wenn es in unser Leben – im Gegensatz zu seinem – Erfüllung bringt? Wären wir zufrieden, wenn unser Kind ein mit seinem Beruf glücklicher Bauarbeiter wäre? Würden wir zustimmen, daß Erfolg jener Zustand ist, in dem das Kind glücklich seinen Leidenschaften folgt und sie befriedigt, worin sie auch immer bestehen? Würden wir nicht zustimmen, daß sich Erfolg nicht in Geld oder Macht, Rang oder Prestige bemißt, sondern darin, daß unser Kind eine voll entwickelte Persönlichkeit wird? Wir wollen, daß unsere Kinder sich der realen Welt gut anpassen und die Schwierigkeiten des Lebens meistern. Wir wollen, daß sie als *Mensch* erfolgreich sind. Wir wollen, daß sie in der Kunst der Persönlichkeitsentwicklung Erfolg haben – mit Freude leben, wachsen und werden, der sie sind – und Erfüllung finden.

In Freiheit blühen und gedeihen – das ist meine Definition von Erfolg.

Die Frage lautet demnach: Auf welche Weise fördert das Argumentieren mit unseren Kindern unser Ziel, daß sie in Freiheit erblühen?

Natürlich machen wir uns Sorgen, unsere Kinder könnten mit dem Gesetz in Konflikt geraten. Es ist die universale Sorge aller Eltern auf der ganzen Welt. Es ist die allgemeine Sorge in allen Gesellschaften. Es stimmt mich traurig, wenn ich Eltern sehe, wie sie sich dem Spektakel der Monster, die sie aus dem Stoff des eigenen Hasses und der Zurückweisung geschaffen haben, gegenübersehen, sich vor ihnen fürchten und erschaudern. Es ist, als habe ein Sadist seinen Hund in einen Zwinger gesperrt und stecke nun Stöcke durch die Gitterstäbe – er stochert und sticht und bewirkt doch nur, daß der hilflose Hund vor Schmerz aufheult. Nicht zufrieden mit dieser Quälerei, läßt er das bedauernswerte Tier Hunger leiden und wirft ein dunkles Tuch über den Zwinger, damit kein Licht hineinfällt. Eines Tages wird der Hund freigelassen. Nun streckt der Besitzer die Hand aus und fordert, geliebt und geachtet zu werden, weil er dem Hund ja Nahrung und Unterkunft gegeben hat. Doch der undankbare Hund beißt ihn, und zur Bestrafung wird er in einen noch kleineren Zwinger gesteckt, wo er malträtiert wird. Kein Wunder, daß der Hund, wenn man ihn erneut freiläßt, seinen Besitzer anfällt. Können wir uns daran erinnern, als er ein Welpe war und uns das Gesicht ableckte?

Ich glaube, wir sollten uns weniger darum sorgen, daß unsere Kinder die Gesetze verletzen, sondern vielmehr darum, daß wir unseren Kindern keine Gewalt antun. Wir wollen, daß unsere Kinder gesetzestreu sind, gewiß. Aber sie der Angst auszusetzen – der Angst vor Zurückweisung, der Angst vor Bestrafung, der Angst vor Vergeltung, der Angst vor Kritik und der Angst, verstoßen zu werden – ist eine Attacke auf das Kind, das es uns in gleicher Münze heimzahlen wird. Andererseits können wir unsere Kinder nicht bestechen, damit sie gute Menschen werden. »Wenn du ein guter Junge bist, darfst du ins Kino.« Später: »Wenn du brav bist, bekommst du ein Auto geschenkt.« Gutsein wird dann nicht mit Gutsein, sondern mit materieller Belohnung assoziiert, und darin liegt keine Güte. Kinder dürfen nicht schon in jungen Jahren Bestechungsversuche kennenlernen.

Die schreckliche Gefahr der Macht: Die Macht! Wie schrecklich sie ist! Wie gefährlich! Was kann man damit alles anrichten? Wir können damit dominieren. Wir können damit kontrollieren. Wir können ein Kind damit zum Weinen bringen. Wir können es zum Haß erziehen. Wir können es zur Konformität erziehen. Wir können dafür sorgen, daß es uns verachtet und sich selbst haßt. Wir können dafür sorgen, daß es sich nach unseren Wünschen richtet. Wir können es damit verletzen und schlagen. Wir können seine kleine Seele des Kerns berauben. Wir können es umformen – umformen zu einem emotional behinderten Wesen. Ah, was für schöne Dinge lassen sich mit der Macht anstellen.

Aber eines schafft sie nicht: schöpferische Energie im Kind zu wekken. Macht kann nicht bewirken, daß das Kind gedeiht, und deshalb kann sie per definitionem nicht bewirken, daß das Kind Erfolg im Leben hat. Und eine weitere Kleinigkeit entzieht sich ihrem Einfluß, nämlich, daß unsere Kinder uns lieben.

Zeitlebens habe ich aufmerksam beobachtet, was die Macht in den

Händen von Menschen bewirkt. Ich habe sie selbst benutzt. Sie ist praktisch zu nichts nutze – außer, daß man sie gegen eine ebenso unwissende Macht einsetzt, und selbst da ist Liebe normalerweise stärker.

Haben Sie schon einmal über den Machtunterschied zwischen Eltern und Kindern nachgedacht? Überlegen Sie: Angenommen, Sie haben kein Geld. Angenommen, Sie haben keine Freunde, die Macht haben. Angenommen, Sie haben kein Zuhause – außer den Ort, den Ihnen die Person mit der Macht zuweist. Angenommen, Sie dürfen erst essen, wenn man es Ihnen erlaubt, schlafen nur, wenn man es Ihnen befiehlt. Angenommen, Sie müssen um die Kleidungsstücke bitten, die Sie tragen dürfen, und Erlaubnis einholen, wenn Sie irgendwo hingehen wollen. Angenommen, die Person mit der Macht hat das Recht, Sie zu beschimpfen, zu demütigen, zu erniedrigen, ja, sogar zu schlagen, wenn Sie sie geärgert haben. Angenommen, man erlaubt Ihnen nicht einmal, etwas nach eigenem Gutdünken zu verehren, sondern die Person mit der Macht sagt Ihnen, was Sie und wie Sie etwas zu verehren haben. Angenommen, Sie haben keine Möglichkeit, diesem Ort des Grauens zu entfliehen? Da Sie in ihm gefangen sind, können Sie nur nehmen, was man Ihnen gibt. Das ist die Hierarchie der Macht, die zwischen Eltern und Kindern herrscht. Sie sagt uns, daß es wirklich keinen Raum für Streitigkeiten in der Eltern-Kind-Beziehung gibt, denn wo der Machtunterschied so groß ist, kann selbst die mildeste Form der Überredung zur Unterdrückungsmaßnahme werden. Selbst die eifrigste Demonstration von Vernunft und Logik durch einen Elternteil, selbst wenn er recht hat, selbst wenn er gerecht ist, kann bei einem so großen Machtgefälle zu einem zerstörerischen Angriff werden.

Wenn man ein Kind ständig der Macht aussetzt, wird das später fatale Konsequenzen haben. Wenn das Kind alt genug ist, wird es sich zur Wehr setzen, und wir werden in einem Krieg stehen, den die Eltern nicht verstehen, denn haben sie nicht stets das gewollt, was in ihren Augen das Beste für das Kind war? Haben sie nicht gegeben und geopfert und geraten und sich zu Tode gesorgt? Aber das Kind hat es als Unterdrückung erlebt. Und nun, da es alt genug ist und selber über Macht verfügt, ist die Zeit der Feindseligkeit, angetrieben von der Kraft der jahrelangen Machtlosigkeit, gekommen. Diese Kraft wird hervorbrechen mit all dem Haß und dem Groll, die wie Rattengift im Keller gelagert waren.

In diesem Krieg helfen keine Argumente – weder von der einen noch der anderen Seite: Die Elternperson kann durch Polemik nicht das erreichen, was sie haben will. Und das Kind kann, von seinem Standpunkt betrachtet, nicht das bekommen, wonach es sich selber sehnt: Freiheit, Achtung und Liebe. An diesem Scheideweg kann keine der beiden Parteien sagen, wodurch sich ihre Wünsche erfüllen würden. Das Problem ist natürlich, daß es zwei Parteien gibt. Es besteht darin, daß es zum Streit kommt. *Die Heilung besteht darin, daß sich die Elternperson auf die Seite des Kindes schlägt, sich für es einsetzt und den Krieg für immer beendet.* Andernfalls bilden die Argumente nichts weiter als eine weitere Machtdemonstration, aber die Widerworte eines Kindes sind keine Argumente, sondern die Rebellion gegen die Macht. Macht gegen Macht, das ist die Definition für Krieg.

Unsere Ausdrucksweise vor unseren Kindern korrigieren: Die meisten Menschen zügeln, wie erwähnt, ihre Worte; es ist notwendig für ihr Wohlergehen. Ich habe meinen Kindern dennoch Dinge gesagt, die ich bereue. Aber meine Kinder, die von mir abhängig waren und die das Fünfte Gebot hemmte, konnten mich weder von meinem Kopf trennen noch dafür sorgen, daß mir die beleidigende Zunge aus dem schurkischen Hals herausgeschnitten wurde. Dennoch können wir unserer Ausdrucksweise Herr werden, wenn es sein muß, ob in der Hitze der Leidenschaft oder nicht. Und gegenüber Kindern *muß* es immer sein.

Kinder können sich vor verletzenden Bemerkungen nicht schützen. Und Kinder vergessen nie. Die Worte mögen sich im Äther verflüchtigt haben, doch in den tiefsten Höhlen der Erinnerung schallen die beleidigenden Worte immer noch gegen die zerbrechlichen Wände der kindlichen Psyche.

Wir inszenieren eine falsche Verteidigung: »Wir Eltern können uns manchmal nicht zügeln, aber unsere Kinder, Gott segne ihre verzeihenden kleinen Herzen, haben dafür Verständnis. Sie werden es schon verwinden.« Schikanöse Eltern drehen in der Tat manchmal durch. Sie drehen durch, weil sie es selbst zulassen – weil sie Tyrannen sind und weil sie es sich erlauben können. Dieselbe Elternperson, die ihr Kind mißhandelt, beschimpft weder ihren Chef noch den Polizisten auf Streife. Und Kinder verstehen das *nicht*. Ein Psychologe versteht es vielleicht. Oder ein Priester. Ja, im Grunde begreifen wir alle, wieso der Tyrann tyrannisch handelt. Aber Kinder verstehen nie, warum sie von jemandem mißhandelt oder beschimpft worden sind, der im nächsten Atemzug verkündet, er liebe sie doch. Solche Mißhandlungen und Beschimpfungen führen gewißlich, unvermeidlich zu einer der zahlreichen Spielarten neurotischer Erkrankungen, die die Psychologen und Psychiater so faszinieren und reich machen.

Der Krieg gegen die Pubertät, der vielleicht zerstörerischste Krieg, an dem ein Kind jemals teilnehmen wird, ist zugleich ein Krieg, von dem sich manche Kinder nie wieder erholen. Wollen Sie also wissen, wie Sie eine Streitigkeit gewinnen, jede Streitigkeit, wenn das Kind sechzehn oder siebzehn und nicht mehr das völlige Opfer des Machtunterschiedes ist? Nun, es ist zu spät. Wenn Sie die Schlacht gewinnen, vertreiben Sie das Kind möglicherweise aus dem Haus oder ermutigen es zu größeren, destruktiveren Revolten. Die Auseinandersetzung mit einem Kind wird viele Jahre vor Einsetzen des Jugendalters gewonnen. Sie wird mit bedingungsloser Liebe gewonnen, mit Respekt und mit Vertrauen. Sie wird dadurch gewonnen, daß man von Anfang an der Advokat des Kindes war, dessen Freund, ohne daß man irgendeine Gegenleistung erwartete. Es ist keine an Bedingungen gebundene Liebe, die man in Erwartung einer künftigen Willfährigkeit oder Unterwerfung gibt. Es ist eine vorbehaltlose Liebe, die vom Kind erlebt wird, ob es nun reagiert, wie es sich die Elternperson vielleicht wünscht oder nicht. Es ist eine Liebe, die es riskiert zu lieben, ungeachtet der Gefahr, nichts dafür zurückzuerhalten.

Zwischen Eltern und Kindern gebiert Liebe Liebe, und Macht gebiert Ungeheuer.

Unser Bedürfnis zu streiten: Manchmal sollten wir uns fragen: »Warum muß ich mich mit meinem Kind eigentlich streiten? Was empfinde ich dabei? Habe ich Angst um das Kind oder um mich? Möchte ich, daß das Kind seine oder meine Wünsche erfüllt?« Vielleicht hat das Kind ja nicht dasselbe brennende Verlangen, Footballstar oder Cheerleader zu werden wie Vater oder Mutter. Möglicherweise hat das Kind keine Ambitionen, als Bankier in die Fußstapfen des Vaters zu treten oder Arzt oder Rechtsanwalt zu werden. Vielleicht will der Sohn Klavier spielen oder Berge besteigen. Möglicherweise will er als Landstreicher leben. Was immer er sich wünscht, er muß *seine* Wünsche herausfinden, nicht die seiner Eltern. Was immer seine moralischen Imperative sind, es sind seine, nicht die seiner Eltern. Wir können die Seele des Elternteils ebensowenig in das Kind verpflanzen, wie man Tomaten auf Getreidehalme pfropfen kann.

Wir Eltern sagen, wir wollen, daß unsere Kinder Erfolg im Leben haben. Ich dagegen behaupte, wir wollen meist, daß sie sich so benehmen, wie *wir* es wollen. Es tut weh, wenn sie sich schlecht betragen. Wir empfinden großen Schmerz, wenn sie Schande über sich bringen, zurückgewiesen oder inhaftiert werden. Wir wollen *unseren* Schmerz vermeiden, wenn wir Zeuge des Scheiterns unseres Kindes werden. Ich wage zu behaupten, daß unsere Kinder deshalb Erfolg haben sollen, weil wir erfolgreiche Eltern sein wollen.

Mir fällt ein, wie ein Freund einmal mit seinem Sohn stritt. Er machte sich Sorgen, dieser könnte einen Hilfsjob annehmen, um seine erste Liebe, das Surfen, zu finanzieren, und daher nicht aufs College gehen, um sich auf ein erfolgreiches Leben als Erwachsener vorzubereiten. Meines Erachtens war die Argumentation des Vaters nahezu vollkommen.

»Ich mache mir seit einiger Zeit wegen einer bestimmten Sache Sorgen«, begann er.

»Ja?«

»Es geht um deine Entscheidung, ob du aufs College gehst.«

»Ja, stimmt, ich habe es satt, daß mir andere Leute sagen, was ich zu tun und zu lassen habe«, erwiderte der Sohn ehrlich.

»Das kann ich gut verstehen. Es ist deine Entscheidung. Wie du selber sagst, *du* trägst die Verantwortung für dein Leben.« Nun konzentrierte sich die Diskussion auf das strittige Thema – *Verantwortlichkeit*. Mein Freund sagte mir, er habe an diesem Punkt befürchtet, sein Sohn könnte aufstehen und das Zimmer verlassen, wie es Kinder in dem Alter manchmal fertigbringen. Aber er habe nicht lockergelassen. Er habe es riskieren müssen: »Ich sagte meinem Sohn, ich empfände Bewunderung dafür, daß er seine eigenen Entscheidungen treffen wolle. Viele Jugendliche in dem Alter lehnen es ab, für sich die Verantwortung zu übernehmen, und das habe ich ihm auch gesagt.« Der Vater hatte die Partei des Sohnes ergriffen. Also blieb dieser sitzen und hörte zu: »Ich sagte meinem Sohn, daß er ja tatsächlich schon eine Menge Dinge getan hatte, auf die ich stolz war, aber daß ich jetzt nicht über *ihn* sprechen wollte, sondern über *mich*... Ich fragte ihn, ob er etwas dagegen hätte.«

Ich unterbrach den Vater kurz und fragte: »Was hat dein Junge gesagt, als du ihn das gefragt hast?«

»Er hat gesagt: ›Warum nicht? Meinetwegen.‹«

Daß der Sohn dem Vater die Erlaubnis erteilte, zu sagen, was ihm durch den Sinn ging, war ein wichtiger Scheideweg in der Diskussion. Wenn uns der *andere*, in diesem Fall der Sohn, gestattet, daß wir unsere Argumente vortragen, geht er die entsprechende Verpflichtung ein, zuzuhören.

Der Vater sprach weiter: »Weißt du, ich habe immer versucht, ein guter, erfolgreicher Vater zu sein. Das ist das Wichtigste in meinem Leben gewesen. Nichts wünschte ich mir sehnlicher. Um die Wahrheit zu sagen – ich mache mir mehr Sorgen um mich als um dich.«

»Und worüber machst du dir Sorgen?« fragte der Sohn.

»Ob du ein erfolgreicher Surfer wirst oder nicht, liegt nur an dir. Du kannst üben, bis du Champion bist. Und ob du im Erwachsenenleben Erfolg hast, das liegt auch an dir. Du kannst dich auf ein erfolgreiches Leben vorbereiten oder nicht. Das hängt alles von dir selbst ab. Ob ich also schließlich meinen Erfolg als Vater verwirkliche, liegt in deiner, nicht in meiner Hand. Es fällt mir schwer, die Kontrolle aufzugeben, wirklich schwer. Aber dennoch will ich Erfolg haben.«

Dann sagte mein Freund, sein Sohn habe ihn sehr liebevoll angesehen und gesagt: »Mach dir keine Sorgen, Dad. Ich komm schon klar.« An diesem Punkt sei das Gespräch zu Ende gewesen. Seine wichtigste Entscheidung war – wie bei jeder Argumentation –, zu erkennen, wann er aufhören mußte.

Die Argumentation meines Freundes enthielt keinen der fatalen Fehler, die die meisten Streitigkeiten zwischen Eltern und Kindern kennzeichnen – keine Schuldzuweisungen, keine Feindseligkeit, keinen Zorn, kein Jammern, keine sentimentalen Tränen, kein Erwekken eines schlechten Gewissens. Die beiden hatten nicht lauthals gestritten, nicht um die Macht gekämpft. Die Worte enthielten keine Forderung. Der Vater kehrte nicht seine Autorität heraus, sondern legte offen dar, was er in Wahrheit empfand. Er wollte in seiner Elternrolle erfolgreich sein, fühlte sich aber hilflos, als er erkannte, daß es nicht in seiner Macht lag, ob er Erfolg haben würde oder nicht. Dennoch erzählte er seinem Sohn, was er wollte. Die Argumentation hatte *den Klang der Wahrheit*; sie zeigte, daß sich der Vater um *seiner selbst willen*, um seines eigenen Erfolges willen, Sorgen machte. Sie war glaubwürdig.

Ob der Junge am Ende aufs College geht oder nicht, ist nicht der Prüfstein für den Erfolg der Argumentation. Vielleicht geht er; vielleicht auch nicht. Doch die Erkenntnis des Sohnes, daß sein Leben keine unzusammenhängende Reihe von Ereignissen darstellt, die auf vorübergehenden Wünschen und dem Verlangen nach unmittelbarer Befriedigung seiner Bedürfnisse beruht, sondern auf Gegenseitigkeit, daß er Verantwortung für den eigenen Erfolg wie den des Vaters trägt, zeugt von der Kraft des Arguments – das und die Tatsache, daß er ehrlich war.

Die Rechte der Eltern: Aber auch die Eltern haben Rechte. Diese Rechte nehmen zu, je mehr das Kind in der Lage ist, Verantwortung zu übernehmen. Ein Vierjähriger kann wohl nicht begreifen, daß seine Mutter ein Recht auf eine ruhige Minute hat, darauf, daß man sie aussprechen läßt, ohne durch Gequengel oder eine Forderung unterbrochen zu werden. Aber Kinder, denen man von früh auf Achtung und Vertrauen schenkt, haben bereits einiges über Achtung gelernt. Wenn sie ins Jugendalter kommen, verspüren sie den Wunsch – den eigenen –, ihre Eltern zu achten und sich um sie zu sorgen.

Eltern haben in der Tat Rechte. Sie tun dem Kind keinen Gefallen, wenn sie ihm erlauben, auf ihren Rechten herumzutrampeln. Wir können leicht zwischen einer Elternperson unterscheiden, die ihr Recht gegenüber einem Kind durchsetzt, das eines dieser Rechte verletzt hat, und einem Elternteil, der versucht, dem Kind seinen Willen aufzuzwingen. Der Vater, der tobt, weil der Sohn sich dessen Schrotflinte ausgeliehen hat, damit er auf Entenjagd gehen kann, aber sie die ganze Nacht draußen im Regen läßt, so daß sie Rost ansetzt und die Lackierung am Kolben aufgeplatzt ist, beschwert sich zu Recht. Derselbe Vater hat jedoch kein Recht, vom Sohn zu fordern, daß er – gegen seinen erklärten Willen – in die Kirche geht, den Gartenzaun streicht oder eine Eliteuniversität besucht. Die Mutter hat das Recht, ihrem Siebzehnjährigen zu verbieten, in Schuhen über den frisch gewachsten Fußboden zu gehen, aber sie hat kein Recht, an ihm herumzunörgeln, er möge sein Zimmer aufräumen. Beide Seiten in dieser Beziehung haben Rechte – Eltern *und* Kinder.

Bestrafung: Ich erinnere mich an einen Vorfall, ich war ungefähr fünfzehn und kam gerade von der Entenjagd zurück, als ich die unverzeihlichste Sünde beging, die ein Jäger je begehen kann. Ich vergaß, meine Flinte zu sichern, ehe ich sie in den Wagen legte. Man hatte es mir eingeschärft. Ich hatte es immer getan. Niemals zuvor hatte ich es vergessen.

An diesem Tag kam ich, die Flinte in der Hand, in die Küche gestürmt und wollte meinem Vater von der Jagd berichten. Er stand vor der Spüle und säuberte Forellen, die er gefangen hatte. Während ich ihm einen gelungenen Schuß beschrieb, folgte ich dem imaginären Vogel und drückte ab. Der Schuß riß ein klaffendes Loch in die Wand, ein paar Zentimeter über dem Kopf meines Vaters. Ich war zu Tode erschrocken.

Mein Vater drehte sich langsam um, sah mich traurig an und säuberte schweigend weiter die Fische. Er hat den Vorfall mir gegenüber nie wieder erwähnt, bis heute nicht. Bis zu diesem Augenblick, da ich dies schreibe, bin ich mir im unklaren, was ich aus diesem furchtbaren Vorfall gelernt habe. Der Schreck steht mir noch heute so lebendig vor Augen wie damals. Natürlich habe ich gelernt, daß man seine Waffe immer entladen muß und daß einige sehr einfache Regeln befolgt werden müssen, weil Leben und Tod davon abhängen. Aber was habe ich aus dem Schweigen meines Vaters gelernt, damals, als die meisten Erwachsenen vor Zorn explodiert wären? Vielleicht, daß Kinder zwischen Falsch und Richtig unterscheiden können, daß man sie nicht wegen etwas bestrafen muß, das sie unabsichtlich begangen haben, und daß das Vergehen selbst Bestrafung genug ist.

Mein Vater war sehr weise. Er verstand Kinder. Ich erinnere mich an eine Sache, die ich damals für eine entscheidende Kraftprobe mit meinem Vater hielt. Es ging um etwas, das mir großen Kummer bereitete. Ich war damals vierzig Jahre alt, aber er war immer noch mein Vater, und ich sein kleiner Junge. »Dad«, sagte ich. »Ich bin fertig mit dir.«

Er wirkte überrascht.

»Ich habe kaum Freunde«, beschwerte ich mich. »Man hält mich für einen Klugscheißer und Egozentriker, für egoistisch und grob. Ich habe keine Umgangsformen. Du hättest mir schon als Kind meine Unarten austreiben sollen.«

Er hörte aufmerksam zu, während ich mich beklagte und ihn beschimpfte. Als ich zu Ende war, sagte er: »Gerry, es ist leicht, einem Jungen etwas auszutreiben. Aber wenn man das erst mal getan hat, kann man es ihm nicht mehr zurückgeben.« Woher kam die Weisheit meines Vaters? Ich erinnere mich an seinen Vater, meinen Großvater. Ein alter, weißhaariger Mann mit funkelnden, gütigen Augen, der immer ein Lächeln für mich übrig hatte und mir den Kopf tätschelte, als ich ein kleiner Junge war, und der mit mir redete, als wäre ich ein Mann wie er. Er erzählte mir Geschichten, die zu kompliziert waren, als daß ich sie in meinem Alter verstand, und sie enthielten Lehren, die ich nicht begriff. Manche Geschichten waren lustig, und wenn er lachte, lachte ich auch. Er dachte, ich verstehe die Geschichten, und hielt mich für blitzgescheit. Meines Erachtens ist Weisheit zum Teil genetisch bedingt, doch überwiegend sind wir die Produkte der Eltern unserer Eltern. Der biblische Satz: »Die Sünden des Vaters werden die Kinder heimsuchen«, ist ebenso wahr wie der Satz: »Die Tugenden des Vaters sind seine Geschenke an das Kind.«

Kinder, Geld und Arbeit: In einer monetär ausgerichteten Gesellschaft, in der sich im Leben offenbar alles um Geld und materielle Werte dreht, können Geldfragen zwischen Eltern und Kindern durchaus zum Problem werden. Ich habe nie geglaubt, daß Eltern ihren Kindern schicke Autos kaufen und ihnen in den Frühjahrsferien eine Reise nach Südfrankreich finanzieren sollen. Eltern sollen die Kinder mit dem Nötigen versorgen, aber in einer monetären Gesellschaft gehört zur Vorbereitung auf das Leben, daß sie lernen, das Geldspiel so gut zu spielen, daß sie überleben.

Unlängst begegneten mir auf dem Rückflug von einer Vortragsreise zwei picklige Jugendliche, die im selben Flugzeug in der ersten Klasse saßen. Welche Botschaft vermitteln Eltern ihren Kindern, die sich in der Business class verwöhnen lassen, während sich die Mehrheit der Menschheit in die Tourist class zwängt? Geld trennt Menschen. Es trennte diese jungen Leute von allen anderen, die im Flugzeug saßen. Geld unterteilt uns in Klassen – in jene, die es haben, und jene, die es nicht haben. Daher beraubt es uns des Rechts, mit allen Schichten der Bevölkerung in Kontakt zu kommen. Statt dessen umgeben wir uns mit jenen, deren Bankkonten so aussehen wie unsere. Ich habe festgestellt, daß die meisten Leute aus dem Bankgewerbe spießig und die meisten Leute mit Geld langweilig sind. Kontoauszüge und Geld sind tot. Wenn man mit etwas Totem und für etwas Totes arbeitet, spiegelt sich das meistens in der Persönlichkeit wider. Ich würde mich eher mit einem Pathologen als mit einem professionellen Geldmenschen anfreunden. Ich sähe es gern, wenn meine Kinder sich mit den Lebenden – mit Arbeitern, Kreativen, Denkern, den

Mühsalbeladenen, Verwirrten, Heimatlosen anfreundeten. Sollen sie den Kontakt zu Menschen suchen.

Meine Kinder sollen arbeiten. Zu arbeiten lehrt sie mehr, als sie jemals in der Schule lernen können. Sie erlernen nicht nur einen Beruf, sondern lernen, wie Menschen leben, wie sie leiden und kämpfen. Sie lernen, daß Geld wenig mit der Qualität der Menschen zu tun hat, die es entweder haben oder nicht. Sie lernen einfache Wahrheiten über das Geld: daß die Qualität der Person häufig in umgekehrter Beziehung zu der Menge an Geld steht, das diese Person besitzt; wie schwer es ist für Menschen, auf dieser Erde zu überleben; daß Menschen müde werden und doch weiter arbeiten müssen. Sie lernen Mitgefühl. Sie lernen die Zufriedenheit kennen, wenn man eine Arbeit erledigt hat. Sie lernen, wie es ist, Untergebener zu sein, Befehle in Empfang zu nehmen und sie trotzdem in Frage zu stellen. Arbeit bringt den Kindern mehr über sich bei als jede andere mir bekannte Tätigkeit – bis auf das Spielen.

Was mich betrifft – ich wurde niemals zur Arbeit gezwungen. Ich bekam nur eben nie mehr als ein minimales Taschengeld. Ich brauchte mehr Geld, als mir meine Eltern gaben, und empfand Arbeiten als Abenteuer. Im Sommer fuhr ich Pferdegespanne und lieferte Heu an Ranches in Wyoming. Ich schlief auf Heuböden, trieb mich samstags abends auf Dorfbällen herum und betrank mich im Kreis der Cowboys. Ich hütete Schafe, ging mit sechzehn zur See und heuerte als Steward und Leichtmatrose an. Ich lief viele Häfen an und frönte den üblichen Lastern der damaligen Jugend.

Als ich früh von der High School abgehen und zur See fahren wollte, erhoben meine Eltern keinerlei Einwände. Sie versuchten weder, mich zu kontrollieren, noch, mich zu entmutigen. Ich erinnere mich, daß mein Vater mich zum Stadtrand fuhr und an der Schnellstraße absetzte, an der man mich per Anhalter mitnehmen sollte. Er wünschte mir alles Gute, gab mir einen Abschiedskuß und sagte, er würde sich sehr über einen Brief freuen, wenn ich Lust hätte zu schreiben. Das war alles. Ich weiß noch, wie ich mich umdrehte und unserem alten 37er Ford hinterhersah, der mit klappernden Stoßstangen davonfuhr. Ich sah ihm nach, bis er außer Sicht war. Da stand ich nun, allein an der Schnellstraße, allein mit meiner Tasche und meinem Daumen. Einen Augenblick lang wollte ich umkehren und nach Hause laufen. Kurz fragte ich mich, ob mein Vater mich wirklich liebte. Vielleicht wollte er mich ja loswerden. Warum sonst ließ er mich hier an der Schnellstraße stehen, auch wenn ich diese Freiheit seit Monaten gefordert hatte? Ich hatte geglaubt, er würde gegen mein schlechtes jugendliches Urteilsvermögen ankämpfen, wie ich mir insgeheim eingestand.

Doch gegenüber meinen Eltern hatte ich folgendermaßen argumentiert:

»Ich will unbedingt von hier weg. Ich habe diese Stadt einfach satt«, sagte ich eines Tages.

»Und wohin willst du?« fragte mein Vater.

»Nach Alaska und dort nach Gold suchen.«

»Gibt es da oben Gold?« fragte er. »Ich dachte, die Zeit des Goldrauschs wäre vorbei.«

»Alles Gold hat man bestimmt noch nicht geschürft. Wenn man nicht ganz doof ist, müßte da noch was zu finden sein.«

»Kann sein. Sprich mal mit Ted Johnson darüber. Er hat am Oberlauf des Amazonas Gold gewaschen und müßte dir eine Menge erzählen können.« Es gab keinen Streit. Mein Vater hat mich wegen meiner verrückten Idee weder kritisiert noch verspottet, noch belehrt. Meine Mutter schwieg. Sie wirkte nur traurig und hilflos.

Ich holte den alten Montgomery-Ward-Katalog hervor und stellte eine Liste der Dinge zusammen, die ich benötigen würde: dicker Mantel, Stiefel, Socken, wollene Unterwäsche und Fausthandschuhe. Ich unterhielt mich mit Ted Johnson. Er sagte, nein, der Preis für Gold sei gefallen, man könne als Trapper mehr verdienen. Also teilte ich meinem Vater mit, ich wolle nach Alaska als Fallensteller fahren. Mein Vater war selber Fallensteller gewesen und konnte mir deshalb Ratschläge geben – die Fallen, die ich benötigen würde, wie man sie setzt, ohne den Geruch eines Menschen zu hinterlassen, wie man Biberfallen so aufstellt, daß der Biber ertrinkt, statt sich das Bein abzunagen, wie es Biber tun, wenn sie auf höherem Gelände in eine Falle geraten. Kein einziges Mal sagte mein Vater, daß er die ganze Idee für lachhaft hielte und ich ein alberner Träumer sei.

Ein paar Tage später sagte ein Freund, er wolle zur See fahren, und lud mich ein, mitzukommen. Er machte bereits eine Ausbildung in San Diego. Er erzählte mir vom Meer und von den Palmen, von der lauen Luft und den Frauen in Kalifornien. Plötzlich ließ ich die Idee, Fallensteller zu werden, fallen und beschloß statt dessen, Seemann zu werden und die weite Welt kennenzulernen. Außerdem mußte ich mich nicht mit jeder Menge teurer Klamotten und Fallen ausrüsten.

Ich war nur ein Junge. In gewisser Hinsicht war ich ein sehr ungebärdiger, schwieriger, energiegeladener, wilder und naseweiser Junge. Aber mein Vater hat mir meine Ideen nicht ausgetrieben, wofür ich ihm bis ans Ende aller Tage dankbar sein werde; im Laufe der Zeit habe ich nämlich herausgefunden, daß er mir das gelassen hat, was das Wesen meiner Person ausmacht.

Bis auf die Situationen, wo das Kind an Leib und Leben gefährdet ist, sollte man Kindern die Freiheit lassen, ihre eigenen Fehler zu machen und daraus zu lernen, ohne daß die Eltern mit ihnen streiten. Die Elternperson, die sich wegen jedem und allem, was das Kind möchte, Sorgen macht und Einwände erhebt, wird für das Kind, das ja selbst keine Angst hat, unglaubwürdig. Mutter Natur hat es darauf vorbereitet, Risiken einzugehen und Fehler zu verschmerzen. Das Krabbelkind hat keine Angst, seine ersten Schritte zu wagen und dabei hinzufallen. Der alte Mann hat eine tödliche Angst zu stürzen. Mutter Natur hat den einen darauf vorbereitet zu stürzen, den anderen, nicht zu stürzen. Nur wenn ein Kind etwas wagt, kann es etwas lernen und sich weiterentwickeln.

Ich habe meinen Kindern immer gesagt: »Eine weibliche Forelle legt Tausende Eier, aus denen tausend Elritzen schlüpfen. Aber die meisten von ihnen werden gefressen, nur einige wenige wachsen zu großen Fischen heran.« Ich bezweifle, daß sie das verstanden haben. Es war nichts weiter als eine Geschichte, die meine eigene Angst veranschaulichte, nämlich, daß sie alle gefressen werden würden.

Letztendlich habe ich meistens mehr aus meinen schmerzlichen Fehlern gelernt als aus der Freude an meinen Erfolgen. Es ist leicht, sich von der Freude des Gelingens davontragen zu lassen. Aber viel gelernt habe ich aus Siegen nie, obwohl ich sie immer noch sehr gern habe. Was ich am Gewinnen am meisten schätze, ist allerdings, daß ich so den furchtbaren Schmerz des Scheiterns, der Niederlage, des Verlustes und der Zurückweisung vermeide.

Einige schlagende Argumente gegenüber Kindern: Was sagen Sie einer Vierjährigen, die ihre Frühstücksflocken nicht essen will? Fragen Sie sie, was sie essen möchte. Wenn sie ein Chili will, geben Sie ihr ein Chili. Wenn sie eine Süßigkeit will, sagen Sie ihr einfach, Sie haben keine (vergewissern Sie sich, daß das stimmt), und schlagen Sie ihr etwas anderes vor. Wenn Sie erreichen wollen, daß sie zeitlebens keine Frühstücksflocken mehr ausstehen kann, zwingen

Sie sie, sie zu essen. Was sagen Sie einem Dreijährigen, der nicht ins Bett möchte? Lesen Sie dem Kind eine Geschichte vor, bis es schläfrig ist. Um Gottes willen, *lassen Sie es nicht vor dem Fernseher sitzen, denn die Werbung wird es darauf vorbereiten, zum gedankenlosen Konsumenten und hohlköpfigen Voyeur zu werden.* Wenn Sie vorhaben, daß Ihr schulpflichtiges Kind sein Leben lang eine Abneigung hegt, sich zu bilden, zwingen Sie es zu lernen. Wenn Sie wollen, daß es Sie haßt, zwingen Sie es zu gehorchen. Zwang und Haß sind Zwillinge.

Welche Argumente bringen wir gegenüber einer Sechzehnjährigen vor, die das Wochenende bei einem Freund oder einer Freundin verbringen möchte, deren Eltern nicht zu Hause sind? Wir haben Angst, nicht? Wird sie einen Autounfall haben? Nimmt er vielleicht Drogen und trinkt zuviel Alkohol? Wird sie schwanger? Noch schlimmer, infiziert sie sich mit Aids? Aber denken Sie daran: Es ist *unsere* Angst – nicht die des Kindes.

Kinder haben keine Angst, auch wenn ihr Leben auf dem Spiel steht. Das ist der Fluch, aber auch der Segen. Wenn die Angst des Kindes dem Maß der Gefahr entspräche, würde es niemals die fabelhafte Wandlung vom Kind zum Erwachsenen erfahren. Weil die Jugend keine Angst kennt, schicken wir sie in den Krieg. Kein Erwachsener mit einem pfenniggroßen Gehirn und einem Funken Lebenserfahrung würde in den Krieg ziehen.

Der Verstand eines Jungen, der mit der gefährlichsten aller chemischen Substanzen, Testosteron, bombardiert wird, ist kaum in der Lage, auf normale Weise zu funktionieren. Wenn man dem durchschnittlichen Verhalten eines Jugendlichen die üblichen Merkmalslisten für die diversen Kategorien der Psychose gegenüberstellen würde, so würden die meisten Teenager, wie ich zu behaupten wage, die wesentlichen Erfordernisse für die schwerwiegendsten und bizarrsten Formen der Verrücktheit erfüllen. Meines Erachtens sind Teenager herrlich verrückt. Sie stellen für sich und andere eine Gefahr dar. Zumeist wissen sie weder zu schätzen, wer sie sind, noch, wo sie sind. Sie leiden unter Größenwahn und Unbesiegbarkeitsvorstellungen: Ihr Urteilsvermögen weist schwere Mängel auf, ihre Einsichtsmöglichkeit ist begrenzt. Es fällt ihnen schwer, ihr Verhalten in eine für die Gesellschaft akzeptable Form zu bringen. Manche können vielleicht Recht und Unrecht, Richtig und Falsch wirklich nicht unterscheiden. Die meisten Straftaten werden von Jugendlichen verübt. An der Mehrzahl der Autounfälle sind Jugendliche beteiligt. Die meisten lebenslangen, zum Tode führenden Gewohnheiten – Rauchen, Drogen- und Alkoholmißbrauch – entstehen während der Jugend. Das Jugendalter ist für jedes Kind eine gefahrvolle Zeit, eine Zeit der Angst und der Frustration, und die Hölle für die meisten Eltern.

Ist das Kind dann im Teenageralter, werden uns auch die besten Argumente wenig nützen. Wenn es in einem häuslichen Gefängnis gehalten wurde, dreht es womöglich durch. Nichts, was wir tun können, und kein Argument, das wir uns ausdenken, wird das verhindern können. Das menschliche Tier verlangt nach Freiheit. Es kann nicht ohne dauerhaften und ernsthaften Schaden in den Käfig gesperrt werden. Selbst wenn es mit Respekt behandelt wurde und in einer intelligenten und liebevollen Familie aufwuchs, sehnt es sich nach Freiheit. Ein solches Kind kann mit Hilfe eines Kooperationsprogramms lernen, das zwischen ihm und den Eltern vereinbart wird und das die Risiken stark verringert. Wenn unsere Kinder nicht nach Freiheit strebten, dann hätten wir es mit bedauernswerten, abhängigen Sprößlingen mit Miniaturseelen zu tun, die sich gleich verängstigten, nackten Vögeln nie aus dem Nest der Familie hinauswagen würden.

Und deshalb: Eltern müssen ihre Kinder auf den Tag hin erziehen, da sie anfangen, ihre Freiheit zu finden – so wie das Insekt, ob nun eine häßliche Motte oder ein schöner Schmetterling, den Kokon verlassen will. In der Zeit zwischen Kindheit und Jugend wird das siegreiche Argument bereits vorgetragen worden sein. Es wird Liebe gewesen sein; das erfolglose Argument Disziplin. Das siegreiche Argument wird Achtung gewesen sein; das erfolglose Manipulation. Das siegreiche Argument wird Ehrlichkeit gewesen sein; das erfolglose Heuchelei. Das siegreiche Argument wird Freiheit gewesen sein; das erfolglose Kontrolle. Wenn man dem Kind gegenüber gewinnend argumentiert hat, wird der Jugendliche gegen kaum etwas rebellieren. Das Kind wird mit Freude, nicht Haß in die Welt aufbrechen; mit Respekt und Liebe, nicht Zorn und Gewalttätigkeit. Der Welt ein Kind zu schenken, das in Freude erblüht, ist das Geschenk erfolgreicher Eltern.

15. Streiten um Gerechtigkeit

Die Verantwortung des Seins verstehen

Wenn ich ein Heilmittel gegen eine gefürchtete Krankheit entdeckt habe, wäre es meine Pflicht, diese Entdeckung der Menschheit mitzuteilen, oder?

Jeder von uns kann etwas anbieten, denn jeder von uns ist vollkommen einzigartig. Wenn dies so ist, können wir uns dann nicht darauf einigen, daß es unsere Pflicht ist, diese Einzigartigkeit zu entdecken und sie mit anderen zu teilen? Diesen Prozeß des Lebens habe ich an anderer Stelle »innerpersönliche archäologische Ausgrabung« genannt. Tief unten liegen die Schätze. Allerdings sind es Schätze, die man weder horten noch verstecken darf, da sie sonst mit uns verlorengehen. Das wäre das schlimmste aller Verbrechen. Man kann vielleicht seinem Nächsten die Reichtümer stehlen, doch wenn man der Welt das eigene vollkommene Selbst vorenthält, ist der Verlust unwiederbringlich.

Zu den wirksamsten Mitteln, durch die wir uns anderen Menschen mitteilen können, gehört das Argumentieren. Deshalb behaupte ich ja auch, daß man die Pflicht hat zu argumentieren. Sie gehört zum Preis, den wir bezahlen müssen für den Raum, den wir auf dieser Erde einnehmen.

Thomas Jefferson hatte die Pflicht zu argumentieren. Wie auch James Madison. Abraham Lincoln hatte die Pflicht zu argumentieren. Jesus, Mohammed, Buddha, Jeanne d'Arc – sie alle hatten diese Pflicht. Martin Luther King hatte die Pflicht zu argumentieren. Mutter Theresa hat die Pflicht zu argumentieren. Wie auch Nelson Mandela. Wie auch Ralph Nader. Wie auch wir. In diesem Buch habe ich streckenweise meine Argumente vorgebracht. Zweifellos haben auch Sie die Ihren teilweise bereits vorgetragen.

Wenn wir eine Ungerechtigkeit wahrnehmen, haben wir die Pflicht, uns dagegen auszusprechen. Wir wissen nun, wie man's macht. Wenn wir sehen, wie ein Mensch ungerecht behandelt wird, mißachtet, ausgebeutet, verletzt, haben wir die Pflicht zu argumentieren. Wir wissen, wie's geht. Wenn wir ungerechte Äußerungen hören, haben wir die Pflicht, zu verhindern, daß sich ihr Gift unvermindert ausbreitet. Wir haben die Pflicht, zu Hause zu streiten. Wir haben die Pflicht, mit jenen, die wir lieben, zu argumentieren, mit unseren Partnern und unseren Kindern. Wir haben die Pflicht, für uns und miteinander zu argumentieren. Wir wissen, wie's geht. Ja, wir haben sogar die Pflicht, mit Gott zu streiten. Da Gott uns mit dieser Fähigkeit ausgestattet hat, wäre er wohl ziemlich enttäuscht, wenn wir sie ungenutzt ließen.

Und deshalb: Gehen Sie also los – argumentieren und gewinnen Sie – jedesmal.

Über den Autor

Gerry Spence ist ein renommierter Rechtsanwalt. Geboren, aufgewachsen und erzogen in Wyoming, hat er zeit seines Lebens in Kleinstädten in diesem Staat gelebt. Dennoch hat er ausgehend von diesen ländlichen Gegenden eine nationale Rechtsanwaltskanzlei geleitet und einige der berühmtesten Prozesse der USA geführt und gewonnen – den Fall Karen Silkwood, die Verteidigung von Imelda Marcos, die Verteidigung des Idaho-Separatisten Randy Weaver, den berühmten Mordprozeß gegen Sandra Jones und viele andere. In seiner gesamten, vierzig Jahre währenden Laufbahn hat er keinen einzigen Strafprozeß verloren. Er hat eine erstaunliche Liste von Zivilklagen aufzuweisen, in denen er hohe Schadensersatzzahlungen erstritt und die in den letzten fünfundzwanzig Jahren kein Geschworenengericht abgewiesen hat. Gerry Spence ist ein charismatischer Redner. Da man ihn oft im Fernsehen sieht und im Radio hört, ist er zu einer der herausragenden Autoritäten in der Kunst des Argumentierens geworden.

Gerry Spence glaubt, daß Argumentationen in der Person ihren Anfang nehmen und daß man nicht nur bestimmte Techniken beherrschen muß, um gewinnend argumentieren zu können. Er vertritt die Auffassung, daß Erfolg in Auseinandersetzungen wie im Leben dann entsteht, wenn wir unsere Persönlichkeit weiterentwickeln, entdecken, wer wir sind, und vorbehaltlos die Einzigartigkeit akzeptieren, die jeden von uns auszeichnet.

Gerry Spence hat sechs Bücher geschrieben. Er ist ein vielseitiger Maler, Dichter, Philosoph und bedeutender Fotograf. Er lebt in den Bergen um Jackson Hole im Bundesstaat Wyoming mit seiner Frau Imaging. Dort betreibt er seine Rechtsanwaltskanzlei und geht den vielen Interessen nach, die ihn faszinieren und begeistern.